인터넷 강의
검스타트
www.gumstart.co.kr

2025 고졸 검정고시

수학

검정고시 합격을 위한 최적의 교재!

- 기본이론 정리와 예상문제 분석을 한번에!
- 2024년 1·2회 기출문제 수록!

시험 안내

고졸 검정고시는 부득이한 이유로 정규 고등학교 과정을 마치지 못한 사람들을 대상으로 실시하는 국가 자격 시험으로, 고졸 검정고시에 합격한 자는 고등학교를 졸업한 자와 동등한 자격을 인정받습니다.

※ 자세한 사항은 각 시 · 도별 공고문을 참고하십시오.

❶ 시행 기관

- 시 · 도 교육청 : 시행 공고, 원서 교부 및 접수, 시험 실시, 채점, 합격자 발표
- 한국교육과정평가원(KICE) : 문제 출제, 인쇄 및 배포

❷ 시험 일정*

구분	공고 기간	접수 기간	시험일	합격자 발표
제1회	1월 말 ~ 2월 초	2월 초 ~ 중순	4월 초 · 중순	5월 초 · 중순
제2회	5월 말 ~ 6월 초	6월 초 ~ 중순	8월 초 · 중순	8월 하순

※ 상기 일정은 시 · 도 교육청 협의에 따라 변경될 수 있습니다. 반드시 해당 시험 공고문을 참조하세요.

❸ 시험 과목 및 시간표

구분	1교시	2교시	3교시	4교시		5교시	6교시	7교시
시간	09:00~ 09:40	10:00~ 10:40	11:00~ 11:40	12:00~ 12:30	중식 12:30~ 13:30	13:40~ 14:10	14:30~ 15:00	15:20~ 15:50
	40분	40분	40분	30분		30분	30분	30분
시험 과목	국어	수학	영어	사회		과학	한국사	선택 과목

※ 필수 과목 : 국어, 수학, 영어, 사회, 과학, 한국사(6과목)

※ 7교시 선택 과목은 '도덕, 기술 · 가정, 체육, 음악, 미술' 중 1과목(따라서 총 7과목 응시)

❹ 출제 형식 및 배점

- 문항 형식 : 객관식 4지 택 1형
- 출제 문항 수 및 배점

구분	문항 수	배점
고졸	각 과목별 25문항(단, 수학은 20문항)	각 과목별 1문항당 4점(단, 수학은 1문항당 5점)

❺ 합격자 결정 및 취소

- 고시 합격 ➜ 각 과목을 100점 만점으로 하여 결시 없이 평균 60점 이상을 취득한 자(과락제 폐지)
- 과목 합격 ➜ 과목당 60점 이상 취득한 과목
- 합격 취소 ➜ 응시 자격에 결격이 있는 자, 제출 서류를 위조 또는 변조한 자, 부정행위자

6 응시 자격 및 제한

◆ 응시자격 및 응시과목

응시자격	응시과목
중학교 졸업자	• 국어, 수학, 영어, 사회, 과학, 한국사【필수 : 6과목】 • 도덕, 기술 · 가정, 체육, 음악, 미술【선택 : 1과목】
중학교 졸업학력 검정고시 합격자	
초 · 중등교육법시행령 제97조 · 제101조 및 제102조 해당자	
보호소년 등의 처우에 관한 법률 시행령 제69조 제3호의 규정에 의한 자	
3년제 고등기술학교 및 고등학교에 준하는 각종학교 졸업자 또는 졸업예정자	국어, 수학, 영어【총 3과목】
3년제 직업훈련과정의 수료자	
3년제 고등기술학교 및 고등학교에 준하는 각종학교 졸업자 또는 졸업예정자, 3년제 직업훈련과정의 수료자 해당자로서 '89.11.22 이후 국가기술자격법에 의한 기능사 이상의 자격 취득자	국어, 수학 또는 영어【총 2과목】
3년제 고등기술학교 및 고등학교에 준하는 각종학교 졸업자 또는 졸업예정자, 3년제 직업훈련과정의 수료자 해당자로서 '89.11.21 이전 국가기술자격법에 의한 기능사 이상의 자격 취득자	수학 또는 영어【총 1과목】
만 18세 이후에 평생교육법 제23조 제2항에 따라 평가인정한 학습과정 중 고시과목에 관련된 과정을 교육부장관이 정하는 바에 따라 과목당 90시간 이상 이수한자	국어, 수학, 영어【3과목】와 미이수 과목

◆ 응시 자격 제한

- 고등학교 또는 초 · 중등교육법 시행령 제98조 제1항 제2호의 학교를 졸업한 자 또는 재학 중인 자(휴학 중인 자 포함)
- 공고일 이후 중학교 또는 초 · 중등교육법 시행령 제97조 제1항 제2호의 학교를 졸업한 자
- 고시에 관하여 부정행위를 한 자로서 2년이 경과되지 아니한 자
- 고등학교 또는 초 · 중등교육법 시행령 제98조 제1항 제2호의 학교에서 퇴학된 사람으로서 퇴학일부터 공고일까지의 기간이 6개월이 되지 않은 사람(다만, 장애인복지법에 제32조에 따라 등록한 장애인으로서 신체적 · 정신적 장애로 학업을 계속하는 것이 불가능하여 퇴학된 사람은 제외)

7 제출 서류

◆ 응시자 전원 제출 서류(공통)

- 응시원서(소정 서식) 1부(현장 접수 시, 온라인 접수 시는 전자파일 형식의 사진 1매만 필요)
- 동일한 사진 2매(탈모 상반신, 3.5㎝×4.5㎝, 응시원서 제출 전 3개월 이내 촬영)
- 본인의 해당 최종학력증명서 1부(아래 해당 서류 중 한 가지)
  - 중졸 검정고시 합격자 : 합격증서 사본(원본 지참)
  - 고등학교 재학 중 중퇴자 : 제적증명서
  - 중학교 졸업 후 상급학교 미진학자 : 상급학교 진학 여부가 표시된 '검정고시용' 중학교 졸업(졸업 예정)증명서, 미진학사실확인서

◆ 과목 면제 대상자 추가 제출 서류

- 과목합격증명서 또는 성적증명서, 평생학습이력증명서 등(이상 해당자만 제출)

◆ 장애인 시험 시간 연장 및 편의 제공 대상자 제출 서류

- 복지카드 또는 장애인등록증 사본(원본 지참), 장애인 편의 제공 신청서

8 출제 수준, 세부 출제 기준 및 방향

◆ 출제 수준

- 고등학교 졸업 정도의 지식과 그 응용 능력을 측정할 수 있는 수준

◆ 세부 출제 기준 및 방향

- 각 교과의 검정(또는 인정) 교과서를 활용하는 출제 방식
  - 가급적 최소 3종 이상의 교과서에서 공통으로 다루고 있는 내용으로 출제 (단, 국어와 영어 지문의 경우 공통으로 다루고 있는 교과서 종수와 관계없으며, 교과서 외 지문도 활용 가능)
- 문제은행(기출문항 포함) 출제 방식을 학교 급별로 차등 적용
  - 초졸 : 50% 내외, 중졸 : 30% 내외, 고졸 : 적용하지 않음.
- 출제 난이도 : 최근 5년간 평균 합격률을 고려하여 적정 난이도 유지

9 응시자 시험 당일 준비물

◆ 중졸 및 고졸

(필수) 수험표, 신분증, 컴퓨터용 수성사인펜
(선택) 아날로그 손목시계, 수정 테이프, 도시락

※ 수험표 분실자는 응시원서에 부착한 동일한 사진 1매를 지참하고 시험 당일 08시 20분까지 해당 고사장 시험 본부에서 수험표를 재교부 받을 수 있다.

※ 시험 당일 고사장에는 차량을 주차할 수 없으므로 대중교통을 이용해야 한다.

10 고졸 검정고시 교과별 출제 대상 과목

구분	교과(고시 과목)	출제범위(과목)
필수	국어	국어
	수학	수학
	영어	영어
	사회	통합사회
	과학	통합과학
	한국사	한국사
선택	도덕	생활과 윤리
	기술 · 가정	기술 · 가정
	체육	체육
	음악	음악
	미술	미술

나이스 검정고시 서비스 ×

http://kged.sen.go.kr

검정고시 온라인 원서 접수, 이렇게 해요!

※ 사전 준비 : 본인의 '공동인증서' 발급 받기

1. 온라인 접수 기간에 시 · 도 교육청의 검정고시 서비스 사이트에 접속

http://kged.sen.go.kr 

2. 검정고시 전체 서비스 메인 화면에서, 화면 왼쪽의 **검정고시 온라인 접수** 클릭

3. 왼편의 검정고시 온라인 접수에서 해당하는 '시 · 도 교육청'을 선택하여 이동

4. 상단의 〈온라인 원서 접수〉 메뉴에서 본인이 희망하는 자격의 검정고시 선택
   ☞ 해당 자격의 **원서 접수하기** 버튼을 클릭하면 '온라인 원서 접수 페이지'로 이동

5. 성명과 주민등록번호(또는 외국인등록번호)를 입력하고, 원서 접수 허위 사실 기재에 관한 안내 및 서약서와 개인식별번호 처리 동의에 체크(✓)한 뒤, **인증서 로그인**을 클릭한 후 본인의 공동인증서를 통해 로그인

6. 응시자 정보 ➜ 학력 과목 정보 ➜ 고사장 선택 ➜ 접수 완료 순으로 작성
   (1) 응시자 정보에서 본인의 기본 신상 정보와 검정고시 응시 기본 정보를 입력한 후 **저장** 버튼을 클릭하여 저장 (*표시는 필수 입력 항목으로, 미입력 시 다음 순서로 진행되지 않음) ➜ **다음** 버튼 클릭
   - 사진 파일은 100kb 크기 미만의 jpg와 gif 파일만 저장 가능

   (2) 학력 과목 정보에서 응시자 본인의 학력 정보와 과목 응시 정보를 등록, 관련된 서류를 첨부한 후 **저장** 버튼을 클릭하여 저장 ➜ **다음** 버튼 클릭
   (3) 고사장 선택에서 금회차의 고사장이 조회되며, 고사장별 수용 인원이 도달할 때까지 응시자가 신청할 수 있음 ➜ **다음** 버튼 클릭
   ※ 고사장을 변경할 시에는 상단의 〈원서 조회〉 메뉴에서 '3. 고사장 선택 입력 단계 화면'에서 수정
   (4) 접수 완료에서 이전 단계에서 등록했던 주요 항목을 다시 한번 확인한 후, **제출** 버튼을 클릭하여, 최종적으로 원서 제출
   ※ 입력을 완료하였으나 제출을 하지 않을 경우 오프라인으로 재접수를 해야만 응시 가능
   ※ 제출 완료한 응시원서에 수정이 필요한 경우, 〈수정후제출〉 버튼을 클릭하여 수정

7. 상단의 〈원서 조회〉 메뉴를 통해 본인이 응시한 검정고시 원서 조회 가능(공동인증서로 로그인)

8. 상단의 〈수험표 출력〉 메뉴에서 수험표 출력 가능(해당 자격의 '**수험표 출력하기**' 버튼 클릭)
   ※ 식별이 가능하도록 가급적 컬러프린터로 출력하여 시험 당일 소지할 것

이 책의 구성과 특징

알찬 개념 정리

개정 교육과정 완벽 반영!

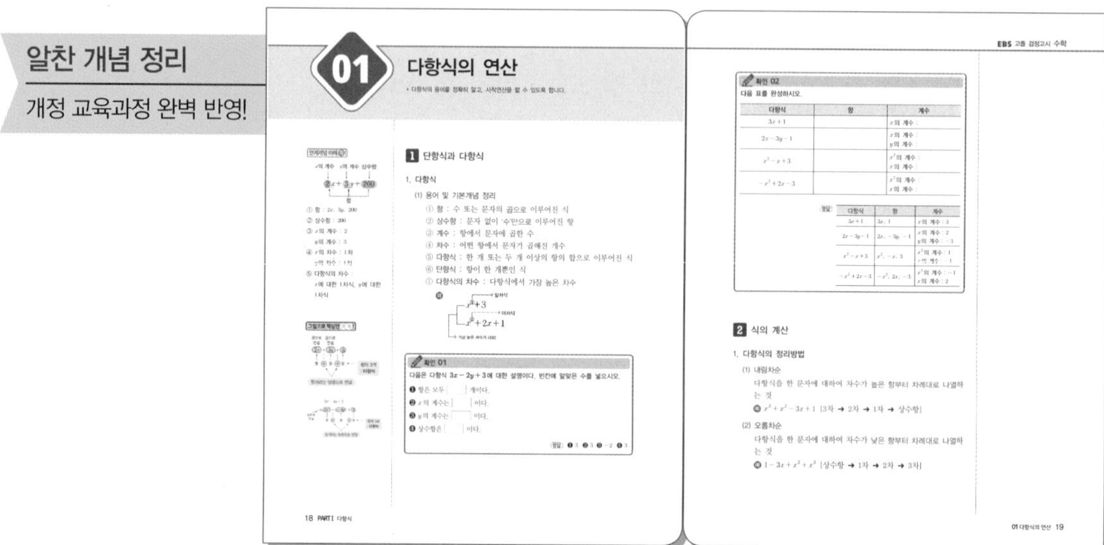

- 해당 단원에서 자주 출제되는 핵심 키워드 제시
- 각종 도형, 수식, 그래프 등의 자료를 충분히 활용하여 핵심 이론 정리 끝

실전 감각 UP

'실력 체크 문제' ➜ '실전 모의고사'로 실전 감각을 최상으로 UP!

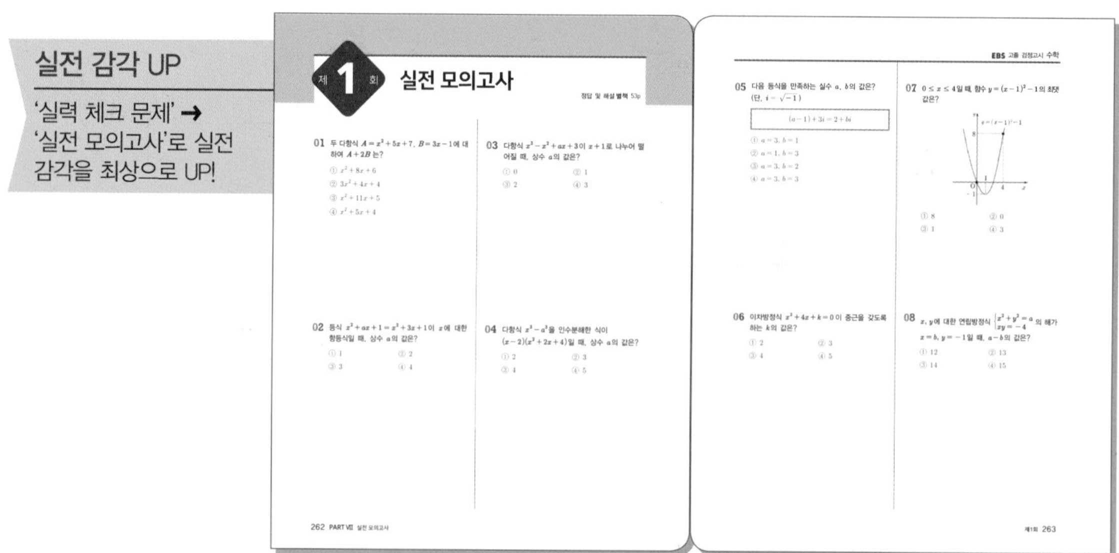

- 시험에 꼭 나올 만한 예상 문제 및 기출문제를 풀어본 후 최종 점검 실전 모의고사로 마무리

최신 기출문제(2024) 수록

기출을 보면 합격이 보인다!

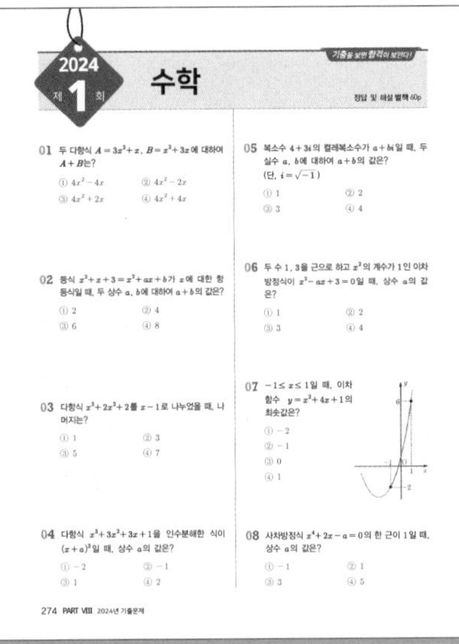

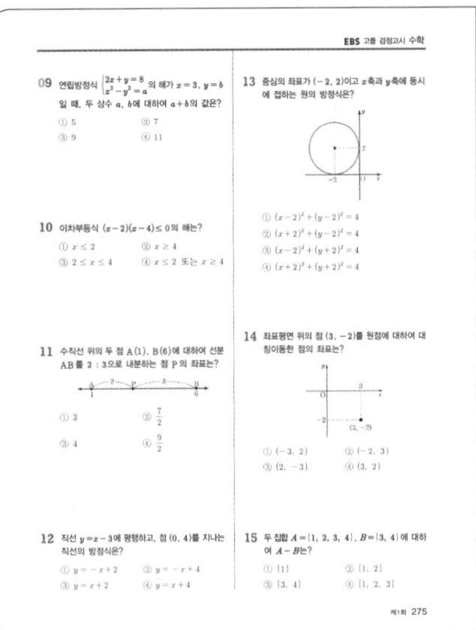

• 2024년 제1회, 제2회 기출문제를 수록하여 최신 기출 유형을 정확하게 파악

친절하고 상세한 해설

정답으로 직행하는 명쾌하고 알찬 해설 수록!

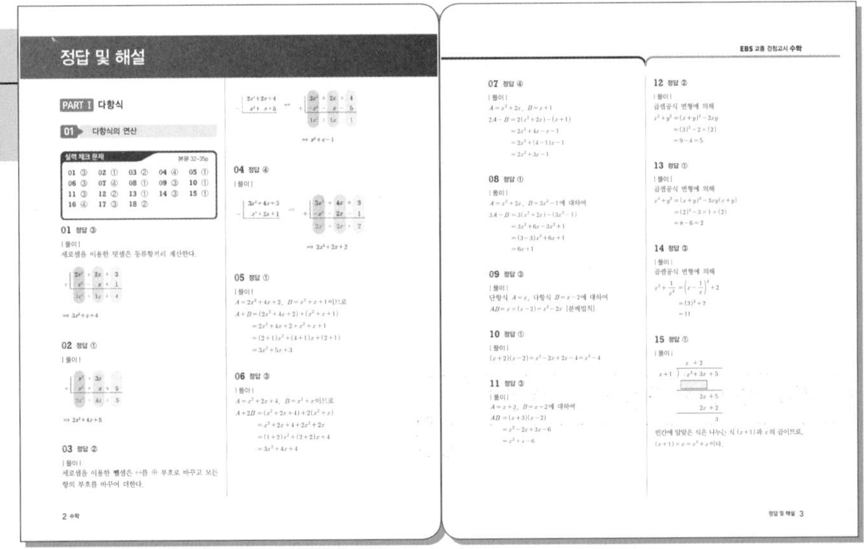

• 정답이 왜 정답인지, 오답이 왜 오답인지를 정확하게 알 수 있도록 명쾌하게 해설
• 중요하거나 이해가 잘 안 될 수 있는 부분은 선생님이 알아서 콕, 더 상세하게 해설

고졸 검정고시 수학 출제 경향 분석

단원별 출제 빈도

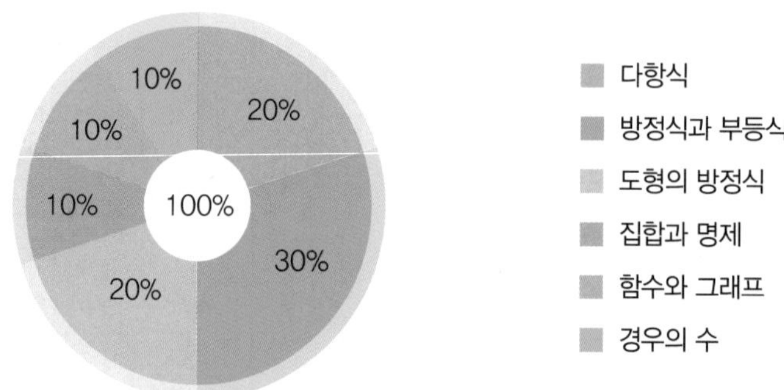

수학 출제 경향

고졸 검정고시의 범위는 총 6개의 대단원으로 이루어져 있으며, 단원별로 꼭 알아야 할 기본 개념에 관련된 문제들이 출제되고 있습니다.
꾸준히 1, 2단원의 비중이 높게 출제되고 있으며, 특히 방정식과 부등식에서 많은 문항이 출제되고 있습니다. 어렵고 난이도 있는 문제들이 출제되기 보다는 대부분의 단원에서 기본개념을 묻는 문항들과 기본문제를 해결하는 문항들이 고르게 출제되고 있습니다.
고졸 검정고시 수학을 위해서는 기본개념과 기초계산력, 중등 연계 개념들을 정확히 정리하고 학습하는 것이 중요합니다.
기출문제를 통해 어떠한 난이도로 학습할지 파악한 후 학습에 들어가는 것이 중요하지만,
기초학습이 부족할 경우 기출문제 위주로 학습하다 보면 많은 어려움을 느낄 수 있기 때문에 기본학습은 반드시 튼튼히 하고 차근차근 학습하는 것이 중요하며, 기본공식과 기본개념 이해에 집중한다면 하나하나 큰 어려움 없이 배워나갈 수 있을 것입니다.

기출 분석에 따른 학습 포인트

❶ 다항식

다항식의 용어의 뜻을 익히고, 꾸준한 연습을 통하여 다항식의 사칙연산을 정확히 할 수 있도록 해야 한다. 깊이 있게 공부하기에는 양이 상당히 많고 부담스러운 단원이므로, 다항식의 덧셈과 뺄셈을 정확히 익히고 빈출 개념 위주로 학습하도록 한다.

❷ 방정식과 부등식

가장 많은 문제가 출제되는 단원이며, 가장 많은 내용을 담고 있는 단원이기 때문에 주로 출제되는 주제들에 집중하여 학습하는 것이 중요하다.

복소수, 여러 가지 방정식과 부등식의 해에 관련된 문항들이 주로 출제되며, 이차함수의 최댓값과 최솟값에 대한 문항도 꾸준히 출제되고 있다.

해당 단원을 학습하기에 앞서 일차방정식과 일차부등식의 풀이, 이차함수의 기초, 함숫값의 표현 등 꼭 알아야 할 중등연계개념을 반드시 정리하도록 한다.

❸ 도형의 방정식

네 개의 소단원에서 한 문항씩 꾸준히 출제되고 있으며, 암기해야 할 공식들이 많아 어렵게 느낄 수 있는 단원이지만, 공식만 정확히 암기하면 맞힐 수 있는 난이도의 문제들이 출제된다. 따라서 빈출 개념에 집중하여 공식을 정확히 암기하도록 학습하는 것이 중요하다.

해당 단원을 학습하기에 앞서 좌표평면의 기초적인 내용을 알고 학습하는 것이 좋다.

❹ 집합과 명제

집합 단원은 난이도가 높지는 않지만, 수식으로 표현된 여러 가지 용어들이 생소할 수 있으므로 용어에 대한 이해를 정확히 하는 것이 좋다. 자주 출제되는 집합의 연산을 벤다이어그램을 이용하여 정확히 이해할 수 있도록 학습한다.

명제 단원은 이해하기 까다로운 단원이지만, 몇 가지 주제 안에서 돌아가며 출제되고 있으므로 출제 경향에 맞춰 난이도를 조절하여 학습하는 것이 중요하다.

❺ 함수

함수에 대한 이해, 합성함수, 역함수, 유리함수, 무리함수 등 여러 가지의 주제가 번갈아 출제되는 단원이다.

다양한 주제에 비해 출제되는 문항의 수는 많지 않으며, 상당히 어렵게 느낄 수 있는 단원이므로, 출제 경향에 맞춰 적절한 난이도의 학습을 하는 것이 중요하다.

❻ 경우의 수

순열과 조합의 차이를 알고, 문제에서 원하는 경우의 수를 정확히 구할 수 있도록 학습해야 한다. 복잡한 문항보다는 경우의 수의 원리를 이용하여 해결할 수 있는 문항들이 주로 출제되므로, 기본적인 내용만 선별하여 학습하는 것이 좋다.

검스타트 합격 스토리!
다음 합격 스토리의 주인공은 바로 당신!

k******

선생님들의 좋은 강의와 교재로 열심히 공부한 결과
고득점(평균 98.86점)을 받았습니다.

검스타트는 검정고시 관련 정보를 다양하게 제공하고 있어
시험 준비에 많은 도움을 받았습니다.
특히 다양한 학습자료가 정말 맘에 들었습니다.

수험생들의 학습을 위해 많은 배려를 하고 있다는 느낌을
받았고, 저렴한 수강료도 좋았지만
수험생의 합격을 위한 진실함이 있다고 느꼈습니다.

이 모든 것들이 검스타트를 선택한 배경이었습니다.

동*

전체에서 한 문제 틀렸습니다.
과학에서 아쉽게 틀려서 만점을 못 받았습니다.

첫 관문을 잘 넘었으니 이제 대학 진학이라는 더 큰 목표를
위해 더 열심히 공부하려고 합니다.

강의해 주신 선생님들 정말 감사합니다.
핵심을 잘 정리해 주시고 이해하기 쉽도록
강의를 잘 해주신 덕분에 높은 점수를 받았습니다.

검스타트 최고 !!!

합***

인강 선택을 위해 제 아들과 상의하고 합격수기가 많은
검스타트를 선택했습니다.

공부한 지 오래되어 기초실력이 없기에
제일 처음 기초강의부터 반복해서 들었습니다.
이어서 이론공부를 시작했습니다.

강의와 교재를 반복해서 공부하다 보니 어느새 틀이
잡혀지고 자신감이 생겼습니다.

이론을 마치고 문제풀이, 기출풀이를 공부하니 검정고시가
그다지 어렵지 않게 느껴졌습니다.

시험을 마치고 채점을 해보니 총점은 합격점수를
충분히 넘었습니다.

t***

50대 중반 주부입니다.
38년 만에 처음으로 도전해 보았는데 혼자 공부하는 거라
처음엔 막막하고 지루하고 어려웠습니다.

검스타트 상담선생님께서 말씀해 주신 대로 쉬운 과목부터
완벽하게 준비해 나갔습니다.
기본강의, 예상문제, 모의고사, 기출문제 순서로 공부했고
무엇보다도 문제를 많이 풀어보았습니다.

특히 핵심총정리가 많은 도움이 되었습니다.
향후 사이버 대학에 도전해보려 합니다.

열심히 강의해 주신 선생님들께 감사드립니다.

심****

검스타트와 인연을 맺은 지 1년.

훌륭하신 선생님들의 헌신적인 강의에 힘입어
70 가까운 나이에 중학교 과정과 고등학교 과정을 잘 마쳤고
특히 고등학교 과정은 7과목 중 4과목을
만점을 받을 정도의 성적으로 무사히 마쳤습니다.

이 모두가 검스타트 임직원 여러분과 각 과목 선생님들의
땀과 아낌 없는 희생 덕분이라 생각합니다.

고맙습니다.
이제부터는 대입 준비 열심히 하여 대입에 도전해 보려
합니다.

이젠, 여러분이
합격할 차례입니다!

차례

100% 합격을 위한 나만의 학습 계획

◆『고졸 검정고시 수학』 학습 진도표

구분		진도 체크(✓)*				
		1회	2회	3회	4회	5회
PART I 다항식	**01** 다항식의 연산					
	02 항등식과 나머지 정리					
	03 인수분해					
	기출문제 체크					
PART II 방정식과 부등식	**01** 복소수와 이차방정식					
	02 이차방정식과 이차함수					
	03 여러 가지 방정식과 부등식					
	기출문제 체크					
PART III 도형의 방정식	**01** 평면좌표					
	02 직선의 방정식					
	03 원의 방정식					
	04 평행이동과 대칭이동					
	기출문제 체크					
PART IV 집합과 명제	**01** 집합					
	02 명제					
	기출문제 체크					
PART V 함수	**01** 여러 가지 함수					
	02 유리함수와 무리함수					
	기출문제 체크					
PART VI 경우의 수	**01** 경우의 수					
	02 순열과 조합					
	기출문제 체크					
PART VII 실전 모의고사	제1회 실전 모의고사					
	제2회 실전 모의고사					
PART VIII 2024년 기출문제	제1회 기출문제					
	제2회 기출문제					

*학습 완료한 날짜를 적으셔도 좋습니다.

● 진도 체크(✓) 요령

1회 • 해당 부분 모두를 정독(精讀)했을 때를 1회로 간주합니다. 단순히 체크(✓)하셔도 좋고 권하는 대로 해당 날짜를 적어 넣으셔도 좋습니다.

2회 • 해당 부분 모두를 두 번째로 정독했을 때를 2회로 간주합니다. 띄엄띄엄 부분적으로 공부한 것은 해당하지 않습니다. 반드시 해당 부분 모두를 두 번째로 정독했을 경우에만 표시하도록 합니다.

3회 • 해당 부분에서 취약하거나 중요한 부분을 중심으로 처음부터 끝까지 모두 공부했을 때를 3회로 간주합니다. 실력(이해와 암기)을 키우기 위한 집중 학습에 해당합니다.

4회 • 3회와 같은 방식으로 취약하거나 중요한 부분을 중심으로 처음부터 끝까지 다시 한번 모두 공부했을 때를 4회로 간주합니다.

5회 • 시험을 목전에 두고 최종적으로 해당 부분 모두를 정독했을 때를 5회로 간주합니다. 1회에서 4회까지의 학습 과정이 있었기 때문에 1회, 2회보다는 훨씬 빠른 속도로 끝마칠 수 있을 것입니다.

◆ 취약 부분 극복 계획

학습 진도 중에서 자신이 취약하다고 생각되는 부분을 적고 이를 극복할 수 있는 방안을 고민해 봅니다.

진도 중 취약 부분	극복 방안	극복한 날
예) 시의 비유법들이 잘 구분되지 않는다(특히 은유법). 어렵다.	예) 교재와 강의에서 비유법 관련 내용이 나올 때마다 초집중한다.	예) 7월 7일(화) 비유법 극복!

◆ 나의 다짐과 소감

본격적인 학습에 앞서 다짐의 말을 적어 봅니다. 또 주변 사람들로부터 응원의 말을 받아 보세요. 물론 스스로에게 하는 응원의 말을 적으셔도 좋습니다. 마지막 포스트잇은 합격 후에 기분 좋게 작성하세요.

● (학습 전) 나의 다짐

● 응원의 말

● 합격 소감

EBS 교육방송교재

고졸 검정고시 **수학**

PART

I

다항식

01 다항식의 연산

02 항등식과 나머지 정리

03 인수분해

이 단원에서는 다항식과 관련된 여러 가지 용어의 뜻을 알고, 구별할 수 있으며, 이를 이용하여 다항식의 사칙연산을 할 수 있도록 합니다. 항등식에 대해 이해하고, 나머지 정리와 인수정리를 사용할 수 있으며, 인수분해를 이해하고, 간단한 인수분해 공식을 이용할 수 있도록 합니다.

다항식의 연산

• 다항식의 용어를 정확히 알고, 사칙연산을 할 수 있도록 합니다.

연계개념 이해 쏙!

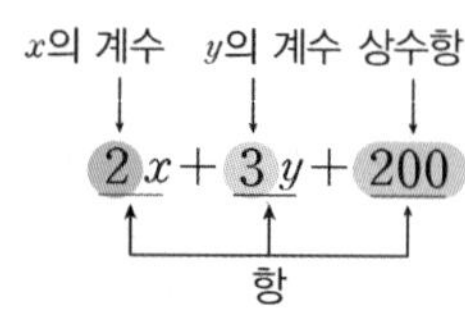

① 항 : $2x$, $3y$, 200

② 상수항 : 200

③ x의 계수 : 2

y의 계수 : 3

④ x의 차수 : 1차

y의 차수 : 1차

⑤ 다항식의 차수 :

x에 대한 1차식, y에 대한 1차식

그림으로 핵심만 쏙쏙!

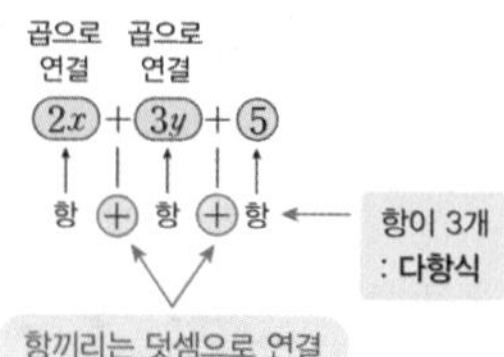

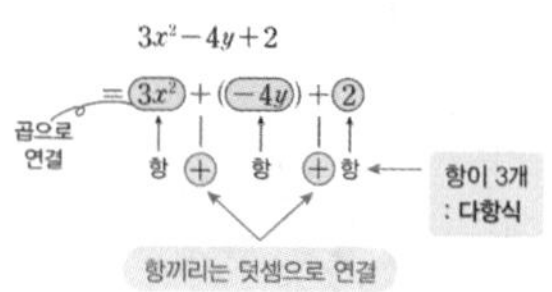

1 단항식과 다항식

1. 다항식

(1) 용어 및 기본개념 정리

① 항 : 수 또는 문자의 곱으로 이루어진 식

② 상수항 : 문자 없이 '수'만으로 이루어진 항

③ 계수 : 항에서 문자에 곱한 수

④ 차수 : 어떤 항에서 문자가 곱해진 개수

⑤ 다항식 : 한 개 또는 두 개 이상의 항의 합으로 이루어진 식

⑥ 단항식 : 항이 한 개뿐인 식

⑦ 다항식의 차수 : 다항식에서 가장 높은 차수

예

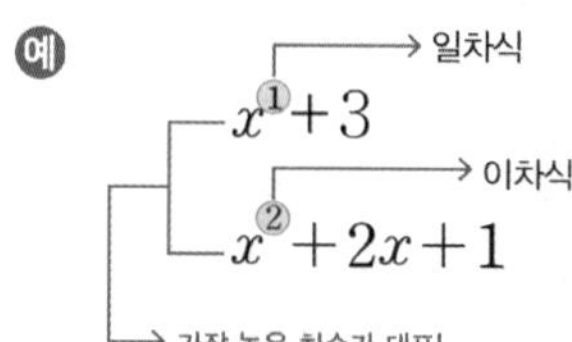

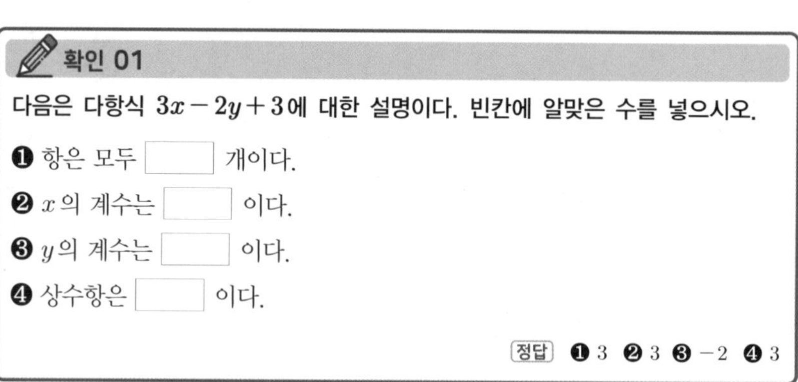

확인 01

다음은 다항식 $3x-2y+3$에 대한 설명이다. 빈칸에 알맞은 수를 넣으시오.

❶ 항은 모두 ☐ 개이다.

❷ x의 계수는 ☐ 이다.

❸ y의 계수는 ☐ 이다.

❹ 상수항은 ☐ 이다.

정답 ❶ 3 ❷ 3 ❸ -2 ❹ 3

확인 02

다음 표를 완성하시오.

다항식	항	계수
$3x+1$		x의 계수 :
$2x-3y-1$		x의 계수 : y의 계수 :
x^2-x+3		x^2의 계수 : x의 계수 :
$-x^2+2x-3$		x^2의 계수 : x의 계수 :

정답

다항식	항	계수
$3x+1$	$3x$, 1	x의 계수 : 3
$2x-3y-1$	$2x$, $-3y$, -1	x의 계수 : 2 y의 계수 : -3
x^2-x+3	x^2, $-x$, 3	x^2의 계수 : 1 x의 계수 : -1
$-x^2+2x-3$	$-x^2$, $2x$, -3	x^2의 계수 : -1 x의 계수 : 2

2 식의 계산

1. 다항식의 정리방법

(1) 내림차순

다항식을 한 문자에 대하여 차수가 높은 항부터 차례대로 나열하는 것

예 x^3+x^2-3x+1 [3차 → 2차 → 1차 → 상수항]

(2) 오름차순

다항식을 한 문자에 대하여 차수가 낮은 항부터 차례대로 나열하는 것

예 $1-3x+x^2+x^3$ [상수항 → 1차 → 2차 → 3차]

그림으로 핵심만 쏙쏙!

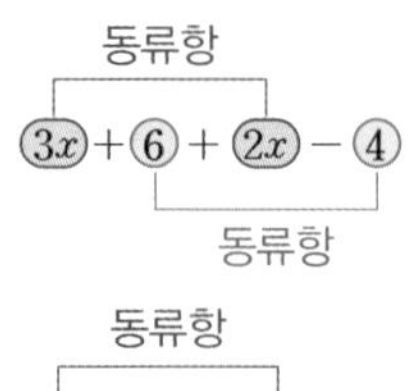

동류항

$x^2 + 3x + 2x^2 + x - 5$

동류항

2. 동류항

문자와 차수가 같은 항을 동류항이라고 한다.

예 $3x+6+2x-4$에서 동류항 : $3x$와 $2x$ / 6과 -4

$x^2+3x+2x^2+x-5$에서 동류항 : x^2과 $2x^2$ / $3x$와 x

확인 03

다음 중 $3x$와 동류항인 것을 모두 고르시오.

$2x$	$-2y$	x^3	3	$-3x$	$-3x^2$	$\frac{1}{2}x$

정답 $2x$, $-3x$, $\frac{1}{2}x$

확인 04

다음에서 x^2과 동류항인 것을 고르시오.

$4x^2$	$4y$	$-x^2$	-1	$-3y$	$-2x$	7

정답 $4x^2$, $-x^2$

3 다항식의 덧셈과 뺄셈

그림으로 핵심만 쏙쏙!

$3x+2x$

계수끼리 계산

$= 3 \times x + 2 \times x = (3+2) \times x$

동류항끼리만!

$= 5x$

1. 동류항의 덧셈

분배법칙을 이용하여 동류항의 계수끼리 계산한다.

예 $3x+2x = 3\times x + 2\times x = (3+2)\times x = 5x$

확인 05

다음을 간단히 하시오.

❶ $5x+x$

❷ $2x+3x$

❸ $2x^2+x^2$

❹ $2y^2+y^2$

정답 ❶ $6x$ ❷ $5x$ ❸ $3x^2$ ❹ $3y^2$

2. 동류항의 뺄셈

분배법칙을 이용하여 동류항의 계수끼리 계산한다.

예 $3x^2-2x^2=3\times x^2-2\times x^2=(3-2)\times x^2=1x^2=x^2$

그림으로 핵심만 쏙쏙!

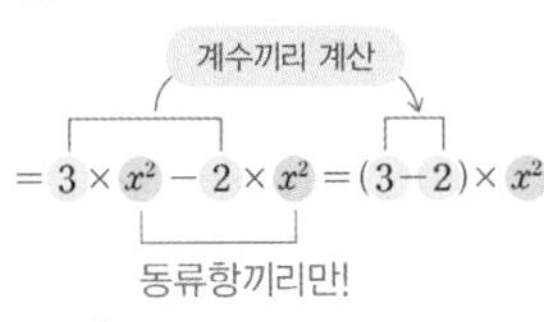

확인 06

다음을 간단히 하시오.

❶ $2x-5x$

❷ $3a-2a$

❸ $-x^2+2x^2$

정답 ❶ $-3x$ ❷ a ❸ x^2

3. 다항식의 덧셈 출제포인트 ★★★

다항식의 덧셈은 괄호를 풀어 정리한 후 동류항끼리 모아서 계산한다.

Click 다항식의 덧셈

다음 두 다항식 A, B에 대하여 $A+B$를 계산해보자.

$A=2x^2+3x-2$, $B=x^2-x+3$

방법 1

$A+B=\boxed{(2x^2+3x-2)}+\boxed{(x^2-x+3)}$	A, B 대신 식 대입(괄호 사용)
$=2x^2+3x-2+x^2-x+3$	괄호 풀기
$=2x^2+x^2+3x-x-2+3$	동류항끼리 정리
$=(2+1)x^2+(3-1)x+(-2+3)$	동류항끼리 계산
$=3x^2+2x+1$	

그림으로 핵심만 쏙쏙!

방법 2 세로셈을 이용하는 방법

$$\begin{array}{rrrrrr} & 2x^2 & + & 3x & - & 2 \\ +) & x^2 & - & x & + & 3 \\ \hline & 3x^2 & + & 2x & + & 1 \end{array}$$

동류항끼리 같은 줄에 두고 계산하면 편하게 계산할 수 있어요!

확인 07

다음 두 다항식의 계산을 하시오.

❶
$$\begin{array}{rrrrrr} & x^2 & + & x & + & 1 \\ + & x^2 & + & 2x & + & 2 \\ \hline \end{array}$$

❷
$$\begin{array}{rrrrrr} & 2x^2 & + & x & - & 1 \\ + & x^2 & - & x & + & 3 \\ \hline \end{array}$$

정답 ❶ $2x^2+3x+3$ ❷ $3x^2+2$

4. 다항식의 뺄셈 출제포인트 ★★★

(1) 다항식의 뺄셈은 빼는 식의 모든 항의 부호를 바꾸어서 더한다.
(2) 괄호를 풀어 정리할 때에는 분배법칙을 이용하여 정리한다.

Click 다항식의 뺄셈

다음 두 다항식 A, B에 대하여 $A-B$를 계산해보자.
$A=2x^2+3x-2$, $B=x^2-x+3$

방법 1

$A-B=\boxed{(2x^2+3x-2)}-\boxed{(x^2-x+3)}$	A, B 대신 식 대입(괄호 사용)
$=2x^2+3x-2-x^2+x-3$	괄호 풀기(부호 바꾸기)
$=2x^2-x^2+3x+x-2-3$	동류항끼리 정리
$=(2-1)x^2+(3+1)x+(-2-3)$	동류항끼리 계산
$=x^2+4x-5$	

그림으로 핵심만 쏙쏙!

방법 2

$$\begin{array}{rrrr} & 2x^2 & +3x & -2 \\ -) & x^2 & -x & +3 \\ \hline \end{array}$$

⊖를 ⊕ 부호로 바꾸고 모든 항의 부호를 바꾸어 더한다.

$$\begin{array}{rrrr} & 2x^2 & +3x & -2 \\ +) & -x^2 & +x & -3 \\ \hline & x^2 & +4x & -5 \end{array}$$

꼭! 모든 항의 부호를 바꾸어야 해요!

확인 08

다음 두 다항식의 계산을 하시오.

❶
$$\begin{array}{rrrr} & 2x^2 & +3x & +4 \\ - & x^2 & +x & +2 \\ \hline \end{array}$$

❷
$$\begin{array}{rrrr} & 3x^2 & +2x & -1 \\ - & x^2 & +x & -2 \\ \hline \end{array}$$

정답 ❶ x^2+2x+2 ❷ $2x^2+x+1$

4 단항식과 다항식의 곱셈

1. 단항식의 계산

계수는 계수끼리, 문자는 문자끼리 곱하며, 같은 문자끼리의 곱셈은 거듭제곱을 이용하여 나타낸다.

예 $2x \times 4 = 2 \times x \times 4 = 2 \times 4 \times x = (2 \times 4) \times x = 8 \times x = 8x$

교환법칙 결합법칙

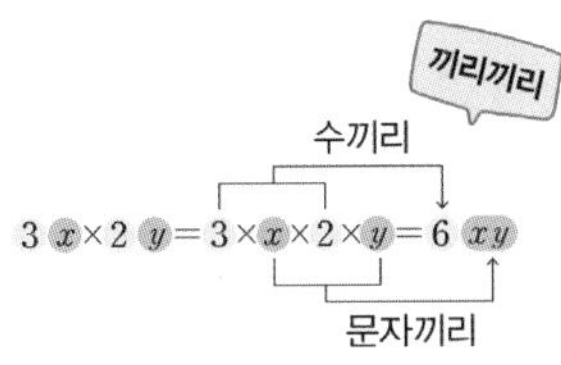

끼리끼리를 기억하면 쉬워요!

다음을 간단히 하시오.

❶ $2x \times 5$ ❷ $3a \times 5b$

❸ $3x \times (-2)$ ❹ $-2x \times (-4)$

정답 ❶ $10x$ ❷ $15ab$ ❸ $-6x$ ❹ $8x$

2. 단항식과 다항식의 전개

분배법칙을 이용하여 각 항에 곱하여 준다.

예 $2x(x+y) = 2x \times x + 2x \times y$

$= 2x^2 + 2xy$

$2x(x+y) = 2x^2 + 2xy$ (전개)

연계개념 이해 쏙!

$3(5x+2) = 3 \times 5x + 3 \times 2$

$= 15x + 6$

(수)×(일차식)

➜ 분배법칙을 이용하여 일차식의 각 항에 수를 곱한다.

3. 다항식과 다항식의 전개

분배법칙을 이용하여 전개하고, 동류항이 있으면 간단히 한다.

예 $(a+1)(b+2)$를 전개하면 다음과 같다.

$(a+1)(b+2) = \underset{❶}{ab} + \underset{❷}{2a} + \underset{❸}{b} + \underset{❹}{2}$

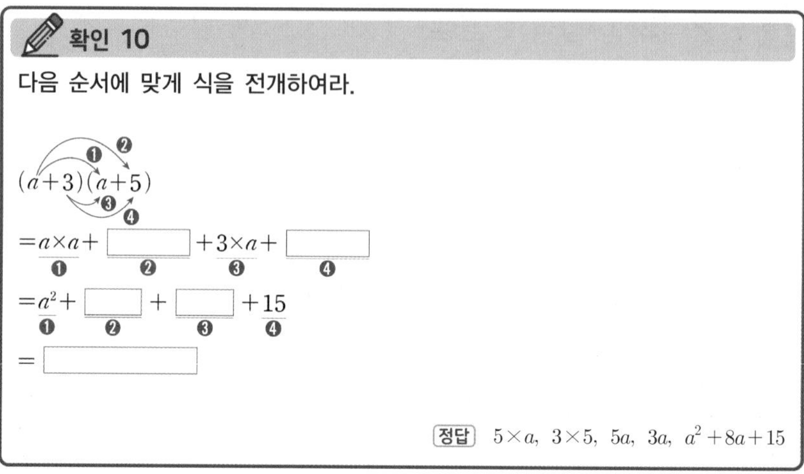

5 곱셈공식

1. 곱셈공식

(1) 곱셈공식의 예

① $(a+b)^2=a^2+2ab+b^2$

➜ $(a+b)^2=(a+b)(a+b)=a^2+ab+ba+b^2=a^2+2ab+b^2$

② $(a-b)^2=a^2-2ab+b^2$

➜ $(a-b)^2=(a-b)(a-b)=a^2-ab-ba+b^2=a^2-2ab+b^2$

③ $(a+b)(a-b)=a^2-b^2$

➜ $(a+b)(a-b)=a^2-ab+ba-b^2=a^2-b^2$

④ $(x+a)(x+b)=x^2+(a+b)x+ab$

➜ $(x+a)(x+b)=x^2+bx+ax+ab=x^2+(a+b)x+ab$

⑤ $(a+b+c)^2=a^2+b^2+c^2+2ab+2bc+2ca$

⑥ $(a+b)^3=a^3+3a^2b+3ab^2+b^3$

⑦ $(a-b)^3=a^3-3a^2b+3ab^2-b^3$

⑧ $(a+b)(a^2-ab+b^2)=a^3+b^3$

⑨ $(a-b)(a^2+ab+b^2)=a^3-b^3$

그림으로 핵심만 쏙 쏙!

① 완전제곱식
(● + ■)^2
= ●^{2} + 2 × ● × ■ + ■^{2}

② 완전제곱식 2
(● − ■)^2
= ●^{2} − 2 × ● × ■ + ■^{2}

③ 합, 차공식
(● − ■)(● + ■)
= ●^{2} − ■^{2}

⑧ 세제곱 공식
(● + ■)(●^{2} − ● × ■ + ■^{2})
= ●^{3} + ■^{3}

⑨ 세제곱 공식 2
(● − ■)(●^{2} + ● × ■ + ■^{2})
= ●^{3} − ■^{3}

 **확인 11**

다음을 전개하여라.

❶ $(x+y)^2$

❷ $(x-y)^2$

❸ $(x+y)(x-y)$

❹ $(x+y)(x^2-xy+y^2)$

❺ $(x-y)(x^2+xy+y^2)$

정답 ❶ $x^2+2xy+y^2$ ❷ $x^2-2xy+y^2$ ❸ x^2-y^2 ❹ x^3+y^3 ❺ x^3-y^3

2. 곱셈공식의 변형 출제포인트 ★★★

(1) 곱셈공식의 변형

① $a^2+b^2=(a+b)^2-2ab$, $a^2+b^2=(a-b)^2+2ab$

② $\left(x+\frac{1}{x}\right)^2=x^2+\frac{1}{x^2}+2$, $\left(x-\frac{1}{x}\right)^2=x^2+\frac{1}{x^2}-2$

➜ $\left(x+\frac{1}{x}\right)^2=x^2+\frac{1}{x^2}+2\times x\times\frac{1}{x}=x^2+\frac{1}{x^2}+2$

➜ $\left(x-\frac{1}{x}\right)^2=x^2+\frac{1}{x^2}-2\times x\times\frac{1}{x}=x^2+\frac{1}{x^2}-2$

③ $x^2+\frac{1}{x^2}=\left(x+\frac{1}{x}\right)^2-2$, $x^2+\frac{1}{x^2}=\left(x-\frac{1}{x}\right)^2+2$

④ $a^3+b^3=(a+b)^3-3ab(a+b)$,
$a^3-b^3=(a-b)^3+3ab(a-b)$

⑤ $(a+b)^2=(a-b)^2+4ab$

⑥ $(a-b)^2=(a+b)^2-4ab$

연계개념 이해 쏙!

곱셈공식 변형은 곱셈공식을 이항하여 만든 식이에요!

확인 12

$a+b=4, ab=3$일 때, 다음 식의 값을 구하여라.

❶ a^2+b^2

❷ a^3+b^3

❸ $(a-b)^2$

풀이

❶ $a^2+b^2=(a+b)^2-2ab=4^2-6=16-6=10$

❷ $a^3+b^3=(a+b)^3-3ab(a+b)$

$=4^3-3\times3\times4=64-36=28$

❸ $(a-b)^2=(a+b)^2-4ab=4^2-4\times3=16-12=4$

정답 ❶ 10 ❷ 28 ❸ 4

확인 13

$x+\dfrac{1}{x}=3$일 때, $x^2+\dfrac{1}{x^2}$의 값을 구하여라.

풀이

$$x^2+\frac{1}{x^2}=\left(x+\frac{1}{x}\right)^2-2=3^2-2=9-2=7$$

정답 7

6 다항식의 나눗셈

1. 다항식의 나눗셈 출제포인트 ★★★

(1) 다항식의 나눗셈

각 다항식을 내림차순으로 정리한 다음 나눗셈을 한다.

(2) 수의 나눗셈과 다항식의 나눗셈

수의 나눗셈에서 나머지가 나누는 수보다 작아야 하는 것처럼 다항식의 나눗셈은 그림과 같이 일차식으로 나누면 나머지는 상수가 될 때까지 나눈다.

Click 수와 다항식의 나눗셈

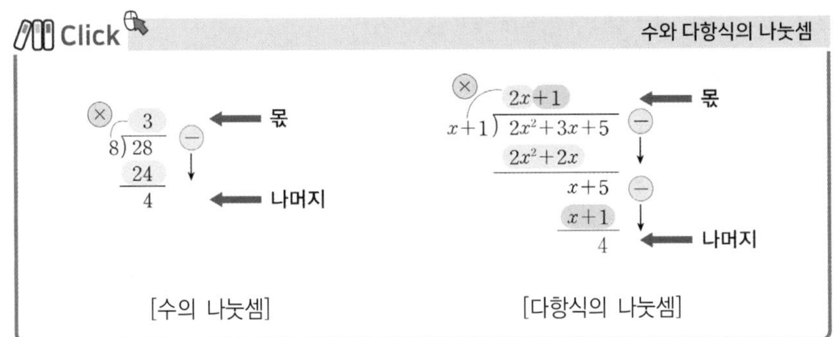

[수의 나눗셈] [다항식의 나눗셈]

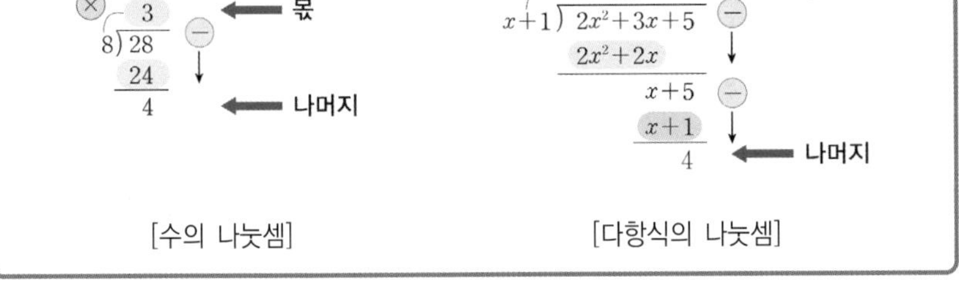

연계개념 이해 쏙!

수의 나눗셈과 똑같이 나누는 식과 몫을 곱하여 적은 다음 위의 식에서 아래 식을 빼나가는 방법으로 나눗셈을 할 수 있어요!

확인 14

다음 다항식의 나눗셈에서 빈칸에 알맞은 식을 쓰시오.

❶

$$\begin{array}{r} 3x+2 \\ x+1\,\overline{)\,3x^2+5x+7} \\ \boxed{} \\ \hline 2x+7 \\ 2x+2 \\ \hline 5 \end{array}$$

❷

$$\begin{array}{r} 2x+5 \\ x-1\,\overline{)\,2x^2+3x+2} \\ 2x^2-2x \\ \hline \boxed{} \\ 5x-5 \\ \hline 7 \end{array}$$

풀이

❶ $(x+1)\times 3x=3x^2+3x$

❷ $2x^2+3x+2-(2x^2-2x)=5x+2$

정답 ❶ $3x^2+3x$ ❷ $5x+2$

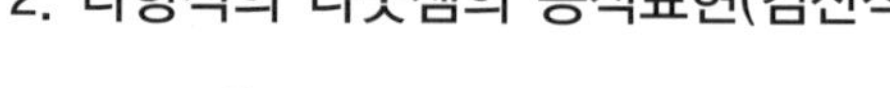

2. 다항식의 나눗셈의 등식표현(검산식)

Click 다항식의 나눗셈의 등식표현

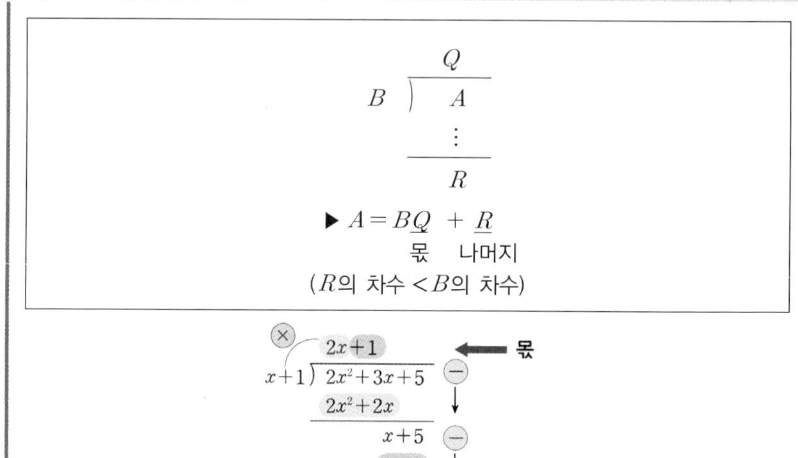

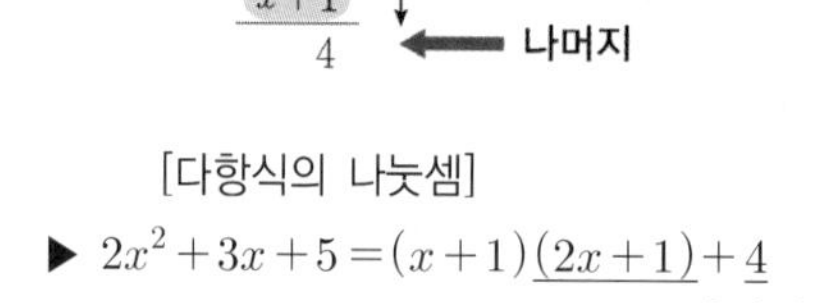

그림으로 핵심만 쏙 쏙!

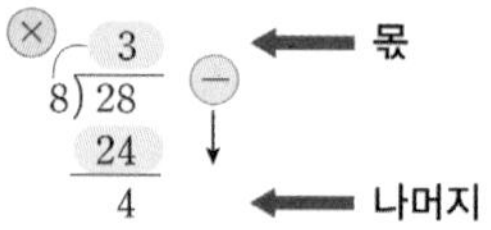

수의 나눗셈

$28=8\times\underline{3}+\underline{4}$

몫 나머지

확인 15

다음 다항식의 나눗셈에서 몫과 나머지를 쓰시오.

❶

$$\begin{array}{r|l} & x\quad -2 \\ \hline 2x+1 & 2x^2-3x+1 \\ & 2x^2+\ \ x \\ \hline & \quad -4x+1 \\ & \quad -4x-2 \\ \hline & \qquad\quad 3 \end{array}$$

❷

$$\begin{array}{r|l} & 5x\ \ +4 \\ \hline x-2 & 5x^2-\ \ 6x-\ \ 2 \\ & 5x^2-10x \\ \hline & \qquad 4x-\ \ 2 \\ & \qquad 4x-\ \ 8 \\ \hline & \qquad\qquad 6 \end{array}$$

정답 ❶ 몫 : $x-2$ 나머지 : 3

❷ 몫 : $5x+4$ 나머지 : 6

7 조립제법 출제포인트 ★★★

1. 조립제법

다항식을 x에 대한 일차식으로 나눌 때, 계수만을 사용하여 몫과 나머지를 구하는 방법을 말한다.

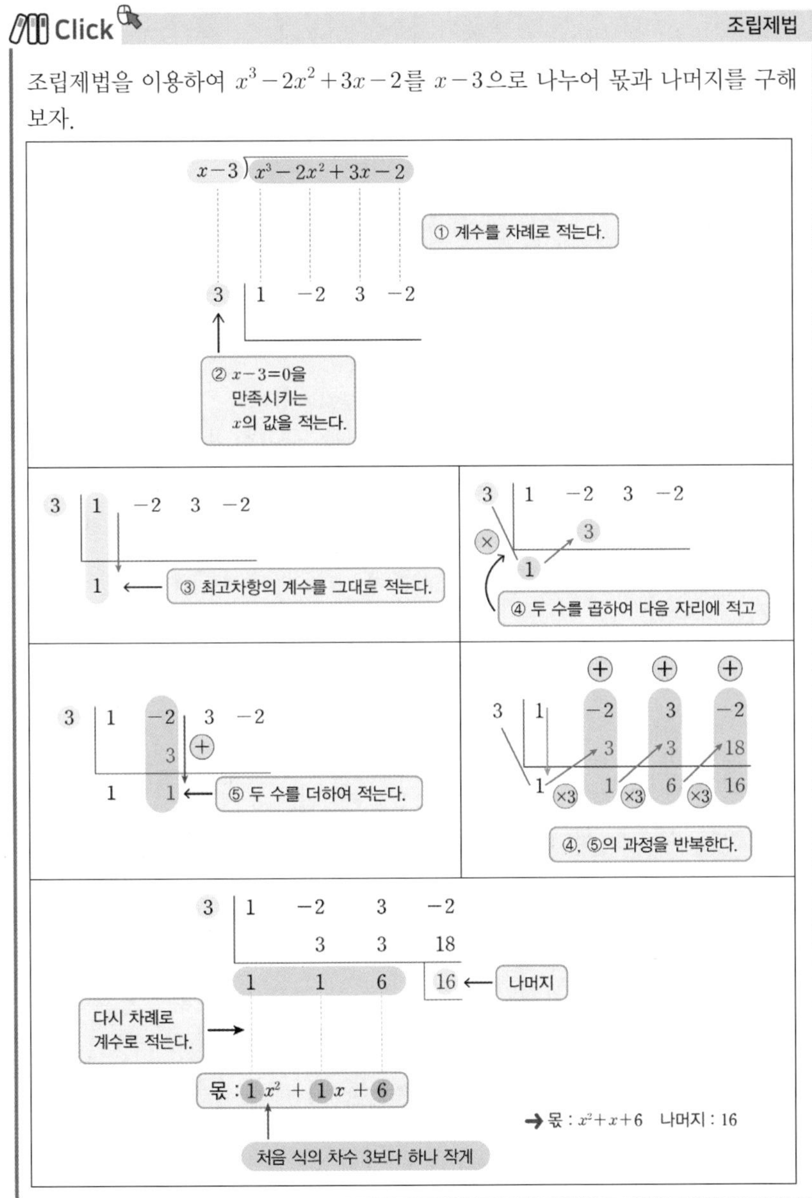

조립제법

① 다항식을 내림차순으로 정리
② 항의 계수를 순서대로 적는다. (이때, 계수가 0인 것도 반드시 적어야 한다.)
③ 나누는 식$=0$이 되는 값을 가장 왼쪽 바깥에 적는다.
④ 설명에 따라 순서대로 반복한다.
⑤ 결과를 정리한다.

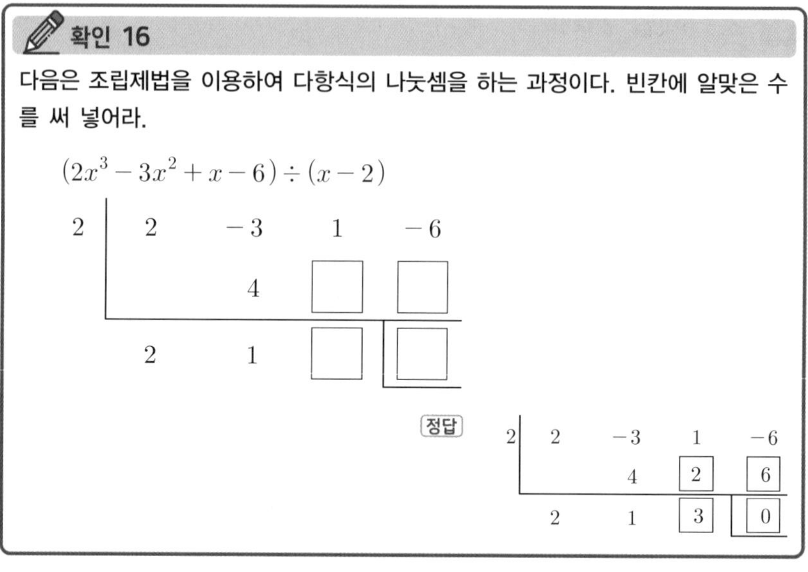

확인 16

다음은 조립제법을 이용하여 다항식의 나눗셈을 하는 과정이다. 빈칸에 알맞은 수를 써 넣어라.

$(2x^3-3x^2+x-6)\div(x-2)$

2	2	−3	1	−6
		4	□	□
	2	1	□	□

정답

2	2	−3	1	−6
		4	2	6
	2	1	3	0

2. 조립제법의 결과 읽기 출제포인트★★★

조립제법의 결과를 보고, 몫과 나머지를 구분하여 정리할 수 있다.

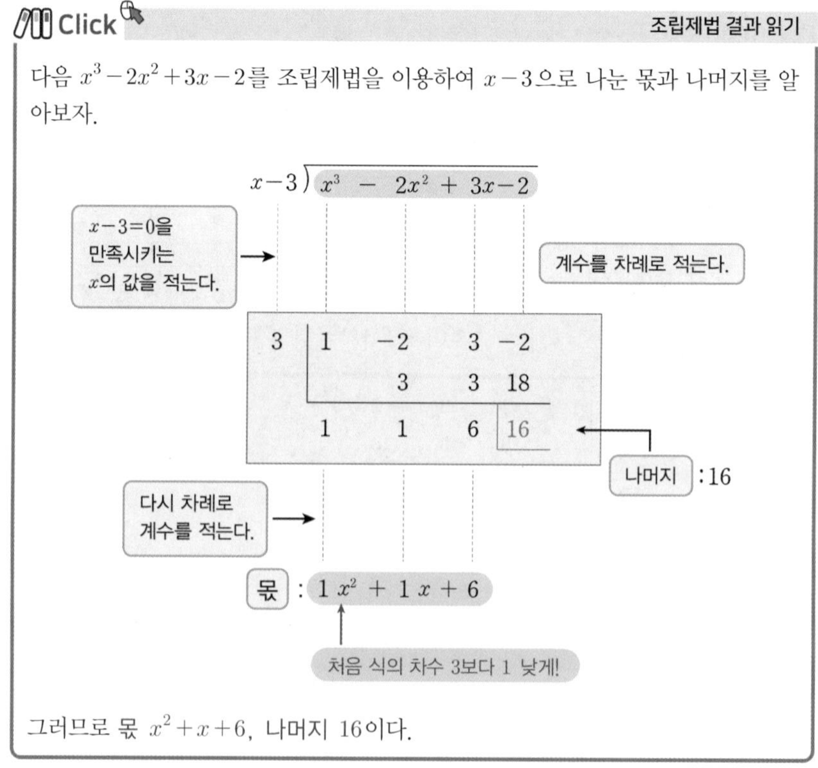

Click 조립제법 결과 읽기

다음 x^3-2x^2+3x-2를 조립제법을 이용하여 $x-3$으로 나눈 몫과 나머지를 알아보자.

그러므로 몫 x^2+x+6, 나머지 16이다.

확인 17

다음은 조립제법을 이용하여 몫과 나머지를 구하는 과정이다. 각각의 식에서 몫과 나머지를 구하여라.

❶ $(x^3+2x^2-x+3)\div(x-1)$

$$\begin{array}{c|cccc} 1 & 1 & 2 & -1 & 3 \\ & & 1 & 3 & 2 \\ \hline & 1 & 3 & 2 & \boxed{5} \end{array}$$

❷ $(x^3-x^2+2x+1)\div(x-2)$

$$\begin{array}{c|cccc} 2 & 1 & -1 & 2 & 1 \\ & & 2 & 2 & 8 \\ \hline & 1 & 1 & 4 & \boxed{9} \end{array}$$

정답 ❶ 몫 : x^2+3x+2 나머지 : 5
❷ 몫 : x^2+x+4 나머지 : 9

01 실력 체크 문제

정답 및 해설 별책 2p

[01~04] 다음 다항식의 계산을 하고, 보기에서 알맞은 답을 고르면?

보기

① $2x^2+4x+5$ ② x^2+x-1
③ $3x^2+x+4$ ④ $2x^2+2x+2$

01

$$\begin{array}{r|rrr} & 2x^2 & +\ 2x & +\ 3 \\ + & x^2 & -\ \ x & +\ 1 \\ \hline \end{array}$$

02

$$\begin{array}{r|rrr} & x^2 & +\ 3x & \\ + & x^2 & +\ \ x & +\ 5 \\ \hline \end{array}$$

03

$$\begin{array}{r|rrr} & 2x^2 & +\ 2x & +\ 4 \\ - & x^2 & +\ \ x & +\ 5 \\ \hline \end{array}$$

04

$$\begin{array}{r|rrr} & 3x^2 & +\ 4x & +\ 3 \\ - & x^2 & +\ 2x & +\ 1 \\ \hline \end{array}$$

05 두 다항식 $A=2x^2+4x+2$, $B=x^2+x+1$에 대하여 $A+B$는?

① $3x^2+5x+3$ ② x^2+3x+3
③ $2x^2+5x+3$ ④ x^2+5x+2

06 두 다항식 $A=x^2+2x+4$, $B=x^2+x$에 대하여 $A+2B$는?

① $2x^2+3x+4$ ② x^2+3x+4
③ $3x^2+4x+4$ ④ $3x^2+3x+4$

07 두 다항식 $A=x^2+2x$, $B=x+1$에 대하여 $2A-B$는?

① $2x^2+4x-1$　② $2x^2+3x+1$
③ $2x^2+4x+1$　④ $2x^2+3x-1$

08 두 다항식 $A=x^2+2x$, $B=3x^2-1$에 대하여 $3A-B$는?

① $6x+1$　② $3x^2+6x+3$
③ $6x-1$　④ $6x+6$

09 단항식 $A=x$와 다항식 $B=x-2$의 곱 AB는?

① $2x-2$　② x^2+2x
③ x^2-2x　④ x^2+2

10 $(x+2)(x-2)$를 전개하면?

① x^2-4　② $x+2$
③ x^2+4x+4　④ x^2-4x+4

11 $A=x+3$, $B=x-2$의 곱 AB는?

① x^2+x+6 ② x^2-x-6

③ x^2+x-6 ④ x^2-x+6

12 $x+y=3$, $xy=2$일 때, x^2+y^2의 값은?

① 3 ② 5

③ 7 ④ 9

13 $x+y=2$, $xy=1$일 때, x^3+y^3의 값은?

① 2 ② 5

③ 7 ④ 9

14 $x-\frac{1}{x}=3$일 때, $x^2+\frac{1}{x^2}$의 값은?

① 7 ② 9

③ 11 ④ 13

15 다음 다항식의 나눗셈에서 빈칸에 알맞은 식은?

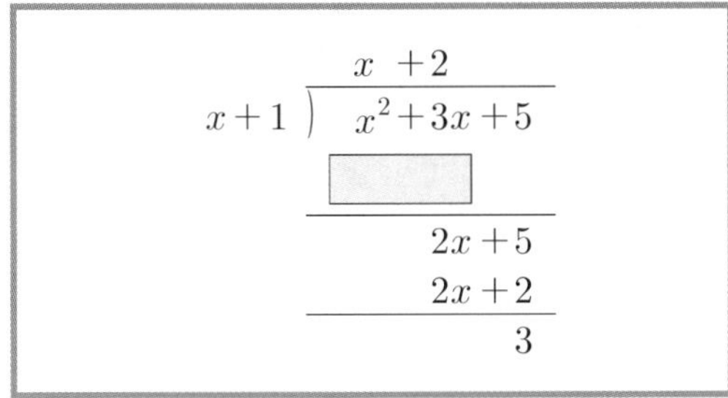

① x^2+x ② x^2+2x
③ x^2 ④ $x+1$

16 다음 다항식의 나눗셈에서 빈칸에 알맞은 식은?

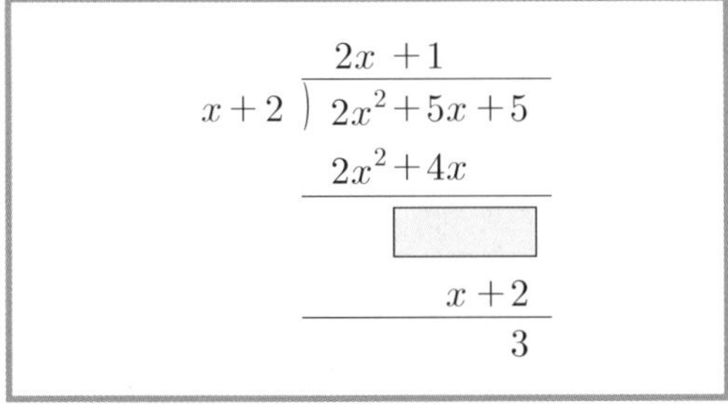

① $9x+5$ ② x^2+5
③ $x-5$ ④ $x+5$

17 다음은 조립제법을 이용하여 $(x^3-2x^2+x-1)\div(x-2)$의 몫과 나머지를 구하는 과정이다. 이때, 몫을 바르게 구한 것은?

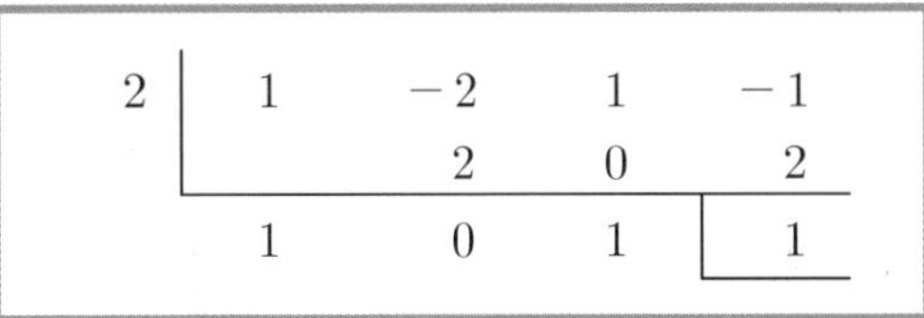

① $x+1$ ② $2x+2$
③ x^2+1 ④ $2x^2+2$

18 다음은 조립제법을 이용하여 다항식 x^3+5x^2-6x+2를 $x-1$로 나눈 몫과 나머지를 구하는 과정이다. 나머지를 구하면?

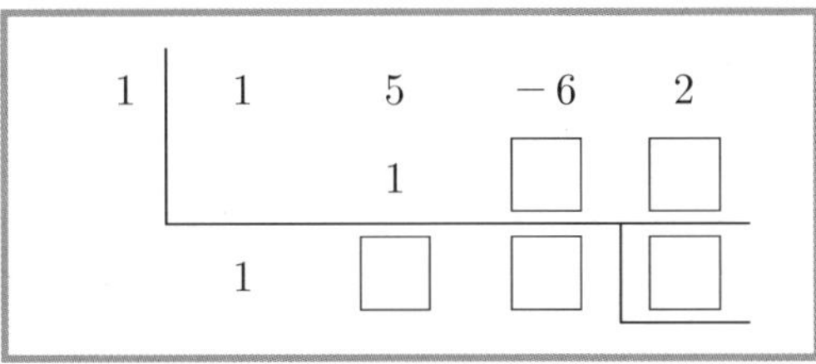

① 1 ② 2
③ 3 ④ 4

항등식과 나머지 정리

- 항등식의 성질을 이해하도록 합니다.
- 나머지 정리를 이해하고, 이를 이용하여 문제를 해결할 수 있도록 합니다.

1 항등식

1. 등식과 항등식

(1) 등식

등호 '='를 사용하여 나타낸 식

> 그림으로 핵심만 쏙쏙!
>
> 등식: 좌변 $3x+2$ = 우변 11 (양변)

확인 01

다음 중 등식인 것에는 ○표, 등식이 아닌 것에는 ×표 하시오.

❶ $3x-1$ ( ) ❷ $2+3=x$ ( )

❸ $2+5=7$ ( ) ❹ $4<6$ ( )

❺ $8-3=5$ ( ) ❻ $x+3x=5$ ( )

정답 ❶ × ❷ ○ ❸ ○ ❹ × ❺ ○ ❻ ○

(2) 항등식 출제포인트 ★★★

미지수에 관계없이 항상 참이 되는 등식

예 $x+x=2x$는 x에 어떤 값을 대입하여도 항상 참이므로 항등식이다.

> 그림으로 핵심만 쏙쏙!
>
> 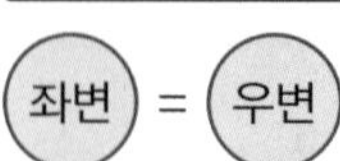
>
>
> 항등식은 좌변과 우변이 같은 식
>
> **항등식의 여러 가지 표현**
> - x의 값에 관계없이 성립할 때
> - 모든 x에 대하여 성립할 때
> - 임의의 x에 대하여 성립할 때
> - 어떤 x의 값에 대해서도 성립할 때

확인 02

다음 등식 $3x-4=5$에 대하여 빈칸을 채우고, 항등식인지 말하여라.

	좌변	우변	참, 거짓
$x=1$ 대입		5	
$x=2$ 대입		5	
$x=3$ 대입		5	

정답 -1, 거짓, 2, 거짓, 5, 참 / 항등식이 아니다.

확인 03

다음 등식 $2x = 3x - x$에 대하여 빈칸을 채우고, 항등식인지 말하여라.

	좌변	우변	참, 거짓
$x=1$ 대입			
$x=2$ 대입			
$x=3$ 대입			

정답 2, 2, 참, 4, 4, 참, 6, 6, 참 / 항등식이다.

확인 04

다음에서 항등식을 모두 찾으시오.

❶ $4x - 1 = 3x$

❷ $x + 7 = 7 - x$

❸ $2(x-1) = 2x - 2$

❹ $2(x+1) - x = x + 2$

정답 항등식 : ❸, ❹

2. 항등식의 성질과 미정계수법 ★★★ 출제포인트

(1) 비교하여 구하기(계수비교법)

① $ax + b = 0$이 x에 대한 항등식이면, $a = b = 0$이다.

② $ax + b = cx + d$가 x에 대한 항등식이면, $a = c$, $b = d$이다.

Click 미정계수법 - 계수비교법(1)

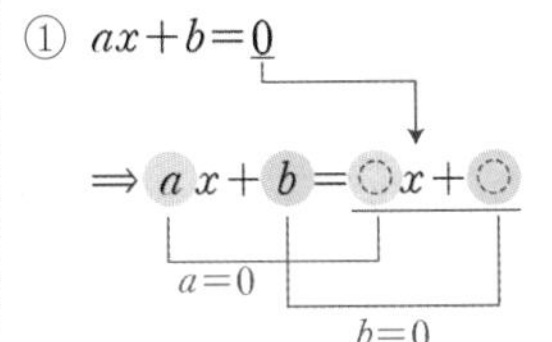

② $ax+b=2x+1$

$\Rightarrow ax+b=2x+1$

$b=1$, $a=2$

연계개념 이해 쏙!

문자를 사용한 식에서 문자 대신 수를 넣는 것을 문자에 수를 대입한다고 한다.

예

a 대신 -2를 대입

$2a+3=2\times a+3=2\times(-2)+3=-1$

곱셈 기호 써넣기 / 식의 값

이렇게 생각해 봐요!

우변의 0은 $0x+0$으로 생각할 수 있어요!

항등식은 동류항끼리 끼리끼리 비교!

③ $ax^2+bx+c=0$이 x에 대한 항등식이면, $a=b=c=0$이다.

④ $ax^2+bx+c=dx^2+ex+f$가 x에 대한 항등식이면,
$a=d,\ b=e,\ c=f$이다.

항등식은 동류항끼리 끼리끼리 비교!

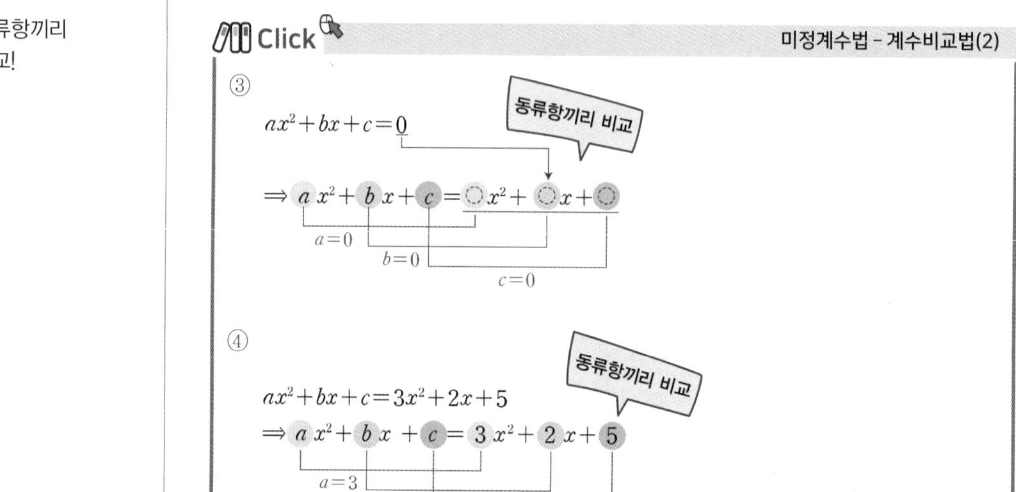

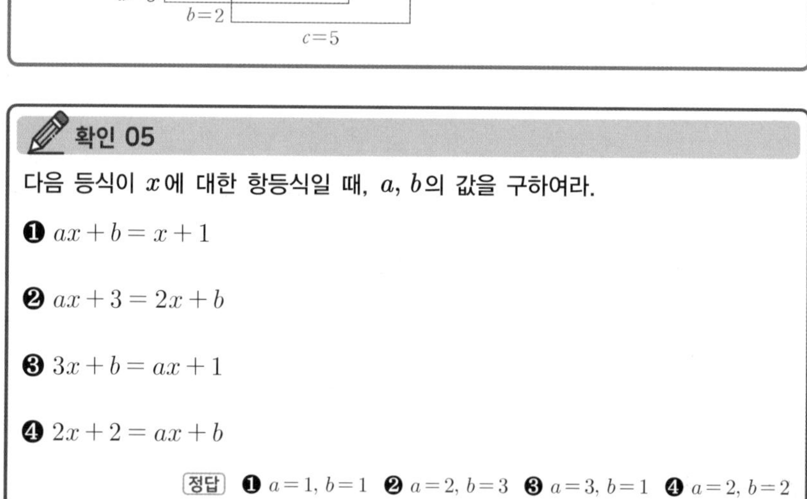

확인 05

다음 등식이 x에 대한 항등식일 때, a, b의 값을 구하여라.

❶ $ax+b=x+1$

❷ $ax+3=2x+b$

❸ $3x+b=ax+1$

❹ $2x+2=ax+b$

정답 ❶ $a=1,\ b=1$ ❷ $a=2,\ b=3$ ❸ $a=3,\ b=1$ ❹ $a=2,\ b=2$

확인 06

다음 등식이 x에 대한 항등식일 때, a, b의 값을 구하여라.

❶ $x^2+ax+1=x^2+2x+b$

❷ $ax^2+2x+b=x^2+2x+1$

❸ $3x^2+ax+4=3x^2+2x+b$

❹ $ax^2-2x+b=3x^2-2x+4$

정답 ❶ $a=2$, $b=1$ ❷ $a=1$, $b=1$ ❸ $a=2$, $b=4$ ❹ $a=3$, $b=4$

(2) 대입하여 구하기(수치대입법)

x에 대한 항등식은 모든 x에 대해 성립하므로 아무 숫자나 대입해도 성립한다.

Click 미정계수법 - 수치대입법

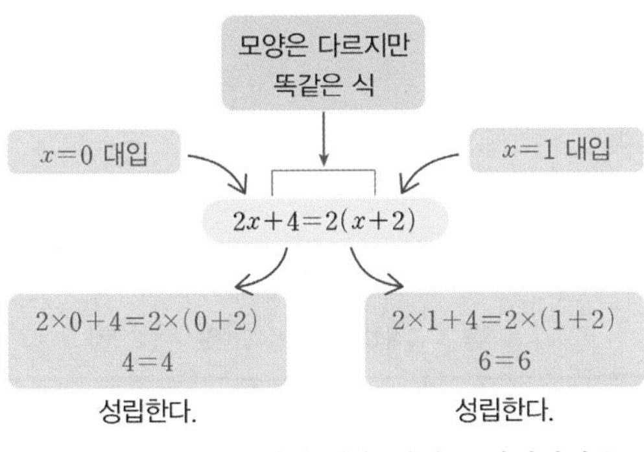

[$x=0$, 1 이외의 어떤 값을 넣어도 성립한다.]

① $x^2+ax+1=(x-1)^2+(x-1)+1$

➜ $x=1$을 대입하면

➜ $1^2+a+1=0+0+1$ $\therefore a=-1$

② $x^2-2x+4=(x-1)^2+a(x-1)+b$

➜ $x=1$을 대입하면

➜ $1^2-2+4=0+0+b$ $\therefore b=3$

➜ $x=0$을 대입하면 $4=1-a+b$이고,

➜ $b=3$을 대입하면 $4=1-a+3$

➜ $\therefore a=0$ 따라서, $a=0$, $b=3$

항등식의 여러 가지 표현

- x의 값에 관계없이 성립할 때
- 모든 x에 대하여 성립할 때
- 임의의 x에 대하여 성립할 때
- 어떤 x의 값에 대해서도 성립할 때

⇝ 항등식의 이러한 성질 때문에 어떤 숫자를 넣더라도 식은 항상 참!

확인 07

다음 항등식을 수치대입법을 이용하여 풀어라.

❶ $x+1=x+a$

❷ $x^2+2x+1=x^2+ax+1$

❸ $(x-2)^2+5(x-2)+a=x^2+x+1$

❹ $(x-1)^2+a(x-1)+b=x^2+x+2$

풀이

❶ 식의 양변에 $x=0$을 대입하면 $1=a$

❷ 식의 양변에 $x=1$을 대입하면, $1+2+1=1+a+1$

→ $a=2$

❸ 식의 양변에 $x=2$를 대입하면,

$0^2+0+a=2^2+2+1$

→ $a=4+2+1=7$

❹ 식의 양변에 $x=1$을 대입하면,

$b=1^2+1+2=4$

또, 식의 양변에 $x=0$을 대입하면,

$(-1)^2+a\times(-1)+b=0^2+0+2$

$b=4$이므로, 대입하여 계산하면,

$1-a+4=2$

→ $a=3,\ b=4$

정답 ❶ $a=1$ ❷ $a=2$ ❸ $a=7$ ❹ $a=3,\ b=4$

2 나머지 정리와 인수정리

1. 나머지 정리 출제포인트 ★★★

다항식 $P(x)$를 $x-a$로 나누었을 때, 나머지를 R이라 하면,
나머지 $R=P(a)$와 같다.

Click 나머지 정리

다항식의 나눗셈을 등식으로 표현하면
$P(x)=(x-a)Q(x)+R$(R은 상수)이 되고,
등식의 양변에 a를 대입하여 정리하면, 나머지 $R=P(a)$이다.

예 다항식 $P(x)=x^2+2x$를 $x-1$로 나눈 나머지를 구해보자.
다항식 $P(x)$를 $x-1$로 나눈 나머지는 $P(1)$이다.
$P(1)=1^2+2\times1=1+2=3$, 즉 나머지는 3이다.

확인 08

다음 다항식을 $x-1$로 나눈 나머지를 구하여라.

❶ x^3+x^2+x+1

❷ x^3+2x^2-x-1

풀이

❶ 다항식 x^3+x^2+x+1에 x 대신 1을 대입하면,
$x-1$로 나눈 나머지와 같다.
그러므로 $1^3+1^2+1+1=4$

❷ 다항식 x^3+2x^2-x-1에 x 대신 1을 대입하면,
$x-1$로 나눈 나머지와 같다.
그러므로 $1^3+2\times1^2-1-1=1+2-1-1=1$

정답 ❶ 4 ❷ 1

그림으로 핵심만 쏙쏙!

다항식 $P(x)$를

$x-a$로 나눈 나머지는 $P(a)$와 같다.

나누는 식 $x-a=0$이 되는 x의 값 $x=a$를 대입한다.

그림으로 핵심만 쏙 쏙!

다항식 $P(x)$가

나누어떨어지면 나머지가 0

$x-a$로 나누어떨어지면 $P(a)=0$

나누는 식 $x-a=0$이 되는 x의 값 $x=a$를 대입하면 0

2. 인수정리 출제포인트 ★★★

① 다항식 $P(x)$가 $x-a$로 나누어떨어지면, $P(a)=0$과 같다.

② 다항식 $P(x)$에서 $P(a)=0$이면, $P(x)$는 $x-a$로 나누어떨어진다.

Click

다항식의 나눗셈을 등식으로 표현하면
$P(x)=(x-a)Q(x)$이 된다. [나머지가 0이므로]
등식의 양변에 a를 대입하여 정리하면, $P(a)=0$이다.

예 $P(x)=x^2+x+b$가 $x-1$로 나누어떨어질 때, b의 값을 구해보자.
다항식 $P(x)$가 $x-1$로 나누어떨어지면, $P(1)=0$이다.
$P(1)=1^2+1+b=2+b=0$이므로 $b=-2$이다.

확인 09

다항식 x^3+x^2+ax+2가 $x-1$로 나누어떨어질 때, 상수 a의 값을 구하여라.

풀이

다항식 x^3+x^2+ax+2가 $x-1$로 나누어떨어지므로, 식에 x 대신 1을 대입하면, 식의 값이 0이 된다. 따라서 $1^3+1^2+a\times1+2=0$ ➜ $a=-4$

정답 $a=-4$

02 실력 체크 문제

정답 및 해설 별책 4p

01 다음 중 x에 대한 항등식은?

① $x=1$

② $2x^2-x=0$

③ $(x+2)^2=2x+5$

④ $x(x+2)=x^2+2x$

02 다음 중 x에 대한 항등식이 아닌 것은?

① $(x+1)^2=x^2+2x+1$

② $x^2-x=-x+x^2$

③ $x^2+x=x(x+2)$

④ $x(x+3)=x^2+3x$

03 등식 $ax^2+bx+c=3x^2+2x+5$가 x에 대한 항등식이 되도록 하는 상수 a, b, c에 대하여 $a+b+c$의 값은?

① 5 ② 8

③ 9 ④ 10

04 $(x-1)^2+a(x-1)+b=x^2-x+2$는 x에 대한 항등식이다. 두 상수 a, b에 대하여 $a+b$의 값은?

① 3 ② 4

③ 5 ④ 6

05 $x^2-6x+9=(x-1)^2+a(x-1)+b$는 x에 대한 항등식이다. 두 상수 a, b에 대하여 $a+b$의 값은?

① -2　　② 0
③ 2　　④ 4

06 $x^2-2x+3=(x-1)Q(x)+R$이 x에 대한 항등식일 때, 상수 R의 값은? (단, $Q(x)$는 다항식)

① 0　　② 1
③ 2　　④ 3

07 다항식 x^3+x-2를 $x-2$로 나눈 나머지는?

① 8　　② 10
③ 12　　④ 14

08 다항식 x^3-2x^2+ax+5가 $x-1$로 나누어떨어질 때, 상수 a의 값은?

① -4　　② 0
③ 4　　④ 6

09 다항식 x^3-x+k를 $x-2$로 나눈 나머지가 4일 때, 상수 k의 값은?

① -2　② 2
③ 0　④ 4

10 다항식 x^3+2x+5를 $x+1$로 나누었을 때의 나머지는?

① 1　② 2
③ 3　④ 4

11 다항식 x^2-2x+k가 $x-2$로 나누어떨어질 때, 상수 k의 값은?

① -4　② 0
③ 4　④ 6

인수분해

• 인수분해 공식을 알고, 이를 이용하여 인수분해를 할 수 있도록 합니다.

1 인수분해

1. 인수와 인수분해

(1) 인수분해

하나의 다항식을 두 개 이상의 다항식의 곱으로 나타내는 것을 그 다항식을 인수분해한다고 한다.

$$x^2+5x+6 \underset{\text{전개}}{\overset{\text{인수분해}}{\rightleftarrows}} (x+2)(x+3)$$

(인수: $x+2$, $x+3$)

그림으로 핵심만 쏙 쏙!

인수분해 → / ← 전개

인수분해는 전개의 반대!

(2) 인수

하나의 다항식을 두 개 이상의 다항식의 곱으로 나타낼 때, 각각의 식을 처음 식의 인수라고 한다.

예 $x^2+3x+2=(x+1)(x+2)$

→ 인수 : $1,\ x+1,\ x+2,\ (x+1)(x+2)$

2. 공통인수를 이용한 인수분해

(1) 공통인수

다항식의 각 항에 공통으로 들어 있는 인수를 공통인수라 한다.

그림으로 핵심만 쏙 쏙!

$ma+mb=m(a+b)$

공통인수는 각 항에 공통으로 들어 있는 것!

(2) 공통인수를 이용한 인수분해

공통인수가 있으면 그 인수로 묶어내어 인수분해한다.

예 다항식 $ma+mb$를 분배법칙을 이용하여 두 항 ma, mb에 공통으로 들어 있는 인수 m으로 묶어내면

$ma+mb=m(a+b)$

확인 01

다음 식을 인수분해하여라.

❶ $ax-ay$

❷ $3a^2+6ab$

정답 ❶ $ax-ay=a\times x-a\times y=a(x-y)$

❷ $3a^2+6ab=3a\times a+3a\times 2b=3a(a+2b)$

3. 인수분해 공식(Ⅰ)

(1) $a^2+2ab+b^2=(a+b)^2$

(2) $a^2-2ab+b^2=(a-b)^2$

(3) $a^2-b^2=(a+b)(a-b)$

(4) $x^2+(a+b)x+ab=(x+a)(x+b)$

(5) $x^3+3x^2y+3xy^2+y^3=(x+y)^3$

(6) $x^3-3x^2y+3xy^2-y^3=(x-y)^3$

그림으로 핵심만 쏙 쏙!

① 완전제곱식

●^{2}+2×●×■+■^{2}

=(●+■)^2

② 완전제곱식 2

●^{2}−2×●×■+■^{2}

=(●−■)^2

③ 합, 차공식

●^{2}−■^{2}=(●+■)(●−■)

Click 합, 곱을 이용한 인수분해 공식

예 다항식 x^2+5x+6은 인수분해 공식에서 $a+b=5$, $ab=6$인 경우이므로

$$\begin{array}{ccc} x^2+ & 5x & +6 \\ \vdots & \vdots & \vdots \\ x^2+ & (a+b)x & +ab \end{array}$$

합이 5이고, 곱이 6인 두 정수 a, b를 찾으면 된다. 아래 표를 참고하면,

곱이 6인 수	합이 5
1, 6	×
−1, −6	×
2, 3	○
−2, −3	×

알맞은 수는 2와 3이므로 $x^2+5x+6=(x+2)(x+3)$

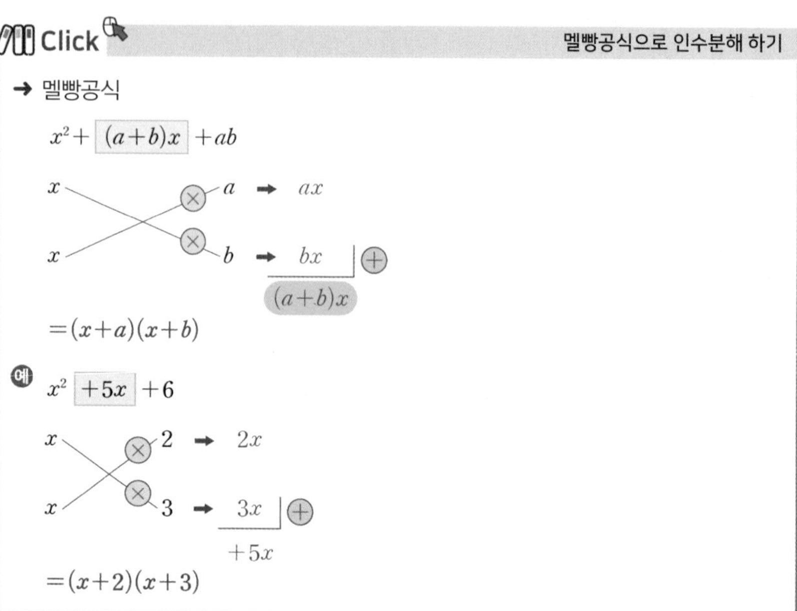

연계개념 이해 쏙!

합과 곱 공식

$x^2-4x+3=(x-1)(x-3)$

곱이 3인 수	합이 -4
$1,\ 3$	×
$-1,\ -3$	○

➜ $x^2-4x+3=(x-1)(x-3)$

멜빵공식

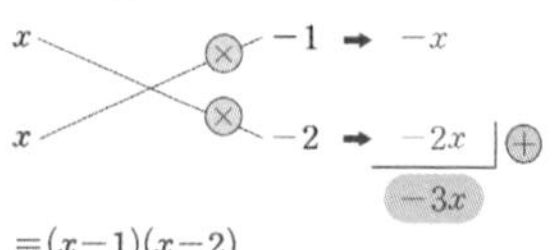

$=(x-1)(x-2)$

확인 02

다음 표를 이용하여 인수분해하여라.

❶ x^2-2x+1

곱이 1인 수	합이 −2

➜ (　　)(　　)

❷ x^2+3x+2

곱이 2인 수	합이 3

➜ (　　)(　　)

정답 ❶ x^2-2x+1

곱이 1인 수	합이 −2
1,　1	×
−1,　−1	○

➜ $(x-1)(x-1)$

❷ x^2+3x+2

곱이 2인 수	합이 3
1,　2	○
−1,　−2	×

➜ $(x+1)(x+2)$

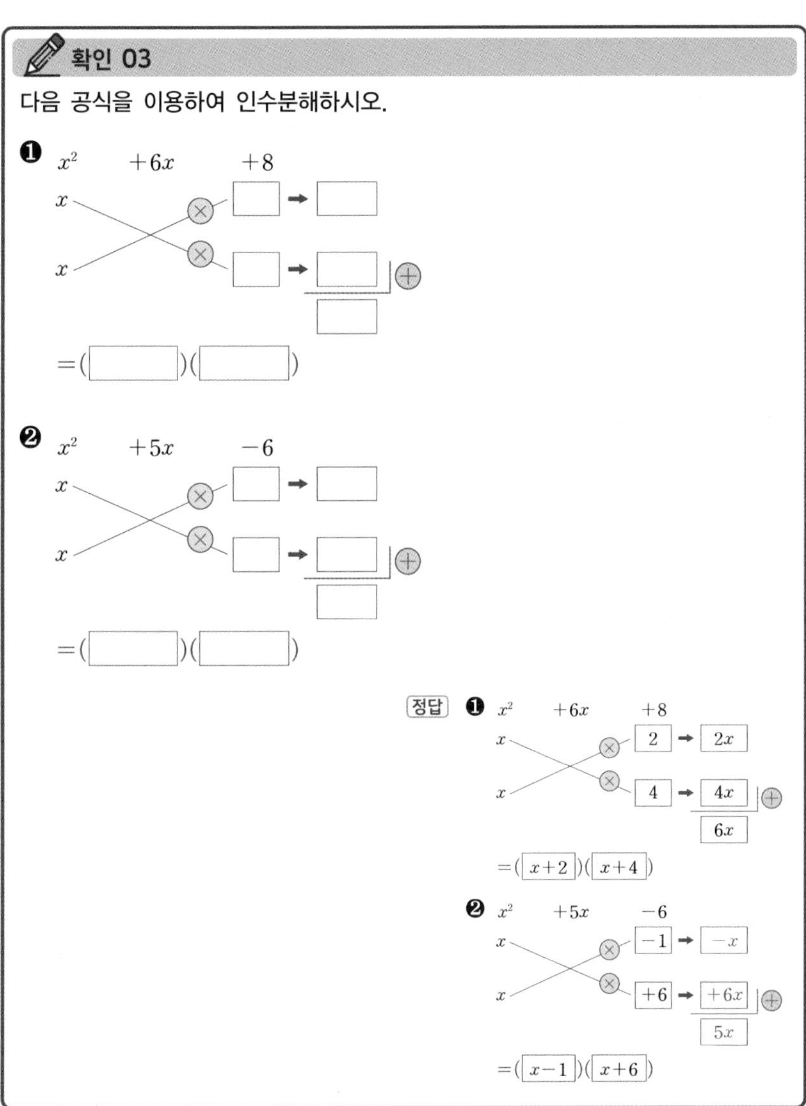

확인 03

다음 공식을 이용하여 인수분해하시오.

❶ $x^2 \quad +6x \quad +8$

$=(\square)(\square)$

❷ $x^2 \quad +5x \quad -6$

$=(\square)(\square)$

정답 ❶ x, x / $2 \rightarrow 2x$, $4 \rightarrow 4x$, $6x$

$=(x+2)(x+4)$

❷ x, x / $-1 \rightarrow -x$, $+6 \rightarrow +6x$, $5x$

$=(x-1)(x+6)$

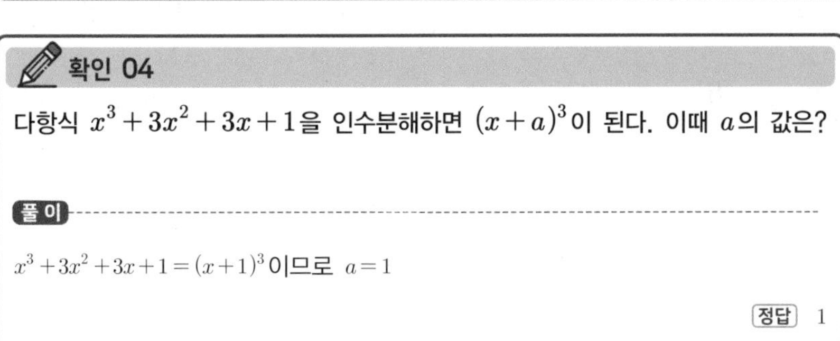

확인 04

다항식 x^3+3x^2+3x+1을 인수분해하면 $(x+a)^3$이 된다. 이때 a의 값은?

풀이

$x^3+3x^2+3x+1=(x+1)^3$이므로 $a=1$

정답 1

그림으로 핵심만 쏙 쏙!

① 세제곱 공식
●^{3} + ■^{3}=
(● + ■)(●^{2} − ● × ■ + ■^{2})

② 세제곱 공식 2
●^{3} − ■^{3} =
(● − ■)(●^{2} + ● × ■ + ■^{2})

4. 인수분해 공식(II) 출제포인트 ★★★

(1) $a^3+b^3=(a+b)(a^2-ab+b^2)$

(2) $a^3-b^3=(a-b)(a^2+ab+b^2)$

확인 05

다항식 x^3+1을 인수분해한 식이 $(x+1)(x^2-x+a)$일 때, a의 값을 구하시오.

풀이

인수분해 공식에 의해 $x^3+1=(x+1)(x^2-x+1)$이므로, $a=1$

정답 1

확인 06

다항식 x^3+2^3을 인수분해한 식이 $(x+2)(x^2-2x+a)$일 때, a의 값을 구하시오.

풀이

인수분해 공식에 의해 $x^3+2^3=(x+2)(x^2-2x+4)$이므로, $a=4$

정답 4

그림으로 핵심만 쏙 쏙!

완전제곱식

x^2 + □x + ○

반의 제곱

○ = $\left(\frac{□}{2}\right)^2$

5. 완전제곱식 만들기

(1) $x^2+2ax+a^2=(x+a)^2$ ➜ 일차항계수의 반의 제곱 = 상수항

(2) $x^2-2ax+a^2=(x-a)^2$ ➜ 일차항계수의 반의 제곱 = 상수항

Click 완전제곱식 만들기

x^2+4x+b가 완전제곱식이 되도록 하는 b의 값을 구해보자.
일차항계수의 반의 제곱 = 상수항을 만족하면 완전제곱식이 됨을 이용하여 일차항계수의 반의 제곱 $\left(\frac{4}{2}\right)^2$ ➜ 4이므로 $b=4$일 때, 완전제곱식이 된다.

확인 07

다음 식이 완전제곱식이 되도록 □에 알맞은 수를 써 넣으시오.

❶ $x^2+2x+\square$　　❷ $x^2-2x+\square$

❸ $x^2+6x+\square$　　❹ $x^2-4x+\square$

풀 이

완전제곱식 공식에 대입하여 상수항을 구한다.
[완전제곱식]

$x^2+\square x+\bigcirc$

반의 제곱

$\bigcirc=\left(\frac{\square}{2}\right)^2$

정답 ❶ 1 ❷ 1 ❸ 9 ❹ 4

03 실력 체크 문제

정답 및 해설 별책 6p

01 다항식 x^2-5x+6을 바르게 인수분해한 것은?

① $(x-1)(x-6)$ ② $(x-2)(x-3)$

③ $(x+1)(x+6)$ ④ $(x+2)(x+3)$

02 다항식 $x^2-3x-10$을 바르게 인수분해한 것은?

① $(x-1)(x-10)$ ② $(x-1)(x+10)$

③ $(x+2)(x-5)$ ④ $(x-2)(x+5)$

03 다항식 x^2+3x+2를 인수분해하면, $(x+a)(x+b)$이다. 이때, $a+b$의 값은?

① 3 ② 2

③ -3 ④ -2

04 다항식 x^2+4x+4를 바르게 인수분해한 것은?

① $(x-2)(x-2)$ ② $(x+1)(x+3)$

③ $(x+2)(x+2)$ ④ $(x-1)(x-4)$

05 다항식 x^2-4를 바르게 인수분해한 것은?

① $(x-2)(x-2)$ ② $(x+2)(x-2)$
③ $(x+2)(x+2)$ ④ $(x-1)(x-4)$

06 다항식 x^3-1을 인수분해한 식이 $(x-1)(x^2+x+a)$일 때, a의 값은?

① 0 ② 1
③ 2 ④ 3

07 다항식 x^3+2^3을 인수분해한 식이 $(x+a)(x^2-2x+4)$일 때, a의 값은?

① 0 ② 1
③ 2 ④ -1

08 다항식 x^2+4x+k가 완전제곱식이 되도록 k의 값을 구하면?

① 2 ② 3
③ 4 ④ 8

09 다항식 $x^2+6x+9=(x+k)^2$이 완전제곱이 되도록 k의 값을 구하면?

① 2 ② 3
③ 4 ④ 8

10 다항식 $x^2+kx+16$이 완전제곱식이 될 때, 양수 k의 값은?

① 4 ② 6
③ 8 ④ 10

11 다항식 x^3-3x^2+3x-k를 인수분해한 식이 $(x-1)^3$일 때, k의 값은?

① 0 ② 1
③ 2 ④ 3

12 다항식 $x^3-6x^2+12x-8$을 인수분해한 식이 $(x+k)^3$일 때, k의 값은?

① -2 ② -1
③ 1 ④ 2

단원출제요소정리

01 다항식의 연산

1 다항식의 덧셈

다항식의 덧셈은 괄호를 풀어 정리한 후 동류항끼리 모아서 계산한다.

2 다항식의 뺄셈

다항식의 뺄셈은 빼는 식의 모든 항의 부호를 바꾸어서 더한다.
괄호를 풀어 정리할 때에는 분배법칙을 이용하여 정리한다.

3 곱셈공식

① $(a+b)^2=a^2+2ab+b^2$

② $(a-b)^2=a^2-2ab+b^2$

③ $(a+b)(a-b)=a^2-b^2$

④ $(x+a)(x+b)=x^2+(a+b)x+ab$

⑤ $(a+b+c)^2$
$=a^2+b^2+c^2+2ab+2bc+2ca$

⑥ $(a+b)^3=a^3+3a^2b+3ab^2+b^3$

⑦ $(a-b)^3=a^3-3a^2b+3ab^2-b^3$

⑧ $(a+b)(a^2-ab+b^2)=a^3+b^3$

⑨ $(a-b)(a^2+ab+b^2)=a^3-b^3$

02 항등식과 나머지 정리

1 항등식의 성질과 미정계수법

(1) 비교하여 구하기(계수비교법)

① $ax+b=0$이 x에 대한 항등식이면, $a=b=0$이다.

② $ax+b=cx+d$가 x에 대한 항등식이면, $a=c$, $b=d$이다.

③ $ax^2+bx+c=0$이 x에 대한 항등식이면, $a=b=c=0$이다.

④ $ax^2+bx+c=dx^2+ex+f$가 x에 대한 항등식이면, $a=d$, $b=e$, $c=f$이다.

(2) 대입하여 구하기(수치대입법)

x에 대한 항등식은 모든 x에 대해 성립하므로 아무 숫자나 대입해도 성립한다.

2 나머지 정리

다항식 $P(x)$를 $x-a$로 나누었을 때, 나머지를 R이라 하면, 나머지 $R=P(a)$와 같다.

3 인수정리

다항식 $P(x)$가 $x-a$로 나누어떨어지면, $P(a)=0$과 같다.

03 인수분해

1 인수분해 공식(Ⅰ)

(1) $a^2+2ab+b^2=(a+b)^2$

(2) $a^2-2ab+b^2=(a-b)^2$

(3) $a^2-b^2=(a+b)(a-b)$

(4) $x^2+(a+b)x+ab=(x+a)(x+b)$

(5) $x^3+3x^2y+3xy^2+y^3=(x+y)^3$

(6) $x^3-3x^2y+3xy^2-y^3=(x-y)^3$

2 인수분해 공식(Ⅱ)

(1) $a^3+b^3=(a+b)(a^2-ab+b^2)$

(2) $a^3-b^3=(a-b)(a^2+ab+b^2)$

PART I

기출문제 체크

정답 및 해설 별책 9p

01 두 다항식 $A=2x^2+x$, $B=x^2-x$에 대하여 $A-B$는?

① x^2-2x ② x^2-x

③ x^2+x ④ x^2+2x

02 두 다항식 $A=x^2-x$, $B=-x^2+1$에 대하여 $2A+B$는?

① x^2-2x+1 ② x^2-x-1

③ x^2+x+3 ④ x^2+2x-3

03 두 다항식 $A=x^2+x$, $B=3x+4$에 대하여 $3A-B$는?

① $3x^2-4$ ② $3x^2+x$

③ $3x^2+x-4$ ④ $3x^2+2x+2$

04 단항식 $A=x$와 다항식 $B=x-3$의 곱 AB는?

① x^2-3x ② x^2-x

③ x^2+x ④ x^2+3x

05 다항식 x^3+3^3을 인수분해한 식이 $(x+3)(x^2-3x+a)$일 때, 상수 a의 값은?

① 1 ② 3

③ 6 ④ 9

06 다항식 x^3-2^3을 인수분해한 식이 $(x-a)(x^2+2x+4)$일 때, 상수 a의 값은?

① 2 ② 4

③ 6 ④ 8

07 등식 $x^2+3x-7=x^2+ax+b$가 x에 대한 항등식일 때, 두 상수 a, b에 대하여 $a+b$의 값은?

① -5 ② -4

③ -3 ④ -2

08 다음 등식 중 x에 대한 항등식은?

① $x=5$

② $x+2=0$

③ $(x+1)^2=x+1$

④ $x^2-1=(x+1)(x-1)$

09 등식 $2(x^2+x+2)=ax^2+2x+b$가 x에 대한 항등식일 때, 두 상수 a, b에 대하여 $a+b$의 값은?

① 2　　② 4
③ 6　　④ 8

10 등식 $(x-1)^2+2(x-1)+a=x^2$이 x에 대한 항등식일 때, 상수 a의 값은?

① 1　　② 2
③ 3　　④ 4

11 다항식 x^3-2x+a가 $x-1$로 나누어떨어질 때, 상수 a의 값은?

① 1　　② 2
③ 3　　④ 4

12 다항식 $2x^2+4x-3$을 $x-1$로 나누었을 때, 나머지는?

① 1　　② 3
③ 5　　④ 7

13 다항식 x^3-3x^2+ax+5가 $x-1$로 나누어떨어질 때, 상수 a의 값은?

① -4 ② -3
③ -2 ④ -1

14 다음은 조립제법을 이용하여 다항식 x^3-2x+1을 일차식 $x-2$로 나누어 몫과 나머지를 구하는 과정이다. 이때, 몫은?

2	1	0	−2	1
		2	4	4
	1	2	2	5

① 2 ② 5
③ $x+5$ ④ x^2+2x+2

15 다음은 조립제법을 이용하여 다항식 x^3+x^2-x+1을 일차식 $x-2$로 나누었을 때, 몫과 나머지를 구하는 과정이다. 나머지 R의 값은?

2	1	1	−1	1
		2	6	10
	1	3	5	R

① 2 ② 5
③ 8 ④ 11

16 다음은 다항식 $2x^2+x-3$을 일차식 $x+1$로 나누어 몫과 나머지를 구하는 과정이다. (가)에 알맞은 식은?

$$
\begin{array}{r}
2x-1 \\
x+1\,\overline{)\,2x^2+x-3} \\
\underline{2x^2+2x} \\
\boxed{(가)} \\
\underline{-x-1} \\
-2
\end{array}
$$

① $-x-3$ ② $-x-2$
③ $x-3$ ④ $x-2$

PART

II

방정식과 부등식

01 복소수와 이차방정식

02 이차방정식과 이차함수

03 여러 가지 방정식과 부등식

이 단원에서는 복소수의 성질과 복소수의 사칙 연산을 할 수 있도록 합니다.
또한 이차방정식의 여러 가지 근의 조건과 근과 계수와의 관계를 익힙니다.
이차방정식과 이차함수와의 관계를 알고, 이차함수의 최대, 최솟값을 구할 수 있도록 합니다.
마지막으로 방정식의 근의 의미를 이용하여 여러 가지 방정식을 풀 수 있도록 하며, 부등식의 성질을 알고, 일차부등식, 이차부등식과 연립부등식의 해를 구할 수 있도록 합니다.

복소수와 이차방정식

- 복소수에 대해 이해하고, 복소수의 사칙연산을 할 수 있도록 합니다.
- 이차방정식의 여러 가지 근의 조건을 살펴보고, 근과 계수와의 관계를 익히도록 합니다.

그림으로 핵심만 쏙쏙!

$i=\sqrt{-1}$ 이라고 약속하고, $i^2=(\sqrt{-1})^2=-1$ 새로운 수 i는 허수라 부르고, 실수와 허수를 결합한 수를 복소수라 해요!

1 복소수

1. 실수와 복소수

(1) 허수단위 i

제곱하여 -1이 되는 수를 i라 하고, $i=\sqrt{-1}$로 약속한다.
$i^2=(\sqrt{-1})^2=-1$이 된다.

Click 허수단위 i

제곱하여 -1이 되는 수 i

x가 실수일 때, $x^2=-1$의 해를 구해보면, 제곱해서 음수가 되는 실수는 없기 때문에 구할 수 없다.
즉, 이 방정식의 해를 구하기 위해서는 수의 확장이 필요하다.
이제부터는 제곱해서 -1이 되는 수가 있다고 약속하되, 그 수는 실수가 아닌 허수라고 부른다.
또한 제곱하여 -1이 되는 수를 허수 i라고 약속하고, 허수단위라고 한다.
이때, $i=\sqrt{-1}$이고, $i^2=-1$이 된다.

(2) 실수와 복소수

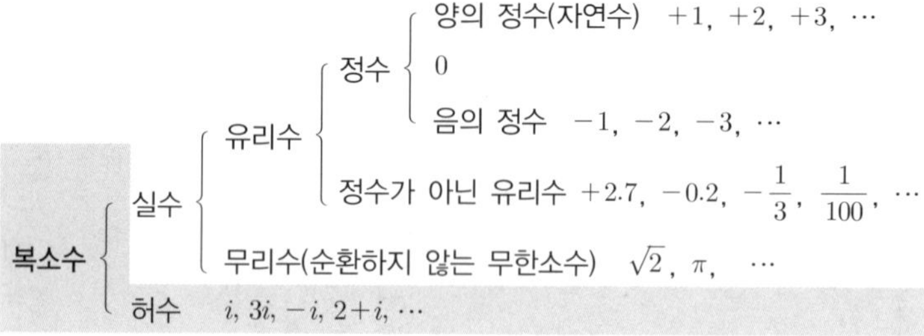

연계개념 이해 쏙!

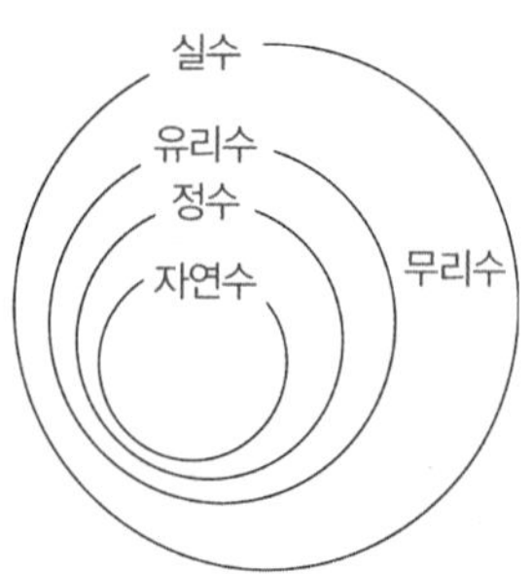

확인 01

다음 수가 해당되는 곳에 O표를 하시오.

	i	-1	$2+i$	3	$2-i$	$3+5i$
실수						
허수						
복소수						

정답

	i	-1	$2+i$	3	$2-i$	$3+5i$
실수		○		○		
허수	○		○		○	○
복소수	○	○	○	○	○	○

(3) 실수부분과 허수부분

$a+bi$에서 실수부분은 a, 허수부분은 b라 한다.

예 $1+3i$의 실수부분은 1, 허수부분은 3이다.

예 $2-5i=2+(-5)i$이므로 실수부분은 2, 허수부분은 -5이다.

그림으로 핵심만 쏙 쏙!

$a+bi=$ 복소수

실수부분 허수부분

Click — 복소수의 분류

복소수 $a+bi$에서,
$b=0$이 되면, $a=a+0=a+0i$로 나타낼 수 있으므로 실수도 복소수이다. 또한, 실수가 아닌 복소수 $a+bi(b\neq 0)$를 허수라고 한다.
또한 $a=0$, $b\neq 0$이면, bi로 나타낼 수 있으며, 이러한 허수를 순허수라 한다. 정리하면 다음과 같다.

$$\text{복소수 } a+bi \begin{cases} \text{실수 } (b=0) \\ \text{허수 } (b\neq 0) \end{cases} \quad (\text{단, } a,\ b\text{는 실수})$$

또한 허수의 분류는 다음과 같다.

$$\text{허수 } a+bi \begin{cases} \text{순허수 } (a=0,\ b\neq 0) \\ \text{순허수가 아닌 허수 } (a\neq 0,\ b\neq 0) \end{cases} \quad (\text{단, } a,\ b\text{는 실수})$$

확인 02

다음 복소수의 실수부분과 허수부분을 구하시오.

❶ $3+2i$

❷ $2+i$

❸ $1+4i$

❹ $5-i$

정답 ❶ 실수부분 : 3 허수부분 : 2
❷ 실수부분 : 2 허수부분 : 1
❸ 실수부분 : 1 허수부분 : 4
❹ 실수부분 : 5 허수부분 : −1

확인 03

다음 복소수 중 순허수인 것을 모두 쓰시오.

$1,\ 2i,\ 3+i,\ 1-i,\ -i$

정답 $2i,\ -i$

그림으로 핵심만 쏙 쏙!

실수끼리

$a+bi=c+di$

허수끼리

(4) 서로 같은 복소수 출제포인트 ★★★

두 복소수에서 실수부분은 실수부분끼리, 허수부분은 허수부분끼리 서로 같을 때, 두 복소수는 '서로 같다'고 한다.

① $a+bi=0$이면, $a=0,\ b=0$이다. (단, $a,\ b$는 실수)

② $a+bi=c+di$이면, $a=c,\ b=d$이다. (단, $a,\ b,\ c,\ d$는 실수)

예 $a+2i=3+bi$ ➜ $a=3,\ b=2$

확인 04

다음 등식이 성립하도록 실수 $a,\ b$의 값을 정하시오.

❶ $a+bi=2+3i$

❷ $a-i=2+bi$

❸ $(a+1)+2i=3+bi$

정답 ❶ $a=2,\ b=3$ ❷ $a=2,\ b=-1$ ❸ $a=2,\ b=2$

(5) 결레복소수 출제포인트 ★★★

복소수 $a+bi(a, b$는 실수)에 대하여 허수부분의 부호를 반대로 바꾼 복소수 $a-bi$를 켤레복소수라고 하며, 기호로 $\overline{a+bi}=a-bi$로 표현한다.

① $\overline{a+bi}=a-bi$ $(a, b$는 실수)

② $\overline{a}=a$ (a는 실수)

③ $\overline{bi}=-bi$ (b는 실수)

예 $2+3i$의 켤레복소수는 $\overline{2+3i}=2-3i$

$5-i$의 켤레복소수는 $\overline{5-i}=5+i$

확인 05

다음 주어진 복소수의 켤레복소수를 구하여라.

❶ $3+5i$

❷ $7-i$

❸ i

❹ 10

정답 ❶ $3-5i$ ❷ $7+i$ ❸ $-i$ ❹ 10

2 복소수의 연산

1. 복소수의 사칙연산 출제포인트 ★★★

(1) 복소수의 덧셈과 뺄셈

복소수의 덧셈과 뺄셈은 실수부분은 실수부분끼리, 허수부분은 허수부분끼리 계산한다.

① $(a+bi)+(c+di)=(a+c)+(b+d)i$

예 $(1+i)+(2+i)=(1+2)+(1+1)i=3+2i$

② $(a+bi)-(c+di)=(a-c)+(b-d)i$

예 $(3+4i)-(1+2i)=(3-1)+(4-2)i=2+2i$

그림으로 핵심만 쏙쏙!

켤레복소수

$a+bi \xleftrightarrow{\text{켤레}} a-bi$

허수부분의 부호반대

그림으로 핵심만 쏙쏙!

실수끼리

$(2+3i)+(1+2i)=3+5i$

허수끼리

끼리끼리 계산해요!

확인 06

다음 복소수의 계산을 하여라.

❶ $(2+2i)+(-1+3i)$

❷ $3+i-1+2i$

풀이

❶ $(2+2i)+(-1+3i)=2-1+2i+3i$

$=(2-1)+(2+3)i=1+5i$

❷ $3+i-1+2i = 3-1+i+2i$

$=(3-1)+(1+2)i=2+3i$

정답 ❶ $1+5i$ ❷ $2+3i$

이렇게 생각해 봐요!

$i+1$을 어떻게 계산할까?
i는 허수, 1은 실수로 실수와 허수의 덧셈은 더 이상 간단히 계산할 수 없어요!

(2) 복소수의 곱셈, 나눗셈

곱셈은 분배법칙을 이용하고, 나눗셈은 분모를 유리화하며, $i^2=-1$을 이용하여 계산한다.

① $(a+bi)\times(c+di)=(ac-bd)+(ad+bc)i$

예 $i(1+3i)=i+3i^2=i-3$

② $\dfrac{a+bi}{c+di}=\dfrac{ac+bd}{c^2+d^2}-\dfrac{ad-bc}{c^2+d^2}i$ (단, $c+di\neq 0$)

$$\rightarrow \frac{a+bi}{c+di}=\frac{(a+bi)(c-di)}{(c+di)(c-di)}=\frac{ac-adi+bci-bdi^2}{c^2-d^2i^2}$$

$$=\frac{(ac+bd)-(ad-bc)i}{c^2+d^2}$$

$$=\frac{ac+bd}{c^2+d^2}-\frac{ad-bc}{c^2+d^2}i$$

예 $\dfrac{1+i}{1-i}=\dfrac{(1+i)(1+i)}{(1-i)(1+i)}=\dfrac{1+i+i+i^2}{1-i^2}=\dfrac{1-1+2i}{2}$

$=\dfrac{2i}{2}=i$

확인 07

다음을 계산하여라.

❶ $i(2+i)$　　❷ $i(4-i)$

❸ $(1+i)(1-i)$　　❹ $(1+i)(1+i)$

풀이

❶ $i(2+i)=2i+i^2=2i-1=-1+2i$

❷ $i(4-i)=4i-i^2=4i-(-1)=4i+1=1+4i$

❸ $(1+i)(1-i)=1-i+i-i^2=1-i+i+1$
$=(1+1)+(-1+1)i=2$

❹ $(1+i)(1+i)=1+i+i+i^2=1+i+i-1$
$=(1-1)+(1+1)i=2i$

정답 ❶ $2i-1$ 또는 $-1+2i$ [둘 다 정답]
❷ $4i+1$ 또는 $1+4i$ [둘 다 정답]
❸ 2
❹ $2i$

2. i의 거듭제곱

허수단위인 i를 계속하여 거듭제곱하면 다음과 같은 규칙을 찾을 수 있다.

$$i \rightarrow i^2=-1 \rightarrow i^3=-i \rightarrow i^4=1$$
$$\rightarrow i^5=i \rightarrow i^6=-1 \rightarrow i^7=-i \rightarrow i^8=1$$

그러므로, i^n은 4개를 주기로 반복되며, n을 4로 나눈 나머지가 같으면, 그 값이 같음을 알 수 있다.

① $i=i^5=i^9=\cdots$

② $i^2=i^6=i^{10}=\cdots$

③ $i^3=i^7=i^{11}=\cdots$

④ $i^4=i^8=i^{12}=\cdots$

그림으로 핵심만 쏙쏙!

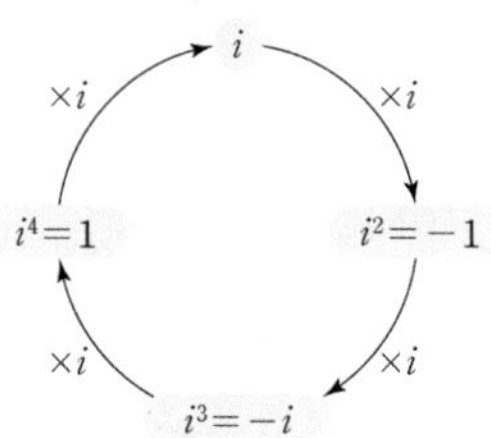

확인 08

다음을 계산하여라.

❶ i^3 ❷ i^9

❸ i^{11} ❹ i^{12}

풀이

❶ $i^3=i^2\times i=-1\times i=-i$

❷ $i^9=(i^4)^2\times i=1^2\times i=i$

❸ $i^{11}=(i^4)^2\times i^3=1^2\times i^3=i^3=i^2\times i=-1\times i=-i$

❹ $i^{12}=(i^4)^3=1^3=1$

정답 ❶ $-i$ ❷ i ❸ $-i$ ❹ 1

확인 09

다음을 계산하여라.

❶ i^4+i^8 ❷ $i+i^2+i^3+i^4$

풀이

❶ $i^4+i^8=i^4+(i^4)^2=1+(1)^2=1+1=2$

❷ $i+i^2+i^3+i^4=i-1-i+1=0$

정답 ❶ 2 ❷ 0

3 이차방정식

1. 이차방정식

(1) 이차방정식

$ax^2+bx+c=0(a\neq 0)$과 같이 이차식$=0$의 꼴로 나타내어지는 방정식을 x에 대한 이차방정식이라 한다.

(x에 대한 이차식)$=0$

(2) 이차방정식의 풀이

① 인수분해를 이용한 풀이

$AB=0$이면 $A=0$ 또는 $B=0$의 성질을 이용하여 이차방정식을 풀 수 있다.

예 $(x-2)(x-1)=0$ ➜ $x=2$ 또는 $x=1$

$AB=0$
➜ $A=0$ 또는 $B=0$

확인 10

이차방정식 $(x-2)(x-3)=0$의 해를 구하여라.

풀 이

$(x-2)(x-3)=0$이므로 해는 $x-2=0$ 또는 $x-3=0$
→ $x=2$ 또는 $x=3$

정답 $x=2$ 또는 $x=3$

확인 11

이차방정식 $x^2-5x+4=0$의 해를 구하여라.

풀 이

식을 인수분해하면, $(x-1)(x-4)=0$이 되어, 해는 $x=1$ 또는 $x=4$이다.

정답 $x=1$ 또는 $x=4$

연계개념 이해 쏙!

$x^2+(a+b)x+ab$

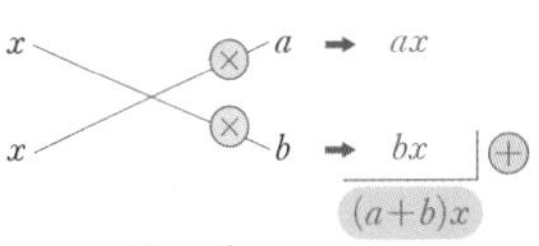

$=(x+a)(x+b)$

② 근의 공식을 이용한 풀이

㉠ $ax^2+bx+c=0\ (a\neq 0)$의 근은 $x=\dfrac{-b\pm\sqrt{b^2-4ac}}{2a}$

㉡ 특별히 x의 계수 b가 짝수인 경우

$ax^2+2b'x+c=0\ (a\neq 0)$의 근은 $x=\dfrac{-b'\pm\sqrt{b'^2-ac}}{a}$

확인 12

이차방정식의 해를 구하여라.

❶ $x^2-2x-1=0$

❷ $x^2+3x+4=0$

❸ $x^2+4x+5=0$

풀 이

근의 공식에 대입하여 계산한 것이다.

정답 ❶ $x=1\pm\sqrt{2}$ ❷ $x=\dfrac{-3\pm\sqrt{7}i}{2}$ ❸ $x=-2\pm i$

2. 판별식

(1) 근의 공식과 판별식 출제포인트 ★★★

이차방정식 $ax^2+bx+c=0$ (단, a, b, c는 실수)의 근을 근의 공식을 이용하여 나타내었을 때, 근호 안의 부호로 이차방정식의 근을 판별하는 식을 판별식이라 한다.

$D=b^2-4ac$를 판별식으로 나타내며 판별식의 부호에 따라 이차방정식은 다음과 같은 해를 갖는다.

① $b^2-4ac>0$ 서로 다른 두 실근

② $b^2-4ac=0$ 서로 같은 두 실근(중근)

③ $b^2-4ac<0$ 서로 다른 두 허근

④ $b^2-4ac\ge 0$ 실근

이렇게 생각해 봐요!

중등 과정에서는 $\sqrt{b^2-4ac}$에서 b^2-4ac의 값이 음수가 나오면 근을 구할 수 없었어요!
그러나 이제 허수를 배웠으므로 이차방정식은 복소수 범위 내에서 반드시 근을 갖는다고 할 수 있고, 이때 실수인 근을 실근, 허수인 근을 허근이라 해요!

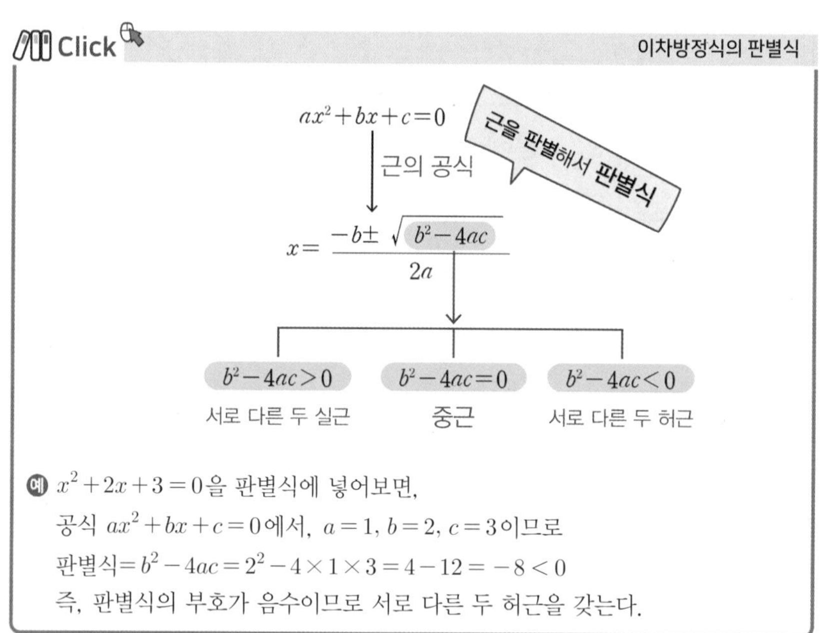

예 $x^2+2x+3=0$을 판별식에 넣어보면,
공식 $ax^2+bx+c=0$에서, $a=1$, $b=2$, $c=3$이므로
판별식$=b^2-4ac=2^2-4\times1\times3=4-12=-8<0$
즉, 판별식의 부호가 음수이므로 서로 다른 두 허근을 갖는다.

▶ 이차방정식의 판별식을 이용하면, 근을 직접 구하지 않아도, 근이 실근인지 허근인지 판단할 수 있어요!

확인 13

다음을 이용하여 이차방정식의 근을 판별하시오.

❶ $x^2-3x+5=0$ ⇨ 판별식 = ⇨

❷ $x^2-5x+2=0$ ⇨ 판별식 = ⇨

❸ $x^2-6x+9=0$ ⇨ 판별식 = ⇨

정답 ❶ $9-20=-11$, 서로 다른 두 허근
❷ $25-8=17$, 서로 다른 두 실근
❸ $36-36=0$, 중근

확인 14

다음을 이용하여 이차방정식의 근을 판별하시오.

❶ $x^2-2x+5=0$ ⇨ 판별식 = ⇨

❷ $x^2-4x+4=0$ ⇨ 판별식 = ⇨

❸ $x^2-5x+1=0$ ⇨ 판별식 = ⇨

정답 ❶ $4-20=-16$, 서로 다른 두 허근
❷ $16-16=0$, 중근
❸ $25-4=21$, 서로 다른 두 실근

3. 근과 계수와의 관계 출제포인트★★★

이차방정식 $ax^2+bx+c=0$ 의 두 근을 α, β라 하면,
두 근의 합$(\alpha+\beta)$과 곱$(\alpha\beta)$은 다음과 같다.

① $\alpha+\beta=-\dfrac{b}{a}$

② $\alpha\beta=\dfrac{c}{a}$

그림으로 핵심만 쏙 쏙!

$a\,x^2+b\,x+c=0$

$\alpha+\beta=$합$=-\dfrac{b}{a}$

$\alpha\beta=$곱$=\dfrac{c}{a}$

α(알파)와 β(베타)는 이차방정식에서 두 근을 나타낼 때 주로 사용하는 그리스소문자예요!

Click — 근과 계수와의 관계

이차방정식 $x^2+2x-3=0$의 두 근을 α, β라 할 때, 근과 계수와의 관계를 이용하여 두 근의 합$(\alpha+\beta)$과 곱$(\alpha\beta)$을 구해보면,

$a=1$, $b=2$, $c=-3$이므로

$$\alpha+\beta=-\frac{b}{a}=-\frac{2}{1}=-2,\quad \alpha\beta=\frac{c}{a}=\frac{-3}{1}=-3$$

즉, $\alpha+\beta=-2$, $\alpha\beta=-3$임을 알 수 있다.

확인 15

$x^2-2x-3=0$의 두 근을 α, β라 할 때, $\alpha+\beta$와 $\alpha\beta$를 구하시오.

풀이

근과 계수와의 관계 공식에 대입하여 구한다.

정답 $\alpha+\beta=2$, $\alpha\beta=-3$

확인 16

$x^2-2x+4=0$의 두 근을 α, β라 할 때, $\alpha+\beta$와 $\alpha\beta$를 구하시오.

풀이

근과 계수와의 관계 공식에 대입하여 구한다.

정답 $\alpha+\beta=2$, $\alpha\beta=4$

01 실력 체크 문제

정답 및 해설 별책 11p

01 복소수 $a+bi$(a, b는 실수)에 대한 설명으로 옳지 <u>않은</u> 것은?

① 실수부분은 a이다.

② 허수부분은 b이다.

③ $a+bi$의 켤레복소수는 $a-bi$이다.

④ $a=0$, $b\neq 0$이면, 실수이다.

02 다음 중 순허수는 몇 개인가?

$1+i$	$3i$	$7+3i$	4	$-2i$	0

① 1개 ② 2개

③ 3개 ④ 4개

03 다음 중 순허수인 것은?

① 0 ② $2-i$

③ i^2 ④ i^3

04 복소수 $6+i+(3+i)a$가 순허수가 되도록 하는 a의 값은?

① -1 ② -2

③ 1 ④ 2

05 다음 등식이 성립하도록 하는 실수 a, b의 값은? (단, $i=\sqrt{-1}$)

$$3+bi=a-2i$$

① $a=1,\ b=2$ ② $a=3,\ b=2$
③ $a=2,\ b=-3$ ④ $a=3,\ b=-2$

06 등식 $a+bi=2+3i$를 만족시키는 두 실수 a, b의 값은? (단, $i=\sqrt{-1}$)

① $a=3,\ b=2$ ② $a=2,\ b=3$
③ $a=1,\ b=2$ ④ $a=2,\ b=1$

07 두 실수 x, y에 대하여 $(x-1)+(y-2)i=0$이 성립할 때, $x+y$의 값은? (단, $i=\sqrt{-1}$)

① -3 ② -1
③ 1 ④ 3

08 다음 등식을 만족시키는 실수 x, y의 값은? (단, $i=\sqrt{-1}$)

$$(x+3)+yi=2+3i$$

① $x=-1,\ y=2$ ② $x=1,\ y=3$
③ $x=2,\ y=3$ ④ $x=-1,\ y=3$

09 실수 x, y에 대하여
$(x-1)+(y+3)i=4-2i$일 때, xy의 값은?

① 10 ② -25
③ 25 ④ -10

10 복소수 $2-3i$의 켤레복소수는? (단, $i=\sqrt{-1}$)

① $2-3i$ ② $3-2i$
③ $2+3i$ ④ $3+2i$

11 복소수 $\overline{4-i}=a+bi$를 만족하는 두 실수 a, b에 대하여 $a-b$의 값은? (단, $\overline{a+bi}=a-bi$, $i=\sqrt{-1}$)

① 1 ② 2
③ 3 ④ 4

12 복소수 $2+i=\overline{a+bi}$를 만족하는 두 실수 a, b에 대하여 $a+b$의 값은? (단, $\overline{a+bi}=a-bi$, $i=\sqrt{-1}$)

① 1 ② 2
③ 3 ④ 4

13 $i(3-2i)=2+bi$일 때, 실수 b의 값은? (단, $i=\sqrt{-1}$)

① -3 ② -2
③ 2 ④ 3

14 실수 a, b에 대하여 $(-2+i)(3+5i)=a+bi$일 때, $a-b$의 값은?

① -4 ② -2
③ 2 ④ 4

15 $1+2i-(3-i)=-2+ai$일 때, 실수 a의 값은? (단, $i=\sqrt{-1}$)

① -3 ② -2
③ 2 ④ 3

16 두 복소수 $\alpha=3-i$, $\beta=1+2i$에 대하여 $2\alpha+\beta$는? (단, $i=\sqrt{-1}$)

① $7+i$ ② $4+i$
③ 4 ④ 7

17 이차방정식 $x^2-4x+k-2=0$이 중근을 갖도록 하는 k의 값은?

① 6　② 4　③ 3　④ 1

18 이차방정식 $x^2-6x+k=0$이 중근을 갖도록 하는 k의 값은?

① 9　② 6　③ 3　④ 1

19 다음 이차방정식 중에서 서로 다른 두 실근을 갖는 것은?

① $x^2+x+4=0$

② $x^2+9=0$

③ $x^2+2x+1=0$

④ $x^2+x-2=0$

20 다음 이차방정식 중에서 서로 다른 두 허근을 갖는 것은?

① $x^2-2x+1=0$

② $x^2+x+3=0$

③ $x^2+4x+4=0$

④ $x^2+x-3=0$

21 $x^2-3x-4=0$의 두 근을 α, β라 할 때, $\alpha+\beta+\alpha\beta$의 값은?

① -3 ② -1
③ 1 ④ 3

22 $x^2-6x-7=0$의 두 근을 α, β라 할 때, $\alpha+\beta-\alpha\beta$의 값은?

① -1 ② 1
③ -13 ④ 13

이차방정식과 이차함수

- 이차방정식과 이차함수 그래프의 관계를 알고, 이차함수의 최댓값과 최솟값을 구할 수 있도록 합니다.

1 이차방정식과 이차함수

1. 이차방정식과 이차함수의 관계

이차함수 $y=ax^2+bx+c$의 그래프와 x축과의 교점의 좌표는 이차방정식 $ax^2+bx+c=0$의 실근과 같다.

이차식 : x^2-2x+3
이차방정식 : $x^2-2x+3=0$
이차함수 : $y=x^2-2x+3$

Click — 이차함수의 그래프와 이차방정식

이차함수 $y=x^2-3x-4$의 그래프와 x축의 교점의 x좌표를 구해보자.
x축과의 교점을 구하기 위해, $y=0$으로 놓으면
$x^2-3x-4=0$이므로
이 식을 인수분해하면, $(x-4)(x+1)=0$
$\therefore x=4$ 또는 $x=-1$
즉, 이차방정식 $x^2-3x-4=0$의 해와 같음을 알 수 있다.

이렇게 생각해 봐요!

이차함수 $y=ax^2+bx+c$와 x축과의 교점은 $y=0$으로 놓고 구하므로, $ax^2+bx+c=0$이 되어 이차방정식의 해와 같아요!

다음 이차함수의 그래프와 x축의 교점의 x좌표를 구하여라.

❶ $y=x^2-4x-5$

❷ $y=x^2+2x+1$

풀이

❶ $y=x^2-4x-5$와 x축과의 교점의 x좌표는 $y=0$을 대입하여 구한다.
$x^2-4x-5=0$ → $(x+1)(x-5)=0$으로 인수분해되므로,
해는 $x=-1$ 또는 $x=5$

❷ $y=x^2+2x+1$과 x축과의 교점의 x좌표는 $y=0$을 대입하여 구한다.
$x^2+2x+1=0$ → $(x+1)^2=0$으로 인수분해되므로,
해는 $x=-1$

정답 ❶ $x=-1$ 또는 $x=5$ ❷ $x=-1$

연계개념 이해 쏙!

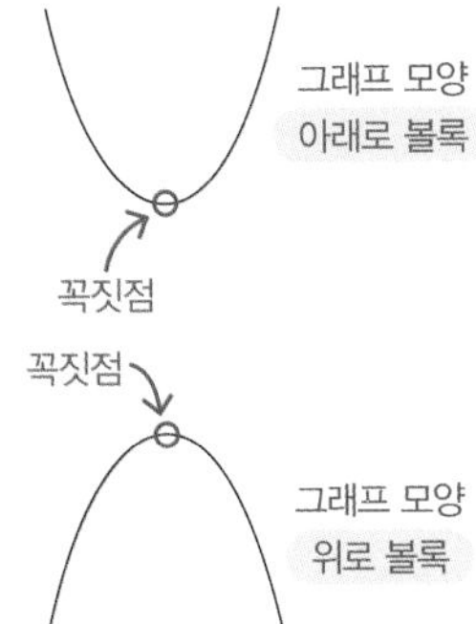

2. 이차함수 그래프와 x축의 위치관계

이차함수의 그래프와 x축과의 교점의 좌표는 이차방정식의 실근과 같으므로 교점의 개수 또한 방정식의 실근의 개수와 같다.

	$D>0$	$D=0$	$D<0$
$ax^2+bx+c=0$ 의 실근	2개	1개	0개
$a>0$일 때, $y=ax^2+bx+c$	α β x	α x	x
$a<0$일 때, $y=ax^2+bx+c$	α β x	α x	x
이차함수와 x축의 위치관계	서로 다른 두 점에서 만난다.	한 점에서 만난다. (접한다)	만나지 않는다.

➲ 교점의 개수로 이차함수 그래프와 x축의 관계를 알 수 있어요!

확인 02

다음 이차함수의 그래프와 x축의 교점의 개수를 구하여라.

❶ $y=x^2-3x-1$

❷ $y=x^2-2x+3$

❸ $y=x^2-2x+1$

풀이

x축과의 교점의 개수는 $y=0$을 대입하여 이차방정식으로 변형한 다음 판별식을 이용하여 구한다.

❶ $D=9+4=13>0$: 2개

❷ $D=4-12=-8<0$: 0개

❸ $D=4-4=0$: 1개

정답 ❶ 2개 ❷ 0개 ❸ 1개

2 이차함수의 최대와 최소

1. 제한된 범위가 수 전체인 경우 출제포인트 ★★★

$y=ax^2+bx+c$의 최댓값과 최솟값은 식의 형태를 $y=a(x-p)^2+q$의 꼴로 바꾸어 꼭짓점의 y좌표의 값으로 최대 또는 최소를 구할 수 있다.

$a>0$	$a<0$
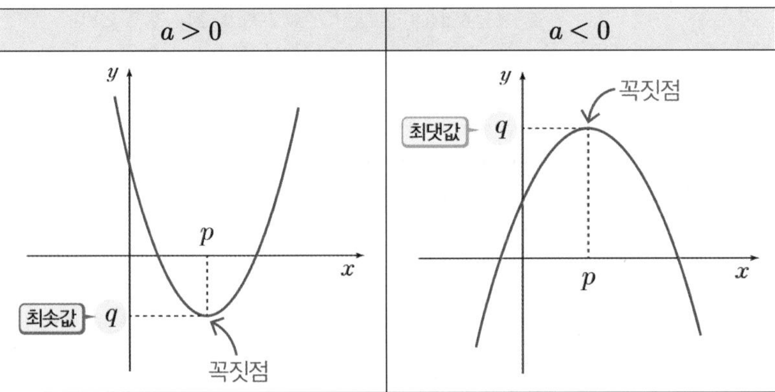	
최솟값 : 꼭짓점의 y좌표 $x=p$일 때, 최솟값 q를 갖는다. 최댓값 : 없다.	최솟값 : 없다. 최댓값 : 꼭짓점의 y좌표 $x=p$일 때, 최댓값 q를 갖는다.

Click 최솟값을 갖는 이차함수

그래프가 아래로 볼록인 경우의 최댓값과 최솟값

➜ 꼭짓점의 y좌표의 값이 최솟값이고, 최댓값은 없다.

예 이차함수 $y=x^2+2x+1=(x+1)^2$의 그래프를 이용하여 확인해 보자.

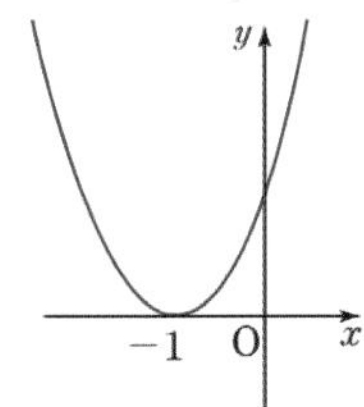

그래프와 같이 꼭짓점의 y좌표의 값이 최솟값이 된다. 즉, $x=-1$일 때, 최솟값 0을 가지며, 최댓값은 없다.

조금 더 깊이!

$y=ax^2+bx+c$의 꼴로 주어진 이차함수를 $y=a(x-p)^2+q$ 꼴로 바꾸어 꼭짓점의 좌표를 구하면, 최대·최소를 구할 수 있다.

$y=ax^2+bx+c$

$y=a\left\{x^2+\frac{b}{a}x+\left(\frac{b}{2a}\right)^2\right\}-\frac{b^2}{4a}+c$

$y=a\left(x+\frac{b}{2a}\right)^2-\frac{b^2-4ac}{4a}$

연계개념 이해 쏙!

꼭짓점 좌표읽기

꼭짓점 : 이차함수 그래프에서 가장 볼록한 부분의 점을 말해요.

좌표읽기 : 반드시 순서쌍으로 읽고, (x좌표, y좌표)의 순서로 읽어요!

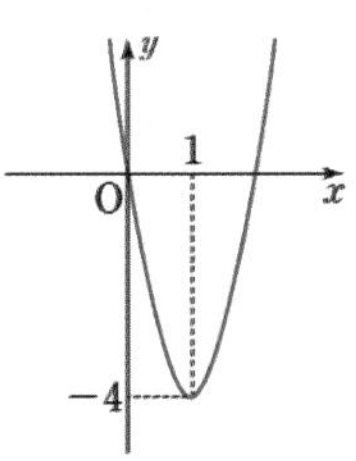

➜ 꼭짓점 : $(1, -4)$

Click 최댓값을 갖는 이차함수

그래프가 위로 볼록인 경우의 최댓값과 최솟값

➜ 꼭짓점의 y좌표의 값이 최댓값이고, 최솟값은 없다.

예 이차함수 $y=-x^2+4x-4=-(x-2)^2$의 그래프를 이용하여 확인해보자.

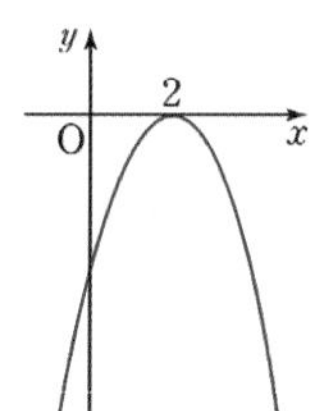

그래프와 같이 꼭짓점의 y좌표의 값이 최댓값이 된다.
즉, $x=2$일 때, 최댓값 0을 가지며, 최솟값은 없다.

확인 03

다음 그래프의 최솟값과 최댓값을 구하여라.

❶ $y=(x+2)^2-5$

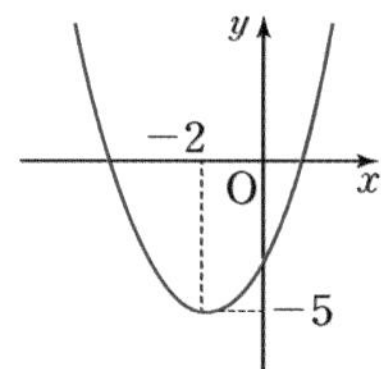

❷ $y=-(x-2)^2+6$

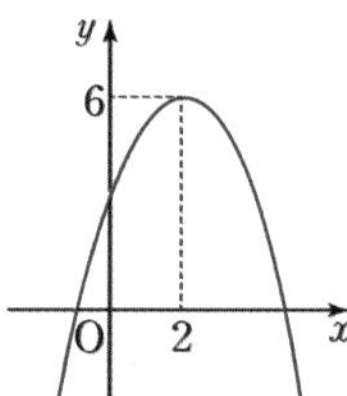

풀이

제한된 범위가 없는 이차함수는 아래로 볼록일 때, 꼭짓점에서 최솟값만 갖고, 위로 볼록일 때, 꼭짓점에서 최댓값만 갖는다.

❶ $x=-2$일 때, 최솟값 -5를 갖는다. 최댓값은 없다.

❷ $x=2$일 때, 최댓값 6을 갖는다. 최솟값은 없다.

정답 ❶ 최솟값 : -5, 최댓값 : 없다.
❷ 최솟값 : 없다, 최댓값 : 6

2. 제한된 범위가 주어진 경우 출제포인트

(1) x의 범위에 꼭짓점이 포함된 경우

꼭짓점의 y좌표의 값과 구간의 양 끝 함숫값 중 가장 큰 값을 최댓값, 가장 작은 값을 최솟값이라고 한다.

$a>0$

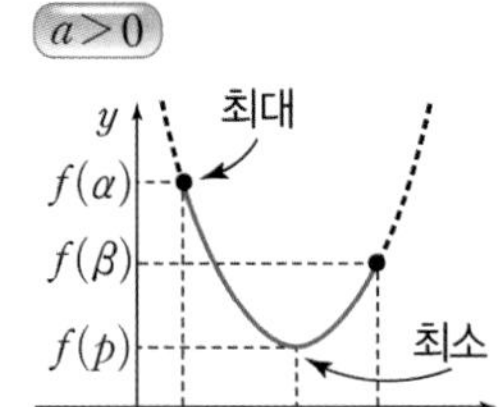

$a<0$

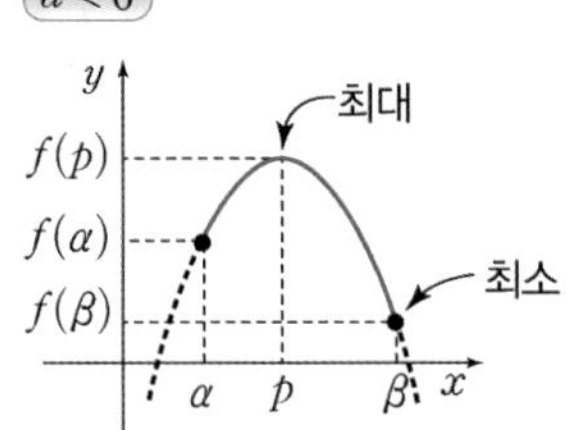

Click 제한된 범위에서의 최대, 최소 Ⅰ

$0 \le x \le 3$일 때, 함수 $f(x)=(x-1)^2-1$의 최댓값과 최솟값을 각각 구해보자.

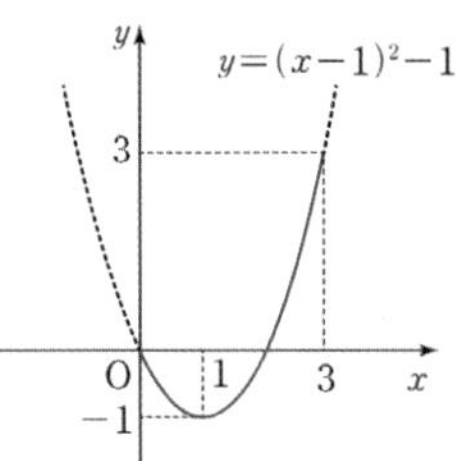

$f(x)=(x-1)^2-1\ (0 \le x \le 3)$의 그래프는
왼쪽 그림과 같고, 구간의 양 끝값은
$f(0)=0,\ f(3)=3$,
꼭짓점의 y좌표는 $f(1)=-1$이므로
최댓값은 3, 최솟값은 -1이다.

확인 04

$-1 \le x \le 2$에서 이차함수 $y=-2(x-1)^2+5$의 최댓값과 최솟값을 각각 구하시오.

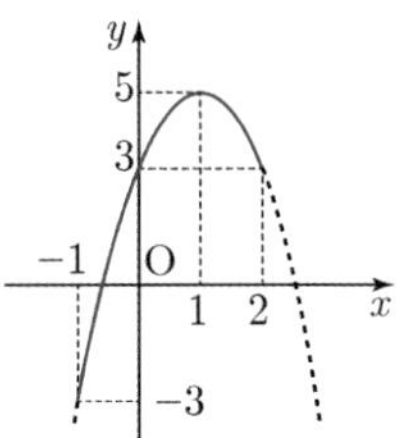

풀이

제한된 범위가 있으며, 범위 안에 꼭짓점이 있을 때는, 꼭짓점과 구간의 양 끝값을 구하여 최대, 최소를 구한다.

꼭짓점 $x=1$일 때, 5

$x=-1$일 때, -3

$x=2$일 때, 3

이므로 최댓값 5, 최솟값 -3

정답 최댓값 : 5, 최솟값 : -3

연계개념 이해 쏙!

함숫값

함수 $y=f(x)$에서 x의 값에 따라 하나씩 정해지는 y의 값 $f(x)$를 x에 대한 함숫값이라고 한다.

예 y가 x의 함수이고 $y=2x$인 관계가 있을 때, 이 함수를 $f(x)=2x$라 한다. 이때, 함수 x의 값이 1, 2, 3일 때, x에 대한 함숫값 $f(x)$는 다음과 같다.

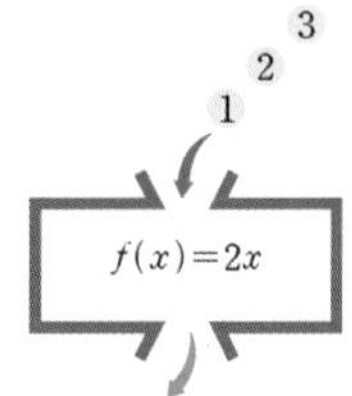

$x=1$일 때, $f(1)=2\times1=2$
$x=2$일 때, $f(2)=2\times2=4$
$x=3$일 때, $f(3)=2\times3=6$

확인 05

$0 \le x \le 3$에서 이차함수 $y=(x-1)^2-4$의 최댓값과 최솟값을 각각 구하시오.

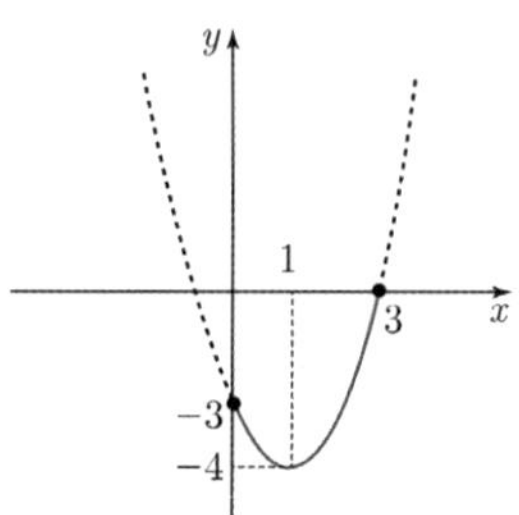

풀 이

제한된 범위가 있으며, 범위 안에 꼭짓점이 있을 때는, 꼭짓점과 구간의 양 끝값을 구하여 최대, 최소를 구한다.

꼭짓점 $x=1$일 때, -4

$x=0$일 때, -3

$x=3$일 때, 0

이므로 최댓값 0, 최솟값 -4

정답 최댓값 : 0, 최솟값 : -4

(2) x의 범위에 꼭짓점이 포함되지 않은 경우

구간의 양 끝 함숫값 중 가장 큰 값을 최댓값, 가장 작은 값을 최솟값이라고 한다.

$a>0$

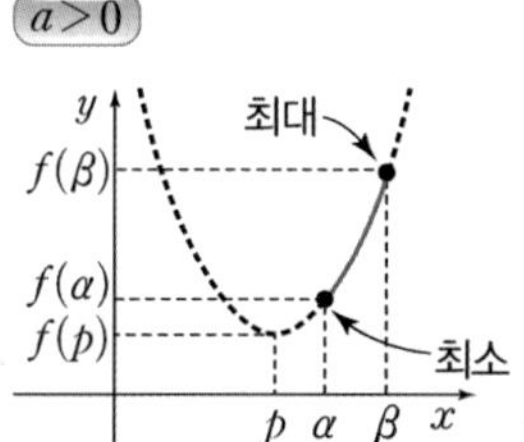

$a<0$

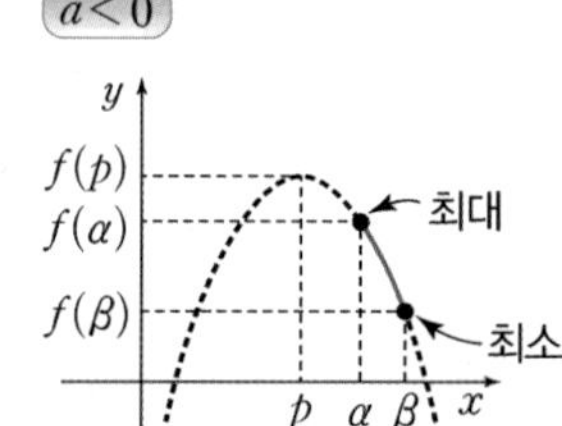

Click 제한된 범위에서의 최대, 최소 II

$2 \le x \le 4$일 때, 이차함수 $f(x)=(x-1)^2-2$의 최댓값과 최솟값을 각각 구해보자.

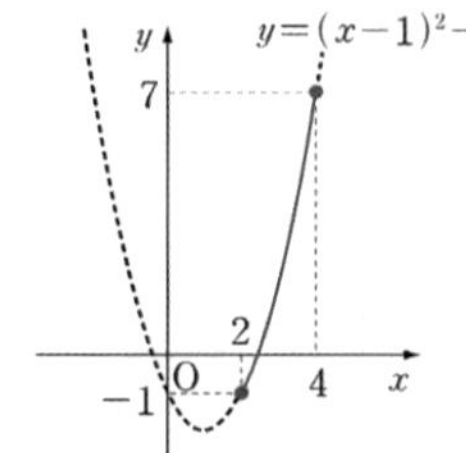

$f(x)=(x-1)^2-2\ (2 \le x \le 4)$의 그래프는 왼쪽 그림과 같고, 구간의 양 끝값은

$f(2)=-1,\ f(4)=7$

이므로 최댓값은 7, 최솟값은 -1이다.

확인 06

$1 \le x \le 3$일 때, 이차함수 $y = x^2 - 3$의 최댓값과 최솟값을 각각 구하시오.

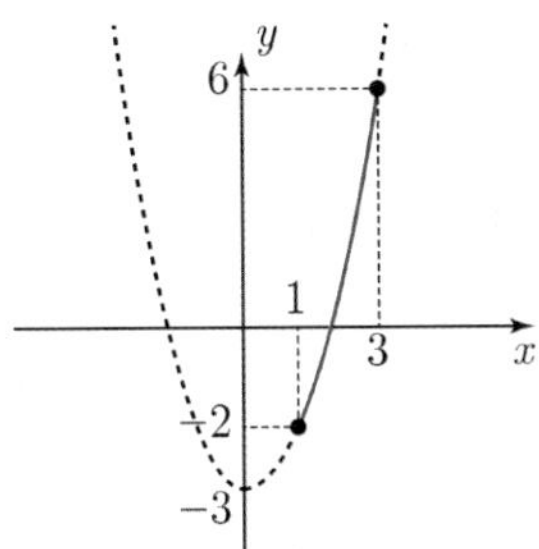

풀이

제한된 범위가 있으며, 범위 안에 꼭짓점이 없을 때는, 구간의 양 끝값을 구하여 최대, 최소를 구한다.

$x = 1$일 때, -2

$x = 3$일 때, 6

이므로 최댓값 6, 최솟값 -2

정답 최댓값 : 6, 최솟값 : -2

확인 07

$0 \le x \le 1$일 때, 이차함수 $y = -2(x+1)^2 + 4$의 최댓값과 최솟값을 각각 구하시오.

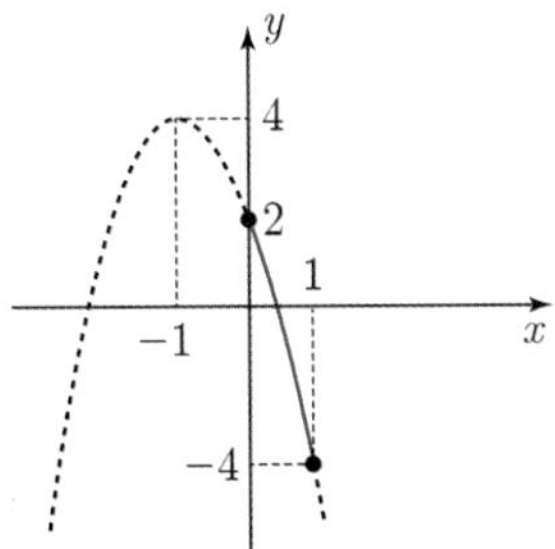

풀이

제한된 범위가 있으며, 범위 안에 꼭짓점이 없을 때는, 구간의 양 끝값을 구하여 최대, 최소를 구한다.

$x = 0$일 때, 2

$x = 1$일 때, -4

이므로 최댓값 2, 최솟값 -4

정답 최댓값 : 2, 최솟값 : -4

02 실력 체크 문제

정답 및 해설 별책 15p

01 이차함수 $y=x^2-4x+3$과 x축의 교점의 개수는 몇 개인가?

① 0　　② 1
③ 2　　④ 3

02 이차함수 $y=x^2-5x+6$과 x축의 교점의 x좌표를 α, β라 할 때, $\alpha+\beta$의 값은?

① 3　　② 4
③ 5　　④ 6

03 이차함수 $y=4(x-1)^2-4$의 최솟값은?

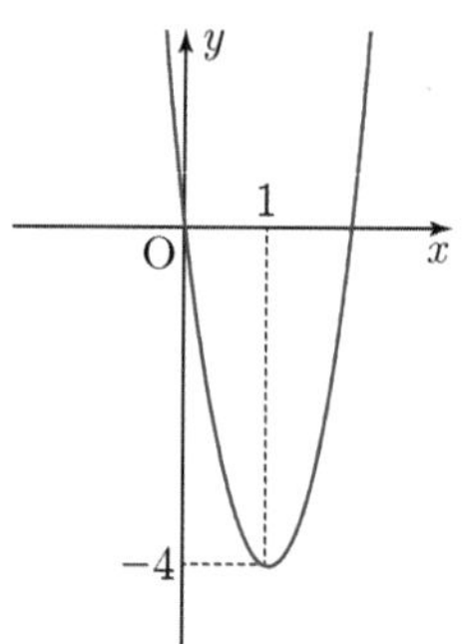

① -4　　② 0
③ 1　　④ 4

04 $0 \le x \le 3$에서 $y=-2(x-1)^2+3$의 최댓값과 최솟값의 합을 구하면?

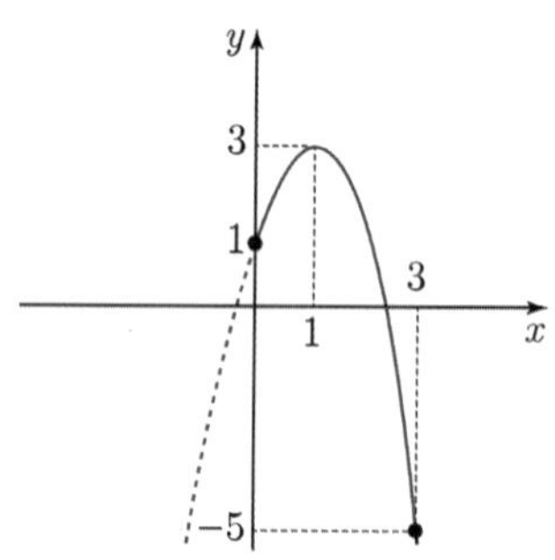

① -2　　② 2
③ 0　　④ 4

05 $-2 \le x \le 0$일 때,
이차함수 $y=(x-1)^2-5$의 최댓값을 a, 최솟값을 b라 할 때, $a-b$의 값은?

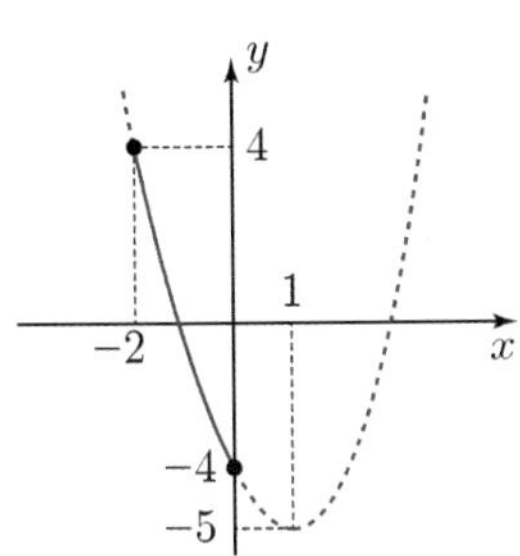

① 8 ② 10
③ 12 ④ 14

06 $-2 \le x \le 1$일 때, 이차함수
$f(x)=x^2+2x-2$의 최댓값은?

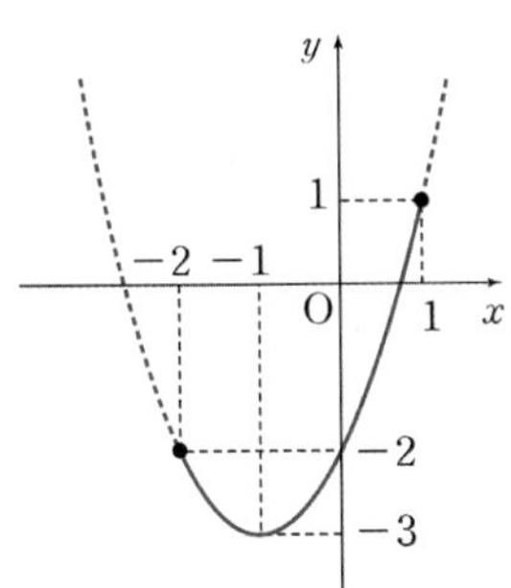

① -3 ② -2
③ 0 ④ 1

07 $0 \le x \le 3$일 때, 이차함수
$f(x)=-x^2+4x-3$의 최댓값은?

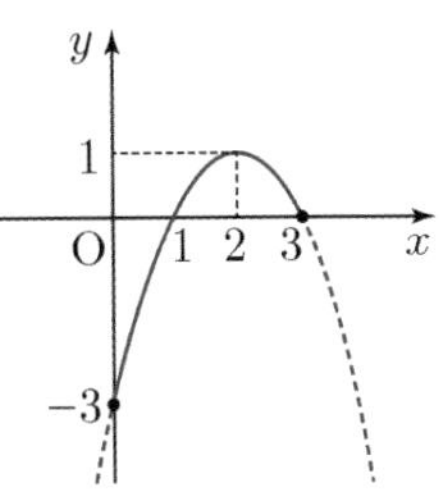

① -3 ② 1
③ 2 ④ 3

08 이차함수 $f(x)=-x^2+1\ (-1 \le x \le 2)$의 최댓값은?

① 0 ② 1
③ 2 ④ 3

09 이차함수 $f(x)=x^2-2x+3\ (0 \le x \le 3)$의 최댓값은?

① 1　　② 2
③ 3　　④ 6

10 이차함수 $y=x^2-2x+4$는 $x=a$에서 최솟값 3을 갖는다. a의 값은?

① 1　　② 2
③ 3　　④ 4

11 이차함수 $y=x^2-2x+2$는 $x=a$에서 최솟값 b를 갖는다. $a+b$의 값은?

① 1　　② 2
③ 3　　④ 5

여러 가지 방정식과 부등식

- 방정식의 근의 의미를 이해하고, 이를 이용하여 여러 가지 방정식을 해결하도록 합니다.
- 부등식의 성질과 일, 이차부등식과 연립부등식의 해를 구할 수 있도록 합니다.

1 삼차방정식과 사차방정식

1. 삼차방정식과 사차방정식

다항식 $P(x)$가 x에 대한 삼차식, 사차식일 때 $P(x)=0$을 각각 삼차방정식, 사차방정식이라고 한다.

2. 삼・사차방정식의 풀이

(1) 인수분해 공식을 이용한 풀이

다항식 $P(x)$를 인수분해한 후

$AB=0$이면, $A=0$ 또는 $B=0$임을 이용하여 해를 구한다.

Click 삼차방정식의 근

인수분해 공식을 이용하여 $x^3-1=0$의 근을 구해보자.

$x^3-1=(x-1)(x^2+x+1)=0$으로 인수분해되므로,

$x-1=0$ 또는 $x^2+x+1=0$을 만족하는 x의 값을 구하면,

$x=1$ 또는 $x=\dfrac{-1\pm\sqrt{3}i}{2}$와 같다.

연계개념 이해 쏙!

인수분해 공식

$a^3+b^3=(a+b)(a^2-ab+b^2)$

$a^3-b^3=(a-b)(a^2+ab+b^2)$

3. 방정식의 해(근)

방정식을 참이 되게 하는 x의 값을 말한다.

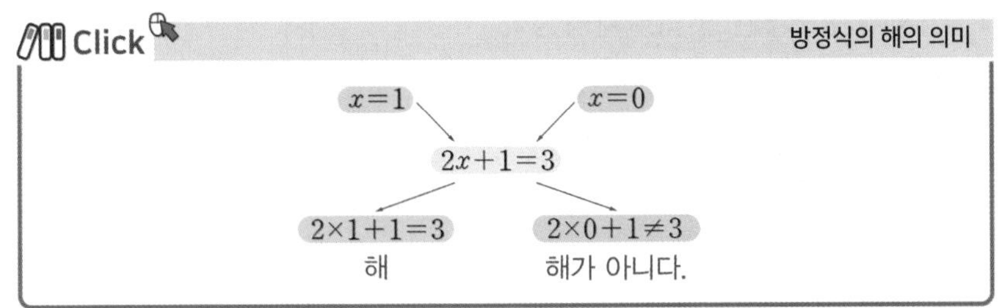

연계개념 이해 쏙!

$3x+2=11$

↑

미지수

방정식 : 미지수의 값에 따라 참이 되기도 하고, 거짓이 되기도 하는 등식

확인 01

다음 중 $x=2$를 근으로 갖는 방정식을 찾아 O표시 하시오.

❶ $x-1=1$　　❷ $2x-1=0$

❸ $3x-1=2x$　　❹ $5x-10=0$

정답 ❶ ○ ❷ × ❸ × ❹ ○

4. 삼차방정식과 사차방정식의 해(근) 출제포인트★★★

삼・사차방정식을 참이 되게 하는 x의 값을 말한다.

Click 삼차방정식의 해가 주어질 때

삼차방정식 $x^3-x^2+x+a=0$의 한 근이 1일 때 a를 구하면,
방정식 $x^3-x^2+x+a=0$의 근이 $x=1$이므로 식에 대입한다.
$1^3-1^2+1+a=0$ ➜ $1-1+1+a=0$ ➜ $1+a=0$ ➜ $a=-1$

확인 02

삼차방정식 $x^3-x^2-ax+2=0$의 한 근이 2일 때 a를 구하면?

풀 이

방정식의 근은 식을 참이 되게 하는 값이므로 식에 대입하면 참이 된다.
$x=2$를 대입하면,
$2^3-2^2-a\times2+2=0$ ➜ $a=3$

정답 $a=3$

2 연립방정식

1. 미지수가 2개인 연립일차방정식

(1) 미지수가 2개인 연립일차방정식

미지수가 2개인 두 일차방정식을 한 쌍으로 묶어 나타낸 것을 미지수가 2개인 연립일차방정식 또는 간단히 연립방정식이라고 한다.

예 $\begin{cases}2x+y=10\\2x-y=2\end{cases}$

연계개념 이해 쏙!

미지수가 2개인 일차방정식
$ax+by+c=0$ (단, a, b, c는 상수, $a\neq0$, $b\neq0$)과 같은 방정식을 미지수가 2개인 일차방정식이라고 한다.

(2) 연립방정식의 해 출제포인트★★★

① 두 방정식을 동시에 만족시키는 x, y의 값 또는 그 순서쌍 $(x,\ y)$

② 연립방정식에서 각각의 방정식의 공통인 해를 그 연립방정식의 해라 하고, 연립방정식의 해를 구하는 것을 '연립방정식을 푼다'고 한다.

연립방정식의 해
두 개 이상의 식을 동시에 만족시키는 x, y의 값 또는 그 순서쌍 $(x,\ y)$

확인 03

다음 중 연립방정식의 해는?

❶ $\begin{cases} 2x+y=10 \\ 2x-y=2 \end{cases}$　① $x=2,\ y=3$　② $x=3,\ y=4$

❷ $\begin{cases} 2x+3y=7 \\ 2x-y=3 \end{cases}$　① $x=3,\ y=1$　② $x=2,\ y=1$

풀이

연립방정식의 해는 두 식을 동시에 만족시키는 값이므로 각각의 식에 대입하여 참이 되는 해를 찾으면 된다.

정답 ❶ ② ❷ ②

2. 연립방정식의 풀이

(1) 연립방정식의 풀이 1(대입법)

한 미지수를 없애기 위하여 한 방정식을 어떤 미지수에 대하여 정리하여 다른 방정식에 대입하여 연립방정식을 푸는 방법을 대입법이라고 한다.

연계개념 이해 쏙!
- **연립방정식의 풀이** : 문자를 하나로 만들기!
- **대입법** : 한 문자로 정리하여 대입
- **가감법** : 더하거나 빼는 것

Click 연립방정식 - 대입법

대입법을 이용하여 다음 연립방정식의 해를 구해보자.

$\begin{cases} x=2y & \cdots\cdots ① \\ 2x+y=7500 & \cdots\cdots ② \end{cases}$

이 식에서 미지수 x를 없애기 위하여 ①을 ②에 대입하면

$2\times 2y+y=7500$

이므로, $5y=7500$과 같이 미지수가 1개인 방정식을 얻는다.

이 방정식을 풀면 $y=1500$이고, 이것을 ①에 대입하면 $x=3000$이다.

따라서 이 연립방정식의 해는 $x=3000,\ y=1500$이다.

(2) 연립방정식의 풀이 2(가감법)

연립방정식의 두 일차방정식을 변끼리 더하거나 빼서 한 미지수를 없앤 후 연립방정식의 해를 구할 수 있다.

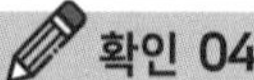

연립방정식 - 가감법

가감법을 이용하여 다음 연립방정식의 해를 구해보자.

$\begin{cases} 2x+y=7 & \cdots\cdots ① \\ 3x-y=3 & \cdots\cdots ② \end{cases}$

y를 없애기 위하여 ①, ②를 변끼리 더하면

$5x=10$, $x=2$이고, $x=2$를 ①에 대입하면

$2\times2+y=7$, $y=3$

따라서 주어진 연립방정식의 해는 $x=2$, $y=3$이다.

확인 04

다음 연립방정식의 해를 구하여라.

❶ $\begin{cases} y=2x \\ 2x+y=8 \end{cases}$ ❷ $\begin{cases} 4x+y=6 \\ 2x+y=4 \end{cases}$

풀이

❶ $\begin{cases} y=2x & \cdots\cdots ㉠ \\ 2x+y=8 & \cdots\cdots ㉡ \end{cases}$

㉠을 ㉡에 대입하면,

$2x+2x=8$ ➜ $4x=8$ ➜ $x=2$

이것을 다시 ㉠에 대입하여 y의 값을 구하면,

$x=2$, $y=4$

❷ $\begin{cases} 4x+y=6 & \cdots\cdots ㉠ \\ 2x+y=4 & \cdots\cdots ㉡ \end{cases}$

가감법을 이용하여, ㉠-㉡을 하면,

$4x-2x=6-4$ ➜ $2x=2$ ➜ $x=1$

이것을 ㉠에 대입하면, $4+y=6$ ➜ $y=2$이므로,

$x=1$, $y=2$이다.

정답 ❶ $x=2$, $y=4$ ❷ $x=1$, $y=2$

3. 미지수가 3개인 연립방정식 출제포인트 ★★★

한 문자를 소거하여 미지수가 2개인 연립방정식의 형태로 바꾸어 푼다.

확인 05

다음 연립방정식의 해를 구하여라.

❶ $\begin{cases} x+y=1 \\ y+z=3 \\ z+x=2 \end{cases}$

❷ $\begin{cases} x+y=-1 \\ y+z=2 \\ z+x=5 \end{cases}$

풀이

❶ $\begin{cases} x+y=1 & \cdots\cdots ㉠ \\ y+z=3 & \cdots\cdots ㉡ \\ z+x=2 & \cdots\cdots ㉢ \end{cases}$

㉠-㉡ 하면 $x-z=-2$이고 이 식을 가감법을 이용하여 ㉢과 연립하면
$2x=0$ ➜ $x=0,\ z=2$이다. 이 값을 ㉠에 대입하면 $y=1$이다.
따라서, $x=0,\ y=1,\ z=2$

❷ $\begin{cases} x+y=-1 & \cdots\cdots ㉠ \\ y+z=2 & \cdots\cdots ㉡ \\ z+x=5 & \cdots\cdots ㉢ \end{cases}$

㉠-㉡ 하면 $x-z=-3$이고 이 식을 가감법을 이용하여 ㉢과 연립하면
$2x=2$ ➜ $x=1,\ z=4$이다. 이 값을 ㉠에 대입하면 $y=-2$이다.
따라서, $x=1,\ y=-2,\ z=4$

정답 ❶ $x=0,\ y=1,\ z=2$ ❷ $x=1,\ y=-2,\ z=4$

4. 미지수가 2개인 연립이차방정식

(1) 일차방정식과 이차방정식

일차방정식을 한 문자로 정리하여 이차방정식에 대입하여 푼다.

(2) 이차방정식과 이차방정식

하나의 이차방정식을 두 일차식의 곱으로 인수분해한 후 [(1) 일차방정식과 이차방정식]과 동일한 방법으로 푼다.

연립방정식의 해
두 개 이상의 식을 동시에 만족시키는 x, y의 값 또는 그 순서쌍 $(x,\ y)$

5. 연립방정식의 해 출제포인트★★★

연립되어 있는 모든 방정식을 동시에 만족시키는 미지수의 값

확인 06

다음 물음에 알맞은 답을 구하여라.

❶ $\begin{cases} x+y=8 \\ xy=a \end{cases}$ 의 해가 $x=6$, $y=b$일 때, ab의 값을 구하여라.

❷ $\begin{cases} x+y=1 \\ y+z=3 \\ z+x=2 \end{cases}$ 의 해가 $x=a$, $y=1$, $z=b$일 때, $a+b$의 값을 구하여라.

❸ $\begin{cases} x+y=1 \\ x^2+y^2=a \end{cases}$ 의 해가 $x=2$, $y=b$일 때, ab의 값을 구하여라.

풀이

연립방정식의 해는 식을 동시에 만족시키는 값이므로 각각의 식에 대입하여 참이 되는 해를 찾으면 된다.

정답 ❶ $24(a=12,\ b=2)$, ❷ $2(a=0,\ b=2)$, ❸ $-5(a=5,\ b=-1)$

3 연립일차부등식

1. 부등식

부등호 $<$, $>$, $\le$, $\ge$를 사용하여 수 또는 식의 대소 관계를 나타낸 것을 부등식이라고 한다.

예 $7>6$, $x<2$, $4x-3\le 5$는 모두 부등식이다.

2. 부등식의 성질

(1) 양변에 같은 수를 더하거나 빼어도 부등호의 방향은 바뀌지 않는다.

$a<b$ ➜ $a+c<b+c$, $a-c<b-c$

(2) 양변에 같은 양수를 곱하거나 나누어도 부등호의 방향은 바뀌지 않는다.

$a<b\ (c>0)$ ➜ $ac<bc$, $\dfrac{a}{c}<\dfrac{b}{c}$

(3) 양변에 같은 음수를 곱하거나 나누면 부등호의 방향이 바뀐다.

$a < b\ (c < 0) \rightarrow ac > bc,\ \frac{a}{c} > \frac{b}{c}$

주의!!!!!!
양변에 음수를 곱하거나, 나눌 때, 부등호 방향을 꼭 바꿔야 해요!

확인 07

$a < b$일 때, 다음 □ 안에 알맞은 부등호를 써넣으시오.

❶ $a+3$ □ $b+3$

❷ $a-4$ □ $b-4$

❸ $a+(-5)$ □ $b+(-5)$

❹ $a\times(-2)$ □ $b\times(-2)$

정답 ❶ < ❷ < ❸ < ❹ >

3. 일차부등식의 풀이

(1) 일차부등식

부등식의 모든 항을 좌변으로 이항하여 정리한 식이 (일차식)>0, (일차식)<0, (일차식)≥ 0, (일차식)≤ 0 중의 한 가지 꼴로 나타나는 부등식을 일차부등식이라고 한다.

(2) 일차부등식의 해와 수직선

부등식의 해를 수직선 위에 나타낼 수 있다.

수직선에 나타내기
- ○ : 포함 ×
- ● : 포함 ○

Click 일차부등식의 해와 수직선

$x<5$, $x>5$, $x\leq 5$, $x\geq 5$를 수직선 위에 나타내면 각각 다음 그림과 같다.

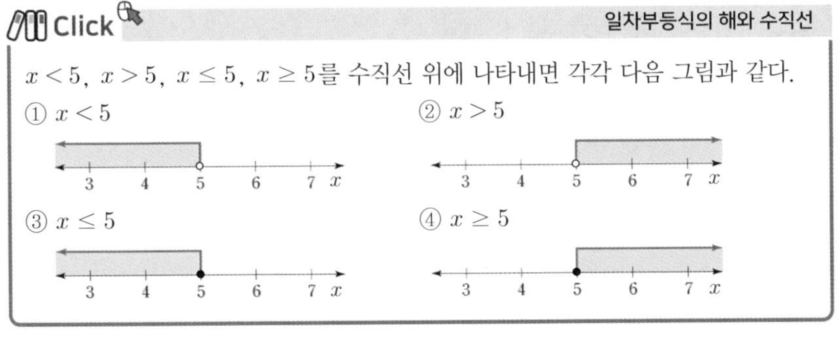

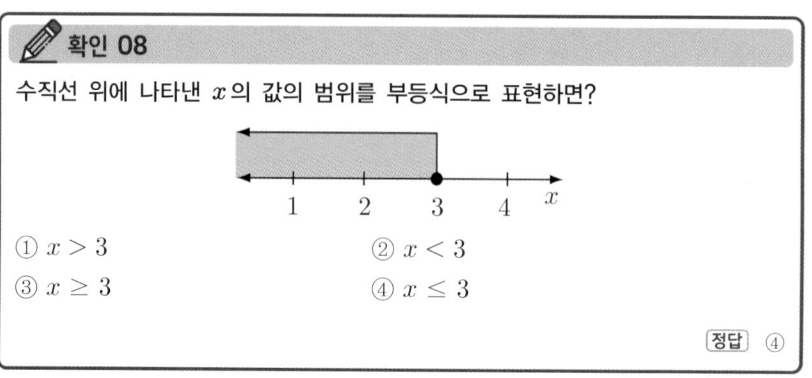

확인 08

수직선 위에 나타낸 x의 값의 범위를 부등식으로 표현하면?

① $x > 3$　② $x < 3$
③ $x \ge 3$　④ $x \le 3$

정답 ④

연계개념 이해 쏙!

일차방정식의 풀이를 정확히 공부하고, 일차부등식의 풀이를 공부하는 것이 좋아요!
두 풀이과정의 공통점과 차이점을 비교하며 공부하는 게 Tip!

(3) 일차부등식의 풀이

① x를 포함한 항은 좌변으로, 상수항은 우변으로 이항한다.
② 양변을 간단히 하여 $ax > b$, $ax < b$, $ax \ge b$, $ax \le b\,(a \ne 0)$의 꼴로 만든다.
③ x의 계수 a로 양변을 나눈다. (단, $a < 0$이면 부등호의 방향을 바꾼다.)

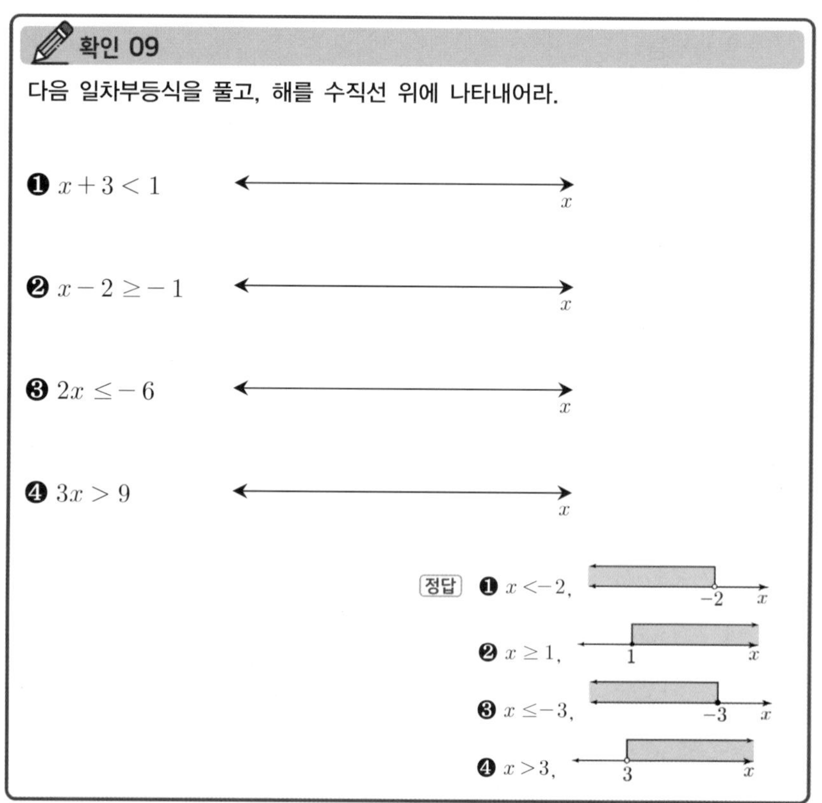

확인 09

다음 일차부등식을 풀고, 해를 수직선 위에 나타내어라.

❶ $x + 3 < 1$

❷ $x - 2 \ge -1$

❸ $2x \le -6$

❹ $3x > 9$

정답 ❶ $x < -2$, ❷ $x \ge 1$, ❸ $x \le -3$, ❹ $x > 3$

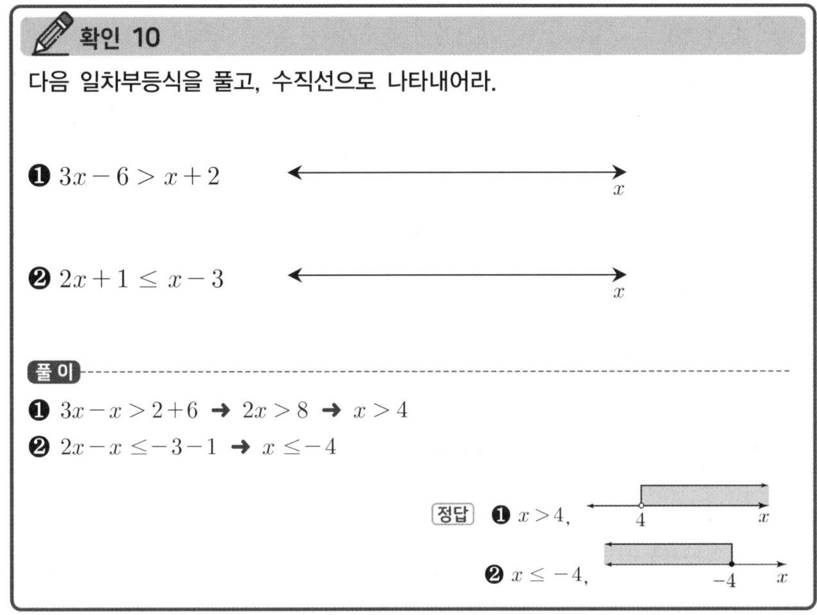

확인 10

다음 일차부등식을 풀고, 수직선으로 나타내어라.

❶ $3x-6>x+2$

❷ $2x+1\le x-3$

풀이

❶ $3x-x>2+6$ ➜ $2x>8$ ➜ $x>4$

❷ $2x-x\le -3-1$ ➜ $x\le -4$

정답 ❶ $x>4$, ❷ $x\le -4$,

4. 연립부등식

(1) 연립부등식

두 개 이상의 부등식을 한 쌍으로 묶어 놓은 것을 연립부등식이라고 한다.

(2) 연립부등식의 풀이 출제포인트 ★★★

두 개의 부등식의 해를 각각 구하여 공통인 부분을 찾는다.

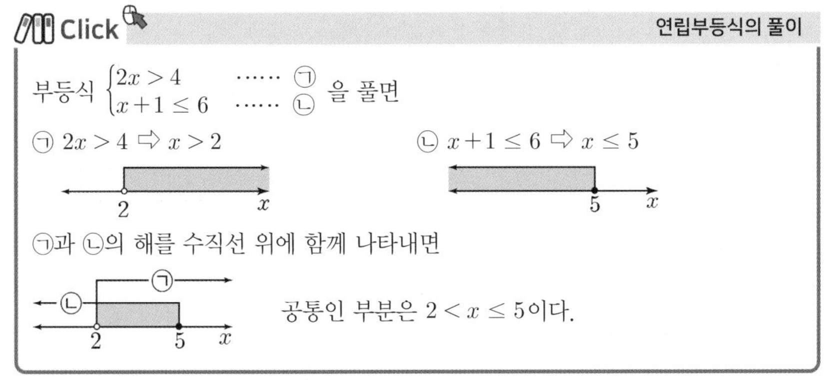

Click 연립부등식의 풀이

부등식 $\begin{cases}2x>4 & \cdots\cdots ㉠\\ x+1\le 6 & \cdots\cdots ㉡\end{cases}$ 을 풀면

㉠ $2x>4$ ⇨ $x>2$

㉡ $x+1\le 6$ ⇨ $x\le 5$

㉠과 ㉡의 해를 수직선 위에 함께 나타내면

공통인 부분은 $2<x\le 5$이다.

➋ 연립부등식의 풀이는 꼭! 수직선을 이용하여 겹치는 부분을 찾는 게 중요해요!

확인 11

다음 과정에 따라 아래 연립일차부등식을 풀어라.

$$\begin{cases} x-1>-3 \\ x-3<1 \end{cases}$$

❶ $x-1>-3$을 풀어라.

❷ $x-3<1$을 풀어라.

❸ ❶, ❷의 두 해를 수직선 위에 나타내어라.

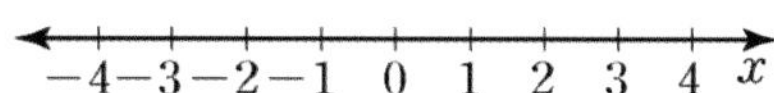

❹ 연립일차부등식의 해를 구하여라.

정답 ❶ $x>-2$, ❷ $x<4$

❸ 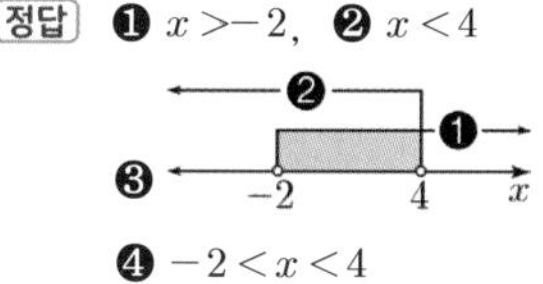

❹ $-2<x<4$

확인 12

다음 각 부등식의 해를 수직선 위에 나타내고, 그것을 이용하여 연립일차부등식을 풀어라.

❶ $\begin{cases} x \le 3 \\ x > 2 \end{cases}$

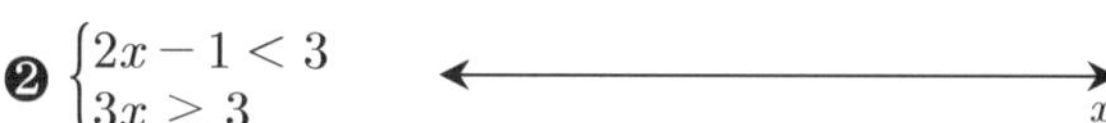

❷ $\begin{cases} 2x-1<3 \\ 3x \ge 3 \end{cases}$

정답 ❶ $2<x\le 3$ 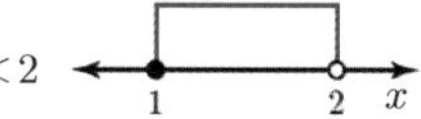

❷ $1\le x<2$

4 절댓값을 포함한 일차부등식

1. 절댓값

(1) 수직선 위에서 원점과 어떤 수(x)에 대응하는 점 사이의 거리를 그 수(x)의 절댓값이라 하고, 기호로 $|x|$로 나타낸다.

예 $+3$과 -3의 절댓값은 둘 다 $|+3|=3$, $|-3|=3$이다.

(2) 절댓값을 포함한 일차부등식 Ⅰ 출제포인트★★★

① $|x|<a$ ➜ $-a<x<a$ (단, $a>0$)

② $|x|>a$ ➜ $x<-a$ 또는 $x>a$ (단, $a>0$)

Click 절댓값이 있는 부등식

$|x|<3$과 $|x|>3$의 해를 각각 구해보자.

① $|x|<3$ ➜ $-3<x<3$

즉, $|x|<3$ ➜ 절댓값이 3보다 작다. ➜ 원점으로부터 3보다 가깝다.
➜ $-3<x<3$

② $|x|>3$ ➜ $x<-3$ 또는 $x>3$

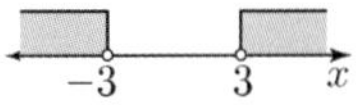

즉, $|x|>3$ ➜ 절댓값이 3보다 크다. ➜ 원점으로부터 3보다 멀다. ➜ $x<-3$ 또는 $x>3$

(3) 절댓값을 포함한 일차부등식 Ⅱ 출제포인트★★★

③ $|□|<○$ ➜

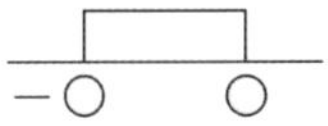

➜ $-○<□<○$

④ $|□|>○$ ➜

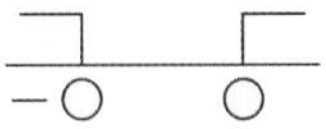

➜ $□<-○$ 또는 $□>○$

예 부등식 $|x-1|<2$를 ③을 이용하여 풀어보자.
➜ $-2<x-1<2$ ➜ $-2+1<x<2+1$ ➜ $-1<x<3$

그림으로 핵심만 쏙쏙!

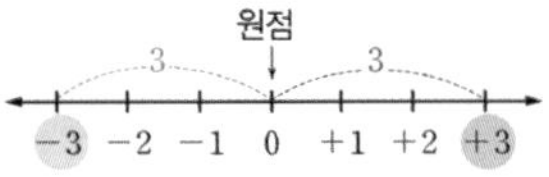

➜ $|+3|=|-3|=3$

$|⊕3|=3$ $|⊖3|=3$

부호를 없애면 절댓값

그림으로 핵심만 쏙쏙!

$|x|<○$

➜ $-○<x<○$

➜

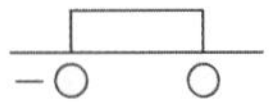

그림으로 핵심만 쏙쏙!

$|x|>○$

➜

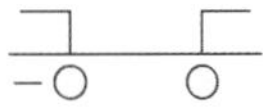

➜ $x<-○$ 또는 $x>○$

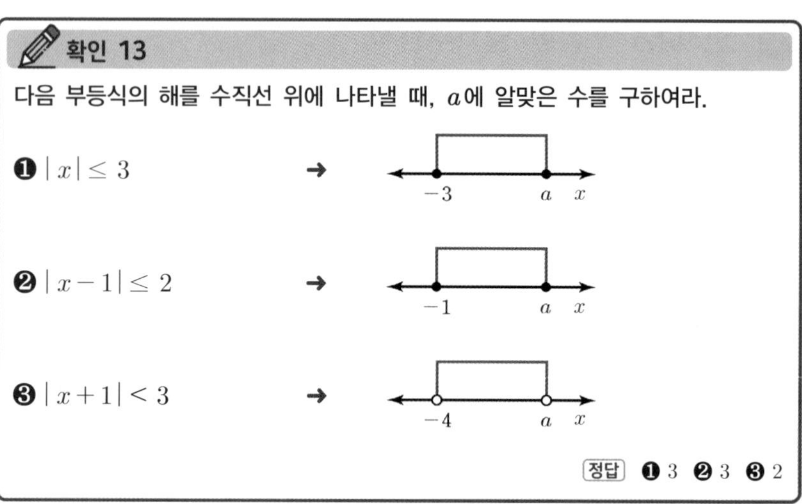

5 이차부등식

1. 이차부등식

연계개념 이해 쏙!

이차함수 $y=ax^2+bx+c$와 x축과의 교점은 이차방정식 $ax^2+bx+c=0$의 해와 같아요!

부등식의 모든 항을 좌변으로 이항하여 정리한 식이 (이차식)>0, (이차식)<0, (이차식)≥ 0, (이차식)≤ 0 중의 한 가지 꼴로 나타나는 부등식을 이차부등식이라고 한다.

2. 이차부등식과 이차함수의 관계

이차함수의 그래프를 이용하여 이차부등식의 해를 구할 수 있다.

그림으로 핵심만 쏙 쏙!

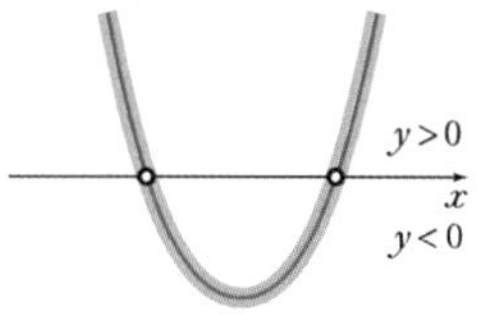

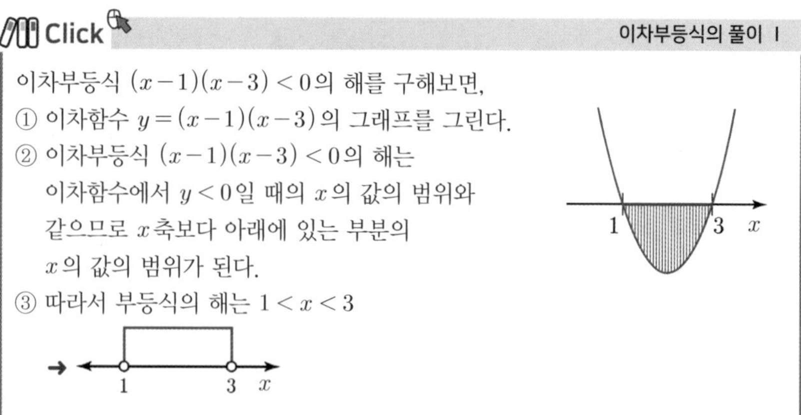

Click 이차부등식의 풀이 II

이차부등식 $(x-1)(x-3)>0$의 해를 구해보면,

① 이차함수 $y=(x-1)(x-3)$의 그래프를 그린다.

② 이차부등식 $(x-1)(x-3)>0$의 해는 이차함수에서 $y>0$일 때의 x의 값의 범위와 같으므로 x축보다 위에 있는 부분의 x의 값의 범위가 된다.

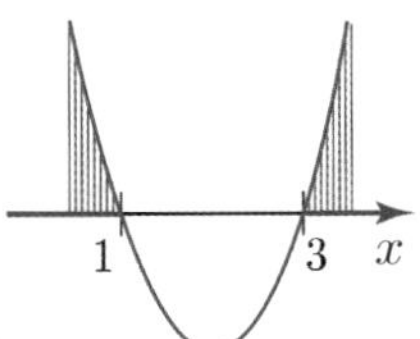

③ 따라서 부등식의 해는 $x<1$ 또는 $x>3$

→ 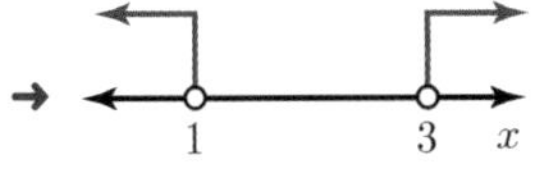

3. 이차부등식의 풀이 출제포인트 ★★★

위와 같은 방법으로 이차부등식의 해를 정리하면 다음 표와 같다.

$a<b$일 때,	그림	해
$(x-a)(x-b)<0$		$a<x<b$
$(x-a)(x-b)\le 0$		$a\le x\le b$
$(x-a)(x-b)>0$		$x<a$ 또는 $x>b$
$(x-a)(x-b)\ge 0$		$x\le a$ 또는 $x\ge b$

그림으로 핵심만 쏙쏙!

□ <0의 해는

표시된 두 값의 사이의 값들!

→ 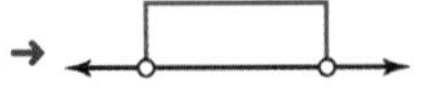

□ >0의 해는

표시된 두 값의 벌어진 값들!

→ 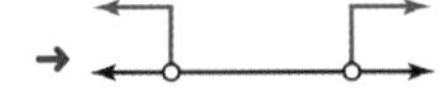

확인 14

다음 중 이차부등식 $(x+1)(x-3)\ge 0$의 해를 수직선 위에 나타낸 것은?

① 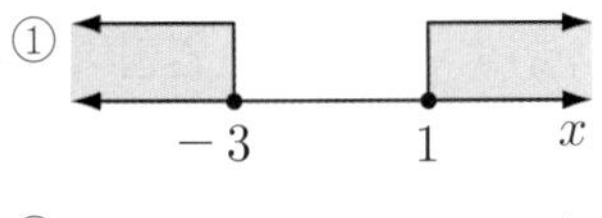

② 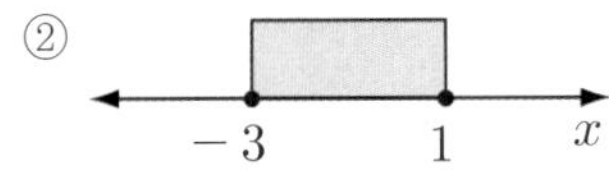

③ 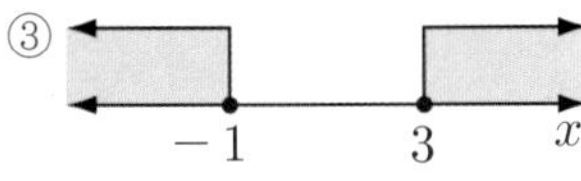

④ 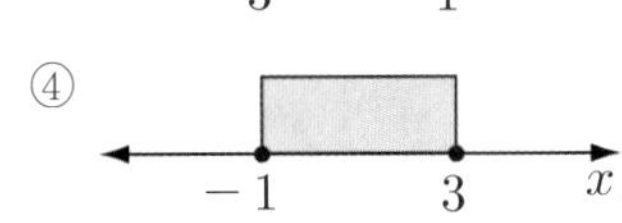

정답 ③

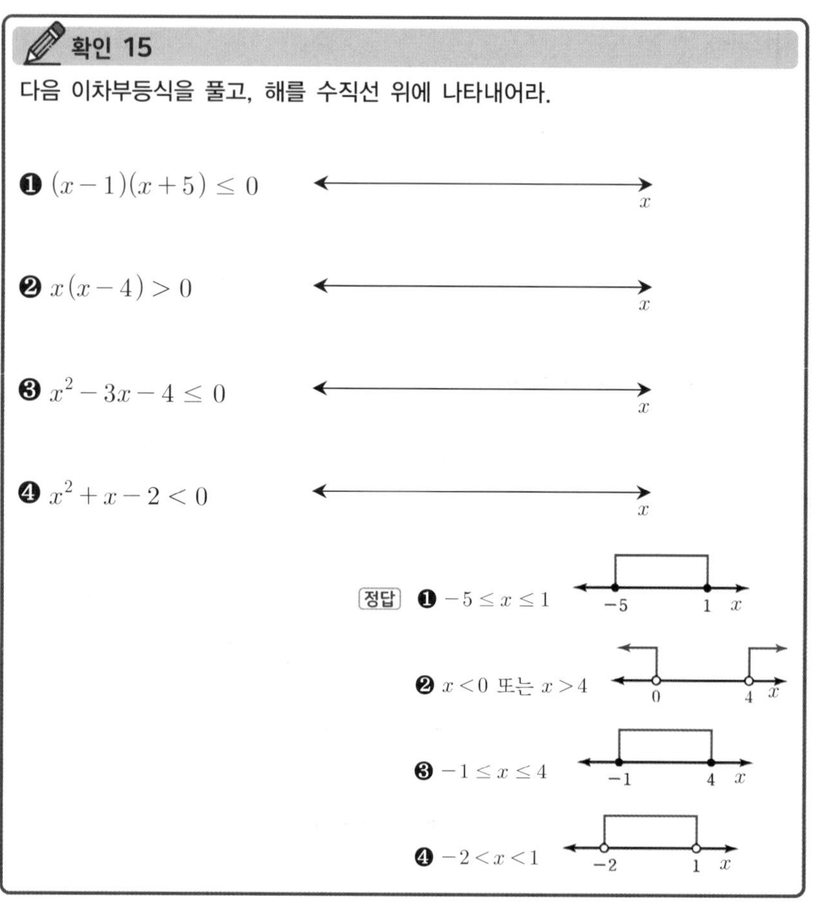

확인 15

다음 이차부등식을 풀고, 해를 수직선 위에 나타내어라.

❶ $(x-1)(x+5) \le 0$

❷ $x(x-4) > 0$

❸ $x^2-3x-4 \le 0$

❹ $x^2+x-2 < 0$

정답 ❶ $-5 \le x \le 1$ ❷ $x<0$ 또는 $x>4$ ❸ $-1 \le x \le 4$ ❹ $-2<x<1$

6 연립이차부등식

1. 연립이차부등식

(1) 연립이차부등식

두 개 이상의 이차부등식을 한 쌍으로 묶어 놓은 것을 연립이차부등식이라 한다.

(2) 연립부등식의 풀이 출제포인트 ★★★

부등식의 해를 각각 구하여 수직선을 이용하여 공통인 부분을 찾는다.

수직선을 이용하여 겹쳐진 부분을 찾으면 공통부분이에요!

Click 연립이차부등식의 풀이

부등식 $\begin{cases}(x-2)(x-6)<0 & \cdots\cdots ㉠\\(x-8)(x-5)\geq 0 & \cdots\cdots ㉡\end{cases}$ 을 풀면

㉠ $(x-2)(x-6)<0$ ➜ $2<x<6$

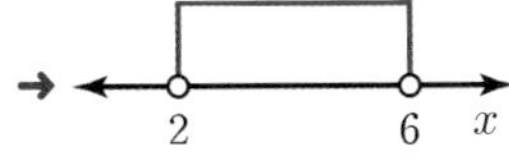

㉡ $(x-8)(x-5)\geq 0$ ➜ $x\leq 5$ 또는 $x\geq 8$

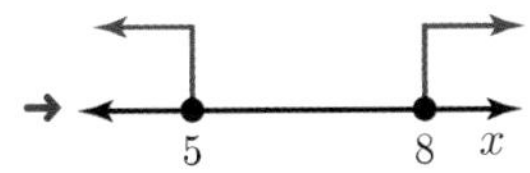

㉠과 ㉡의 해를 수직선 위에 함께 나타내면

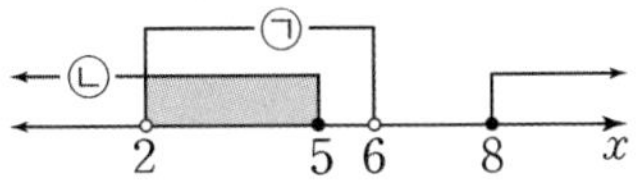

공통인 부분은 $2<x\leq 5$이다.

확인 16

다음 연립부등식을 풀어라.

❶ $\begin{cases}(x-1)(x-3)\geq 0\\(x+1)(x-2)<0\end{cases}$

❷ $\begin{cases}(x+2)(x-3)>0\\(x-1)(x-5)<0\end{cases}$

❸ $\begin{cases}(x+1)(x-2)\geq 0\\x(x-3)<0\end{cases}$

❹ $\begin{cases}x^2-2x-3\leq 0\\x(x-5)<0\end{cases}$

정답 ❶ $-1<x\leq 1$ ❷ $3<x<5$ ❸ $2\leq x<3$ ❹ $0<x\leq 3$

03 실력 체크 문제

정답 및 해설 별책 17p

01 삼차방정식 $x^3+x+a=0$의 한 근이 1일 때, 상수 a의 값은?

① -3 ② -2
③ -1 ④ 1

02 삼차방정식 $x^3-x^2+2x+a=0$의 한 근이 1일 때, 상수 a의 값은?

① -3 ② -2
③ -1 ④ 1

03 연립방정식 $\begin{cases} x+y=a \\ xy=6 \end{cases}$ 의 해가 $x=1,\ y=b$라고 할 때, $a+b$의 값은?

① 15 ② 13
③ 10 ④ 9

04 연립방정식 $\begin{cases} x+y=4 \\ y+z=a \\ z+x=5 \end{cases}$ 의 해가 $x=b,\ y=1,\ z=2$일 때, $a+b$의 값은? (단, a, b는 상수)

① 4 ② 5
③ 6 ④ 7

05 연립방정식 $\begin{cases} x-y=1 \\ x^2-y^2=a \end{cases}$ 의 해가 $x=2$, $y=b$ 일 때, $a+b$의 값은?

① 4　　② 5

③ 6　　④ 7

06 연립방정식 $\begin{cases} x+y=4 \\ x^2+y^2=a \end{cases}$ 의 해가 $x=b, y=2$ 일 때, $a-b$의 값은?

① 3　　② 5

③ 6　　④ 9

07 부등식 $|x-2|<3$의 해를 구하면?

① -3　3　x

② -3　3　x

③ -1　5　x

④ -1　5　x

08 부등식 $|x-4| \le 1$의 해를 수직선 위에 나타낼 때, 상수 a의 값은?

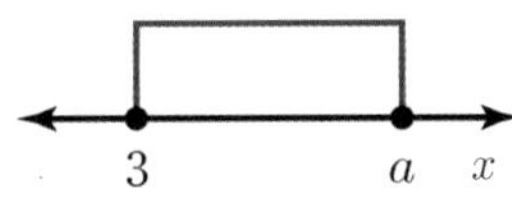

① 4　　② 5

③ 6　　④ 7

09 부등식 $|x+2|>2$의 해를 수직선 위에 나타낼 때, 상수 a의 값은?

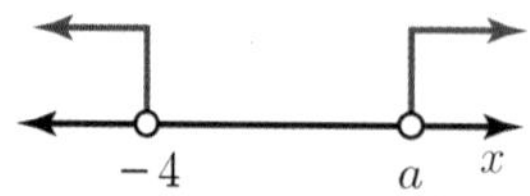

① -3
② -2
③ -1
④ 0

10 다음 연립부등식의 해를 구하면?

$$\begin{cases} 4x-5<3 \\ 2-x \le 5x-4 \end{cases}$$

① $x \le 1$ 또는 $x>2$
② $1<x \le 2$
③ $1<x<2$
④ $1 \le x<2$

11 그림은 이차부등식 $(x-a)(x-b) \le 0$의 해를 수직선 위에 나타낸 것이다. $a+b$의 값은?

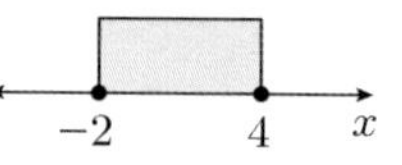

① 0
② 2
③ 4
④ 6

12 그림은 이차부등식 $(x-a)(x-b) \ge 0$의 해를 수직선 위에 나타낸 것이다. ab의 값은?

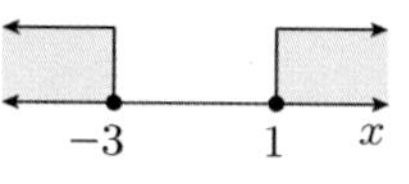

① -3
② -2
③ 2
④ 3

13 다음은 이차부등식 $(x+1)(x-k) \geq 0$의 해를 구하고, 수직선 위에 나타낸 것이다. k의 값은?

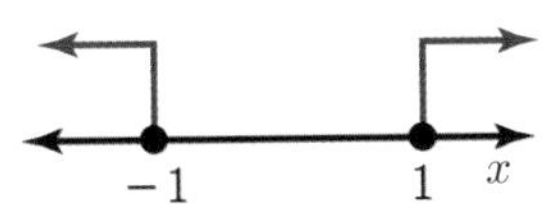

① -3　② -2
③ -1　④ 1

14 연립부등식 $\begin{cases} 3x-6>0 \\ (x-1)(x-4)<0 \end{cases}$의 해가 $\alpha < x < \beta$일 때, $\alpha\beta$의 값은?

① 5　② 6
③ 7　④ 8

15 연립부등식 $\begin{cases} x>1 \\ x^2-x-6>0 \end{cases}$을 풀면?

① $x>4$　② $x>3$
③ $x>1$　④ $x>2$

16 연립부등식 $\begin{cases} x^2-6x-7<0 \\ (x-2)(x-9)<0 \end{cases}$을 만족하는 x의 범위가 $2<x<a$일 때, a의 값은?

① 4　② 5
③ 6　④ 7

단원출제요소정리

01 복소수와 이차방정식

1 서로 같은 복소수

① $a+bi=0$이면, $a=0$, $b=0$이다.

② $a+bi=c+di$이면, $a=c$, $b=d$이다.

2 켤레복소수

① $\overline{a+bi}=a-bi$ (a, b는 실수)

② $\overline{a}=a$ (a는 실수)

③ $\overline{bi}=-bi$ (b는 실수)

3 복소수의 사칙연산

복소수의 덧셈과 뺄셈은 실수부분은 실수부분끼리, 허수부분은 허수부분끼리 계산한다.

① $(a+bi)+(c+di)=(a+c)+(b+d)i$

② $(a+bi)-(c+di)=(a-c)+(b-d)i$

③ $(a+bi)(c+di)$
$=(ac-bd)+(ad+bc)i$

4 이차방정식의 풀이

① $AB=0$이면 $A=0$ 또는 $B=0$의 성질을 이용하여 이차방정식을 풀 수 있다.

② 근의 공식을 이용한 풀이
$ax^2+bx+c=0$ $(a\neq 0)$의 근은

$$x=\frac{-b\pm\sqrt{b^2-4ac}}{2a}$$

5 판별식

① $b^2-4ac>0$ 서로 다른 두 실근

② $b^2-4ac=0$ 서로 같은 두 실근(중근)

③ $b^2-4ac<0$ 서로 다른 두 허근

④ $b^2-4ac\geq 0$ 실근

6 근과 계수와의 관계

이차방정식 $ax^2+bx+c=0$의 두 근을 α, β라 하면, 두 근의 합$(\alpha+\beta)$과 곱$(\alpha\beta)$은 다음과 같다.

① $\alpha+\beta=-\dfrac{b}{a}$

② $\alpha\beta=\dfrac{c}{a}$

02 이차방정식과 이차함수

1 제한된 범위가 수 전체인 경우의 최대, 최소

아래로 볼록인 함수는 $x=p$일 때, 최솟값 q를 가지며, 최댓값은 없다.

위로 볼록인 함수는 $x=p$일 때, 최댓값 q를 가지며, 최솟값은 없다.

$a>0$	$a<0$
y, x, p, 최솟값 q, 꼭짓점	y, x, p, 최댓값 q, 꼭짓점
최솟값 : 꼭짓점의 y좌표 $x=p$일 때, 최솟값 q를 갖는다. 최댓값 : 없다.	최솟값 : 없다. 최댓값 : 꼭짓점의 y좌표 $x=p$일 때, 최댓값 q를 갖는다.

2 제한된 범위가 주어진 경우의 최대, 최소

(1) x의 범위에 꼭짓점이 포함된 경우

꼭짓점의 y좌표의 값과 구간의 양 끝 함숫값 중 가장 큰 값을 최댓값, 가장 작은 값을 최솟값이라고 한다.

$a>0$

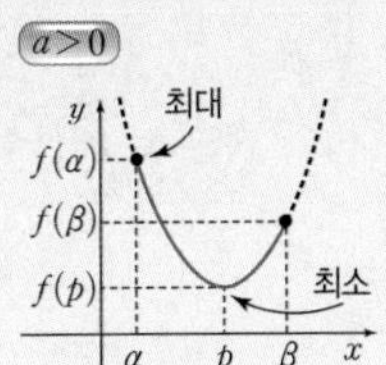

$a<0$

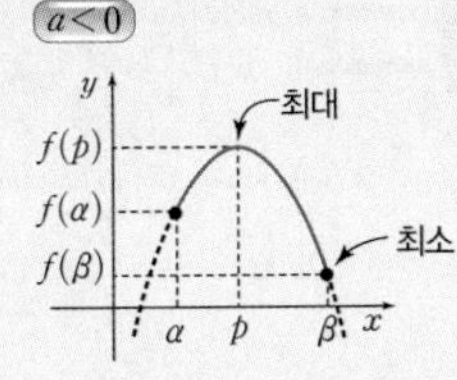

(2) x의 범위에 꼭짓점이 포함되지 않은 경우 구간의 양 끝 함숫값 중 가장 큰 값을 최댓값, 가장 작은 값을 최솟값이라고 한다.

$a>0$

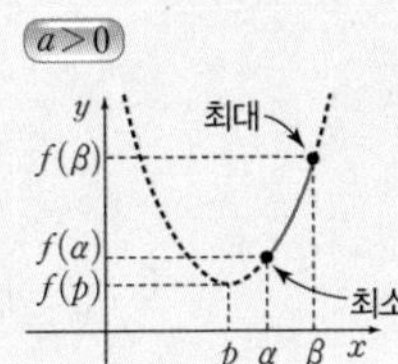

$a<0$

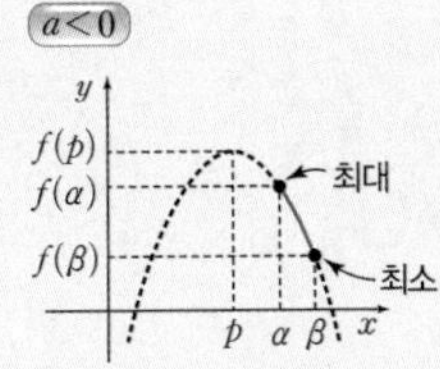

03 여러 가지 방정식과 부등식

1 방정식의 해(근)

방정식을 참이 되게 하는 x의 값을 말한다.

2 연립부등식의 풀이

두 개의 부등식의 해를 각각 구하여 공통인 부분을 찾는다.

3 절댓값을 포함한 일차부등식

① $|x|<a$ ➜ $-a<x<a$ (단, $a>0$)

② $|x|>a$ ➜ $x<-a$ 또는 $x>a$ (단, $a>0$)

4 이차부등식의 풀이 ($a<b$일 때)

① $(x-a)(x-b)<0$ ➜ $a<x<b$

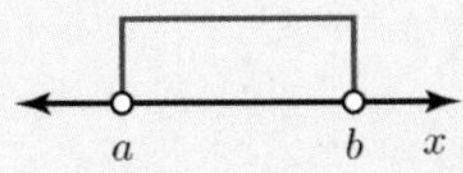

② $(x-a)(x-b)\le 0$ ➜ $a\le x\le b$

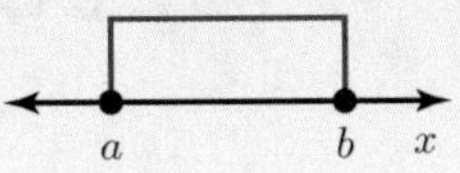

③ $(x-a)(x-b)>0$

➜ $x<a$ 또는 $x>b$

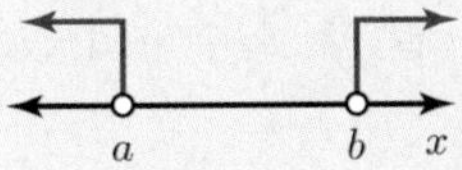

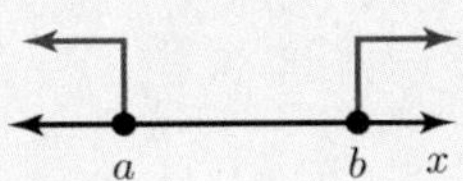

④ $(x-a)(x-b)\ge 0$

➜ $x\le a$ 또는 $x\ge b$

기출문제 체크

정답 및 해설 별책 20p

01 $i(1+2i)=a+i$일 때, 실수 a의 값은? (단, $i=\sqrt{-1}$)

① -2　② -1
③ 1　④ 2

02 다음 등식을 만족하는 실수 x, y의 값은? (단, $i=\sqrt{-1}$)

$$(x-1)+(y+2)i=2+3i$$

① $x=2,\ y=1$　② $x=2,\ y=5$
③ $x=3,\ y=1$　④ $x=3,\ y=5$

03 $(5-2i)-(1-4i)=4+ai$일 때, 실수 a의 값은? (단, $i=\sqrt{-1}$)

① -6　② -2
③ 2　④ 6

04 $1+2i-(3-i)=-2+ai$일 때, 실수 a의 값은? (단, $i=\sqrt{-1}$)

① -3　② -2
③ 2　④ 3

05 $(1+2i)(3-i)=a+5i$일 때, 실수 a의 값은? (단, $i=\sqrt{-1}$)

① 1 ② 3
③ 5 ④ 7

06 다음 이차방정식 중에서 서로 다른 두 실근을 갖는 것은?

① $x^2+3=0$
② $x^2+x-2=0$
③ $x^2+2x+1=0$
④ $x^2+3x+5=0$

07 이차방정식 $x^2+2x+m-3=0$이 중근을 가질 때, 실수 m의 값은?

① 0 ② 2
③ 4 ④ 6

08 이차방정식 $x^2-3x+2=0$의 두 근을 α, β라고 할 때, $\alpha\beta$의 값은?

① -2 ② -1
③ 1 ④ 2

09 이차방정식 $x^2-5x+4=0$의 두 근을 α, β라 고 할 때, $\alpha+\beta$의 값은?

① -5 ② -1
③ 1 ④ 5

10 $-1 \le x \le 2$일 때, 이차함수 $y=x^2-3$의 최솟값은?

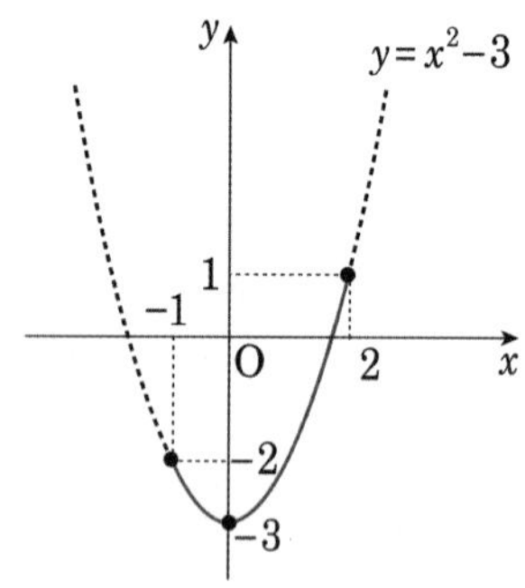

① -3 ② -2
③ -1 ④ 0

11 $1 \le x \le 4$일 때, 이차함수 $y=(x-2)^2-3$의 최댓값은?

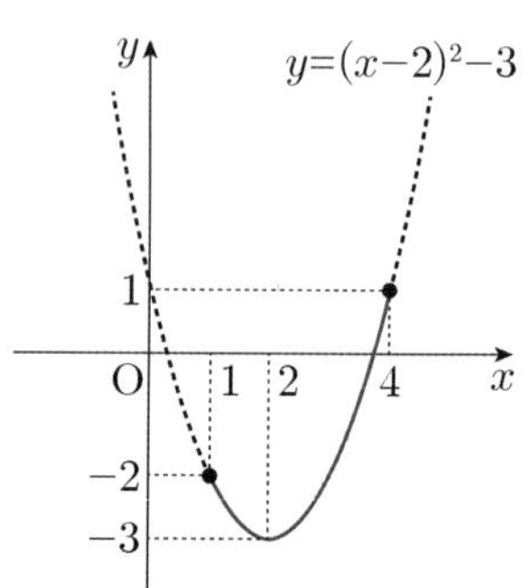

① -3 ② -1
③ 1 ④ 3

12 $-3 \le x \le 0$일 때, 이차함수 $y=-(x+1)^2+4$의 최댓값은?

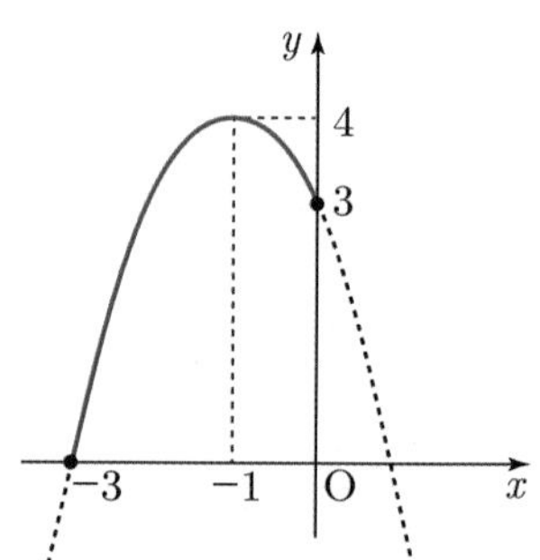

① 2 ② 3
③ 4 ④ 5

13 $2 \leq x \leq 4$일 때, 이차함수 $y=(x-1)^2-2$의 최댓값과 최솟값의 합은?

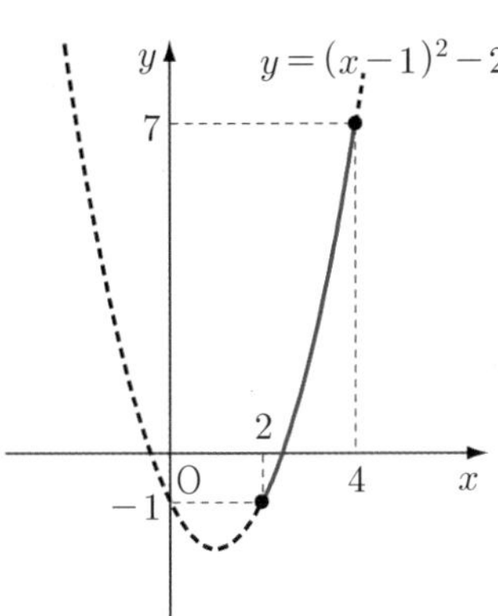

① 2　② 4
③ 6　④ 8

14 삼차방정식 $x^3-2x^2+ax+4=0$의 한 근이 2일 때, 상수 a의 값은?

① -2　② 0
③ 2　④ 4

15 삼차방정식 $x^3-x^2+3x+a=0$의 한 근이 1일 때, 상수 a의 값은?

① -5　② -3
③ -1　④ 1

16 연립방정식 $\begin{cases} x-y=1 \\ x^2-y^2=a \end{cases}$ 의 해가 $x=3$, $y=b$일 때, $a+b$의 값은?

① 5　② 7
③ 9　④ 11

17 연립방정식 $\begin{cases} x+y=1 \\ y-z=2 \\ z-x=3 \end{cases}$ 의 해가 $x=-2,\ y=a,$ $z=b$일 때, $a+b$의 값은?

① 1 ② 2
③ 3 ④ 4

18 연립부등식 $\begin{cases} 3x<2x+5 \\ 4x>3x-1 \end{cases}$ 의 해가 $-1<x<a$일 때, 상수 a의 값은?

① 5 ② 6
③ 7 ④ 8

19 그림은 부등식 $|x-2| \leq 2$의 해를 수직선 위에 나타낸 것이다. 상수 a의 값은?

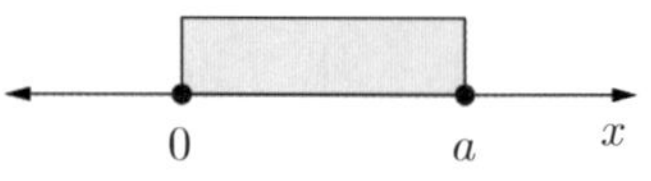

① 4 ② 5
③ 6 ④ 7

20 부등식 $|x-1| \leq 3$의 해를 수직선 위에 나타낸 것은?

①
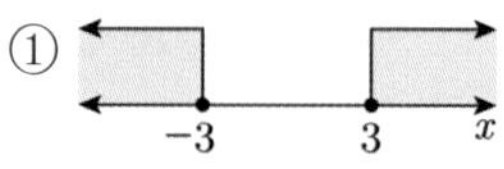

②
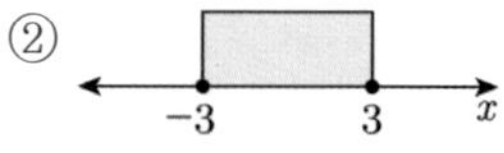

③
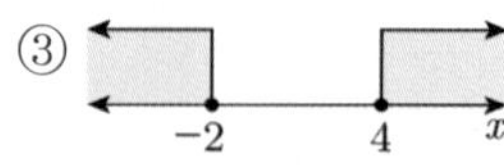

④
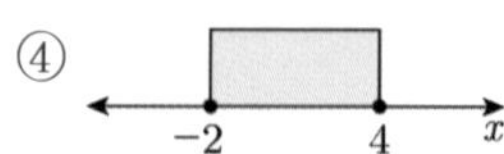

21 그림은 이차부등식 $(x+a)(x+b) \geq 0$의 해를 수직선 위에 나타낸 것이다. 두 상수 a, b에 대하여 $a+b$의 값은?

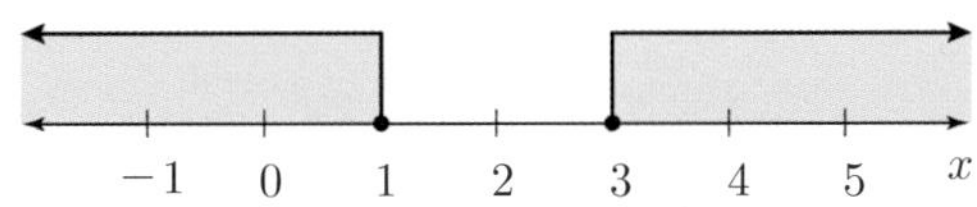

① -4　　② -2
③ 0　　④ 2

22 그림은 이차부등식 $(x-a)(x-b) \leq 0$의 해를 수직선을 이용하여 나타낸 것이다. 이때 두 실수 a, b의 합은?

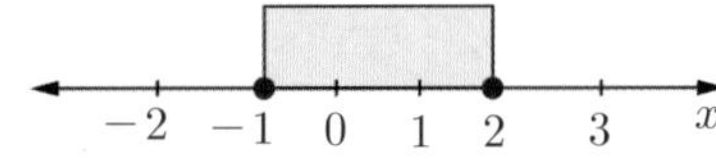

① -2　　② -1
③ 1　　④ 2

EBS 교육방송교재

고졸 검정고시 수학

도형의 방정식

이 단원에서는 평면좌표 위의 두 점 사이의 거리와 내분점과 외분점 등 점과 좌표에 대해 배우고, 이어 직선의 방정식과 직선의 위치관계를 익히도록 합니다.
아울러 원의 방정식의 표준형과 여러 가지 조건이 주어질 때 원의 방정식을 구하는 방법 및 축에 접하는 원의 방정식 등 다양한 원의 방정식을 학습하도록 합니다.
마지막으로 점과 도형의 평행이동과 대칭이동을 배우고, 문제를 해결하도록 합니다.

평면좌표

- 평면좌표 위의 두 점 사이의 거리를 구할 수 있도록 합니다.
- 선분의 내분점과 외분점, 그리고 중점을 구할 수 있도록 합니다.

1 두 점 사이의 거리

그림으로 핵심만 쏙 쏙!

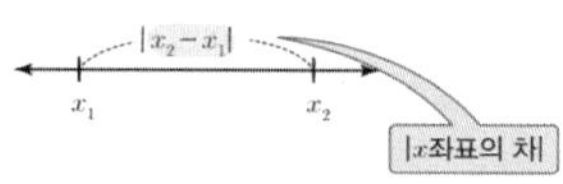

[거리는 항상 양수 또는 0이므로 절댓값을 이용하여 나타내어요!]

1. 두 점 사이의 거리

(1) 수직선에서 두 점 사이의 거리

수직선 위의 두 점 $A(x_1)$, $B(x_2)$ 사이의 거리는 $\overline{AB}=|x_2-x_1|$이다.

예

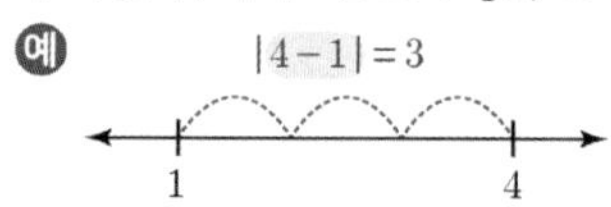

(2) 좌표평면 위에서 두 점 사이의 거리 출제포인트★★★

좌표평면에서의 두 점 $A(x_1, y_1)$, $B(x_2, y_2)$에 대하여,

① 두 점 A, B 사이의 거리는 $\overline{AB}=\sqrt{(x_2-x_1)^2+(y_2-y_1)^2}$ 이다.

② 원점 O와 점 $A(x_1, y_1)$ 사이의 거리는 $\overline{OA}=\sqrt{x_1^{\ 2}+y_1^{\ 2}}$ 이다.

연계개념 이해 쏙!

피타고라스의 정리
(피타고라스의 정리 = 직각삼각형에서 두 변의 제곱의 합이 빗변의 제곱)

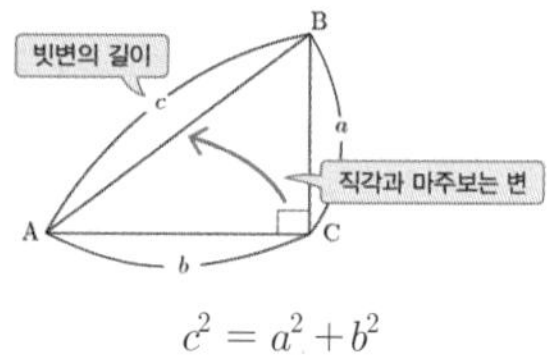

$c^2=a^2+b^2$

Click 두 점 사이의 거리

좌표평면에서의 두 점 $A(x_1, y_1)$, $B(x_2, y_2)$ 사이의 거리는 피타고라스의 정리에 의하여 다음과 같이 구한다.

① 좌표평면상에서 각각의 점을 표시한 후 점 A를 지나고 x축에 평행한 직선과 점 B를 지나고 y축에 평행한 직선의 교점을 C라 하면 $\overline{AC}=|x_2-x_1|$, $\overline{BC}=|y_2-y_1|$이다.
이때 삼각형 ABC는 직각삼각형이므로 피타고라스의 정리에 의하여 다음이 성립한다.

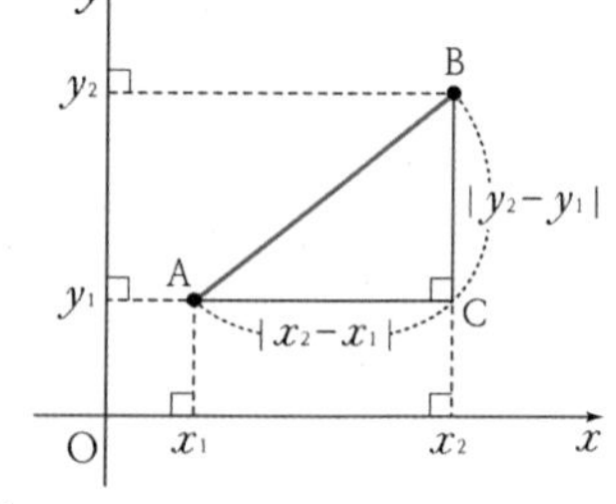

$\overline{AB}^2=\overline{AC}^2+\overline{BC}^2=(x_2-x_1)^2+(y_2-y_1)^2$

따라서 두 점 A, B 사이의 거리는 다음과 같다.

$\overline{AB}=\sqrt{(x_2-x_1)^2+(y_2-y_1)^2}$

② 원점 O와 점 $A(x_1, y_1)$ 사이의 거리는 위와 같은 방법으로 구하면,

$\overline{OA}=\sqrt{x_1^{\ 2}+y_1^{\ 2}}$

확인 01

다음 두 점 사이의 거리를 구하시오.

❶ A(0, 2), B(3, 4)

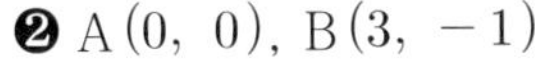
❷ A(0, 0), B(3, −1)

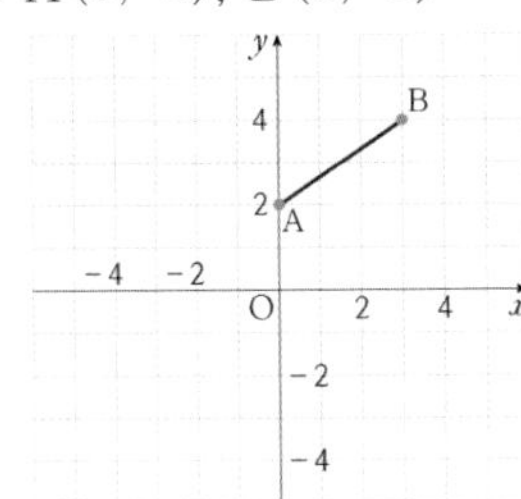

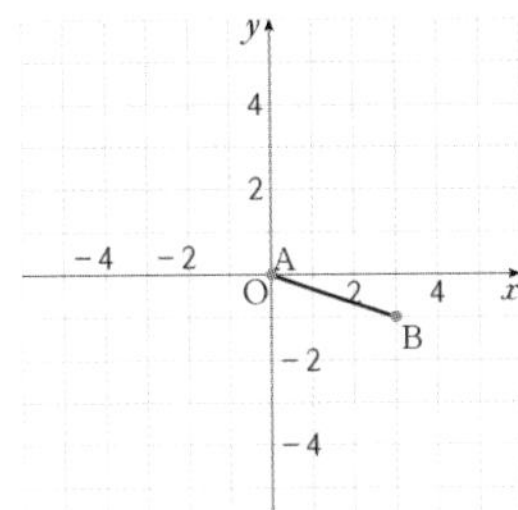

풀이

❶ $\sqrt{(3-0)^2+(4-2)^2}=\sqrt{13}$

❷ $\sqrt{(3-0)^2+(-1+0)^2}=\sqrt{10}$

정답 ❶ $\sqrt{13}$ ❷ $\sqrt{10}$

2 내분점과 외분점

1. 중점

(1) 수직선에서의 선분의 중점

두 점 $A(x_1)$, $B(x_2)$를 양 끝으로 하는 선분 AB의 중점의 좌표는 $\dfrac{x_1+x_2}{2}$이다.

예

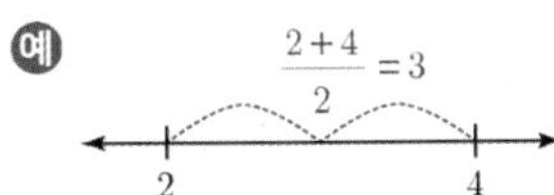

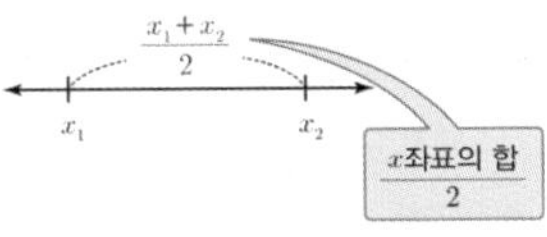

확인 02

두 점 A(−3), B(5)에 대하여 선분 AB의 중점의 좌표를 구하여라.

풀이

$\dfrac{-3+5}{2}=1$

정답 1

그림으로 핵심만 쏙 쏙!

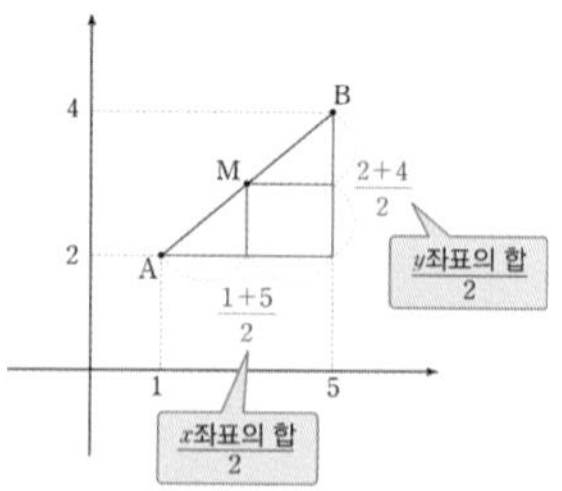

좌표평면에서의 선분 AB의 중점은 수직선과 같은 방법으로 구한다.

선분 AB의 중점 M의 좌표는 $\left(\frac{x \text{ 좌표의 합}}{2}, \frac{y \text{ 좌표의 합}}{2}\right)$

(2) 좌표평면에서의 선분의 중점

두 점 $A(x_1, y_1)$, $B(x_2, y_2)$를 양 끝으로 하는 선분 AB의 중점의 좌표는 $\left(\frac{x_1+x_2}{2}, \frac{y_1+y_2}{2}\right)$이다.

확인 03

다음 두 점 A, B에 대하여 선분 AB의 중점의 좌표는?

❶ $A(1, 2)$, $B(3, 6)$

❷ $A(-1, 5)$, $B(3, -3)$

풀이

❶ $\left(\frac{1+3}{2}, \frac{2+6}{2}\right)=(2, 4)$

❷ $\left(\frac{-1+3}{2}, \frac{5-3}{2}\right)=(1, 1)$

정답 ❶ $(2, 4)$ ❷ $(1, 1)$

2. 내분점과 외분점

이렇게 생각해 봐요!

- 내분 : 안에서 나눈다.
- 외분 : 밖에서 나눈다.

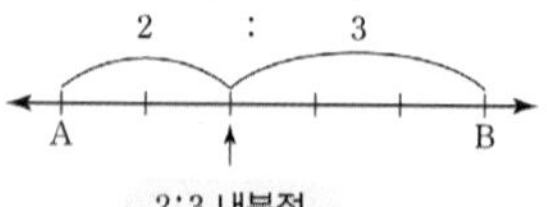

(1) 수직선 위에서의 내분점과 외분점

수직선 위의 두 점 $A(x_1)$, $B(x_2)$에 대하여 선분 AB를 $m : n(m>0,\ n>0)$으로 내분하는 점 $x=\frac{mx_2+nx_1}{m+n}$,

외분하는 점 $x=\frac{mx_2-nx_1}{m-n}(m \neq n)$

(2) 좌표평면 위에서의 선분의 내분점과 외분점

좌표평면 위의 두 점 $A(x_1,\ y_1)$, $B(x_2,\ y_2)$에 대하여 선분 AB를 $m : n(m>0,\ n>0)$으로 내분하는 점을 P, 외분하는 점을 Q라 하면,

$$P\left(\frac{mx_2+nx_1}{m+n}, \frac{my_2+ny_1}{m+n}\right),$$

$$Q\left(\frac{mx_2-nx_1}{m-n}, \frac{my_2-ny_1}{m-n}\right)\ (m \neq n)$$

 확인 04

수직선 위의 두 점 $\mathrm{A}(1)$, $\mathrm{B}(9)$에 대하여 선분 AB를 $1:3$으로 내분하는 점의 좌표를 구하여라.

풀이

$$\frac{1\times9+3\times1}{1+3}=\frac{9+3}{1+3}=\frac{12}{4}=3$$

정답 3

 확인 05

좌표평면 위의 두 점 $\mathrm{A}(1,\ 2)$, $\mathrm{B}(7,\ 5)$에 대하여 선분 AB를 $1:2$으로 내분하는 점의 좌표를 구하여라.

풀이

$$\left(\frac{1\times7+2\times1}{1+2},\ \frac{1\times5+2\times2}{1+2}\right)=(3,\ 3)$$

정답 $(3,\ 3)$

01 실력 체크 문제

정답 및 해설 별책 24p

01 좌표평면 위의 두 점 $A(1, -2)$, $B(-3, -3)$ 사이의 거리를 구하면?

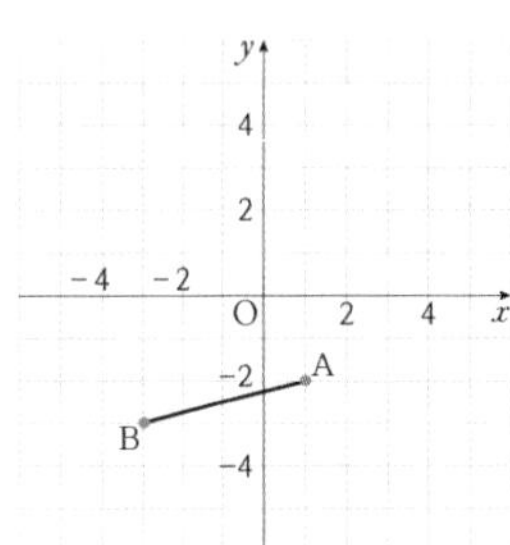

① 4　② 5　③ $\sqrt{15}$　④ $\sqrt{17}$

02 좌표평면 위의 두 점 $A(0, 2)$, $B(4, 4)$ 사이의 거리를 구하면?

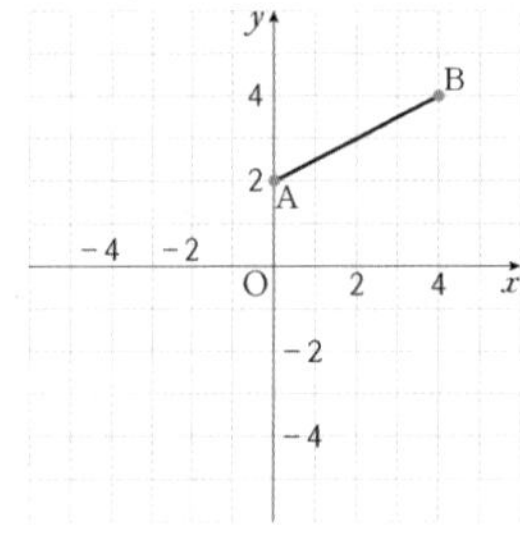

① 4　② $\sqrt{19}$　③ $2\sqrt{5}$　④ 5

03 좌표평면 위의 두 점 $A(1, 2)$, $B(-3, 4)$에 대하여 선분 AB의 중점의 좌표는?

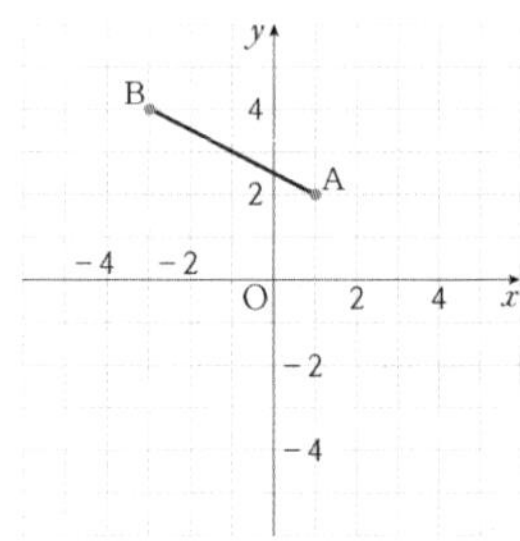

① $(-1, 3)$　② $(-2, 6)$　③ $(-1, 4)$　④ $(-2, 3)$

04 좌표평면 위의 두 점 $A(-2, 4)$, $B(2, -2)$에 대하여 선분 AB의 중점의 좌표는?

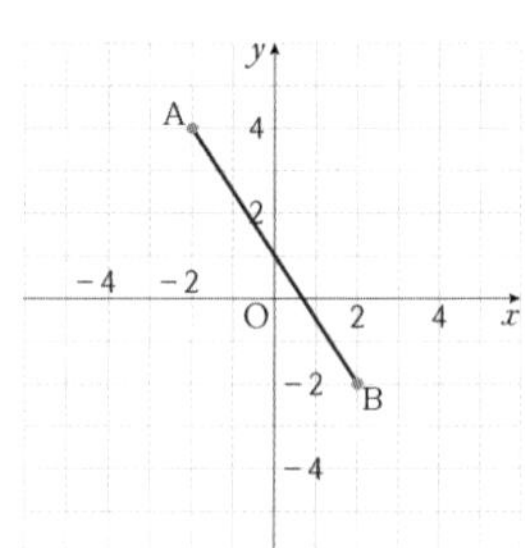

① $(0, 1)$　② $(0, 2)$　③ $(1, 0)$　④ $(-2, 3)$

05 좌표평면 위의 두 점 $\mathrm{A}(1,\ 4)$와 $\mathrm{B}(3,\ 2)$의 중점을 M이라 할 때, 원점으로부터 중점까지 거리 $\overline{\mathrm{OM}}$의 길이는?

① $\sqrt{13}$ ② $\sqrt{15}$
③ $\sqrt{19}$ ④ $\sqrt{21}$

06 그림과 같이 두 점 $\mathrm{A}(6,\ 2)$, $\mathrm{B}(-1,\ 5)$에서 같은 거리에 있고, x축 위에 있는 점 P의 좌표는?

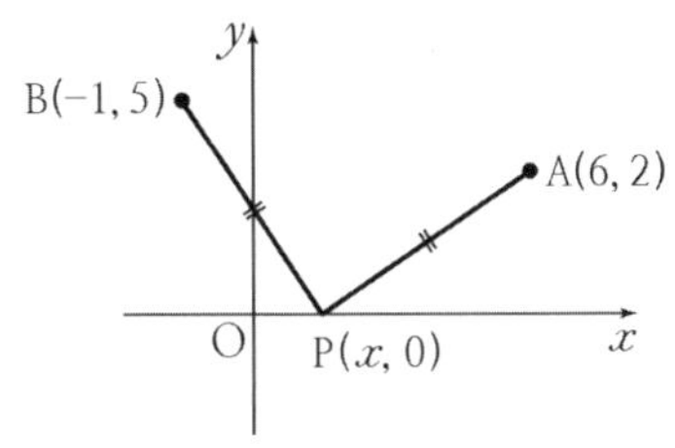

① $(1,\ 0)$ ② $(2,\ 0)$
③ $(3,\ 0)$ ④ $(4,\ 0)$

07 그림과 같이 수직선 위의 두 점 $\mathrm{A}(2)$, $\mathrm{B}(10)$에 대하여 선분 AB를 $3:1$로 내분하는 점 $\mathrm{P}(x)$의 좌표는?

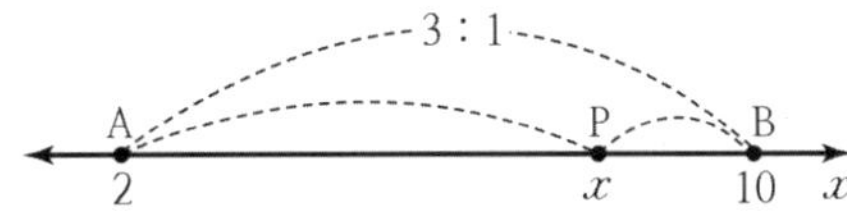

① $\mathrm{P}(5)$ ② $\mathrm{P}(6)$
③ $\mathrm{P}(7)$ ④ $\mathrm{P}(8)$

08 좌표평면 위의 두 점 $\mathrm{A}(2,\ 2)$, $\mathrm{B}(8,\ 5)$에 대하여 선분 AB를 $2:1$로 내분하는 점의 좌표는?

① $(6,\ 3)$ ② $(6,\ 4)$
③ $(7,\ 3)$ ④ $(7,\ 4)$

직선의 방정식

- 직선의 방정식의 기울기와 절편에 대해 학습하도록 합니다.
- 직선의 위치관계에 대해 알고, 직선의 방정식을 구할 수 있도록 합니다.

연계개념 이해 쏙!

$y=ax$ 정비례그래프

① $a>0$일 때

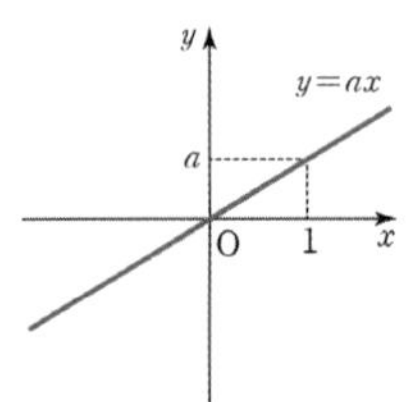

② $a<0$일 때

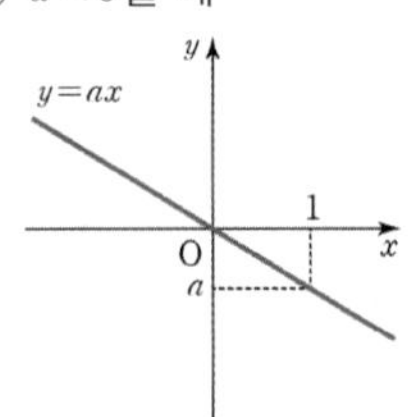

평행이동 : $y=ax$를 y축의 방향(세로방향)으로 b만큼 평행이동하면 $y=ax+b$가 된다.

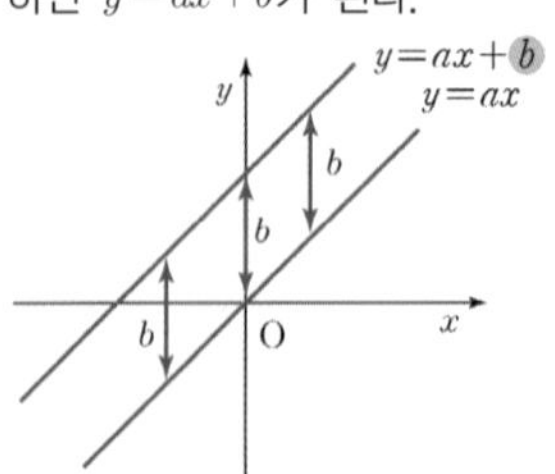

1 직선의 방정식

1. 일차함수

다음과 같이 차수가 1인 다항식을 일차식, $y=$(일차식)으로 나타낼 수 있는 함수를 일차함수라 한다.

- 일차식 : $x+2$
- 일차함수 : $y=x+2$

2. 일차함수의 그래프

(1) 일차함수 그래프의 모양

일차함수의 그래프는 직선 모양이다.

(2) x절편, y절편

① x절편 : 그래프가 x축과 만나는 점의 x좌표

② y절편 : 그래프가 y축과 만나는 점의 y좌표

Click x절편과 y절편

그래프에서의 x절편과 y절편

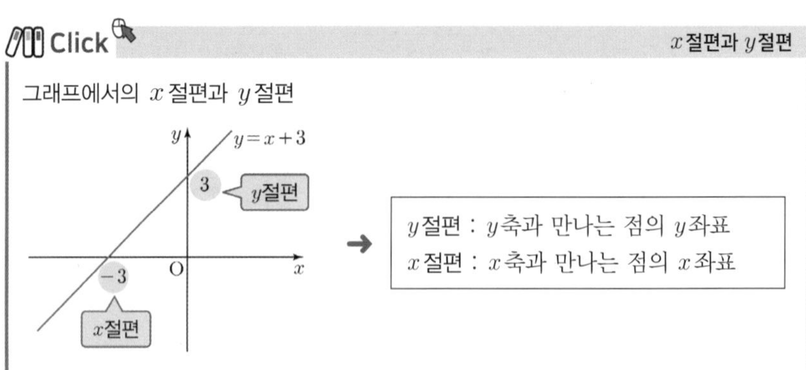

(3) 식에서의 y절편

$$y=ax+b$$

↑ y절편 (b)

예 $y=2x+3$에서 y절편은 3이다.

확인 01

다음 일차함수의 그래프에서 x절편과 y절편을 구하여라.

❶

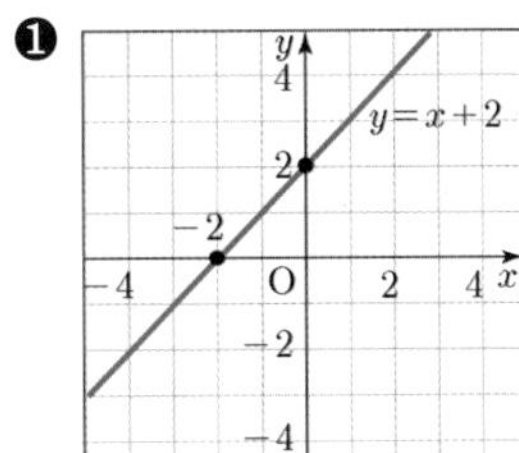

❷

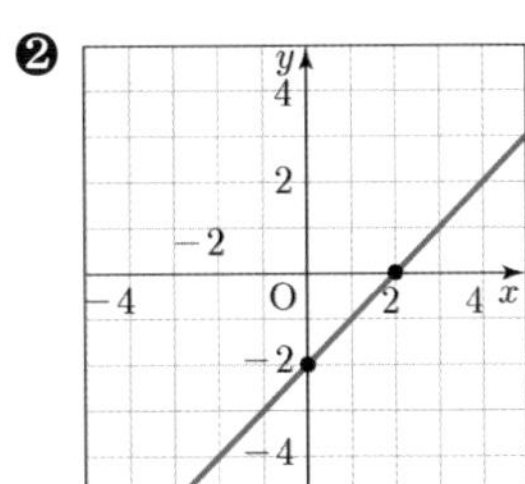

❸

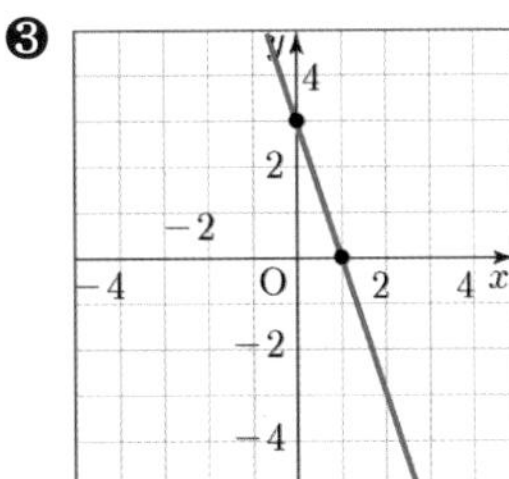

풀이

x절편은 그래프가 x축과 만나는 점의 x좌표이고, y절편은 y축과 만나는 점의 y좌표이다.

정답 ❶ x절편 : -2, y절편 : 2
❷ x절편 : 2, y절편 : -2
❸ x절편 : 1, y절편 : 3

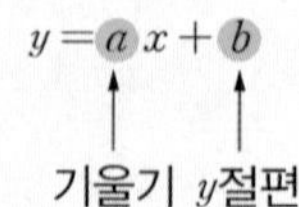

3. 기울기

(1) 일차함수의 기울기

일차함수 $y=ax+b$에서 a는 기울기를 뜻한다.

$$y=ax+b$$

예 $y=2x+3$에서 기울기는 2, y절편은 3이다.

확인 02

다음 일차함수의 기울기와 y절편을 구하여라.

❶ $y=x+2$

❷ $y=2x-1$

정답 ❶ 기울기 : 1, y절편 : 2
❷ 기울기 : 2, y절편 : −1

(2) 두 점이 주어졌을 때, 기울기 구하기

좌표평면 위의 두 점 $A(x_1,\ y_1)$, $B(x_2,\ y_2)$를 지나는 직선의 기울기는

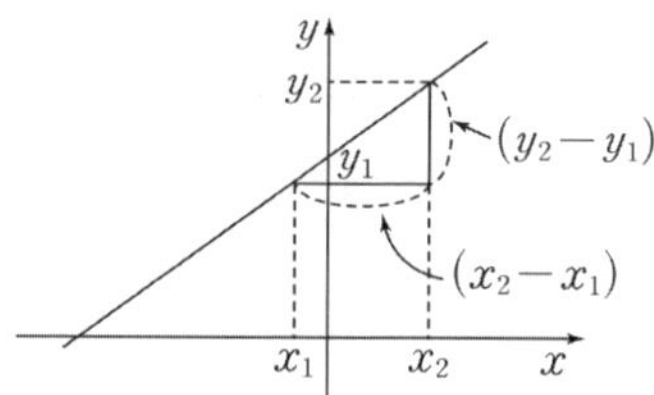

$$\text{기울기 } a=\frac{(y\text{값의 증가량})}{(x\text{값의 증가량})}=\frac{y_2-y_1}{x_2-x_1}$$

Click 그래프에서 기울기 구하기

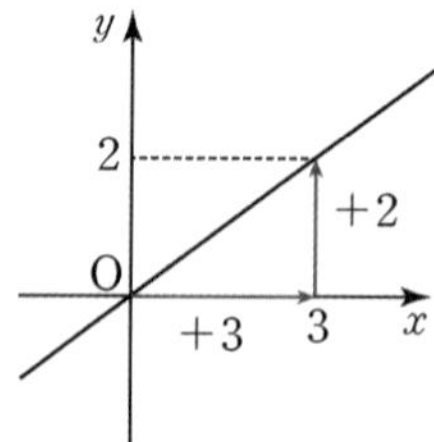

$(\text{기울기})a=\frac{(y\text{값의 증가량})}{(x\text{값의 증가량})}$ ➜ 기울기$=\frac{+2}{+3}=\frac{2}{3}$이다.

확인 03

다음 그래프의 x절편과 y절편을 이용하여 기울기를 구하여라.

❶
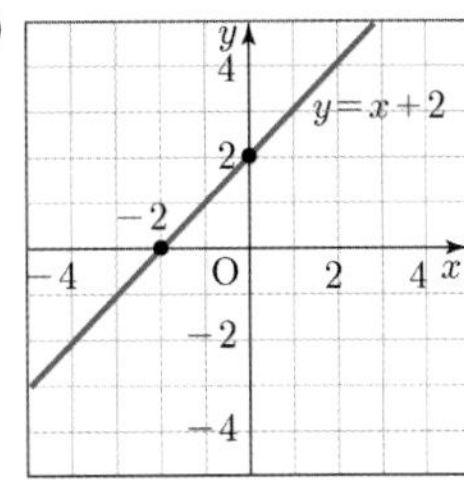

❷
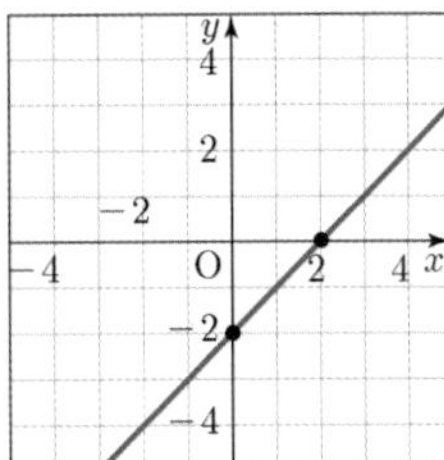

❸
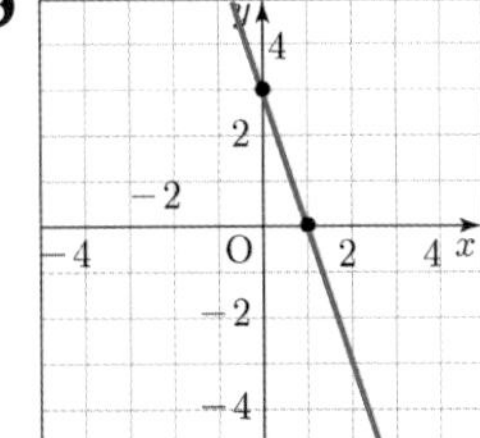

풀이

❶ 그래프를 이용하여, $\frac{2}{2}=1$

❷ $\frac{2}{2}=1$

❸ $\frac{-3}{1}=-3$

정답 ❶ 1 ❷ 1 ❸ -3

확인 04

다음 그래프의 A, B 두 점을 지나는 직선의 기울기를 구하여라.

❶

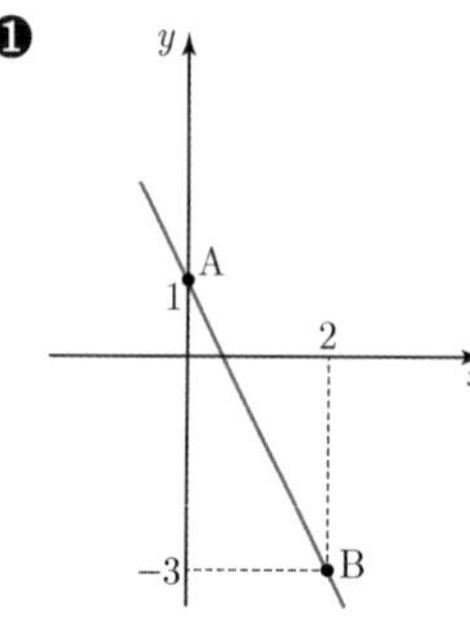

❷

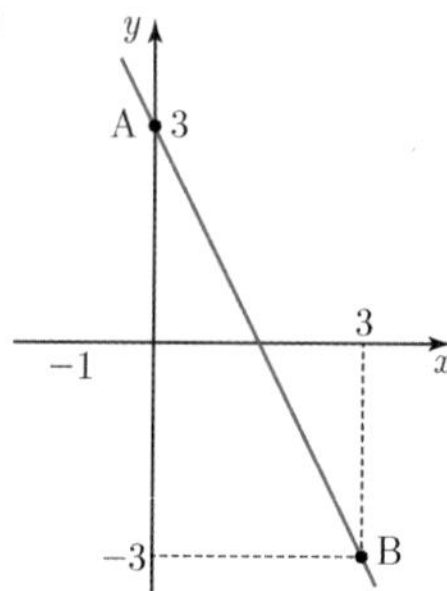

❸

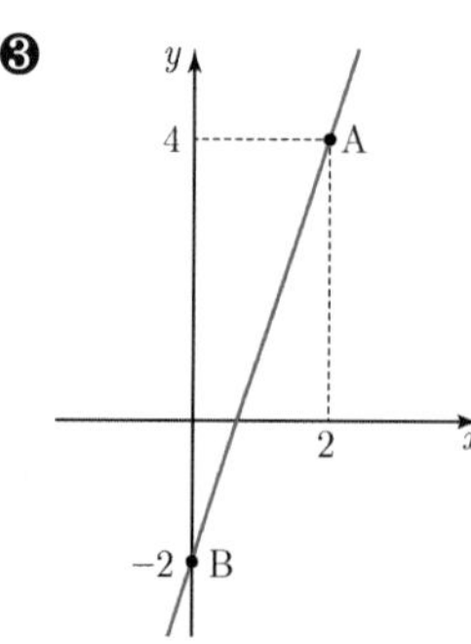

풀이

❶ $\dfrac{1-(-3)}{0-2}=\dfrac{4}{-2}=-2$

❷ $\dfrac{3-(-3)}{0-3}=\dfrac{6}{-3}=-2$

❸ $\dfrac{4-(-2)}{2-0}=\dfrac{6}{2}=3$

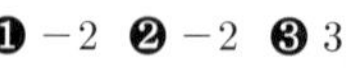

4. 축에 평행한 직선의 방정식 ★★★ 출제포인트

(1) x축에 평행한 직선　　$y=n$

예 x축에 평행하고 점 $(1, 3)$을 지나는 직선은 $y=3$

(2) y축에 평행한 직선　　$x=m$

예 y축에 평행하고 점 $(1, 3)$을 지나는 직선은 $x=1$

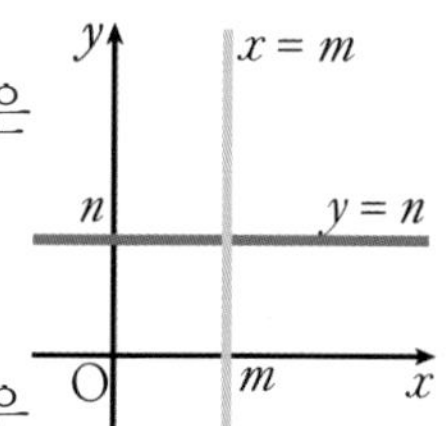

확인 05

좌표평면 위의 두 점 A, B를 지나는 직선의 방정식을 구하여라.

❶

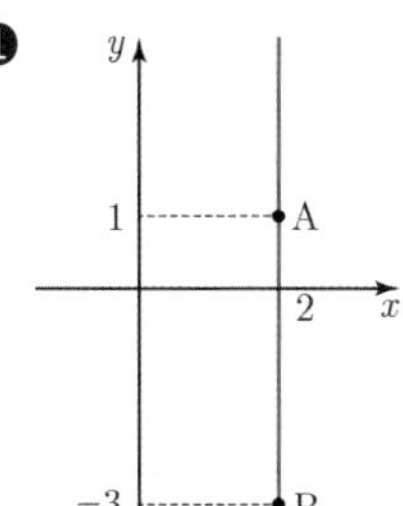

❷

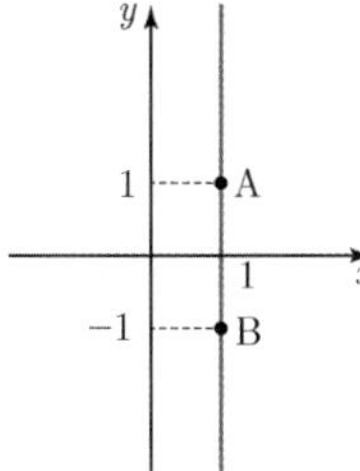

❸

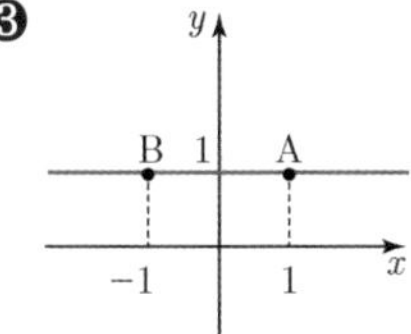

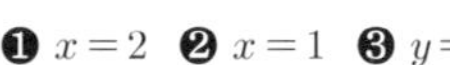

정답 ❶ $x=2$ ❷ $x=1$ ❸ $y=1$

2 직선의 위치관계

1. 직선의 위치관계 출제포인트★★★

(1) 일치

두 직선 $y=mx+n$, $y=m'x+n'$이 일치하면, $m=m'$, $n=n'$이다.

(2) 평행

두 직선 $y=mx+n$, $y=m'x+n'$이 평행하면, $m=m'$, $n\neq n'$이다.

(3) 수직

두 직선 $y=mx+n$, $y=m'x+n'$이 수직일 때, $m\times m'=-1$이다.

그림으로 핵심만 쏙쏙!

$y=3x$, $y=3x+2$

x의 계수가 같으면 평행

$y=2x$　　$y=-\frac{1}{2}x+1$

기울기의 곱이 -1이면 수직

Click 직선의 평행과 수직

다음의 예를 통해 직선의 위치관계에 대해 알아보자.

① 두 직선 $y=ax$와 $y=4x-1$이 서로 평행할 때, a의 값을 구해보자.
서로 평행한 두 직선의 기울기는 같으므로, $a=4$이다.

② 두 직선 $y=ax$와 $y=2x+1$이 서로 수직일 때, a의 값을 구해보자.
수직인 두 직선의 기울기의 곱은 -1이므로 $a\times 2=-1$ ➜ $a=-\frac{1}{2}$

확인 06

$y=2x$의 그래프와 $y=ax+2$의 그래프가 서로 평행할 때, a의 값을 구하여라.

풀이

평행한 그래프는 기울기가 같고, y절편이 다르다.

정답 2

확인 07

다음 직선에 수직인 직선의 기울기를 각각 구하여라.

❶ $y=2x$

❷ $y=-x$

❸ $y=-\frac{1}{3}x$

풀이

수직인 두 직선의 기울기의 곱은 -1임을 이용하여 계산한다.

정답 ❶ $-\frac{1}{2}$ ❷ 1 ❸ 3

3 직선의 방정식 구하기

1. 조건에 맞는 직선의 방정식 구하기 출제포인트 ★★★

(1) 좌표평면 위의 두 점 $A(x_1, y_1)$, $B(x_2, y_2)$를 지나는 직선의 방정식은

$$y-y_1=\frac{y_2-y_1}{x_2-x_1}(x-x_1)$$

(2) x절편이 a, y절편이 b인 직선의 방정식은

$$\frac{x}{a}+\frac{y}{b}=1$$

(3) 기울기가 a이고 y절편이 b인 직선의 방정식은

$$y=ax+b$$

그림으로 핵심만 쏙 쏙!

(1) $y-$ y점
= 기울기 ($x-$ x점)

(3) $y=ax+b$
기울기 y절편

Click 직선의 방정식 구하기

좌표평면 위의 두 점 $A(1, 3)$, $B(2, 7)$을 지나는 직선의 방정식을 구해보자.

방법 1 (1)을 이용하여 직선의 방정식을 구하면,

$y-3=\frac{7-3}{2-1}(x-1)$ ➜ $y-3=4(x-1)$ ➜ $y=4x-1$

방법 2 (3)을 이용하여 직선의 방정식을 구하면,

먼저 주어진 두 점을 이용하여 직선의 기울기를 구하면,

기울기$=\frac{7-3}{2-1}=4$이다.

기울기가 4이고, y절편이 b인 직선의 방정식은 $y=4x+b$ ······ ㉠

이때, 이 직선이 $(1, 3)$을 지나므로 ㉠에 대입하면,

$3=4+b$ ➜ $b=-1$

구한 b의 값을 ㉠에 대입하면, $y=4x-1$

확인 08

다음 직선의 방정식을 구하여라.

❶

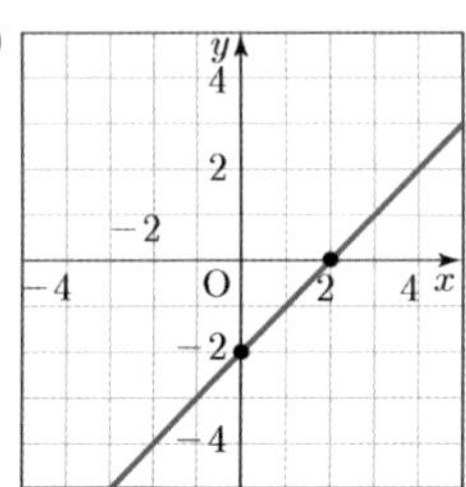

❷

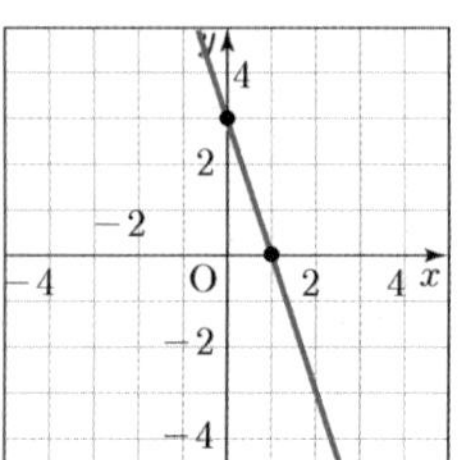

풀이

❶ 기울기가 $\frac{2}{2}=1$이고, y절편이 -2이므로 $y=x-2$

❷ 기울기가 $\frac{-3}{1}=-3$이고, y절편이 3이므로 $y=-3x+3$

정답 ❶ $y=x-2$ ❷ $y=-3x+3$

확인 09

다음 직선의 방정식을 구하여라.

❶

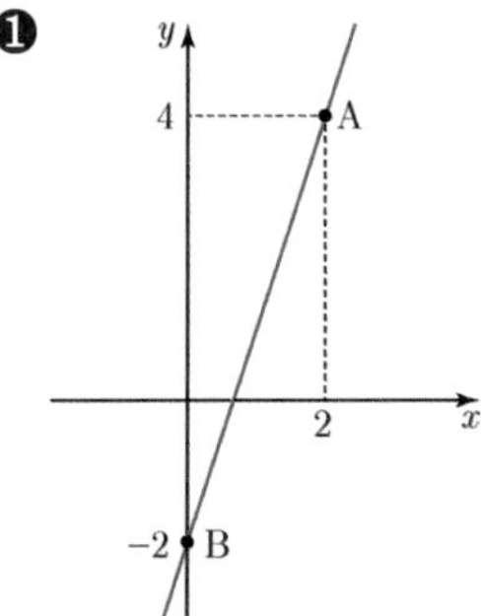

❷

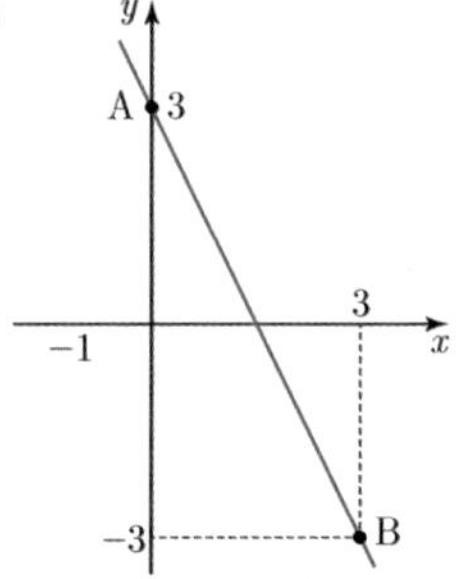

풀이

❶ 기울기가 $\frac{6}{2}=3$이고, y절편이 -2이므로 $y=3x-2$

❷ 기울기가 $\frac{-6}{3}=-2$이고, y절편이 3이므로 $y=-2x+3$

정답 ❶ $y=3x-2$ ❷ $y=-2x+3$

확인 10

다음 조건에 맞는 직선의 방정식을 구하여라.

❶ $y=3x$와 평행하고, $(0,\ 2)$를 지나는 직선의 방정식

❷ $y=2x$와 평행하고, $(0,\ 4)$를 지나는 직선의 방정식

❸ $y=-x$와 수직이고, $(0,\ 3)$을 지나는 직선의 방정식

❹ $y=\frac{1}{2}x$와 수직이고, $(0,\ 4)$를 지나는 직선의 방정식

풀이

❶ 평행하므로 기울기가 3으로 같고, $(0, 2)$를 지나므로 y절편이 2이다.
즉, $y=3x+2$

❷ 평행하므로 기울기가 2로 같고, $(0, 4)$를 지나므로 y절편이 4이다.
즉, $y=2x+4$

❸ $y=-x$와 수직이므로 기울기가 1이고, $(0, 3)$을 지나므로 y절편이 3이다.
즉, $y=x+3$

❹ $y=\frac{1}{2}x$와 수직이므로 기울기가 -2이고, $(0, 4)$를 지나므로 y절편이 4이다.
즉, $y=-2x+4$

정답 ❶ $y=3x+2$ ❷ $y=2x+4$ ❸ $y=x+3$ ❹ $y=-2x+4$

연계개념 이해 쏙!

- $y=mx+n$, $y=m'x+n'$
- 평행 ➔ $m=m'$, $n\neq n'$
- 수직 ➔ $m\times m'=-1$

4 점과 직선 사이의 거리

1. 점과 직선 사이의 거리

좌표평면 위의 점 P에서 점 P를 지나지 않는 직선 l에 내린 수선의 발을 H라 할 때, 직선 l과 점 P 사이의 거리는 선분 PH의 길이와 같다.

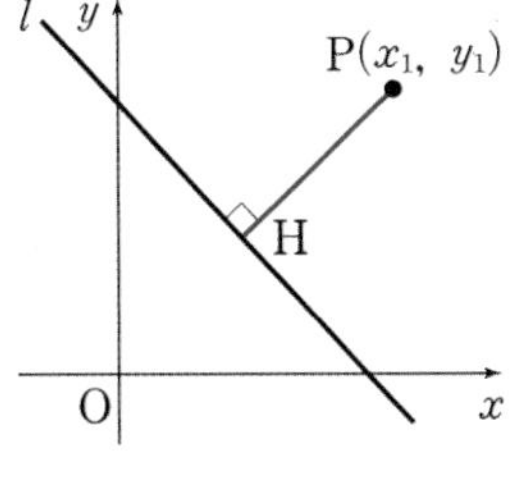

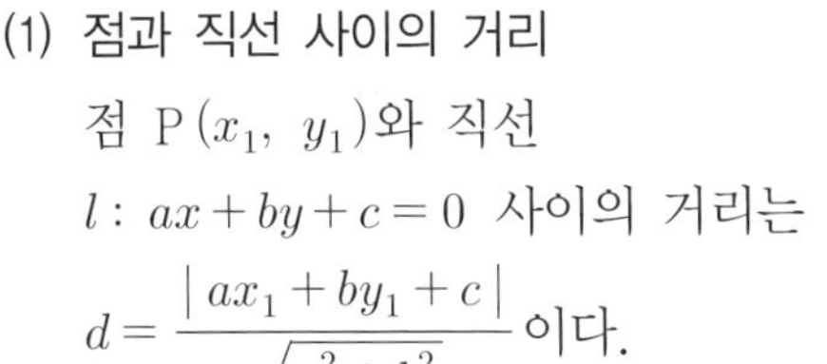

(1) 점과 직선 사이의 거리

점 $P(x_1,\ y_1)$와 직선 $l:\ ax+by+c=0$ 사이의 거리는

$$d=\frac{|ax_1+by_1+c|}{\sqrt{a^2+b^2}}$$ 이다.

그림으로 핵심만 쏙쏙!

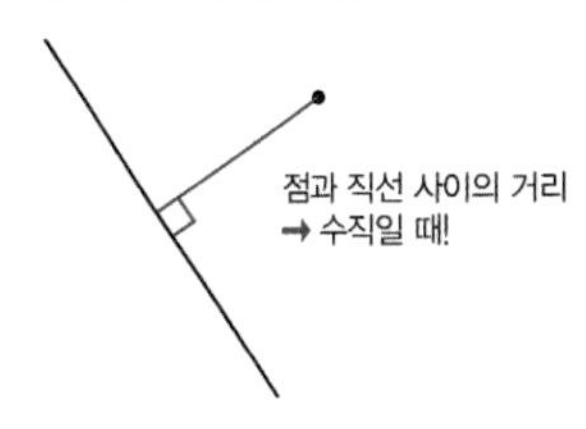

(2) 원점과 직선 사이의 거리

원점과 직선 $l: ax+by+c=0$ 사이의 거리는

$d=\dfrac{|c|}{\sqrt{a^2+b^2}}$ 이다.

Click  점과 직선 사이의 거리 구하기

점 $(1, 1)$과 직선 $3x+4y-2=0$ 사이의 거리를 구해보자.
점 $\mathrm{P}(x_1, y_1)$와 직선 $l: ax+by+c=0$ 사이의 거리는

$d=\dfrac{|ax_1+by_1+c|}{\sqrt{a^2+b^2}}$ 임을 이용하여

$x_1=1, y_1=1, a=3, b=4, c=-2$를 공식에 대입하면,

$d=\dfrac{|3\times1+4\times1-2|}{\sqrt{3^2+4^2}}=\dfrac{5}{\sqrt{25}}=\dfrac{5}{5}=1$

확인 11

다음 주어진 점과 직선 $3x+4y+5=0$ 사이의 거리를 구하시오.

❶ 점 $(0, 0)$

❷ 점 $(3, 4)$

❸ 점 $(1, 3)$

풀이

점과 직선 사이의 거리 공식에 넣어 계산하면,

❶ $\dfrac{|3\times0+4\times0+5|}{\sqrt{3^2+4^2}}=\dfrac{5}{5}=1$

❷ $\dfrac{|3\times3+4\times4+5|}{\sqrt{3^2+4^2}}=\dfrac{30}{5}=6$

❸ $\dfrac{|3\times1+4\times3+5|}{\sqrt{3^2+4^2}}=\dfrac{20}{5}=4$

정답 ❶ 1 ❷ 6 ❸ 4

02 실력 체크 문제

정답 및 해설 별책 25p

01 일차함수 $y=-x+3$의 기울기와 y절편을 차례로 구하면?

① 1, 3　　② 2, 3
③ −1, 1　　④ −1, 3

02 다음 그래프를 보고 옳지 <u>않은</u> 것을 고르면?

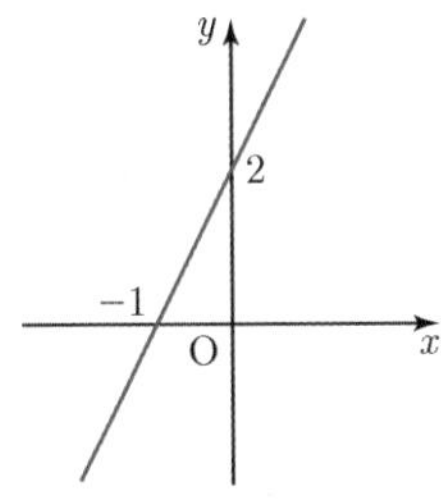

① 그래프의 기울기는 2이다.
② x절편은 −1이다.
③ y절편은 2이다.
④ 직선의 방정식은 $y=2x-1$이다.

03 직선 $2x-y-1=0$과 평행이고, 점 $(0,\ 3)$을 지나는 직선의 방정식은?

① $y=-2x-3$　　② $y=-\frac{1}{2}x+1$
③ $y=\frac{1}{2}x+1$　　④ $y=2x+3$

04 직선 $y=2x+1$에 수직이고, 원점을 지나는 직선의 방정식은?

① $y=-2x$　　② $y=-\frac{1}{2}x$
③ $y=\frac{1}{2}x$　　④ $y=2x$

05 좌표평면 위의 점 $(0, 5)$를 지나고 $y=x+3$에 평행인 직선의 방정식은?

① $y=-x+5$ ② $y=-x-5$
③ $y=x+5$ ④ $y=x-5$

06 두 직선 $3x-y=0$, $y=mx-1$이 서로 수직으로 만날 때, 상수 m의 값은?

① $-\frac{1}{3}$ ② $\frac{1}{3}$
③ -3 ④ 3

07 두 직선 $x+y+1=0$, $ax+y+3=0$이 서로 평행할 때, 상수 a의 값은?

① -3 ② -1
③ 1 ④ 3

08 직선 $2x-y+1=0$과 수직인 직선의 방정식은?

① $y=-2x$ ② $y=-\frac{1}{2}x$
③ $y=\frac{1}{2}x$ ④ $y=x$

09 직선 $y=x+4$에 수직이고, 점 $(1,\ 1)$을 지나는 직선의 방정식은?

① $y=-x+4$　② $y=x$
③ $y=-x+2$　④ $y=x-1$

10 좌표평면 위의 두 점 $(0,\ 4)$와 $(2,\ 0)$을 지나는 직선의 방정식은?

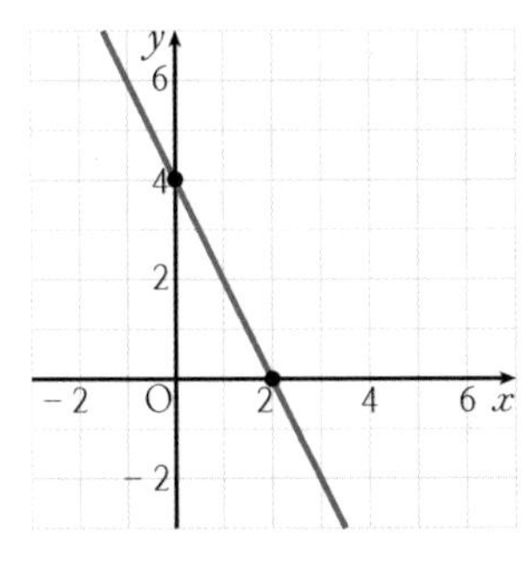

① $y=2x+4$　② $y=-2x+4$
③ $y=2x+2$　④ $y=-x+4$

11 좌표평면 위의 두 점 $(0,\ 2)$와 $(1,\ 0)$을 지나는 직선의 방정식은?

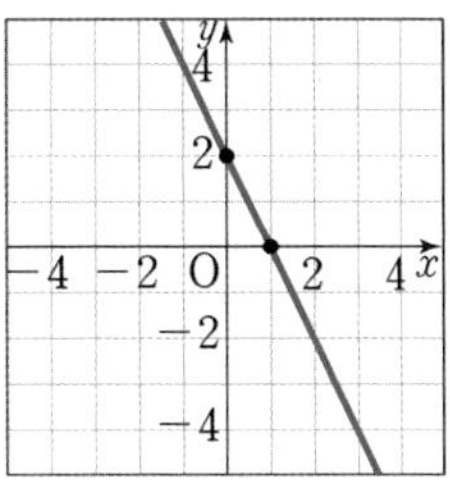

① $y=-2x+2$　② $y=2x+2$
③ $y=-x+2$　④ $y=-x+1$

12 좌표평면 위의 두 점 $\mathrm{A}(0,\ 1)$, $\mathrm{B}(2,\ -3)$을 지나는 직선의 방정식은?

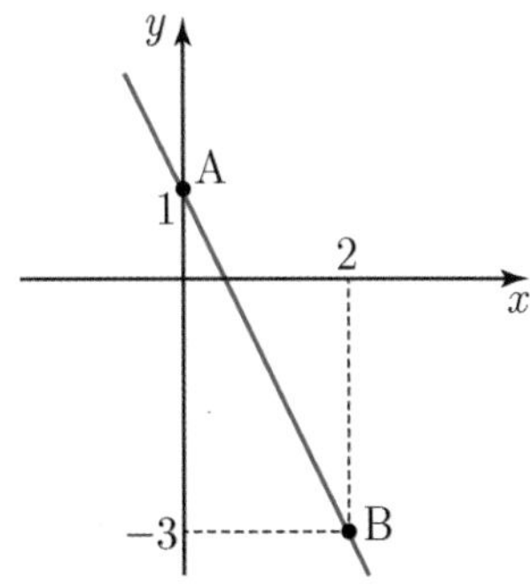

① $y=-3x+1$　② $y=2x+1$
③ $y=-x+1$　④ $y=-2x+1$

13 기울기가 3이고 점 $(-1,\ 2)$를 지나는 직선의 방정식은?

① $y=2x+3$　　② $y=2x+5$

③ $y=3x+3$　　④ $y=3x+5$

14 좌표평면 위의 두 점 $(1,\ 5)$, $(3,\ 1)$을 지나는 직선의 방정식은?

① $y=-2x+7$　　② $y=-2x-1$

③ $y=2x+1$　　④ $y=2x+3$

15 좌표평면 위의 두 점 $(3,\ 0)$, $(0,\ 6)$을 지나는 직선의 방정식은?

① $y=-2x$　　② $y=-2x+3$

③ $y=-2x+6$　　④ $y=2x+6$

16 좌표평면 위의 두 점 $\mathrm{A}(1,\ 1)$, $\mathrm{B}(1,\ -2)$를 지나는 직선의 방정식은?

① $x=1$　　② $y=3$

③ $y=5$　　④ $y=x+2$

원의 방정식

- 원의 방정식의 표준형에 대해 알고, 식으로 표현할 수 있도록 합니다.
- 여러 가지 조건이 주어진 원의 방정식을 구할 수 있도록 합니다.

1 원의 방정식

1. 원의 방정식

(1) 원

평면에서 한 점(중심)으로부터 거리가 항상 일정한(반지름) 도형

(2) 원의 방정식 표준형 출제포인트 ★★★

① 중심의 좌표가 $(a,\ b)$이고 반지름의 길이가 r인 원의 방정식은

➜ $(x-a)^2+(y-b)^2=r^2$

② 중심이 원점이고 반지름의 길이가 r인 원의 방정식은

➜ $x^2+y^2=r^2$

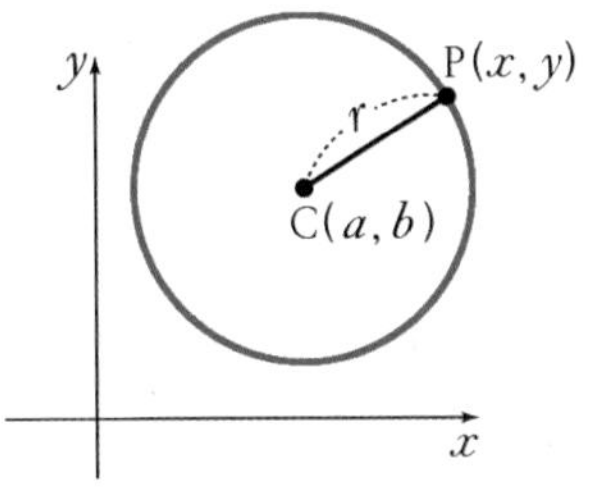

그림으로 핵심만 쏙쏙!

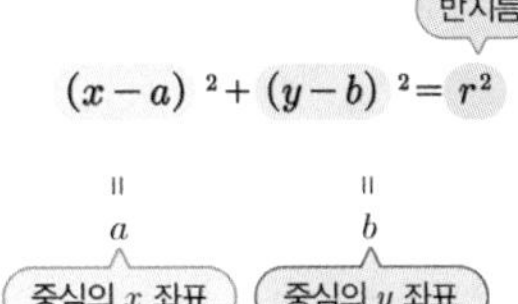

중심과 반지름을 알면 원의 방정식을 구할 수 있어요!

Click 원의 방정식의 표준형

중심이 점 $(1,\ 2)$이고 반지름의 길이가 3인 원의 방정식은

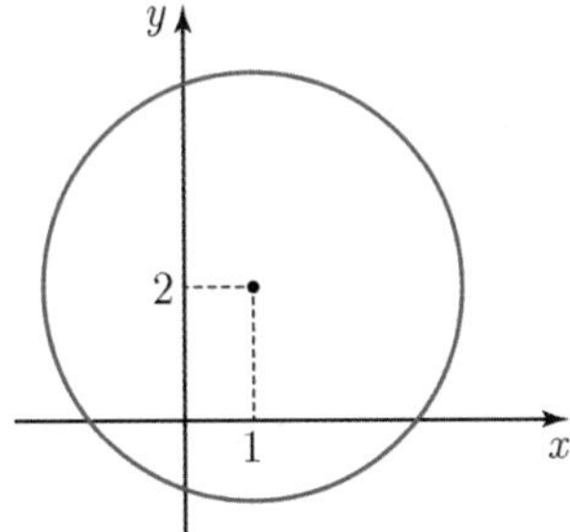

$(x-1)^2+(y-2)^2=9$이다.

또한 중심이 원점이고, 반지름의 길이가 2인 원의 방정식은 $x^2+y^2=4$이다.

확인 01

중심이 원점이고 반지름의 길이가 7인 원의 방정식을 구하여라.

정답 $x^2+y^2=49$

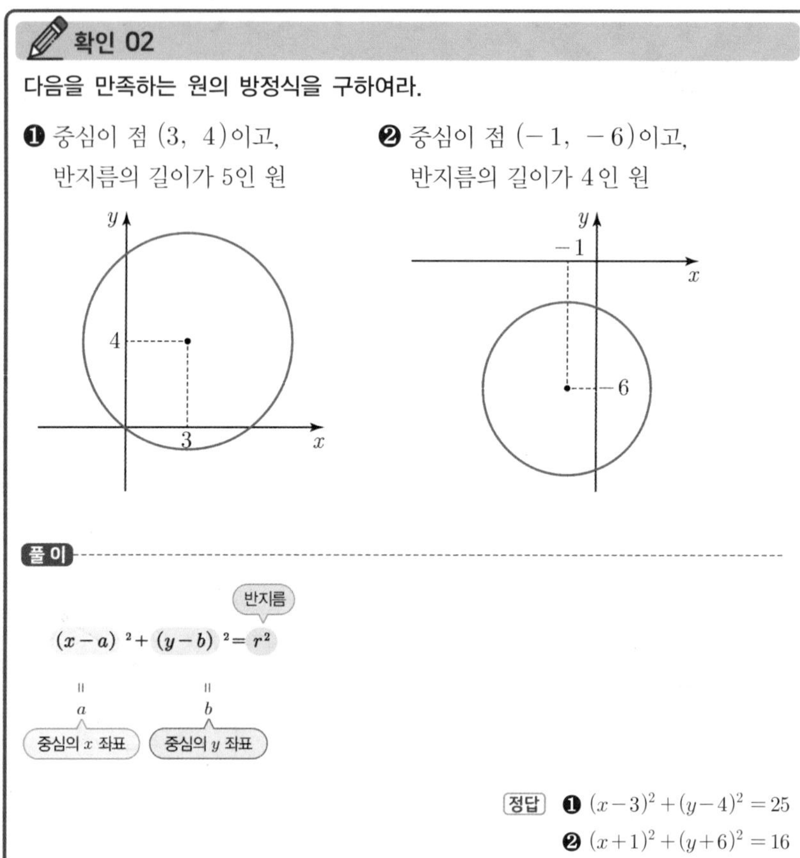

확인 02

다음을 만족하는 원의 방정식을 구하여라.

❶ 중심이 점 $(3,\ 4)$이고, 반지름의 길이가 5인 원

❷ 중심이 점 $(-1,\ -6)$이고, 반지름의 길이가 4인 원

풀 이

정답 ❶ $(x-3)^2+(y-4)^2=25$

❷ $(x+1)^2+(y+6)^2=16$

2. 원의 방정식 구하기

(1) 중심의 좌표와 지나는 점이 주어질 때 출제포인트 ★★★

중심의 좌표를 이용하여 표준형을 만든 다음, 지나는 점을 대입하여 반지름을 구한다.

그림으로 핵심만 쏙 쏙!

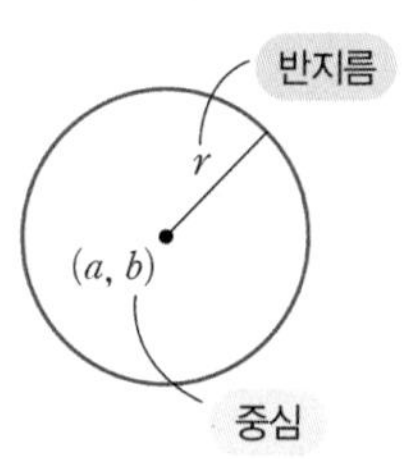

$\Rightarrow (x-a)^2+(y-b)^2=r^2$

Click 원의 방정식 구하기 I

중심의 좌표가 $(3,\ 4)$이고 원점을 지나는 원의 방정식을 구해보자.

① 중심의 좌표를 이용하여 표준형 만들기

$(x-3)^2+(y-4)^2=r^2$

② 지나는 점을 ①의 식에 대입하여 r^2 구하기

원점 $(0, 0)$을 ①의 식에 대입하면

$(0-3)^2+(0-4)^2=r^2 \rightarrow r^2=25$

③ r^2을 ①의 식에 대입하여 정리하기

$(x-3)^2+(y-4)^2=25$

확인 03

그림과 같이 중심이 $(3,\ 2)$이고 원점을 지나는 원의 방정식은?

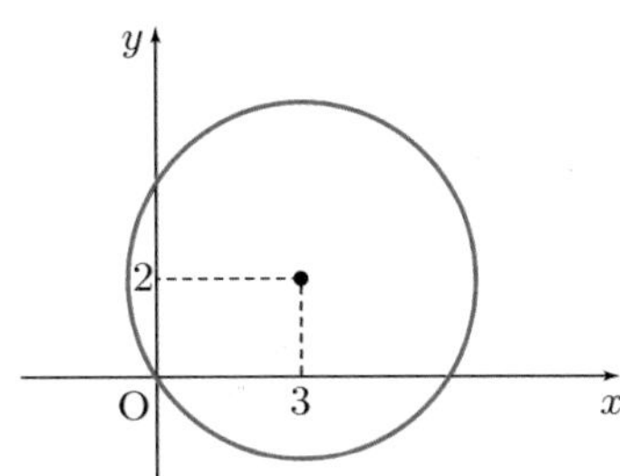

① $(x-3)^2+(y-2)^2=4$　　② $(x-2)^2+(y-3)^2=9$

③ $(x-3)^2+(y-2)^2=13$　　④ $(x-2)^2+(y-3)^2=25$

풀 이

중심이 $(3,\ 2)$이고, 반지름이 r인 원의 방정식은

$(x-3)^2+(y-2)^2=r^2$

원점을 지나므로 $(0,\ 0)$을 식에 대입하면, $9+4=13=r^2$

$(x-3)^2+(y-2)^2=13$

정답 ③

(2) 지름의 양 끝이 주어질 때 출제포인트 ★★★

두 점의 중점이 원의 중심, 두 점 사이의 거리가 원의 지름임을 이용하여 식을 구한다.

지름의 양 끝 점 A, B가 주어질 때

① 원의 중심 = $\overline{AB}$의 중점

② 반지름의 길이 = $\frac{1}{2}\overline{AB}$

그림으로 핵심만 쏙쏙!

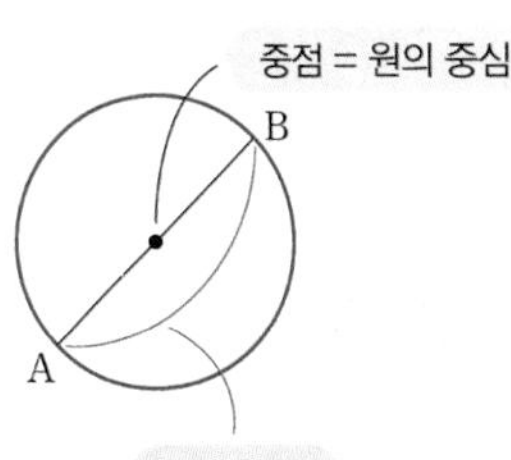

Click　원의 방정식 구하기 II

예 그림과 같이 $(0,\ 0)$과 $(4,\ 0)$을 지름의 양 끝으로 하는 원의 방정식을 구해보자.

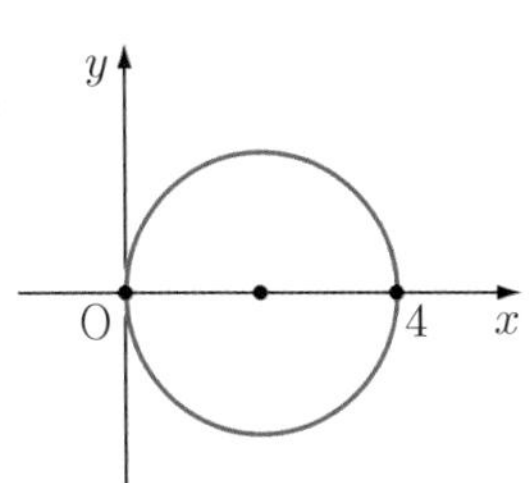

① $(0,\ 0)$과 $(4,\ 0)$의 중점이 원의 중심
→ $(2,\ 0)$

② $(0,\ 0)$과 $(4,\ 0)$의 거리가 원의 지름 → 4

③ 따라서, 원의 중심이 $(2,\ 0)$, 반지름이 2인 원의 방정식을 표준형을 이용하여 구하면
→ $(x-2)^2+y^2=4$

확인 04

그림과 같이 $\mathrm{A}(0,\ 2)$, $\mathrm{B}(2,\ 0)$을 지름의 양 끝으로 하고, 원점을 지나는 원의 방정식은?

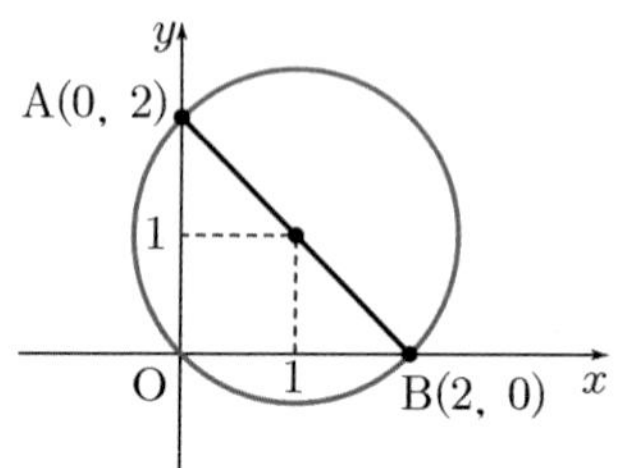

① $(x-1)^2+(y-1)^2=2$　　② $(x+1)^2+(y+1)^2=2$

③ $(x-1)^2+(y-1)^2=4$　　④ $(x+1)^2+(y+1)^2=4$

A, B가 지름의 양 끝점이므로 중심이 $\overline{\mathrm{AB}}$의 중점이 된다.

따라서 중심 $=\left(\dfrac{2+0}{2},\ \dfrac{0+2}{2}\right)=(1,\ 1)$이다.

또한 $\overline{\mathrm{AB}}$의 길이가 지름이므로,

$\overline{\mathrm{AB}}=\sqrt{2^2+2^2}=\sqrt{8}=2\sqrt{2}$가 되어 원의 반지름은 $\sqrt{2}$이다.

중심이 $(1,\ 1)$이고, 반지름이 $\sqrt{2}$인 원의 방정식은

$(x-1)^2+(y-1)^2=2$이다.

정답 ①

그림으로 핵심만 쏙쏙!

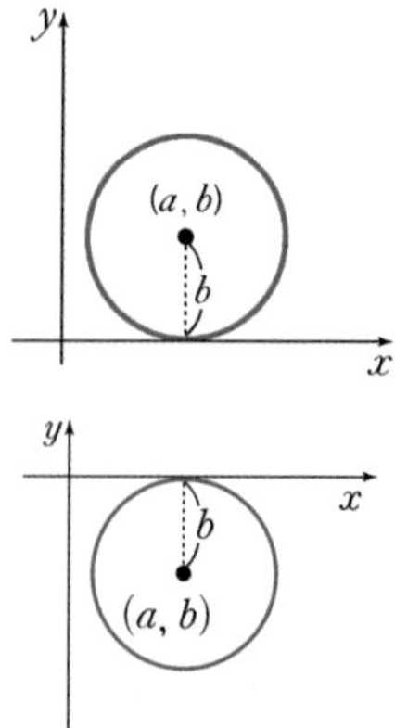

← 반지름 = |중심의 y좌표|

2 축에 접하는 원

1. 축에 접하는 원의 방정식 출제포인트 ★★★

(1) x축에 접하는 원의 방정식 : 반지름의 길이 = | 중심의 y좌표 |

→ $(x-a)^2+(y-b)^2=b^2$

(2) y축에 접하는 원의 방정식 : 반지름의 길이 = | 중심의 x좌표 |

→ $(x-a)^2+(y-b)^2=a^2$

그림으로 핵심만 쏙쏙!

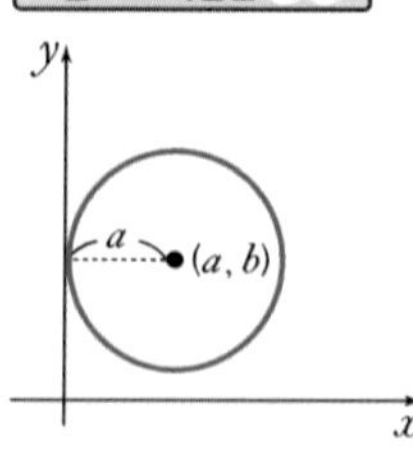

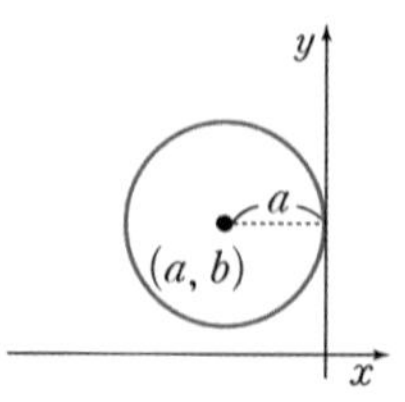

← 반지름 = |중심의 x좌표|

(3) x, y축에 동시에 접하는 원의 방정식

반지름의 길이 $= |$중심의 x좌표$| = |$중심의 y좌표$|$

ⅰ) 제1사분면에 있을 때 : $(x-r)^2+(y-r)^2=r^2$

ⅱ) 제2사분면에 있을 때 : $(x+r)^2+(y-r)^2=r^2$

ⅲ) 제3사분면에 있을 때 : $(x+r)^2+(y+r)^2=r^2$

ⅳ) 제4사분면에 있을 때 : $(x-r)^2+(y+r)^2=r^2$

그림으로 핵심만 쏙 쏙!

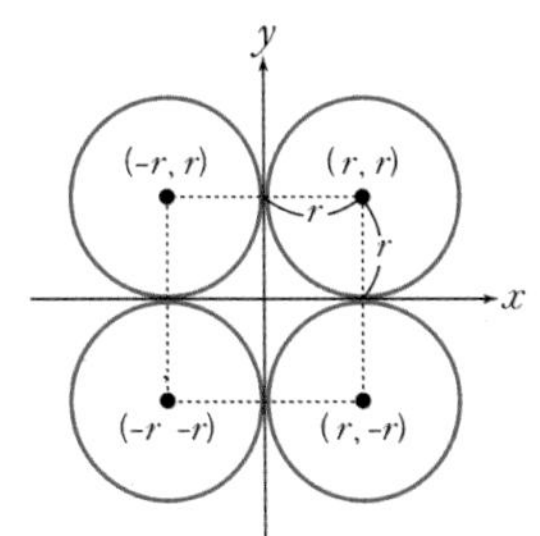

← 반지름 $= |$중심의 x좌표$|$
$= |$중심의 y좌표$|$

직접 그림을 그려보면 이해가 훨씬 쉬워요!

Click 축에 접하는 원의 방정식

중심의 좌표와 그림을 이용하여, 원의 방정식을 구해보자.
중심이 $(2, 1)$이고, x축에 접하는 원의 방정식을 그림을 그려 조건을 확인하고, 식을 구하여 보자.

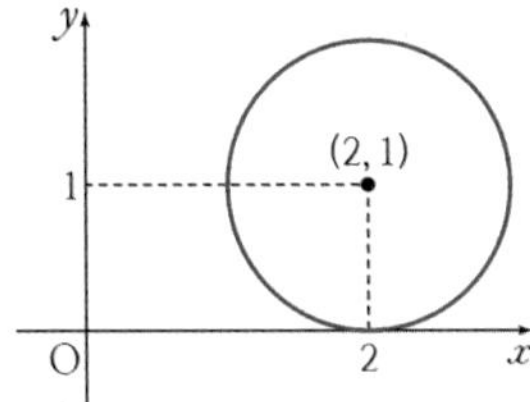

① 중심의 좌표는 $(2, 1)$
② 반지름의 길이는 중심으로부터 x축까지의 거리이므로 ➜ 1
따라서 원의 방정식은 ➜ $(x-2)^2+(y-1)^2=1$

확인 05

중심의 좌표가 $(-2, 1)$이고 y축에 접하는 원의 방정식은?

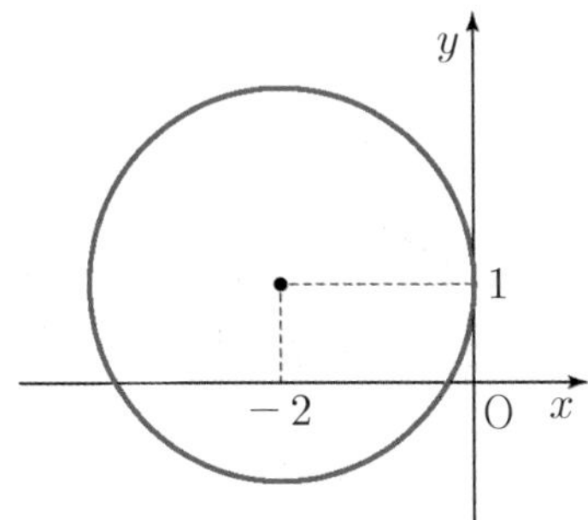

정답 $(x+2)^2+(y-1)^2=4$

확인 06

반지름의 길이가 3이고, x, y축에 동시에 접하는 원의 방정식의 중심의 좌표가 제 1사분면에 있을 때, 원의 방정식은?

풀이

x, y축에 동시에 접하고, 제1사분면 위에 있는 원의 식은 $(x-r)^2+(y-r)^2=r^2$이다.
반지름의 길이가 3이므로 $(x-3)^2+(y-3)^2=9$

정답 $(x-3)^2+(y-3)^2=9$

3 원과 직선의 위치관계

1. 원과 직선의 위치관계

원과 직선은 "두 점에서 만나거나", "접하거나(한 점에서 만나는 경우)", "만나지 않는" 세 가지의 위치관계가 있다.

2. 원과 직선의 위치관계 알아보기

원과 직선의 위치관계를 파악하는 방법은 두 가지가 있다.
(1) 원의 중심에서 직선까지의 거리와 반지름의 길이 비교
(2) 판별식 이용

원의 중심과 직선 사이의 거리를 d, 원의 반지름을 r, 직선의 방정식과 원의 방정식을 연립하여 얻은 이차방정식의 판별식을 D라 할 때,

두 점에서 만난다.	접한다.	만나지 않는다.
$d<r$	$d=r$	$d>r$
서로 다른 두 실근 $D>0$	중근 $D=0$	서로 다른 두 허근 $D<0$

그림으로 핵심만 쏙 쏙!

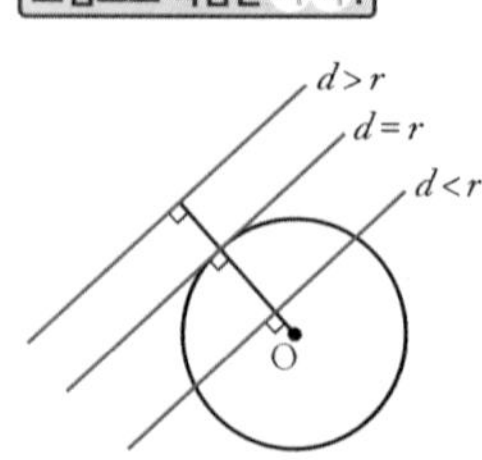

Click 원과 직선의 위치관계

앞의 방법을 이용하여 원 $x^2+y^2=1$과 직선 $y=x+1$의 위치 관계를 알아보자.

방법 1 원의 중심이 $(0, 0)$과 직선 $y=x+1$의 거리를 d라 하고,

반지름 $r=1$이라 하면, $d=\frac{|0+0+1|}{\sqrt{1^2+1^2}}=\frac{1}{\sqrt{2}}$

따라서 $d<r$이므로 주어진 원과 직선은 서로 다른 두 점에서 만난다.

방법 2 $y=x+1$을 $x^2+y^2=1$에 대입하면

$x^2+(x+1)^2=1$, $2x^2+2x=0$ ⋯⋯ ㉠

이차방정식 ㉠의 판별식을 D라고 하면

$D=2^2-4\times2\times(0)=4>0$

따라서 주어진 원과 직선은 서로 다른 두 점에서 만난다.

판별식을 이용하는 방법은 기억하기 쉽지만, 계산이 복잡할 수 있어요!

03 실력 체크 문제

정답 및 해설 별책 28p

01 원 $(x-3)^2+(y+2)^2=1$의 중심의 좌표는?

① $(3,\ 2)$ ② $(3,\ -2)$
③ $(-3,\ 2)$ ④ $(-3,\ -2)$

02 원 $(x+2)^2+(y+1)^2=4$의 반지름의 길이는?

① 1 ② 2
③ 3 ④ 4

03 중심이 $(-1,\ 2)$이고, 반지름의 길이가 5인 원의 방정식은?

① $(x+1)^2+(y-2)^2=16$
② $(x+1)^2+(y+2)^2=16$
③ $(x+1)^2+(y-2)^2=25$
④ $(x+1)^2+(y+2)^2=25$

04 중심이 $(2,\ -3)$이고, 반지름의 길이가 3인 원의 방정식은?

① $(x-2)^2+(y+3)^2=5$
② $(x+2)^2+(y-3)^2=5$
③ $(x-2)^2+(y+3)^2=9$
④ $(x+2)^2+(y+3)^2=9$

05 그림과 같이 지름의 양 끝점이 $A(0,\ 4)$, $B(4,\ 0)$인 원의 방정식은?

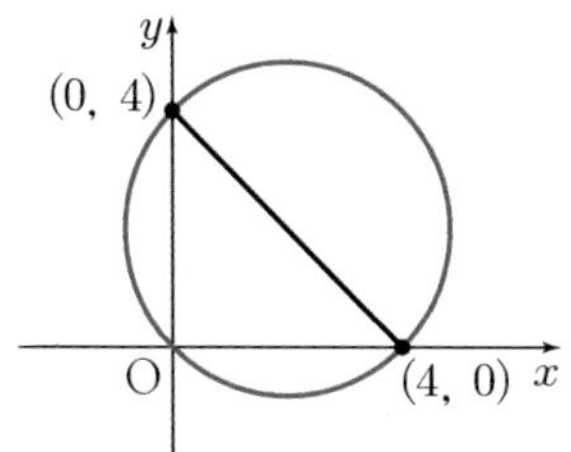

① $(x-2)^2+(y-2)^2=8$
② $(x+2)^2+(y+2)^2=8$
③ $(x-2)^2+(y+2)^2=8$
④ $(x+2)^2+(y-2)^2=8$

06 지름의 양 끝점이 $A(-3,\ 0)$, $B(1,\ 0)$인 원의 방정식은?

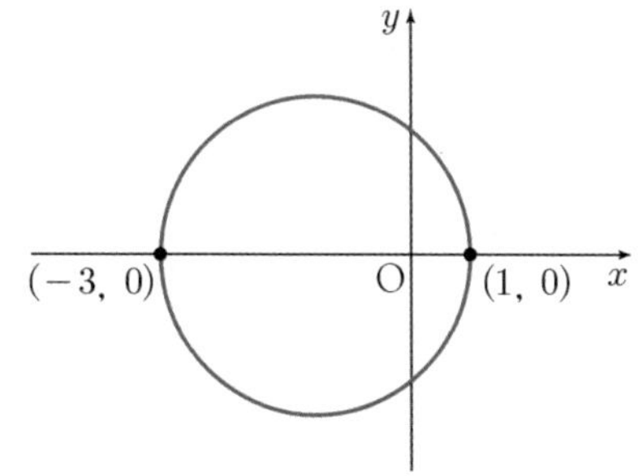

① $(x-1)^2+y^2=2$
② $(x-1)^2+y^2=4$
③ $(x+1)^2+y^2=2$
④ $(x+1)^2+y^2=4$

07 그림과 같이 중심이 $C(2,\ -1)$이고, 원점을 지나는 원의 방정식은?

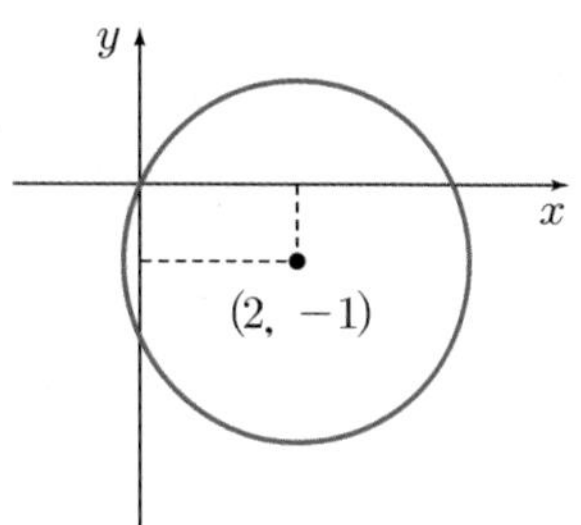

① $(x-2)^2+(y-1)^2=\sqrt{5}$
② $(x-2)^2+(y-1)^2=5$
③ $(x-2)^2+(y+1)^2=\sqrt{5}$
④ $(x-2)^2+(y+1)^2=5$

08 중심이 $(3,\ 2)$이고, 원점을 지나는 원의 방정식은?

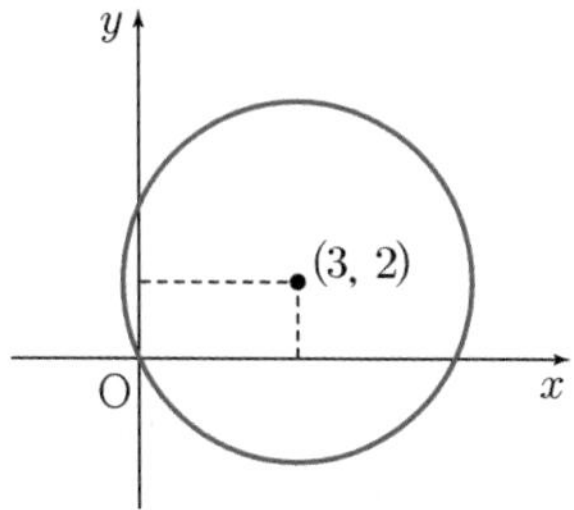

① $(x-3)^2+(y-2)^2=4$
② $(x-2)^2+(y-3)^2=9$
③ $(x-3)^2+(y-2)^2=13$
④ $(x-2)^2+(y-3)^2=13$

09 중심이 $(1, -3)$이고, y축에 접하는 원의 방정식은?

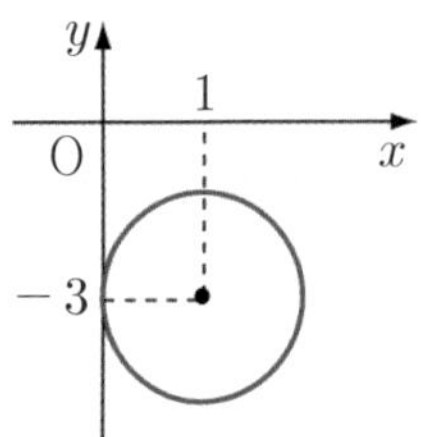

① $(x-1)^2+(y-3)^2=1$
② $(x-1)^2+(y+3)^2=1$
③ $(x+3)^2+(y-1)^2=1$
④ $(x+1)^2+(y+3)^2=1$

10 그림과 같이 중심이 $(2, 1)$이고, x축에 접하는 원의 방정식은?

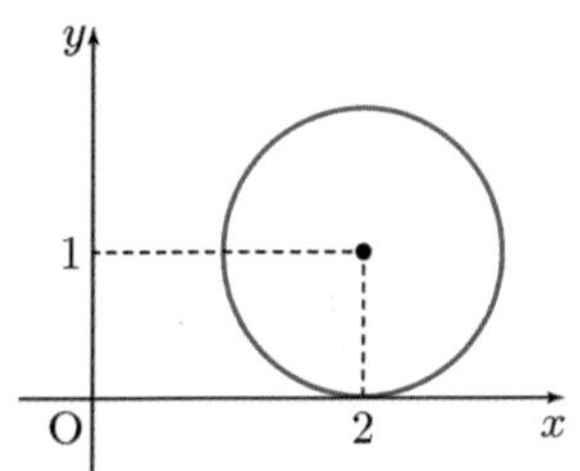

① $(x-2)^2+(y-1)^2=1$
② $(x-2)^2+(y-1)^2=4$
③ $(x-1)^2+(y-2)^2=1$
④ $(x-1)^2+(y-2)^2=4$

11 그림과 같이 중심이 $(2, 2)$이고, x축과 y축에 동시에 접하는 원의 방정식은?

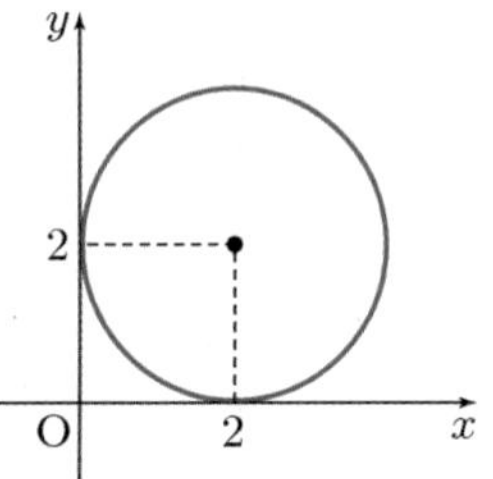

① $(x-2)^2+(y-2)^2=2$
② $(x-2)^2+(y+2)^2=2$
③ $(x-2)^2+(y+2)^2=4$
④ $(x-2)^2+(y-2)^2=4$

12 그림과 같이 중심이 $(6, 2)$이고 x축에 접하는 원의 방정식은?

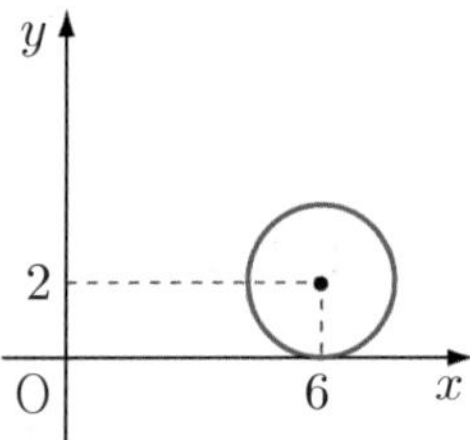

① $x^2+y^2+12x+4y+36=0$
② $x^2+y^2-12x+4y+36=0$
③ $x^2+y^2+12x-4y+36=0$
④ $x^2+y^2-12x-4y+36=0$

13 원 $x^2+2x+y^2-3=0$의 반지름의 길이는?

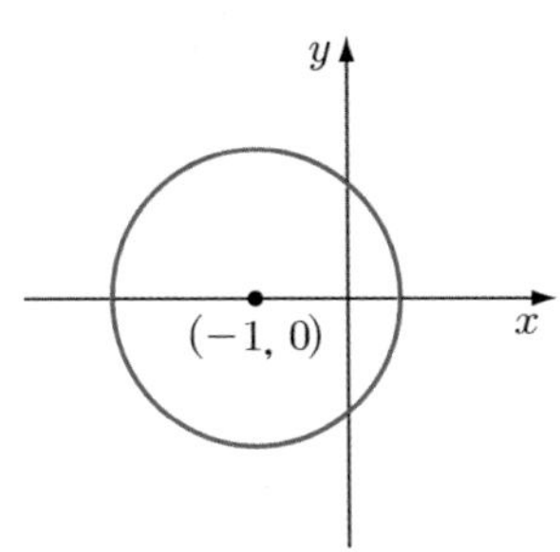

① 1 ② 2
③ 3 ④ 4

14 원 $x^2+y^2=9$와 $y=x$의 위치관계는?

① 한 점에서 만난다.
② 서로 다른 두 점에서 만난다.
③ 만나지 않는다.
④ 서로 다른 세 점에서 만난다.

평행이동과 대칭이동

• 점과 도형의 평행이동과 대칭이동에 대해 학습하도록 합니다.

1 평행이동

1. 평행이동

좌표평면 위의 임의의 점을 좌표축에 나란하게 이동시키는 것을 평행이동이라 한다.

2. 점의 평행이동 출제포인트

점 $P(x, y)$를 평행이동한 점을 $P'(x', y')$이라고 하면 $x' = x+a$, $y' = y+b$이다.
따라서 점 P'의 좌표는 $(x+a, y+b)$이다.

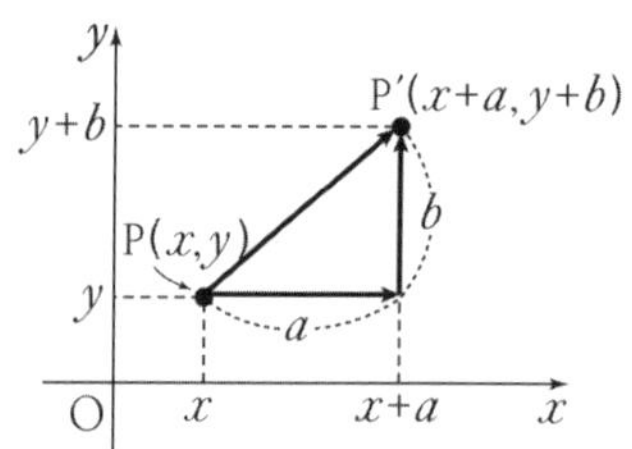

$$(x, y) \xrightarrow[y\text{축의 방향으로 } b\text{만큼}]{x\text{축의 방향으로 } a\text{만큼}} (x+a, y+b)$$

> x축의 방향 – 가로방향, y축의 방향 – 세로방향을 말한다.
>
> $(x, y) \xrightarrow[\text{그대로 더한다}]{\text{그대로 더한다}} (x+a, y+b)$

Click  점의 평행이동

점 $(1, 2)$를 $\xrightarrow[y\text{축의 방향으로 3만큼}]{x\text{축의 방향으로 2만큼}}$ 평행이동한 점의 좌표는

$(1+2, 2+3) = (3, 5)$

확인 01

좌표평면 위의 점 $(2, 3)$을 x축의 방향으로 3만큼, y축의 방향으로 -1만큼 평행이동한 점의 좌표를 구하여라.

정답 $(5, 2)$

 **확인 02**

좌표평면 위의 점 $(-1, 4)$를 x축의 방향으로 3만큼, y축의 방향으로 -3만큼 평행이동한 점의 좌표를 구하여라.

정답 $(2, 1)$

3. 도형의 평행이동

좌표평면 위에서 방정식 $f(x,y)=0$이 나타내는 도형을 x축의 양의 방향으로 a만큼, y축의 양의 방향으로 b만큼 평행이동한 도형의 방정식은 $f(x-a,\ y-b)=0$이다.

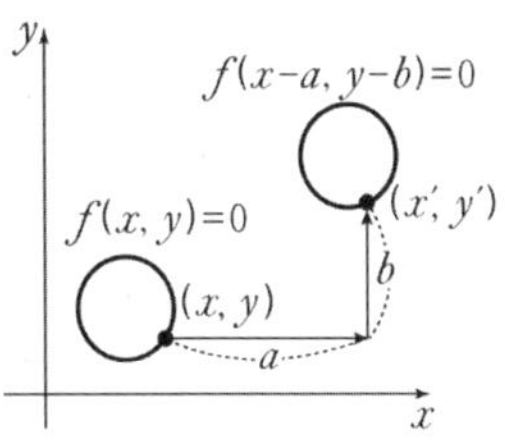

$$f(x,\ y)=0 \xrightarrow[y\text{축의 방향으로 } b\text{만큼}]{x\text{축의 방향으로 } a\text{만큼}} f(x-a,\ y-b)=0$$

도형의 방정식은 $f(x,\ y)=0$으로 나타내고, 도형을 평행이동하면 모양과 크기는 그대로이며, 위치만 이동해요.

$$f(x,\ y)=0 \xrightarrow[y\text{ 대신 } y-b\text{를 대입}]{x\text{ 대신 } x-a\text{를 대입}} f(x-a,\ y-b)=0$$

Click 도형의 평행이동

$y=x+1$을 $\xrightarrow[y\text{축의 방향으로 3만큼}]{x\text{축의 방향으로 2만큼}}$ 평행이동한 식은 처음의 식에서 x 대신에 $x-2$를 대입, y 대신에 $y-3$을 대입하여 구한다.

$y-3=(x-2)+1$ ➜ $y=x+2$ $\quad\therefore y=x+2$

2 대칭이동

1. 대칭이동

도형을 주어진 점 또는 직선에 대하여 대칭적으로 이동하는 것을 대칭이동이라 한다.

2. 점의 대칭이동 출제포인트★★★

점 $\mathrm{P}(x,\ y)$를 x축, y축, 원점, $y=x$에 대하여 각각 대칭이동한 점을 P_1, P_2, P_3, P_4라 하면 각 점은 다음과 같다.

x축 대칭 : x축을 기준으로 접어서 포개어지는 위치로 이동

대칭	공식	특징
x축 대칭	$\mathrm{P}(x, y) \rightarrow \mathrm{P}_1(x, -y)$	y만 바뀜
y축 대칭	$\mathrm{P}(x, y) \rightarrow \mathrm{P}_2(-x, y)$	x만 바뀜
원점 대칭	$\mathrm{P}(x, y) \rightarrow \mathrm{P}_3(-x, -y)$	둘 다 바뀜
$y=x$ 대칭	$\mathrm{P}(x, y) \rightarrow \mathrm{P}_4(y, x)$	두 좌표를 서로 바꿈

(1) x축 대칭 → $\mathrm{P}_1(x, -y)$

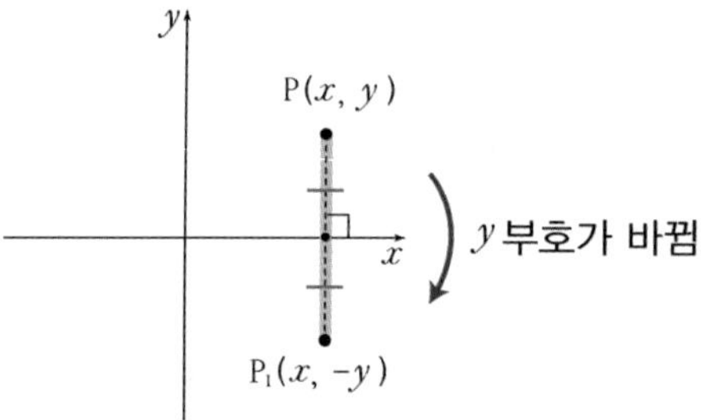

(2) y축 대칭 → $\mathrm{P}_2(-x, y)$

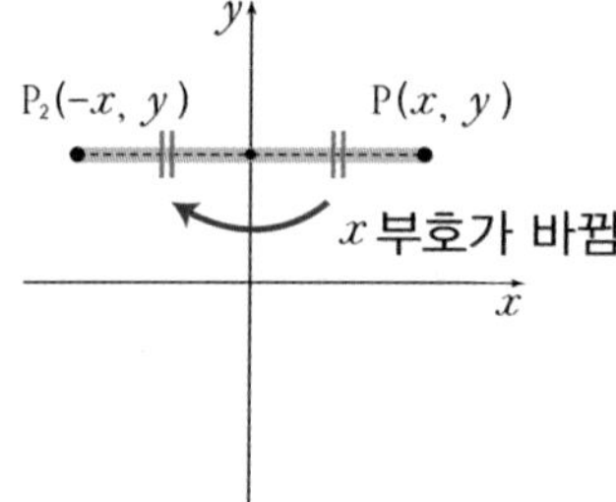

(3) 원점 대칭 → $\mathrm{P}_3(-x, -y)$

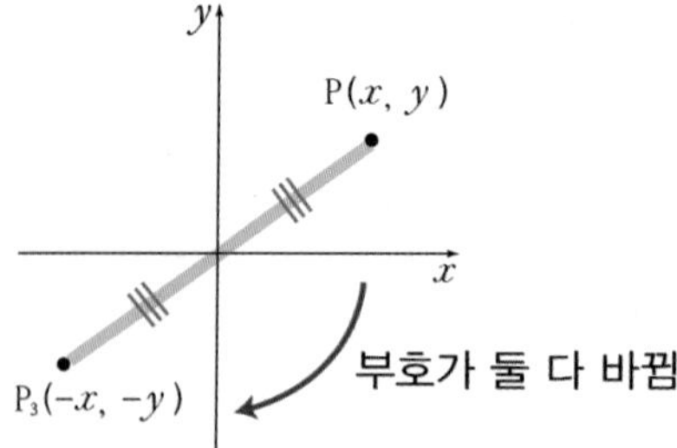

(4) $y=x$ 대칭 ➔ $P_4(y,\ x)$

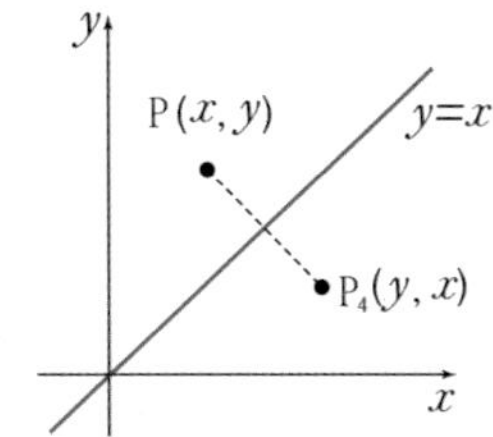

x, y의 좌표가 서로 바뀜

확인 03

다음은 좌표평면 위에 $P(2,\ 3)$과 x축, y축, 원점, $y=x$에 대하여 대칭인 점을 나타낸 것이다. 각 보기에 해당되는 대칭인 점을 찾아 기호를 쓰고, 좌표로 나타내시오.

❶ x축 대칭

❷ y축 대칭

❸ 원점 대칭

❹ $y=x$ 대칭

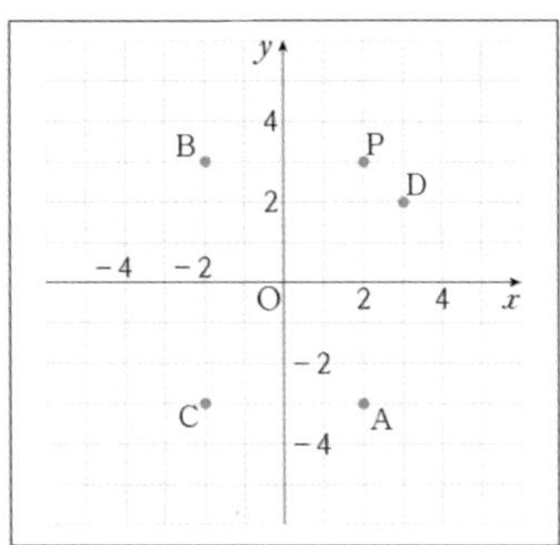

정답 ❶ A$(2,\ -3)$ ❷ B$(-2,\ 3)$ ❸ C$(-2,\ -3)$ ❹ D$(3,\ 2)$

3. 도형의 대칭이동 출제포인트 ★★★

좌표평면 위에서 방정식 $f(x,y)=0$을 x축, y축, 원점, $y=x$에 대하여 각각 대칭이동한 도형의 방정식은 다음과 같다.

➲ 도형의 대칭이동은 점의 대칭이동과 똑같아요!

대칭	공식	특징
x축 대칭	$f(x,\ y)=0$ ➔ $f(x,\ -y)=0$	y 대신 $-y$
y축 대칭	$f(x,\ y)=0$ ➔ $f(-x,\ y)=0$	x 대신 $-x$
원점 대칭	$f(x,\ y)=0$ ➔ $f(-x,\ -y)=0$	x 대신 $-x$, y 대신 $-y$
$y=x$ 대칭	$f(x,\ y)=0$ ➔ $f(y,\ x)=0$	x 대신 y, y 대신 x

Click

도형의 대칭이동

원의 방정식 $(x+1)^2+(y-2)^2=4$를 y축에 대하여 대칭이동해 보자.
$(x+1)^2+(y-2)^2=4$를 y축에 대하여 대칭이동한 식은 처음 식의 x 대신에 $-x$를 대입하면 되므로,
$(-x+1)^2+(y-2)^2=4$ ➜ $(x-1)^2+(y-2)^2=4$이다.

확인 04

$y=x+2$를 y축에 대하여 대칭이동하여라.

정답 $y=-x+2$

확인 05

$(x-1)^2+(y-3)^2=1$을 x축에 대하여 대칭이동하여라.

정답 $(x-1)^2+(y+3)^2=1$

04 실력 체크 문제

정답 및 해설 별책 30p

01 좌표평면 위의 점 A$(-2,\ 0)$을 x축의 방향으로 3만큼, y축의 방향으로 3만큼 평행이동한 점 B의 좌표는?

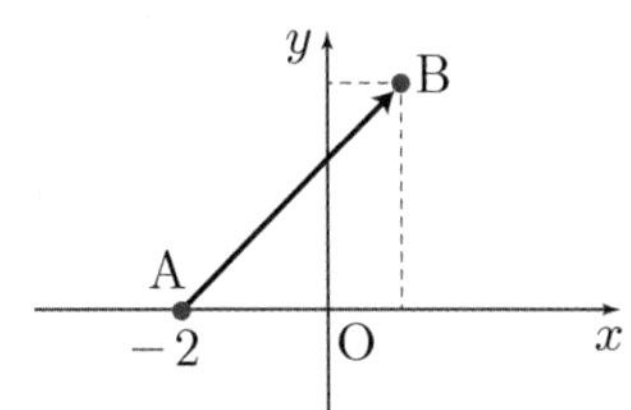

① $(1,\ 2)$　② $(1,\ 3)$
③ $(2,\ 2)$　④ $(2,\ 3)$

02 좌표평면 위의 점 A$(-1,\ 3)$을 x축의 방향으로 5만큼, y축의 방향으로 -2만큼 평행이동한 점 B의 좌표는?

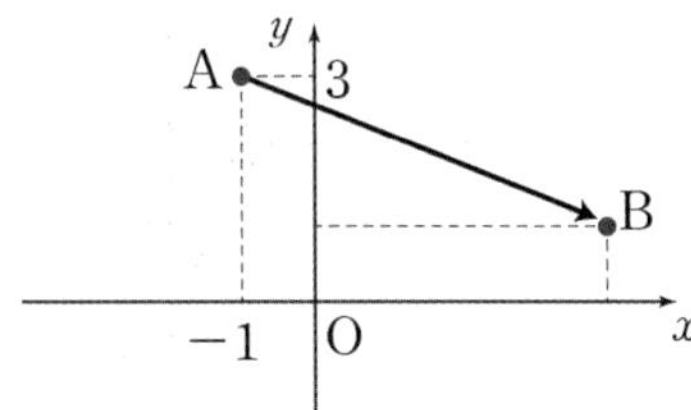

① $(1,\ 2)$　② $(1,\ 5)$
③ $(4,\ 1)$　④ $(4,\ 2)$

03 좌표평면 위의 점 A$(-1,\ 3)$을 x축의 방향으로 3만큼, y축의 방향으로 4만큼 평행이동한 점 B의 좌표는?

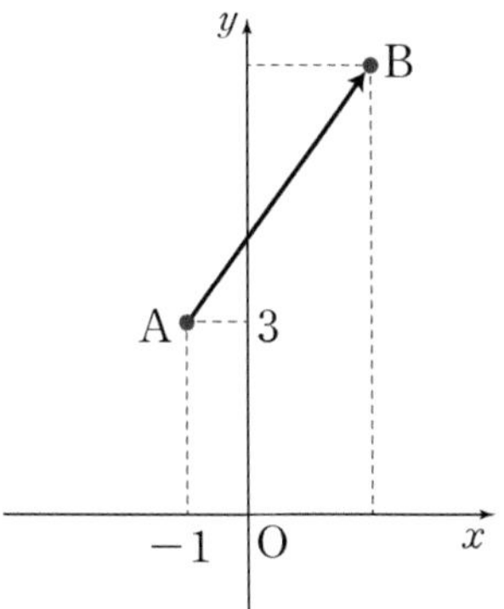

① $(1,\ 4)$　② $(1,\ 5)$
③ $(2,\ 7)$　④ $(2,\ 6)$

04 좌표평면 위의 점 $(2,\ 3)$을 원점에 대하여 대칭이동한 점의 좌표는?

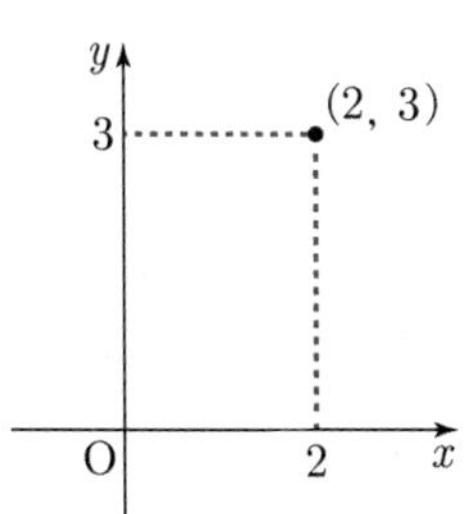

① $(-2,\ 3)$　② $(-3,\ -2)$
③ $(-2,\ -3)$　④ $(3,\ 2)$

05 좌표평면 위의 점 $(4,\ -2)$를 y축에 대하여 대칭이동한 점의 좌표는?

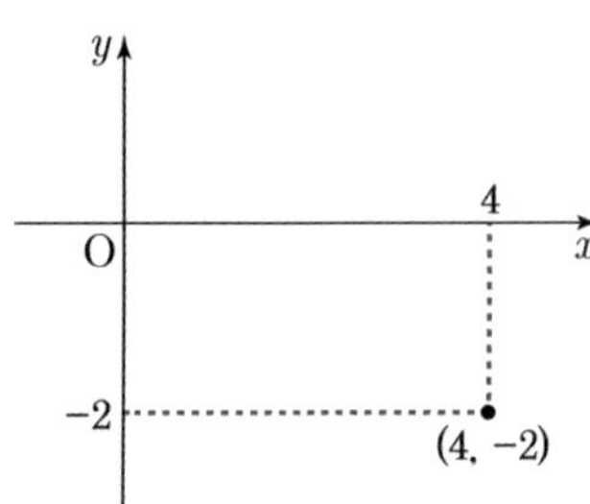

① $(-4,\ -2)$ ② $(-4,\ 2)$
③ $(2,\ 4)$ ④ $(4,\ 2)$

06 좌표평면 위의 점 $(-3,\ 5)$를 직선 $y=x$에 대하여 대칭이동한 점의 좌표는?

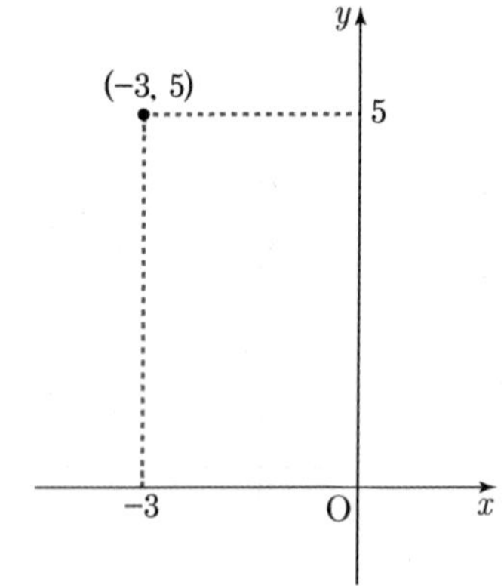

① $(-3,\ -5)$ ② $(-3,\ 5)$
③ $(3,\ -5)$ ④ $(5,\ -3)$

07 좌표평면 위의 점 $(-2,\ 5)$를 x축에 대하여 대칭이동한 점의 좌표는?

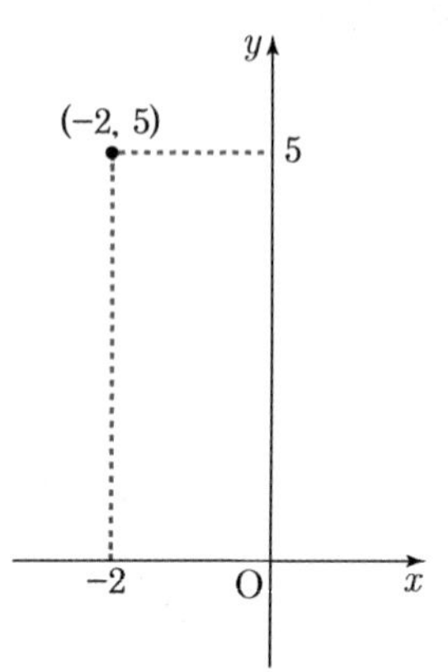

① $(-5,\ 2)$ ② $(-2,\ -5)$
③ $(2,\ -5)$ ④ $(5,\ -2)$

08 그림과 같이 좌표평면 위의 점 $\mathrm{A}(1,\ 3)$에 대하여, 점 A를 x축에 대하여 대칭이동한 점을 B라 하고 y축에 대하여 대칭이동한 점을 C라 할 때, 삼각형 ABC의 넓이는?

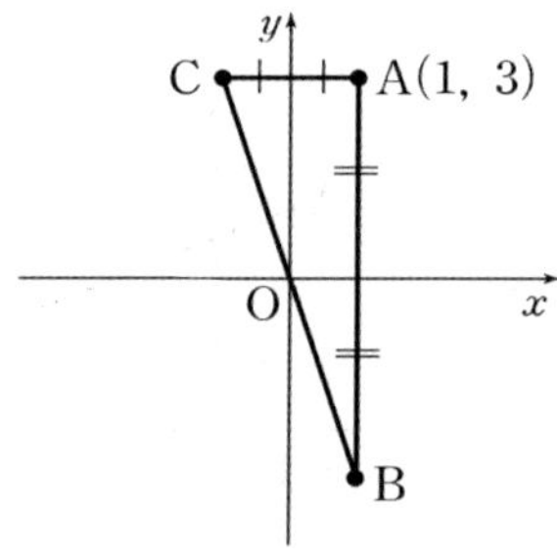

① 1 ② 2
③ 4 ④ 6

09 그림과 같이 좌표평면 위의 점 $A(3,\ -4)$에 대하여, 점 A를 x축에 대하여 대칭이동한 점을 B라 하고 y축에 대하여 대칭이동한 점을 C라 할 때, $\overline{BC}$의 길이는?

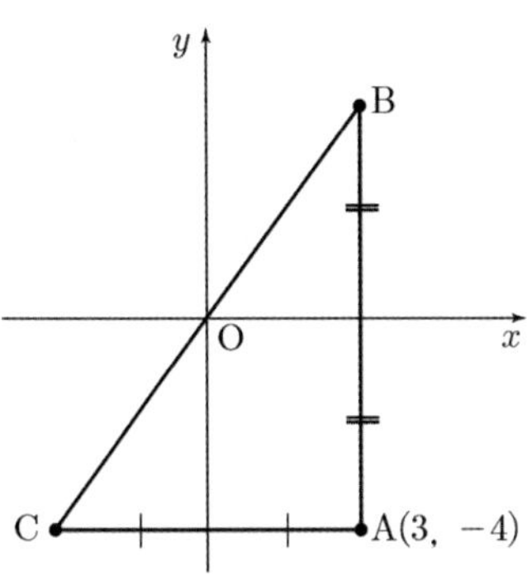

① 4　　② 5
③ 8　　④ 10

10 직선 $y=2x-2$를 x축에 대하여 대칭이동한 직선을 l이라 할 때, 직선 l의 방정식은?

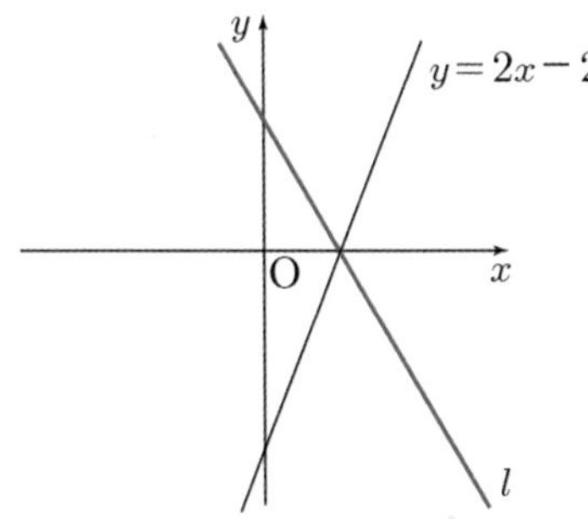

① $y=-2x+4$　　② $y=-\frac{1}{2}x-4$
③ $y=2x-2$　　④ $y=-2x+2$

11 직선 $y=3x-3$을 y축에 대하여 대칭이동한 직선을 l이라 할 때, 직선 l의 방정식은?

① $y=-3x+3$
② $y=-3x-3$
③ $y=3x+3$
④ $y=\frac{1}{3}x-3$

12 원 $(x+3)^2+(y+2)^2=4$를 y축에 대하여 대칭이동한 원의 방정식은?

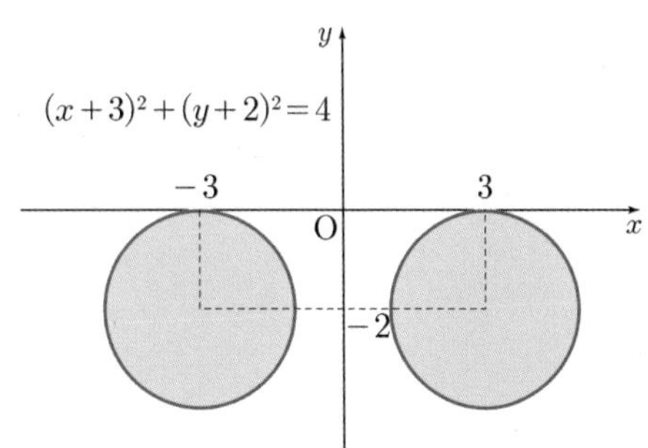

① $(x-3)^2+(y-2)^2=4$
② $(x-3)^2+(y+2)^2=4$
③ $(x+3)^2+(y-2)^2=4$
④ $(x+3)^2+(y+2)^2=4$

단원출제요소정리

01 평면좌표

1 두 점 $A(x_1,\ y_1)$, $B(x_2,\ y_2)$ 사이의 거리

$\overline{AB}=\sqrt{(x_2-x_1)^2+(y_2-y_1)^2}$

2 중점

점 $A(x_1)$, $B(x_2)$의 중점의 좌표는 $\dfrac{x_1+x_2}{2}$

3 내분점과 외분점

수직선 위의 두 점 $A(x_1)$, $B(x_2)$에 대하여 선분 AB를 $m:n(m>0,\ n>0)$ $(m\neq n)$으로

내분하는 점 $x=\dfrac{mx_2+nx_1}{m+n}$,

외분하는 점 $x=\dfrac{mx_2-nx_1}{m-n}$

02 직선의 방정식

1 두 점이 주어졌을 때, 기울기 구하기

좌표평면 위의 두 점 $A(x_1,\ y_1)$, $B(x_2,\ y_2)$를 지나는 직선의 기울기

$=\dfrac{(y\text{값의 증가량})}{(x\text{값의 증가량})}=\dfrac{y_2-y_1}{x_2-x_1}$

2 직선 구하기

① $A(x_1,\ y_1)$, $B(x_2,\ y_2)$를 지나는 직선 :

$y-y_1=\dfrac{y_2-y_1}{x_2-x_1}(x-x_1)$

② x절편이 a, y절편이 b인 직선 :

$\dfrac{x}{a}+\dfrac{y}{b}=1$

③ 기울기가 a이고 y절편이 b인 직선 :

$y=ax+b$

3 축에 평행한 직선의 방정식

① x축에 평행한 직선 : $y=n$

② y축에 평행한 직선 : $x=m$

4 직선의 위치관계

두 직선 $y=mx+n$, $y=m'x+n'$에 대하여

① 평행 : $m=m'$, $n\neq n'$

② 수직 : $m\times m'=-1$이다.

03 원의 방정식

1 원의 방정식

① 중심의 좌표가 $(a,\ b)$이고 반지름의 길이가 r인 원의 방정식은

➜ $(x-a)^2+(y-b)^2=r^2$

② 중심이 원점이고 반지름의 길이가 r인 원의 방정식은 ➜ $x^2+y^2=r^2$

2 지름의 양 끝이 주어진 원의 방정식 구하기

두 점의 중점이 원의 중심, 두 점 사이의 거리가 원의 지름임을 이용하여 식을 구한다.

지름의 양 끝 점 A, B가 주어질 때

① 원의 중심 = $\overline{AB}$의 중점

② 반지름의 길이 = $\dfrac{1}{2}\overline{AB}$

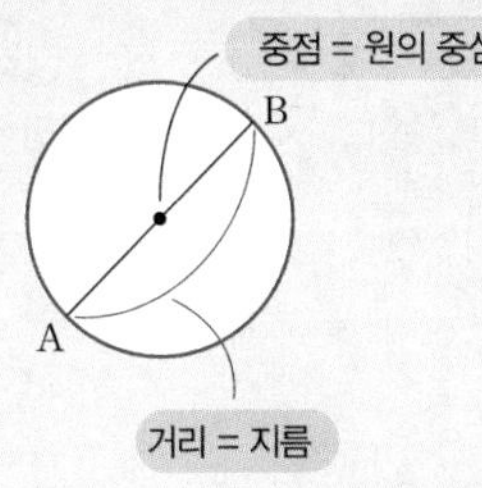

3 축에 접하는 원의 방정식

① x축에 접하는 원의 방정식

➜ $(x-a)^2+(y-b)^2=b^2$

② y축에 접하는 원의 방정식

➜ $(x-a)^2+(y-b)^2=a^2$

04 평행이동과 대칭이동

1 평행이동

x축의 방향으로 a만큼, y축의 방향으로 b만큼 평행이동

① 점 : $\mathrm{P}(x,\ y)$ ➜ $\mathrm{P}'(x+a,\ y+b)$이다.

② 도형 : $f(x,y)=0$

➜ $f(x-a,\ y-b)=0$

2 점의 대칭이동

점 $\mathrm{P}(x,\ y)$를 x축, y축, 원점, $y=x$에 대하여 대칭이동

① x축 대칭 ➜ $\mathrm{P}(x,y) \to \mathrm{P}_1(x,\ -y)$

② y축 대칭 ➜ $\mathrm{P}(x,y) \to \mathrm{P}_2(-x,\ y)$

③ 원점 대칭 ➜ $\mathrm{P}(x,y) \to \mathrm{P}_3(-x,\ -y)$

④ $y=x$ 대칭 ➜ $\mathrm{P}(x,y) \to \mathrm{P}_4(y,\ x)$

3 도형의 대칭이동

도형 $f(x,y)=0$을 x축, y축, 원점, $y=x$에 대하여 대칭이동

① x축 대칭

➜ $f(x,y)=0 \to f(x,-y)=0$

② y축 대칭

➜ $f(x,y)=0 \to f(-x,\ y)=0$

③ 원점 대칭

➜ $f(x,y)=0 \to f(-x,\ -y)=0$

④ $y=x$ 대칭

➜ $f(x,y)=0 \to f(y,\ x)=0$

기출문제 체크

정답 및 해설 별책 32p

01 좌표평면 위의 두 점 $A(-2, 1)$, $B(2, 4)$ 사이의 거리는?

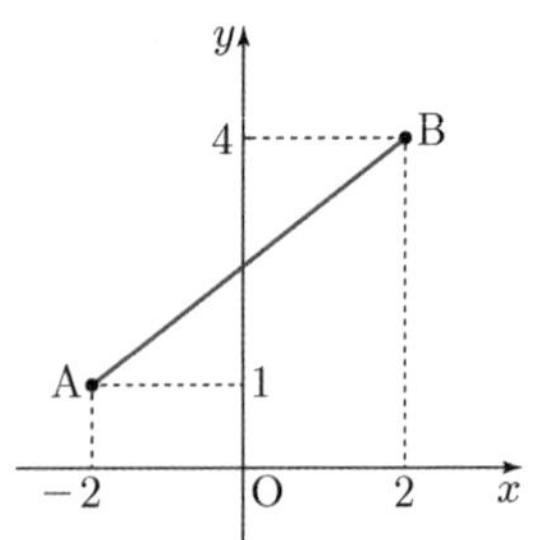

① 3
② 4
③ 5
④ 6

02 좌표평면 위의 두 점 $A(-1, 1)$, $B(2, 3)$ 사이의 거리는?

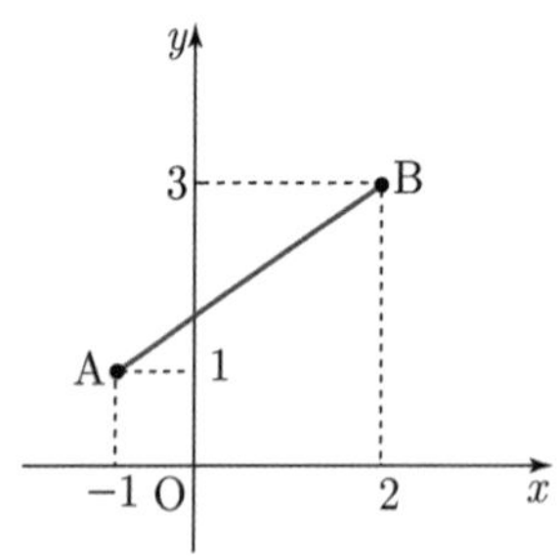

① $\sqrt{11}$　② $2\sqrt{3}$
③ $\sqrt{13}$　④ $\sqrt{14}$

03 좌표평면 위의 두 점 $A(-5, 7)$, $B(1, 1)$에 대하여 선분 AB의 중점의 좌표는?

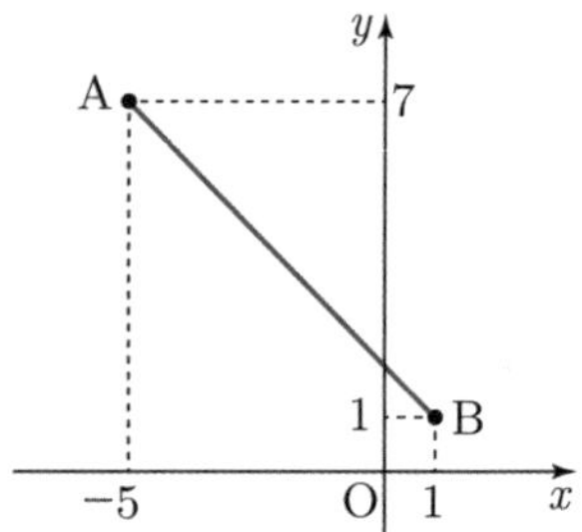

① $(-3, 5)$　② $(-2, 4)$
③ $(-1, 3)$　④ $(0, 2)$

04 직선 $y=2x+3$에 평행하고, 점 $(0, 6)$을 지나는 직선의 방정식은?

① $y=\frac{1}{2}x+1$　② $y=\frac{1}{2}x+6$
③ $y=2x+1$　④ $y=2x+6$

05 직선 $y=x+1$에 수직이고, 점 $(0,\ 2)$를 지나는 직선의 방정식은?

① $y=-x+1$　② $y=-x+2$

③ $y=\frac{1}{2}x+1$　④ $y=\frac{1}{2}x+2$

06 좌표평면 위의 두 점 $\mathrm{A}(2,\ 1)$, $\mathrm{B}(0,\ -3)$을 지나는 직선의 방정식은?

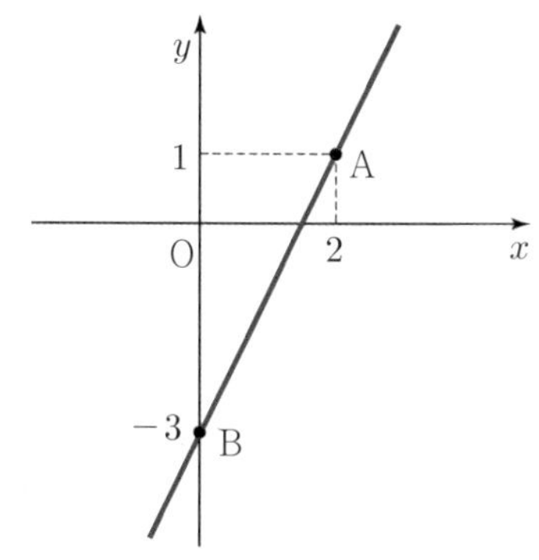

① $y=2x-3$　② $y=2x+1$

③ $y=3x-3$　④ $y=3x+1$

07 좌표평면에서 두 점 $\mathrm{A}(-2,\ 0)$, $\mathrm{B}(0,\ 4)$를 지나는 직선의 방정식은?

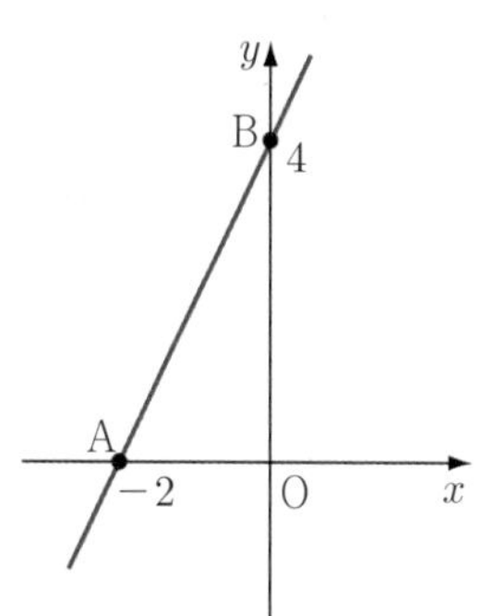

① $y=2x+4$　② $y=2x-4$

③ $y=-4x+2$　④ $y=-4x-2$

08 좌표평면에서 두 점 $\mathrm{A}(2,\ -1)$, $\mathrm{B}(2,\ 3)$을 지나는 직선의 방정식은?

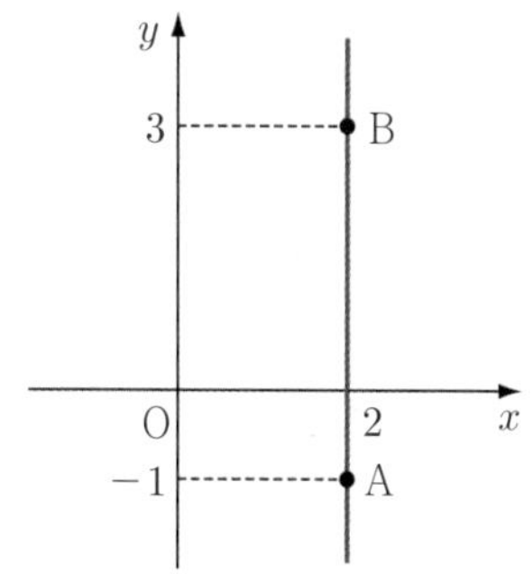

① $x=-1$　② $x=0$

③ $x=2$　④ $x=3$

09 두 점 A$(-1, -1)$, B$(3, 3)$을 지름의 양 끝점으로 하는 원의 방정식은?

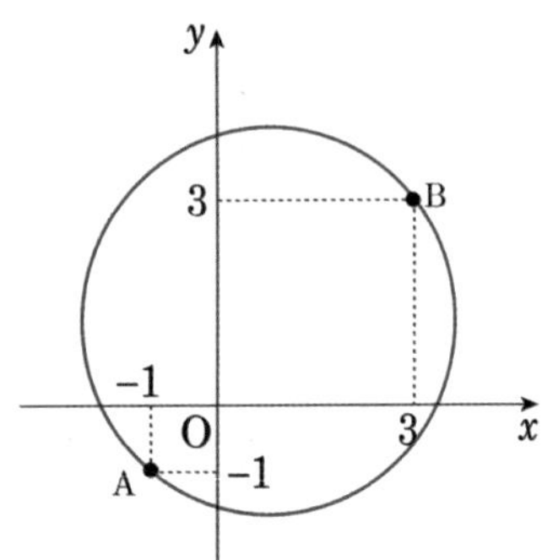

① $(x+1)^2+(y+1)^2=8$

② $(x+1)^2+(y-1)^2=8$

③ $(x-1)^2+(y+1)^2=8$

④ $(x-1)^2+(y-1)^2=8$

10 중심이 $(-2, 1)$이고 원점을 지나는 원의 방정식은?

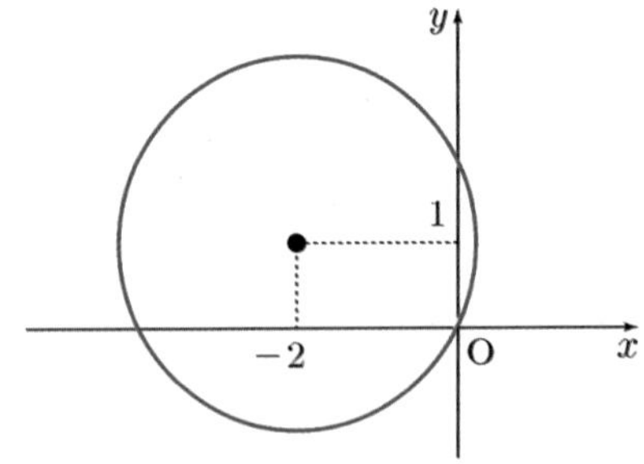

① $(x-1)^2+(y-2)^2=5$

② $(x-1)^2+(y+2)^2=5$

③ $(x+2)^2+(y-1)^2=5$

④ $(x+2)^2+(y+1)^2=5$

11 중심의 좌표가 $(3, 2)$이고, 반지름의 길이가 1인 원의 방정식은?

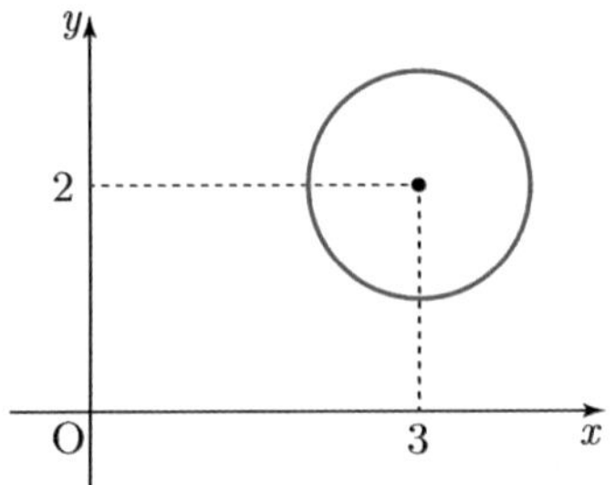

① $(x+3)^2+(y+2)^2=1$

② $(x+3)^2+(y-2)^2=1$

③ $(x-3)^2+(y+2)^2=1$

④ $(x-3)^2+(y-2)^2=1$

12 중심이 점 $(-1, 3)$이고 반지름의 길이가 2인 원의 방정식은?

① $(x-3)^2+(y+1)^2=2$

② $(x+1)^2+(y-3)^2=2$

③ $(x-3)^2+(y+1)^2=4$

④ $(x+1)^2+(y-3)^2=4$

13 중심의 좌표가 $(2,\ 1)$이고, x축에 접하는 원의 방정식은?

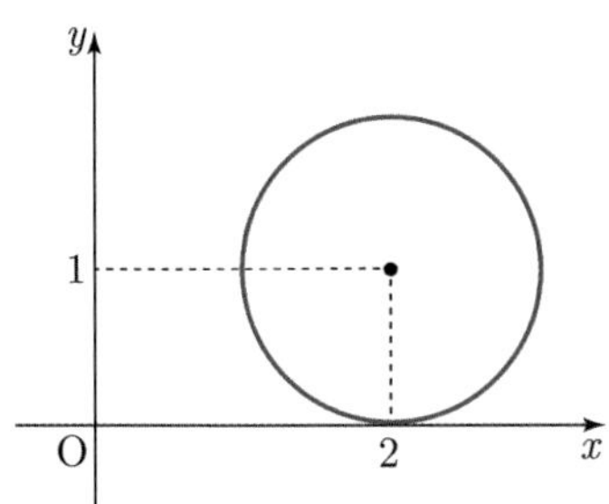

① $(x-1)^2+(y-2)^2=1$

② $(x-1)^2+(y-2)^2=4$

③ $(x-2)^2+(y-1)^2=1$

④ $(x-2)^2+(y-1)^2=4$

14 좌표평면 위의 점 $(2,\ 1)$을 x축의 방향으로 -2만큼, y축의 방향으로 2만큼 평행이동한 점의 좌표는?

① $(0,\ 1)$ ② $(0,\ 3)$

③ $(2,\ 1)$ ④ $(2,\ 3)$

15 좌표평면 위의 점 $(2,\ 5)$를 x축에 대하여 대칭이동한 점의 좌표는?

① $(-2,\ -5)$ ② $(-2,\ 5)$

③ $(2,\ -5)$ ④ $(5,\ 2)$

16 그림과 같이 좌표평면 위의 한 점 $\mathrm{A}(1,\ -3)$을 x축에 대하여 대칭이동한 점을 B라 할 때, 원점 O와 점 B 사이의 거리는?

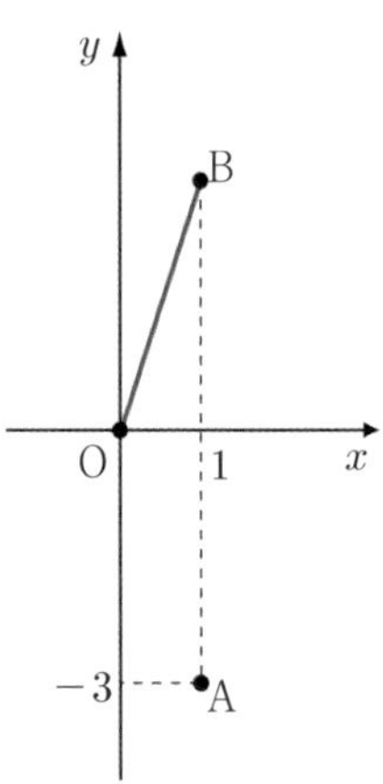

① $\sqrt{5}$ ② $\sqrt{7}$

③ $\sqrt{10}$ ④ $\sqrt{11}$

17 좌표평면 위의 점 $(3,\ 4)$를 원점에 대하여 대칭이동한 점의 좌표는?

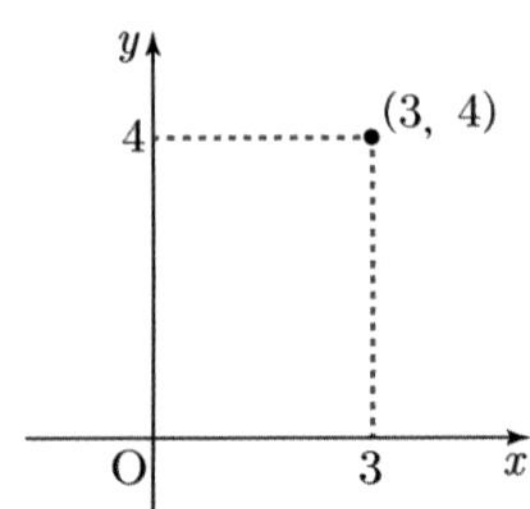

① $(-3,\ -4)$ ② $(-3,\ 4)$
③ $(3,\ -4)$ ④ $(4,\ 3)$

18 좌표평면 위의 점 $(4, 5)$를 직선 $y=x$에 대하여 대칭이동한 점의 좌표는?

① $(-4,\ -5)$ ② $(-4,\ 5)$
③ $(4,\ -5)$ ④ $(5,\ 4)$

고졸 검정고시 **수학**

PART

Ⅳ 집합과 명제

이 단원에서는 집합의 뜻을 알고, 구분할 수 있도록 합니다.
집합의 여러 가지 표현 방법을 알고, 나아가 여러 가지 집합의 연산을 알 수 있도록 합니다.
또한, 명제를 구분할 수 있으며, 명제의 참, 거짓을 파악하고, 명제의 역과 대우를 구할 수 있도록 합니다.

집합

- 집합의 뜻을 알고, 구분할 수 있도록 합니다.
- 집합의 여러 가지 표현 방법을 알고, 집합의 연산을 할 수 있도록 합니다.

1 집합과 원소

1. 집합 출제포인트 ★★★

큰 수의 모임은 그 대상이 불분명하다. 그러나 10보다 큰 수의 모임은 그 기준이 분명하다. 이와 같이 기준이 명확하여 주어진 조건에 따라 대상을 분명하게 결정할 수 있는 모임을 집합이라 한다.

그림으로 핵심만 쏙 쏙!

집합

명확한 기준!

원소

2. 원소

집합을 이루는 대상 하나하나를 원소라 한다.

Click  집합과 원소

① 3 이하의 자연수의 모임은 그 대상을 분명하게 결정할 수 있으므로 집합이며, 이 집합의 원소는 1, 2, 3이다.
② 예쁜 꽃들의 모임은 그 기준이 명확하지 않아 그 대상을 분명하게 결정할 수 없으므로 집합이 아니다.

확인 01

다음 중 집합인 것을 고르시오.

① 키가 큰 학생의 모임
② 맛있는 음료수의 모임
③ 3의 배수의 모임
④ 재미있는 영화의 모임

풀이

집합은 명확한 기준이 있어 그 대상을 분명하게 결정할 수 있는 모임이다.
①, ②, ④의 보기는 기준이 명확하지 않아 집합이라 할 수 없다.

정답 ③

3. 집합과 원소의 관계

(1) a가 집합 A의 원소일 때, a는 A에 속한다고 한다.

➜ 기호 : $a \in A$

(2) b가 집합 A의 원소가 아닐 때, b는 A에 속하지 않는다고 한다.

➜ 기호 : $b \not\in A$

(3) 원소가 없는 집합(공집합)

공집합($\varnothing$)은 원소가 하나도 없는 집합을 말한다.

예 3 이하의 자연수의 집합을 A라 하면,

$1 \in A$, $2 \in A$, $3 \in A$, $4 \not\in A$, $5 \not\in A$ …와 같다.

그림으로 핵심만 쏙쏙!

$a \in A$

원소 집합

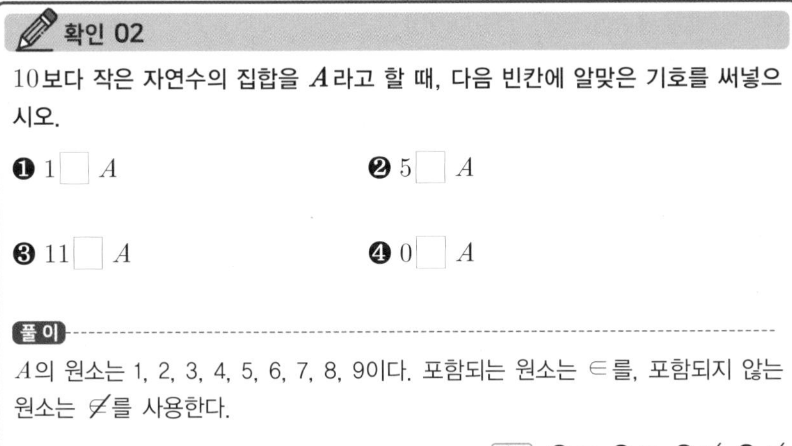

확인 02

10보다 작은 자연수의 집합을 A라고 할 때, 다음 빈칸에 알맞은 기호를 써넣으시오.

❶ 1 ☐ A　　❷ 5 ☐ A

❸ 11 ☐ A　　❹ 0 ☐ A

풀이

A의 원소는 1, 2, 3, 4, 5, 6, 7, 8, 9이다. 포함되는 원소는 $\in$를, 포함되지 않는 원소는 $\not\in$를 사용한다.

정답 ❶ $\in$ ❷ $\in$ ❸ $\not\in$ ❹ $\not\in$

2 집합의 표현

1. 집합의 표현

(1) 원소나열법

집합 기호 { } 안에 모든 원소를 나열하는 방법

(2) 조건제시법

$\{x \mid x$ 의 조건$\}$의 형태로 원소가 될 조건을 제시하는 방법

(3) 벤다이어그램

그림 안에 모든 원소를 나열하는 방법

➲ 같은 원소는 중복하여 쓰지 않는다. 나열하는 순서는 달라도 관계없다.

예 $\{1, 3, 3\}$ ➜ ×

3이 중복되므로 $\{1, 3\}$으로 쓴다.

Click 집합의 표현

3 이하의 자연수의 집합을 앞의 세 가지 방법을 이용하여 표현해 보자.

원소나열법	조건제시법	벤다이어그램
$\{1, 2, 3\}$	$\{x \mid x$는 3 이하의 자연수$\}$	A 1 2 3

확인 03

다음 집합들을 원소나열법으로 나타내어라.

❶ $\{x \mid x$는 10 이하의 짝수$\}$ = {   }

❷ $\{x \mid x$는 4의 약수$\}$ = {   }

정답 ❶ $\{2, 4, 6, 8, 10\}$ ❷ $\{1, 2, 4\}$

확인 04

다음 집합들을 벤다이어그램을 이용하여 나타내어라.

❶ $A = \{1, 2, 3, 4\}$

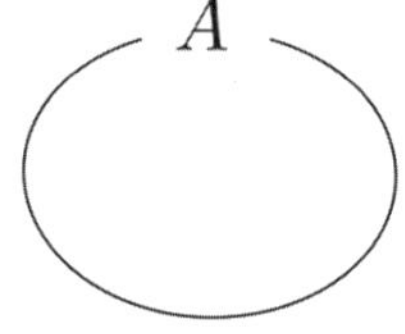

❷ $A = \{x \mid x$는 5의 약수$\}$

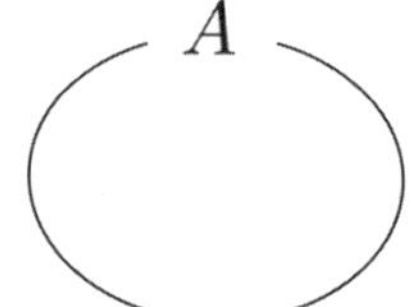

정답

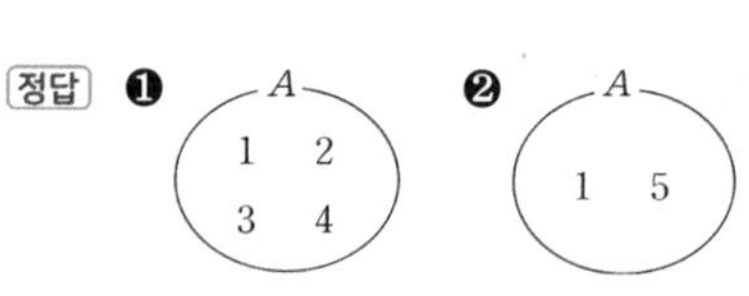

2. 원소의 개수에 따른 집합의 분류

(1) 유한집합

원소가 유한개인 집합

예 $A = \{1, 2, 3, 4\}$

(2) 무한집합

원소가 무수히 많은 집합

예 $A=\{1, 2, 3, \cdots\cdots\}$, $A=\{x \mid x$는 2의 배수$\}$

(3) 공집합

원소가 하나도 없는 집합 ➜ 기호 : $\varnothing$

예 $A=\{x \mid x$는 1보다 작은 자연수$\}$

3 집합의 포함관계

1. 부분집합

집합 A의 모든 원소가 집합 B에 속할 때, A는 B에 포함된다고 하며, $A \subset B$로 나타낸다. 이때, 집합 A를 집합 B의 부분집합이라 한다.

예 $A=\{1, 2\}$, $B=\{1, 2, 3\}$일 때, A의 모든 원소가 B에 포함되므로, A는 B의 부분집합이며, 기호로 $A \subset B$로 나타낸다.

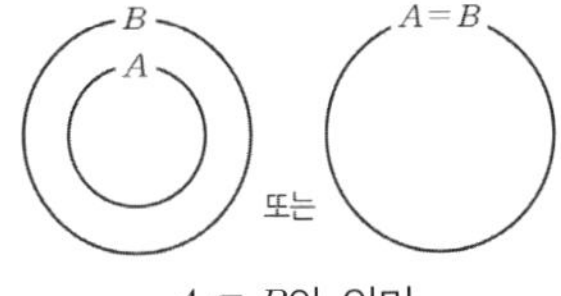

$A \subset B$의 의미

- 집합과 원소 사이의 기호 : $\in$
- 집합과 집합 사이의 기호 : $\subset$

2. 진부분집합

집합 A가 집합 B의 부분집합이고, $A \neq B$일 때, A를 B의 진부분집합이라 한다.

3. 집합의 포함관계

(1) A가 B의 부분집합이면, A는 B에 포함된다고 한다.

➜ 기호 : $A \subset B$

(2) A가 B의 부분집합이 아니면, A는 B에 포함되지 않는다고 한다.

➜ 기호 : $A \not\subset B$

확인 05

두 집합 A, B에 대하여 다음 빈칸에 $\subset$, $\supset$, $\not\subset$ 중 알맞은 것을 쓰시오.

❶ $A=\{1, 2\}$, $B=\{1, 2, 3\}$ A ☐ B

❷ $A=\{a, b, c, d\}$, $B=\{a, b\}$ A ☐ B

❸ $A=\{1, 3, 5\}$, $B=\{x \mid x$는 7 이하의 홀수$\}$ A ☐ B

❹ $A=\{x \mid x$는 6의 약수$\}$, $B=\{1, 2, 3, 4, 5\}$ A ☐ B

풀이

❶ 집합 A의 원소가 집합 B에 모두 포함되므로 $\subset$
❷ 집합 B의 원소가 집합 A에 모두 포함되므로 $\supset$
❸ 집합 $B=\{1, 3, 5, 7\}$이므로 집합 A의 원소가 집합 B에 모두 포함되므로 $\subset$
❹ 집합 $A=\{1, 2, 3, 6\}$이므로 집합 A와 집합 B는 서로 포함관계가 없어서 $\not\subset$

정답 ❶ $\subset$ ❷ $\supset$ ❸ $\subset$ ❹ $\not\subset$

4. 서로 같은 집합 ★★★ 출제포인트

두 집합의 모든 원소가 같을 때, 두 집합은 서로 같은 집합이라 한다.

➜ 기호 : $A=B$

예 $A=\{1, 2\}$, $B=\{x \mid x$는 3보다 작은 자연수$\}$이면
$B=\{1, 2\}$이므로 두 집합의 모든 원소가 같다. 그러므로 $A=B$

확인 06

다음 두 집합 A, B가 서로 같은 집합일 때, a의 값을 구하여라.

$A=\{1, 2, 3\}$, $B=\{1, 2, a\}$

풀이

모든 원소가 같은 두 집합을 서로 같은 집합이라고 한다. 그러므로 $a=3$

정답 $a=3$

4 집합의 연산 ★★★ 출제포인트

1. 전체집합

주어진 어떤 집합에서 그 부분집합을 생각할 때, 처음의 집합

➜ 기호 : U

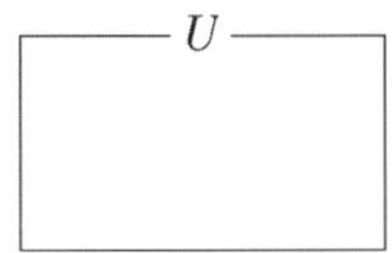

2. 합집합

집합 A에 속하거나 집합 B에 속하는 모든 원소로 이루어진 집합

➜ 기호 : $A \cup B$

➜ $A \cup B = \{x \mid x \in A$ 또는 $x \in B\}$

3. 교집합

집합 A에 속하고 집합 B에도 속하는 모든 원소로 이루어진 집합

➜ 기호 : $A \cap B$

➜ $A \cap B = \{x \mid x \in A$ 그리고 $x \in B\}$

Click 벤다이어그램의 합집합과 교집합

집합 A, B가 $A=\{1,\ 2,\ 4\}$, $B=\{1,\ 2,\ 3,\ 6\}$일 때 합집합과 교집합을 구해보자.

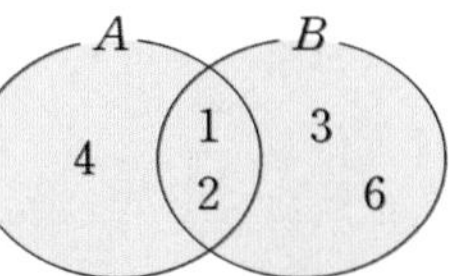

➜ $A \cup B = \{1,\ 2,\ 3,\ 4,\ 6\}$, $A \cap B = \{1,\ 2\}$

확인 07

전체집합 $U=\{1, 2, 3, 4, 5, 6\}$의 두 부분집합 $A=\{1, 2, 3, 4\}$, $B=\{3, 4, 5, 6\}$이다. 다음 벤다이어그램을 이용하여 $A \cup B$, $A \cap B$를 각각 원소나열법으로 나타내어라.

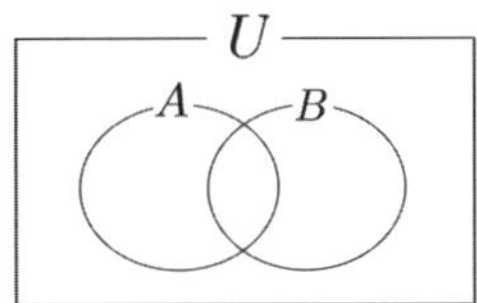

정답 $A \cup B=\{1, 2, 3, 4, 5, 6\}$, $A \cap B=\{3, 4\}$

그림으로 핵심만 쏙쏙!

합집합

$A \cup B$

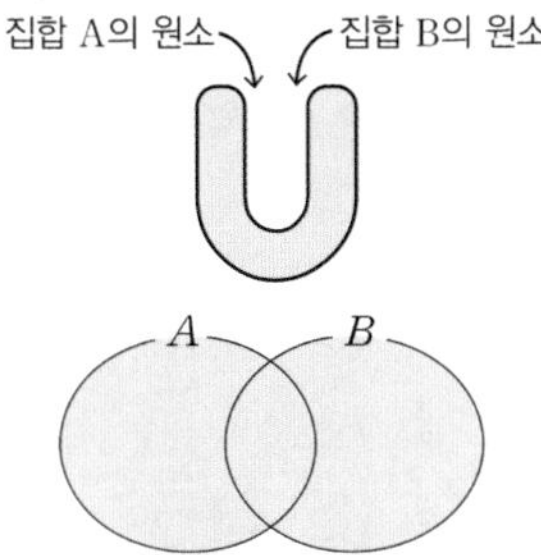

그림으로 핵심만 쏙쏙!

교집합

$A \cap B$

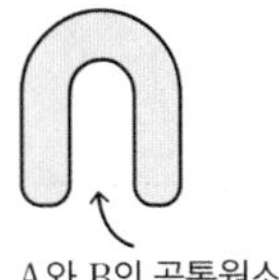

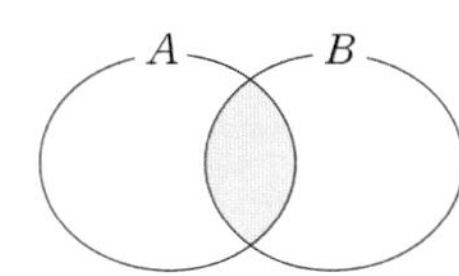

 **확인 08**

전체집합 $U=\{1, 2, 3, 4, 5, 6, 7, 8\}$의 두 부분집합
$A=\{x\mid x$는 4의 약수$\}$, $B=\{3, 4, 5, 6\}$이다. 다음 벤다이어그램을 이용하여 $A\cup B$, $A\cap B$를 각각 원소나열법으로 나타내어라.

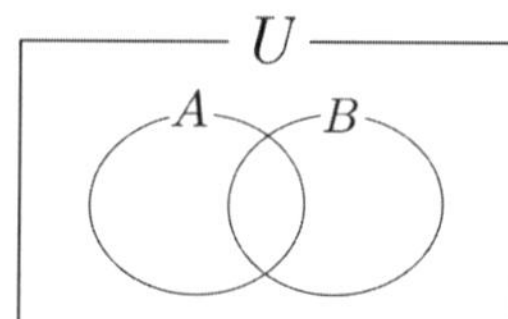

정답 $A\cup B=\{1, 2, 3, 4, 5, 6\}$, $A\cap B=\{4\}$

4. 여집합

U(전체집합)의 원소 중에서 A에 속하지 않는 모든 원소로 이루어진 집합

➜ 기호 : A^C

➜ $A^C=\{x\mid x\in U$ 그리고 $x\notin A\}$이다.

예 전체집합 $U=\{1, 2, 3, 4, 5\}$의 부분집합 $A=\{1, 3, 5\}$의 여집합은 $A^C=\{2, 4\}$

그림으로 핵심만 쏙 쏙!

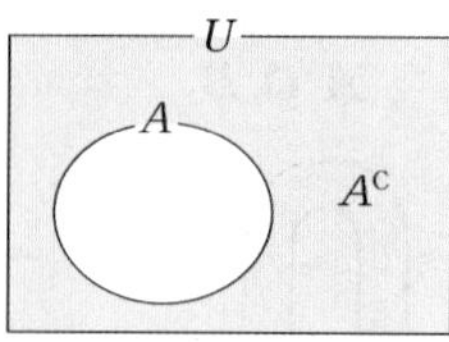

A^C — A만 빼고 나머지

확인 09

전체집합 $U=\{x\mid x$는 10 이하의 자연수$\}$의 부분집합 $A=\{1, 3, 5, 7, 9\}$에 대하여 다음 벤다이어그램을 이용하여, A^C을 구하여라.

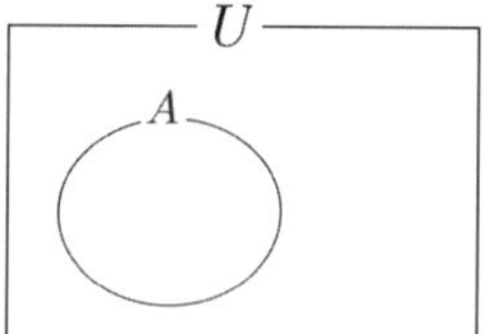

정답 $A^C=\{2, 4, 6, 8, 10\}$

5. 차집합

집합 A에는 속하지만 집합 B에는 속하지 않는 모든 원소로 이루어진 집합($A-B=$ 집합 A의 원소 중 A에만 속하는 원소들로 이루어진 집합)

➜ 기호 : $A-B$

➜ $A-B=\{x|x\in A$ 그리고 $x\notin B\}$이다.

➜ $A-B=A\cap B^C$

Click 벤다이어그램과 차집합

집합 A, B가 $A=\{1, 2, 3, 4, 5\}$, $B=\{2, 3, 5, 7\}$일 때, $A-B$와 $B-A$를 각각 구하여라.

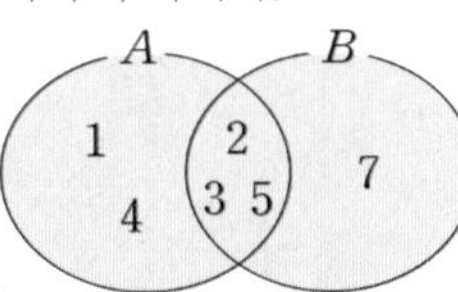

➜ $A-B=\{1, 4\}$, $B-A=\{7\}$

확인 10

전체집합 $U=\{x|x$는 10 이하의 자연수$\}$의 두 부분집합 $A=\{1, 3, 5, 7\}$, $B=\{x|x$는 9의 약수$\}$이다. 다음 벤다이어그램을 이용하여, $A-B$를 구하여라.

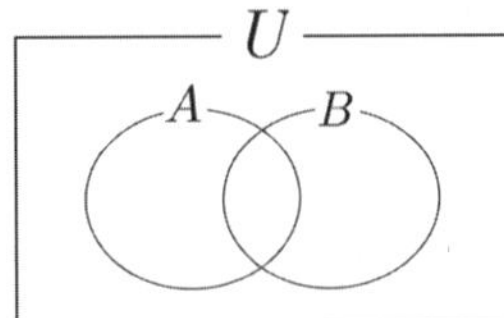

풀이

$A-B$의 원소는 A의 원소 중 A만 가지고 있는 원소이다.

정답 $A-B=\{5, 7\}$

그림으로 핵심만 쏙쏙!

차집합

$A-B=A\cap B^C$

$A-B$

A에만! 있는 원소

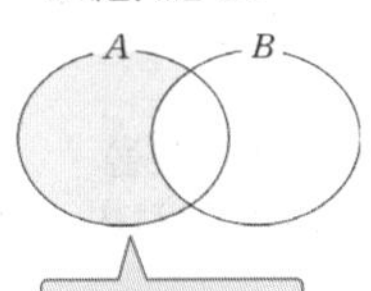

A에만 있는 원소

그림으로 핵심만 쏙 쏙!

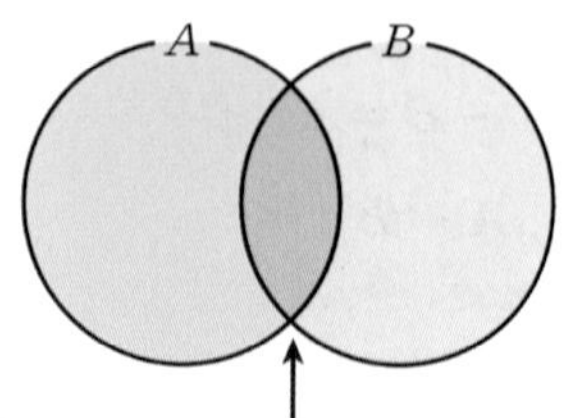

두 번 세어진 부분을
한 번 빼주어야 해요!

주의!!
$n(A\cup B) \neq n(A)+n(B)$
$n(A-B) \neq n(A)-n(B)$

5 집합의 원소의 개수 ★★★ 출제포인트

1. 집합의 원소의 개수

(1) 집합 A의 원소의 개수 ➜ 기호 : $n(A)$와 같이 나타낸다.

① 합집합의 원소의 개수 : $n(A\cup B)$

② 교집합의 원소의 개수 : $n(A\cap B)$

③ 차집합의 원소의 개수 : $n(A-B)$

④ 여집합의 원소의 개수 : $n(A^C)$

(2) 합집합의 원소의 개수

$n(A\cup B)=n(A)+n(B)-n(A\cap B)$ [겹치는 원소를 빼야 한다.]

(3) 차집합의 원소의 개수

$n(A-B)=n(A)-n(A\cap B)$

확인 11

전체집합 $U=\{x\,|\,1\leq x\leq 10,\ x$는 자연수$\}$의 두 부분집합 $A=\{x\,|\,x$는 2의 배수$\}$, $B=\{x\,|\,x$는 10의 약수$\}$에 대하여 벤다이어그램을 이용하여 다음을 구하여라.

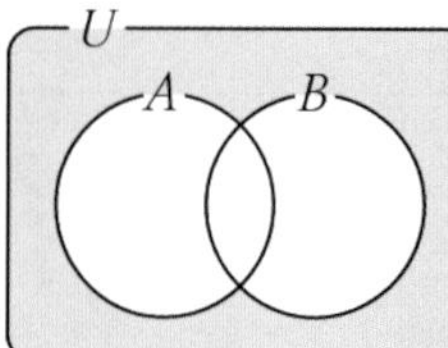

❶ $n(A)$
❷ $n(B)$
❸ $n(A\cup B)$
❹ $n(A\cap B)$
❺ $n(A-B)$

풀이

$A=\{2, 4, 6, 8, 10\}$, $B=\{1, 2, 5, 10\}$
$A\cup B=\{1, 2, 4, 5, 6, 8, 10\}$
$A\cap B=\{2, 10\}$
$n(A-B)=n(A)-n(A\cap B)=5-2=3$

정답 ❶ 5 ❷ 4 ❸ 7 ❹ 2 ❺ 3

01 실력 체크 문제

정답 및 해설 별책 35p

01 다음 중 집합인 것은?

① 축구를 좋아하는 사람의 모임
② 착한 학생의 모임
③ 달리기를 잘하는 사람의 모임
④ 남학생의 모임

02 10 이하의 짝수의 집합을 A라고 할 때, 원소와 집합 A의 기호로 잘못 연결된 것은?

① $1 \notin A$　② $2 \in A$
③ $5 \in A$　④ $10 \in A$

03 다음 두 집합 A, B가 서로 같은 집합일 때, a의 값은?

$$A=\{1, 2, a\},\ B=\{1, a-2, 4\}$$

① 1　② 2
③ 3　④ 4

04 두 집합 $A=\{2, 3, a+2\}$, $B=\{2, a-1, 6\}$에 대하여 $A=B$일 때, 상수 a의 값은?

① 3　② 4
③ 5　④ 6

05 두 집합 A, B에 대하여 $A \cap B = \varnothing$인 것은?

① $A = \{1\}$
$B = \{1, 2\}$
② $A = \{a, b, c\}$
$B = \{c, d, e\}$
③ $A = \{4, 5\}$
$B = \{x | x$는 6의 약수$\}$
④ $A = \{x | x$는 5 이하의 짝수$\}$
$B = \{1, 2, 3\}$

06 두 집합 $A = \{x | x$는 5 이하의 짝수$\}$, $B = \{2, 4, 6\}$에 대하여 $A \cup B$는?

① $\{2, 4\}$
② $\{2, 4, 6\}$
③ $\{1, 2, 3, 4, 5\}$
④ $\{1, 2, 3, 4, 5, 6\}$

07 전체집합 $U = \{x | x$는 $1 \leq x \leq 10$인 자연수$\}$의 두 부분집합 $A = \{2, 5, 7\}$, $B = \{x | x$는 4의 약수$\}$에 대하여 그림과 같이 벤다이어그램의 색칠한 부분에 속하는 원소는?

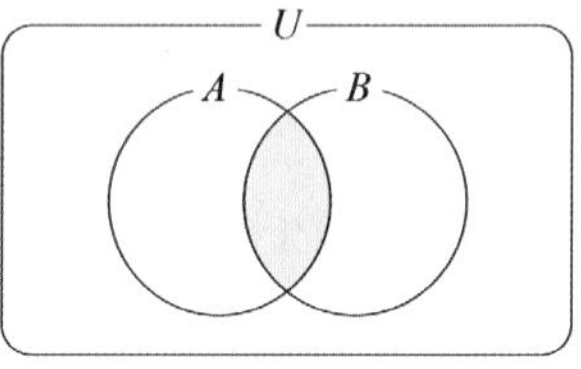

① 1 ② 2
③ 5 ④ 10

08 전체집합 $U = \{1, 2, 3, 4, 5, 6\}$의 부분집합 $A = \{1, 3, 4\}$의 여집합 A^C은?

① $\{1, 4, 6\}$ ② $\{1, 2, 5\}$
③ $\{2, 6\}$ ④ $\{2, 5, 6\}$

09 전체집합 $U=\{x|x$는 8 이하의 자연수$\}$의 두 부분집합 $A=\{2,\ 4,\ 6,\ 8\}$, $B=\{x|x$는 8의 약수$\}$에 대하여 그림과 같이 벤다이어그램의 색칠한 부분에 속하는 원소가 아닌 것은?

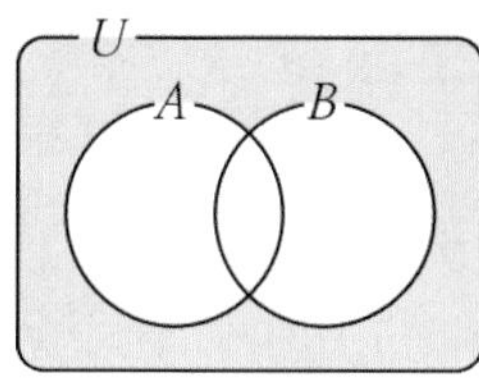

① 1　　② 3
③ 5　　④ 7

10 다음 벤다이어그램에 대하여 $A\cap B^C$을 나타내는 부분을 색칠한 것을 고르면?

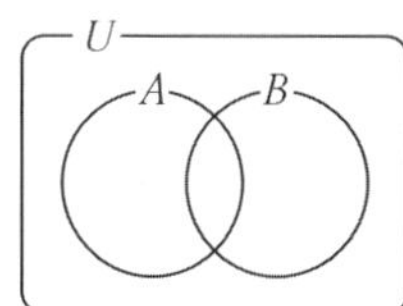

①
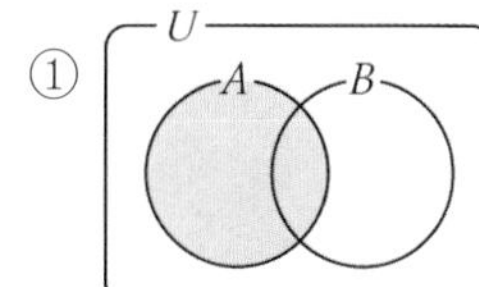

②
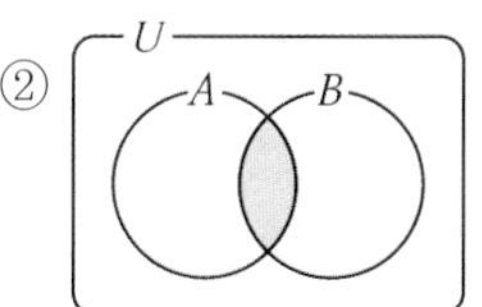

③
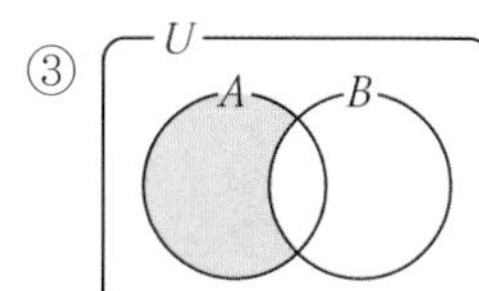

④
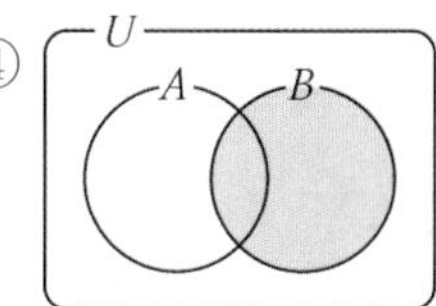

11 두 집합 $A=\{a,\ b,\ c,\ d\}$, $B=\{c,\ d,\ e\}$에 대하여 $A-B$는?

① $\{a,\ b,\ e\}$　　② $\{a, b\}$
③ $\{c,\ d\}$　　④ $\{e\}$

12 전체집합 $U=\{1,\ 2,\ 3,\ 4,\ 5,\ 6,\ 7,\ 8\}$의 두 부분집합 $A=\{1,\ 2,\ 3,\ 4,\ 5\}$, $B=\{4,\ 5,\ 6\}$에 대하여 $A\cap B^C$은?

① $\{1,\ 2\}$　　② $\{2,\ 3\}$
③ $\{3,\ 4\}$　　④ $\{1,\ 2,\ 3\}$

13 전체집합
$U=\{x\mid 1\le x\le 10,\ x$는 자연수$\}$의
두 부분집합 $A=\{x\mid x$는 3의 배수$\}$,
$B=\{1, 3, 5, 7, 9\}$에 대하여 $n(A\cup B)$의 값은?

① 1 ② 2
③ 4 ④ 6

14 두 집합 $A=\{1, 2, 3, 4, 5, 6\}$,
$B=\{2, 4, 6\}$에 대하여 $n(A\cap B^C)$의 값은?

① 1 ② 2
③ 3 ④ 4

15 전체집합
$U=\{x\mid 1\le x\le 10,\ x$는 자연수$\}$의
두 부분집합 $A=\{x\mid x$는 4의 배수$\}$,
$B=\{1, 3, 5, 7, 9\}$에서 $n(A\cap B)$의 값은?

① 0 ② 2
③ 4 ④ 6

16 전체집합
$U=\{x\mid 1\le x\le 12,\ x$는 자연수$\}$의
두 부분집합 $A=\{x\mid x$는 4의 배수$\}$,
$B=\{3, 7, 12\}$에 대하여 $n(A\cup B)$의 값은?

① 1 ② 2
③ 4 ④ 5

명제

- 명제를 구분할 수 있으며, 명제의 참과 거짓을 알 수 있도록 합니다.
- 명제의 부정에 대해 배우고, 역과 대우를 구할 수 있도록 합니다.

1 명제와 조건 출제포인트 ★★★

1. 명제

참, 거짓이 명확한 문장 또는 식

Click 명제 찾기

2는 짝수이다. ➜ 항상 참인 문장이므로 명제이다. (참인 명제)
3은 짝수이다. ➜ 항상 거짓인 문장이므로 명제이다. (거짓인 명제)
$x=2$이다. ➜ x의 값에 따라 참, 거짓이 바뀌므로 명제가 아니다.

2. 조건

문자를 포함하는 식(또는 문장)

※ 조건식은 문자의 값에 따라 참, 거짓이 바뀐다.

예 x는 짝수이다. ➜ x가 정해지지 않아서 참, 거짓을 판별할 수 없는 조건식이다.

확인 01

다음 중 명제인 것은 ○, 아닌 것은 ×표시 하시오.

❶ 3은 홀수이다. [ ]
❷ 2는 홀수이다. [ ]
❸ $1+5<8$이다. [ ]
❹ $x+1=2$이다. [ ]

정답 ❶ ○ ❷ ○ ❸ ○ ❹ ×

그림으로 핵심만 쏙쏙!

명제 구분하기

참인 명제

거짓인 명제

명제가 아님!

확인 02

다음 중 명제인 것은 O, 아닌 것은 ×표시 하시오.

❶ $2+4<9$이다. [ ]

❷ $x \geq 5$이다. [ ]

❸ $x=1$이면 $x+1=2$이다. [ ]

❹ 3의 약수는 6의 약수이다. [ ]

정답 ❶ ○ ❷ × ❸ ○ ❹ ○

2 진리집합

전체집합 U의 원소 중에서 어떤 조건이 참이 되게 하는 모든 원소의 집합

예 $U=\{1, 2, 3, 4, 5, 6\}$에 대하여
조건 : 'x는 짝수이다.'의 진리집합은 $\{2, 4, 6\}$이다.

확인 03

자연수 전체 집합에서 다음 조건의 진리집합을 구하여라.

❶ $\{x \mid x$는 8의 약수$\}$

❷ $\{x \mid 1 \leq x \leq 5\}$

정답 ❶ $\{1, 2, 4, 8\}$, ❷ $\{1, 2, 3, 4, 5\}$

3 명제와 조건의 부정

조건 또는 명제 p에 대하여 'p가 아니다.'를 p의 부정이라 한다.
➜ 기호 : $\sim p$

예 조건 : 'x는 짝수이다.'의 부정 ➜ x는 짝수가 아니다.
명제 : '2는 자연수이다.'의 부정 ➜ 2는 자연수가 아니다.

그림으로 핵심만 쏙쏙!

$\sim P$
아니다

확인 04

다음 명제 또는 조건의 부정을 쓰시오.

❶ x는 2의 배수이다.

❷ x는 삼각형이다.

❸ $x=4$이다.

❹ $x>1$

정답 ❶ x는 2의 배수가 아니다.
❷ x는 삼각형이 아니다.
❸ $x \neq 4$이다.
❹ $x \leq 1$

확인 05

다음 명제 또는 조건의 부정을 쓰시오.

❶ x는 4의 약수이다.

❷ x는 직사각형이다.

❸ $x \neq 1$이다.

❹ $x \geq 2$

정답 ❶ x는 4의 약수가 아니다.
❷ x는 직사각형이 아니다.
❸ $x=1$이다.
❹ $x<2$

부정

$>$		$\leq$
$\geq$	부정	$<$
그리고	⟷	또는
모든		어떤

4 명제 $p \to q$

1. 명제 $p \to q$의 가정과 결론

두 조건 p, q에 대하여 명제 'p이면 q이다.'를 기호로 $p \to q$와 같이 나타낸다.
이때, p를 가정, q를 결론이라 한다.

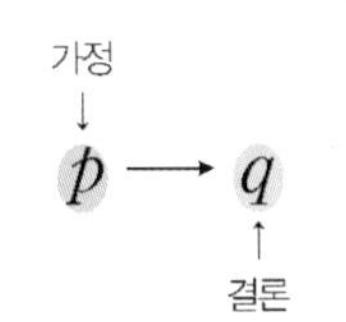

그림으로 핵심만 쏙쏙!

p 이면 q 이다.
↑ 가정 ↑ 결론

◆ 참, 거짓

가정 ⊂ 결론 ➡ 참

가정 ⊄ 결론 ➡ 거짓

2. 명제 $p \rightarrow q$의 참, 거짓 출제포인트★★★

두 조건 p, q의 진리집합을 각각 P, Q라고 할 때

① $P \subset Q$이면 명제 $p \rightarrow q$는 참이다.

② $P \not\subset Q$이면 명제 $p \rightarrow q$는 거짓이다.

③ 반례 : 명제 $p \rightarrow q$에서 가정 p는 만족시키지만 결론 q는 만족시키지 않는 예가 있을 때, 이러한 예를 반례라 한다. 반례는 $P-Q$의 원소이다.

Click  진리집합과 명제의 참, 거짓

명제 "$x=2$ 이면 $x^2=4$이다."의 진리집합을 구하고, 참, 거짓을 알아보자.
조건 p : $x=2$의 진리집합은 $P=\{2\}$이고,
조건 q : $x^2=4$의 진리집합은 $Q=\{-2, 2\}$이다.
이때, $P \subset Q$이므로 명제 $p \rightarrow q$는 참이다.

명제 "$x^2=1$이면 $x=1$이다."의 진리집합을 구하고, 참, 거짓을 알아보자.
조건 p : $x^2=1$의 진리집합은 $P=\{-1, 1\}$이고,
조건 q : $x=1$의 진리집합은 $Q=\{1\}$이다.
이때, $P \not\subset Q$이므로 명제 $p \rightarrow q$는 거짓이며, 반례는 $x=-1$이다.

확인 06

다음 중 참인 명제는?

① $4+2<5$이다.
② $x+2=5$이다.
③ $x=2$이면 $x+3=5$이다.
④ 2의 배수는 4의 배수이다.

풀이

① $4+2<5$이다. ➜ 거짓인 명제
② $x+2=5$이다. ➜ 명제가 아니다.
③ $x=2$이면 $x+3=5$이다. ➜ 참인 명제
④ 2의 배수는 4의 배수이다. ➜ 거짓인 명제

정답 ③

확인 07

다음 중 참인 명제는?

① 이등변삼각형은 정삼각형이다.

② $x^2=1$이면 $x=1$이다.

③ $x=3$이다.

④ 삼각형의 세 내각의 합은 $180°$이다.

풀이

① 이등변삼각형은 정삼각형이다. ➜ 거짓인 명제

② $x^2=1$이면 $x=1$이다. ➜ 거짓인 명제

③ $x=3$이다. ➜ 명제가 아니다.

④ 삼각형의 세 내각의 합은 $180°$이다. ➜ 참인 명제

정답 ④

5 명제의 역과 대우

1. 명제의 역과 대우 출제포인트 ★★★

명제 $p \to q$에서

(1) 가정과 결론을 서로 바꾸어 놓은 명제 $q \to p$를 명제 $p \to q$의 역이라고 한다.

(2) 가정과 결론을 둘 다 부정하여 서로 바꾸어 놓은 명제 $\sim q \to \sim p$를 명제 $p \to q$의 대우라고 한다.

Click 명제의 역과 대우

명제 '$x=1$이면 $x^2=1$이다.'의 역과 대우를 구해보자.

p : $x=1$, $\sim p$: $x \neq 1$, q : $x^2=1$, $\sim q$: $x^2 \neq 1$이므로

역 : $q \to p$ ➜ $x^2=1$이면 $x=1$이다.

대우 : $\sim q \to \sim p$ ➜ $x^2 \neq 1$이면 $x \neq 1$이다.

그림으로 핵심만 쏙쏙!

명제 $p \to q$

역 $q \to p$

대우 $\sim q \to \sim p$

➲ 명제와 대우는 참, 거짓이 항상 같아요!
- 명제가 참이면 대우도 참
- 명제가 거짓이면 대우도 거짓

확인 08

명제 '$x = 2$이면 $x^2 = 4$이다.'의 역은?

① $x = 2$이면 $x^2 \neq 4$이다.

② $x \neq 2$이면 $x^2 = 4$이다.

③ $x^2 \neq 4$이면 $x \neq 2$이다.

④ $x^2 = 4$이면 $x = 2$이다.

풀이

명제 '$x = 2$이면 $x^2 = 4$이다.'의 역은 가정과 결론의 순서를 바꾸면 된다. 그러므로 명제의 역은 '$x^2 = 4$이면 $x = 2$이다.'이다.

정답 ④

확인 09

명제 '$x = 2$이면 $x^3 = 8$이다.'의 대우는?

① $x = 2$이면 $x^3 \neq 8$이다.

② $x \neq 2$이면 $x^3 = 8$이다.

③ $x^3 \neq 8$이면 $x \neq 2$이다.

④ $x^3 = 8$이면 $x = 2$이다.

풀이

명제 '$x = 2$이면 $x^3 = 8$이다.'의 대우는 가정과 결론을 각각 부정하여 순서를 바꾸면 된다.

가정을 부정하면 '$x \neq 2$'이고, 결론을 부정하면 '$x^3 \neq 8$'이다. 그러므로 명제의 대우는 '$x^3 \neq 8$이면 $x \neq 2$이다.'이다.

정답 ③

6 필요조건과 충분조건

1. 명제의 참

명제 $p \to q$가 참일 때, 기호로 $p \Rightarrow q$라 나타낸다.

2. 필요조건과 충분조건

명제 $p \to q$가 참일 때, p는 q이기 위한 충분조건, q는 p이기 위한 필요조건이라 한다.

3. 필요충분조건

$p \Rightarrow q$이고, $q \Rightarrow p$이면 p는 q이기 위한 필요충분조건이라 하고, q는 p이기 위한 필요충분조건이라 한다.

4. 필요조건과 충분조건의 진리집합

두 조건 p, q의 진리집합을 각각 P, Q라 하면,

(1) $P \subset Q$일 때, p는 q이기 위한 충분조건, q는 p이기 위한 필요조건이다.

(2) $Q \subset P$일 때, q는 p이기 위한 충분조건, p는 q이기 위한 필요조건이다.

(3) $P = Q$일 때, p는 q이기 위한 필요충분조건, q는 p이기 위한 필요충분조건이다.

확인 10

다음 빈칸에 알맞은 말을 써 넣어라.

❶ 명제 $p \to q$가 참일 때, p는 q이기 위한 __________조건이다.

❷ 명제 $p \to q$가 참일 때, q는 p이기 위한 __________조건이다.

❸ 명제 $q \to p$가 참일 때, p는 q이기 위한 __________조건이다.

❹ 명제 $q \to p$가 참일 때, q는 p이기 위한 __________조건이다.

정답 ❶ 충분 ❷ 필요 ❸ 필요 ❹ 충분

그림으로 핵심만 쏙쏙!

$p \Rightarrow q$

두줄이면 참!

그림으로 핵심만 쏙쏙!

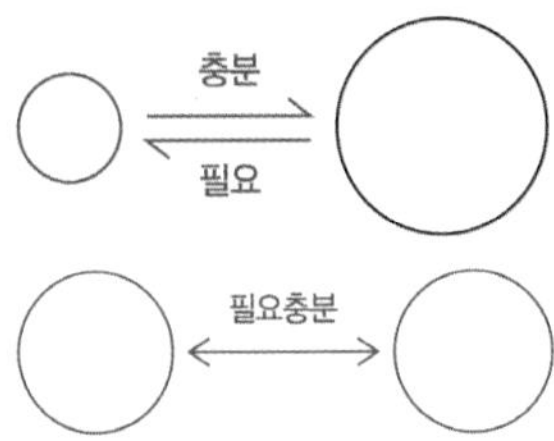

작은 집합은 큰 집합에 포함되기에 충분하므로 충분조건이다.
작은 집합은 충분! 큰집합은 필요!
서로 같으면 필요충분!

확인 11

다음 빈칸에 알맞은 말을 써 넣어라.

❶ $x=2$는 $x^2=4$이기 위한 ________조건이다.

❷ $(x-1)(x-2)=0$은 $x=1$이기 위한 ________조건이다.

❸ $a+bi=0$은 $a=0$, $b=0$이기 위한 ________조건이다. (a, b는 실수)

풀 이

❶ '$x=2$이면 $x^2=4$이다.'가 참이고, 역은 거짓이므로 $x=2$는 $x^2=4$이기 위한 충분조건이다.

❷ '$(x-1)(x-2)=0$이면 $x=1$이다.'가 거짓이고, 역은 참이다.
따라서 $(x-1)(x-2)=0$은 $x=1$이기 위한 필요조건이다.

❸ '$a+bi=0$이면 $a=0$, $b=0$이다.(a, b는 실수)'가 참이고, 역 또한 참이므로,
$a+bi=0$은 $a+bi=0$이기 위한 필요충분조건이다.

정답 ❶ 충분 ❷ 필요 ❸ 필요충분

02 실력 체크 문제

정답 및 해설 별책 37p

01 다음 중 명제가 <u>아닌</u> 것은?

① $x+1=x+1$
② 2는 홀수이다.
③ $x+2>4$
④ 3은 9의 약수이다.

02 다음 중 명제가 <u>아닌</u> 것은?

① 4의 배수는 8의 배수이다.
② 정사각형은 마름모이다.
③ $x=4$이면 $x+2>4$이다.
④ $x+1=x^2+x+1$

03 다음 중 명제인 보기는 모두 몇 개인가?

보기
ㄱ. $x^2=1$
ㄴ. $x<1$
ㄷ. 꽃은 아름답다.
ㄹ. $2+3=6$
ㅁ. 4는 짝수이다.

① 1　② 2
③ 3　④ 4

04 다음 중 명제인 것은?

① $x-2<6$
② $x=3$
③ 9는 4의 배수이다.
④ 가을은 아름답다.

05 다음 중 참인 명제는?

① $2+2>5$이다.

② $x+3=6$이다.

③ $x=2$이면 $x+2=4$이다.

④ 2의 배수는 4의 배수이다.

06 다음 중 참인 명제는?

① $4+3<5$이다.

② 2는 소수이다.

③ 마름모는 정사각형이다.

④ $x^2=1$이면 $x=1$이다.

07 다음 중 참인 명제는?

① 직사각형은 정사각형이다.

② 12의 약수는 6의 약수이다.

③ 4의 배수는 2의 배수이다.

④ 이등변삼각형의 세 내각의 크기는 같다.

08 두 조건 p, q에 대하여 명제 $p \to \sim q$가 참일 때, 다음 중 반드시 참인 명제는?

① $p \to q$

② $\sim q \to \sim p$

③ $q \to \sim p$

④ $\sim q \to p$

09 명제 $\sim p \to q$의 대우는?

① $p \to q$ ② $\sim p \to \sim q$

③ $q \to \sim p$ ④ $\sim q \to p$

10 명제 'a가 짝수이면 a는 4의 배수이다.'의 대우는?

① a가 4의 배수이면 a는 짝수이다.

② a가 4의 배수가 아니면 a는 짝수가 아니다.

③ a가 짝수이면 a는 4의 배수가 아니다.

④ a가 짝수가 아니면 a는 4의 배수가 아니다.

11 명제 '$x \geq 1$이면 $x^2 \geq 1$이다.'의 역은?

① $x < 1$이면 $x^2 < 1$이다.

② $x \leq 1$이면 $x^2 \leq 1$이다.

③ $x^2 < 1$이면 $x < 1$이다.

④ $x^2 \geq 1$이면 $x \geq 1$이다.

12 명제 '$x^2 + y^2 = 0$ 이면 $x = 0$ 이고 $y = 0$ 이다.'의 대우는?

① $x = 0$ 이고 $y = 0$ 이면 $x^2 + y^2 = 0$ 이다.

② $x^2 + y^2 \neq 0$ 이면 $x \neq 0$ 이고 $y \neq 0$ 이다.

③ $x \neq 0$ 이고 $y \neq 0$ 이면 $x^2 + y^2 \neq 0$ 이다.

④ $x \neq 0$ 이거나 $y \neq 0$ 이면 $x^2 + y^2 \neq 0$ 이다.

13 명제 'a가 3의 배수이면 a는 6의 배수이다.'의 대우는?

① a가 6의 배수이면 a는 3의 배수이다.
② a가 6의 배수가 아니면 a는 3의 배수가 아니다.
③ a가 3의 배수이면 a는 6의 배수가 아니다.
④ a가 3의 배수가 아니면 a는 6의 배수가 아니다.

14 전체집합 U에서 정의된 두 조건 p, q의 진리집합을 각각 P, Q라 할 때 $Q \subset P$의 관계가 성립한다. 이때 다음 중 반드시 참인 명제는?

① $p \to q$　② $p \to \sim q$
③ $\sim p \to q$　④ $q \to p$

15 명제 '$x=2$이면 $x^2=4$이다.'가 참일 때, 다음 중 참인 명제는?

① $x=2$이면 $x^2 \neq 4$이다.
② $x \neq 2$이면 $x^2 \neq 4$이다.
③ $x^2 \neq 4$이면 $x \neq 2$이다.
④ $x^2=4$이면 $x \neq 2$이다.

16 명제 '정삼각형이면 이등변삼각형이다.'의 대우는?

① 이등변삼각형이면 정삼각형이다.
② 정삼각형이면 이등변삼각형이 아니다.
③ 이등변삼각형이면 정삼각형이 아니다.
④ 이등변삼각형이 아니면 정삼각형이 아니다.

17 명제 '$x > 2$이면 $x^2 > 4$이다.'의 대우는?

① $x < 2$이면 $x^2 < 4$이다.
② $x \le 2$이면 $x^2 \le 4$이다.
③ $x^2 > 4$이면 $x > 2$이다.
④ $x^2 \le 4$이면 $x \le 2$이다.

18 명제 '$x = 3$이면 $x^2 = 9$이다.'의 대우는?

① $x^2 = 9$이면 $x = 3$이다.
② $x^2 \ne 9$이면 $x \ne 3$이다.
③ $x = 3$이면 $x^2 \ne 9$이다.
④ $x \ne 3$이면 $x^2 \ne 9$이다.

19 다음 (　) 안에 알맞은 것은?

> $x = 1$은 $x^2 = 1$이기 위한 (　　　)이다.

① 부정　② 충분조건
③ 필요조건　④ 필요충분조건

20 다음 (　) 안에 알맞은 것은?

> $(x-2)(x-3) = 0$은 $x = 2$이기 위한 (　　　)이다.

① 부정　② 충분조건
③ 필요조건　④ 필요충분조건

단원출제요소정리

01 집합

1 집합

기준이 명확하여 주어진 조건에 따라 대상을 분명하게 결정할 수 있는 모임

2 원소

집합을 이루는 대상 하나하나를 원소라 한다.

3 집합과 원소의 관계

(1) a가 집합 A의 원소일 때 ➜ $a \in A$

(2) b가 집합 A의 원소가 아닐 때 ➜ $b \notin A$

(3) 원소가 없는 집합(공집합) : $\varnothing$

4 집합의 표현

(1) 원소나열법

집합기호 { } 안에 모든 원소를 나열하는 방법

(2) 조건제시법

$\{x \mid x\text{의 조건}\}$

(3) 벤다이어그램

그림 안에 모든 원소를 나열하는 방법

5 집합의 포함관계

(1) A가 B의 부분집합이면 ➜ $A \subset B$

(2) A가 B의 부분집합이 아니면 ➜ $A \not\subset B$

6 서로 같은 집합

두 집합의 모든 원소가 같을 때, 두 집합은 서로 같은 집합이라 한다. ➜ $A = B$

7 집합의 연산

(1) 전체집합

주어진 어떤 집합에서 그 부분집합을 생각할 때, 처음의 집합 ➜ 기호 : U

(2) 합집합

집합 A에 속하거나 집합 B에 속하는 모든 원소로 이루어진 집합

➜ 기호 : $A \cup B$

➜ $A \cup B = \{x \mid x \in A$ 또는 $x \in B\}$

(3) 교집합

집합 A에 속하고 집합 B에도 속하는 모든 원소로 이루어진 집합

➜ 기호 : $A \cap B$

➜ $A \cap B = \{x \mid x \in A$ 그리고 $x \in B\}$

(4) 여집합

U(전체집합)의 원소 중에서 A에 속하지 않는 모든 원소로 이루어진 집합

➜ 기호 : A^C

➜ $A^C = \{x \mid x \in U$ 그리고 $x \notin A\}$이다.

(5) 차집합

집합 A에는 속하지만 집합 B에는 속하지 않는 모든 원소로 이루어진 집합

➜ 기호 : $A - B$

➜ $A - B = \{x \mid x \in A$ 그리고 $x \notin B\}$ 이다.

➜ $A - B = A \cap B^C$

02 명제

1 명제

참, 거짓이 명확한 문장 또는 식

2 진리집합

전체집합 U의 원소 중에서 어떤 조건이 참이 되게 하는 모든 원소의 집합

단원출제요소정리

3 명제 $p \rightarrow q$의 참, 거짓

두 조건 p, q의 진리집합을 각각 P, Q라고 할 때

① $P \subset Q$이면 명제 $p \rightarrow q$는 참이다.

② $P \not\subset Q$이면 명제 $p \rightarrow q$는 거짓이다.

4 명제의 역과 대우

명제 $p \rightarrow q$에서

① 가정과 결론을 서로 바꾸어 놓은 명제 $q \rightarrow p$를 명제 $p \rightarrow q$의 역이라고 한다.

② 가정과 결론을 둘 다 부정하여 서로 바꾸어 놓은 명제 $\sim q \rightarrow \sim p$를 명제 $p \rightarrow q$의 대우라고 한다.

5 필요조건과 충분조건

명제 $p \rightarrow q$가 참일 때, p는 q이기 위한 충분조건, q는 p이기 위한 필요조건이라 한다.

6 필요충분조건

$p \Rightarrow q$이고, $q \Rightarrow p$이면 p는 q이기 위한 필요충분조건이라 하고, q는 p이기 위한 필요충분조건이라 한다.

PART IV 기출문제 체크

정답 및 해설 별책 40p

01 다음 중 집합인 것은?

① 아름다운 꽃의 모임
② 정수 중 큰 수의 모임
③ 10보다 작은 자연수의 모임
④ 기부를 많이 하는 사람들의 모임

02 전체집합 $U=\{x|x$는 $1 \le x \le 10$인 자연수$\}$의 두 부분집합 $A=\{2, 3, 5, 7\}$, $B=\{x|x$는 4의 약수$\}$에 대하여 그림과 같이 벤다이어그램의 색칠한 부분에 속하는 원소는?

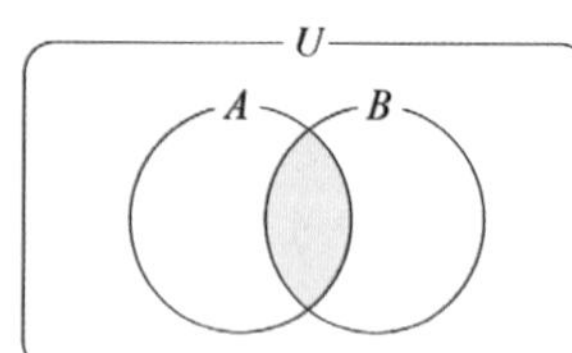

① 1
② 2
③ 5
④ 10

03 두 집합 A, B에 대하여 $A \cap B=\phi$인 것은?

① $A=\{1,\ 3\}$, $B=\{2,\ 4,\ 6\}$
② $A=\{a,\ b,\ c\}$, $B=\{c,\ d,\ e\}$
③ $A=\{1,\ 2,\ 4\}$, $B=\{x|x$는 6의 약수$\}$
④ $A=\{x|x$는 5 이하의 짝수$\}$, $B=\{1,\ 2,\ 3\}$

04 전체집합 $U=\{1, 2, 3, 4, 5, 6\}$의 두 부분집합 $A=\{x|\ x$는 6의 약수$\}$, $B=\{2, 3\}$에 대하여 $A-B$는?

① $\{1, 2\}$
② $\{2, 3\}$
③ $\{3, 6\}$
④ $\{1, 6\}$

05 전체집합 $U=\{1, 2, 3, 4, 5, 6, 7\}$의 두 부분집합 $A=\{1, 2, 3, 4\}$, $B=\{3, 4, 5, 6\}$에 대하여 $A \cap B^C$은?

① $\{1, 2\}$ ② $\{2, 3\}$
③ $\{3, 4\}$ ④ $\{1, 2, 3\}$

06 두 집합 $A=\{2, 5, a+1\}$,
$B=\{2, a-1, 7\}$에 대하여 $A=B$일 때, 상수 a의 값은?

① 3 ② 4
③ 5 ④ 6

07 두 집합 $A=\{1, 2, 3, 6\}$, $B=\{1, 2, 4, 8\}$에 대하여 $n(A \cap B)$의 값은?

① 2 ② 4
③ 6 ④ 8

08 두 집합 $A=\{1, 3, 4\}$, $B=\{2, 4, 5\}$에 대하여 $n(A \cup B)$의 값은?

① 3 ② 4
③ 5 ④ 6

09 다음 중 명제가 <u>아닌</u> 것은?

① $x-2<6$

② 8은 짝수이다.

③ 9는 3의 배수이다.

④ $x=1$이면 $x+3>2$이다.

10 참인 명제가 <u>아닌</u> 것은?

① 정사각형은 직사각형이다.

② 12의 약수는 6의 약수이다.

③ 두 유리수의 합은 유리수이다.

④ 정삼각형의 세 내각의 크기는 같다.

11 명제 '$x=1$이면 $x^3=1$이다.'의 역은?

① $x=1$이면 $x^3\neq 1$이다.

② $x\neq 1$이면 $x^3=1$이다.

③ $x^3=1$이면 $x=1$이다.

④ $x^3\neq 1$이면 $x\neq 1$이다.

12 명제 'a가 짝수이면 a는 4의 배수이다.'의 역은?

① a가 4의 배수이면 a는 짝수이다.

② a가 4의 배수가 아니면 a는 짝수가 아니다.

③ a가 짝수이면 a는 4의 배수가 아니다.

④ a가 짝수가 아니면 a는 4의 배수가 아니다.

13 명제 '$x=2$이면 $x^2=4$이다.'의 대우는?

① $x=2$이면 $x^2\neq4$이다.

② $x\neq2$이면 $x^2=4$이다.

③ $x^2\neq4$이면 $x=2$이다.

④ $x^2\neq4$이면 $x\neq2$이다.

14 명제 '$x^2\neq1$이면 $x\neq1$이다.'의 대우는?

① $x=1$이면 $x^2=1$이다.

② $x=1$이면 $x^2\neq1$이다.

③ $x^2=1$이면 $x\neq1$이다.

④ $x^2\neq1$이면 $x=1$이다.

15 명제 '$x>1$이면 $x^2>1$이다.'의 대우는?

① $x<1$이면 $x^2<1$이다.

② $x\leq1$이면 $x^2\leq1$이다.

③ $x^2>1$이면 $x>1$이다.

④ $x^2\leq1$이면 $x\leq1$이다.

16 명제 '정사각형이면 직사각형이다.'의 대우는?

① 직사각형이면 정사각형이다.

② 정사각형이면 직사각형이 아니다.

③ 직사각형이면 정사각형이 아니다.

④ 직사각형이 아니면 정사각형이 아니다.

고졸 검정고시 **수학**

PART

V

함수

01 여러 가지 함수

02 유리함수와 무리함수

이 단원에서는 함수의 의미와 함수의 여러 가지 용어에 대해 학습하도록 합니다.
대응관계와 식이 주어질 때, 함숫값을 구할 수 있으며, 합성함수와 역함수를 이해하고, 각 함수에서의 함숫값을 구할 수 있도록 합니다.
나아가 유리, 무리함수의 식과 그래프를 익히고, 각 함수의 특징과 함수의 평행이동에 대해서도 배우도록 합니다.

여러 가지 함수

- 함수가 무엇인지 알고, 여러 가지 함수에 관련된 용어를 알 수 있도록 합니다.
- 여러 가지 함수를 익히고, 함숫값을 구할 수 있도록 합니다.

1 함수

1. 대응과 함수

(1) 대응

두 집합 X, Y에 대하여 X의 각 원소에 Y의 원소를 짝지어 주는 것을 집합 X에서 집합 Y로의 대응이라고 한다.

(2) 함수 출제포인트★★★

두 집합 X, Y에 대하여 X의 각 원소에 Y의 원소가 반드시, 그리고 오직 하나만 대응될 때, 이 대응을 집합 X에서 집합 Y로의 함수라 하고, 이 함수 f를 기호로 $\boldsymbol{f : X \rightarrow Y}$와 같이 나타낸다.

(3) 정의역, 공역, 치역

① 정의역 : 집합 X

② 공역 : 집합 Y

③ 함숫값 : x에 대응하는 y의 값
($x \in X$, $y \in Y$)
함수 $y = f(x)$의 $x = a$에서의 함숫값은 기호로 $f(a)$로 나타낸다.

④ 치역 : 함숫값 전체의 집합
$\{f(x) \mid x \in X\}$로 Y의 부분집합이다.
(집합 Y의 원소 중 함수 f에 의해 대응된 원소들로 이루어진 집합)

연계개념 이해 쏙!

함수 $y=f(x)$에서 x의 값에 따라 하나씩 정해지는 y의 값 $f(x)$를 x에 대한 함숫값이라고 한다.
$f(1)=2$
➜ $x=1$일 때, y의 값은 2

Click 정의역, 공역, 치역, 함숫값

다음의 대응을 보고 정의역, 공역, 치역을 원소나열법으로 나타내어보자.

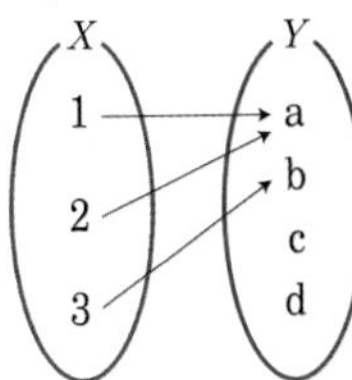

$f(1)=a$, $f(2)=a$, $f(3)=b$이므로
정의역 $=\{1, 2, 3\}$, 공역 $=\{a, b, c, d\}$, 치역 $=\{a, b\}$

확인 01

다음의 집합 X에서 집합 Y로의 함수의 정의역과 공역, 치역을 각각 구하시오.

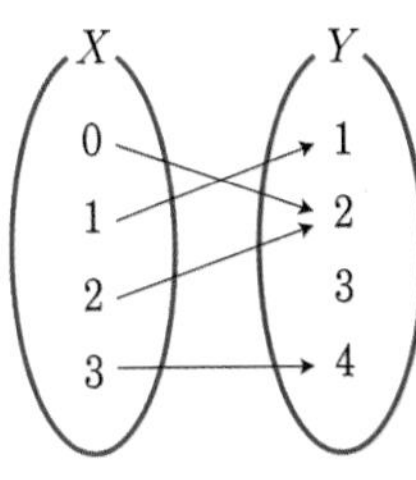

- 정의역 :
- 공역 :
- 치역 :

정답 정의역 : $\{0, 1, 2, 3\}$, 공역 : $\{1, 2, 3, 4\}$, 치역 : $\{1, 2, 4\}$

2. 함수 구분하기 출제포인트 ★★★

(1) 대응관계에서 함수 구분하기

X에서 Y로의 함수가 되려면 X의 모든 원소에 대해 대응되는 Y의 원소가 오직 하나만 있어야 한다.

➋ X의 모든 원소에 짝이 오직 하나씩 있으면 함수이다. 함수는 X 기준!

Click 대응관계에서 함수 구분하기

다음의 예를 보고, 함수인 것과 아닌 것을 구분해 보자.

①
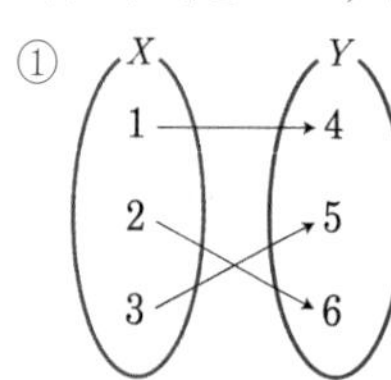

②
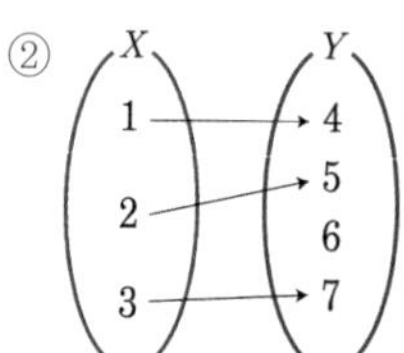

③
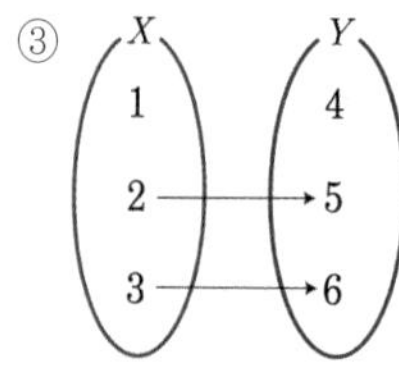

④
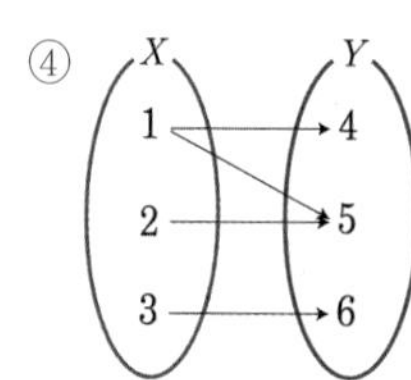

① X의 모든 원소의 짝이 오직 하나씩 있으므로 함수이다.
② X의 모든 원소의 짝이 오직 하나씩 있으므로 함수이다. Y에 남는 원소가 있는 것은 상관없다.
③ X의 원소 중 1에 짝이 없으므로 함수가 아니다.
④ X의 원소 중 1에 짝이 두 개이므로 함수가 아니다.

확인 02

다음 대응 중 함수인 것을 모두 고르시오.

① ② ③ ④

정답 ②, ③

3. 함수의 그래프

(1) 순서쌍

집합 X의 원소 x와 Y의 원소 y를 순서대로 짝지어 만든 쌍 $(x,\ y)$를 순서쌍이라 한다.

(2) 함수 $f:X \to Y$에서 정의역의 x값과 대응하는 함숫값 $f(x)$의 순서쌍 $(x,\ f(x))$ 전체의 집합 $\{(x,\ f(x)) | x \in X\}$를 함수 f의 그래프라 한다.

(3) 정의역과 공역의 원소가 모두 실수일 때, 이 순서쌍들을 좌표평면 위에 나타내어 그림을 그릴 수 있다.

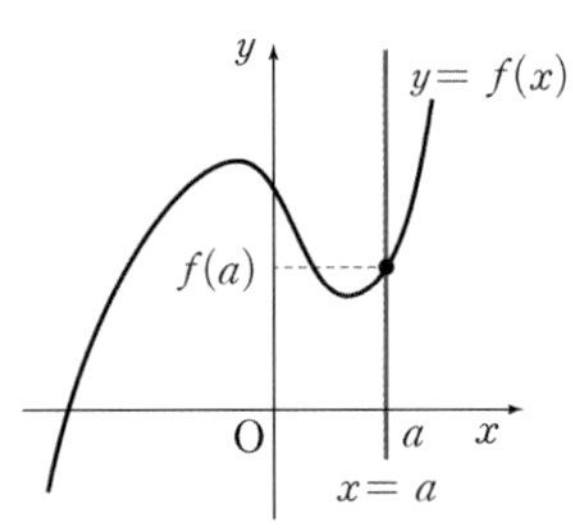

(4) 함수의 그래프의 특징

함수의 그래프는 정의역의 각 원소 a에 대하여 y축에 평행한 직선 $x=a$와 오직 한 점에서 만난다.

Click 함수의 그래프

$y=2x$의 그래프를 그려보자.

1단계 다음 표를 완성하고 점 $(x,\ y)$를 좌표평면 위에 나타내어보면,

x	-2	-1	0	1	2
y	-4	-2	0	2	4

→

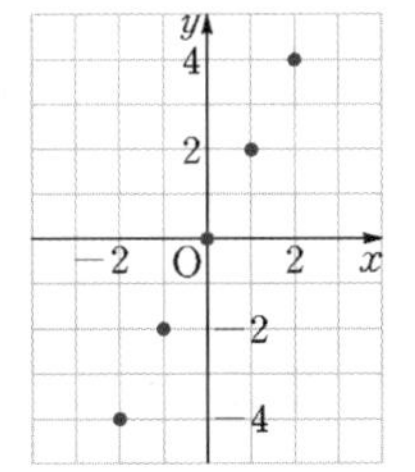

2단계 [그림 1]은 위의 표를 그린 그래프이고, x의 값의 간격을 점점 작게 하면 [그림 2]와 같이 점들이 촘촘하게 되고, x의 값이 모든 수일 때에는 [그림 3]과 같이 원점을 지나는 직선이 된다.

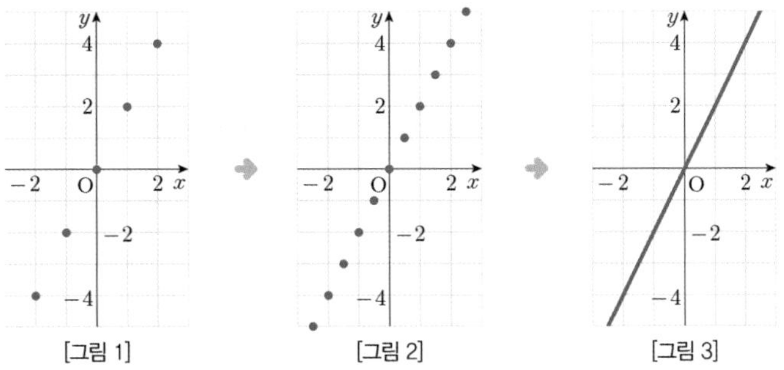

[그림 1] [그림 2] [그림 3]

세로로 줄을 그어 그래프와 두 개 이상의 교점이 생기는지 확인하면 되어요!

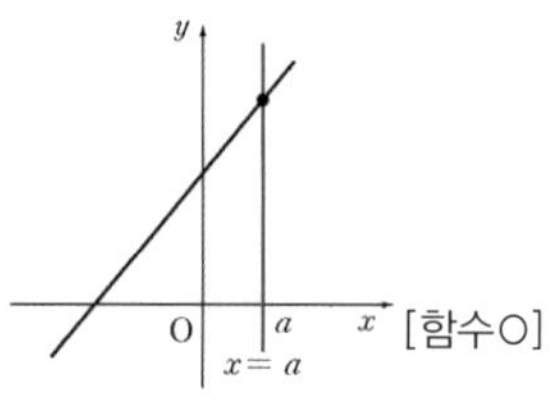

[함수O]

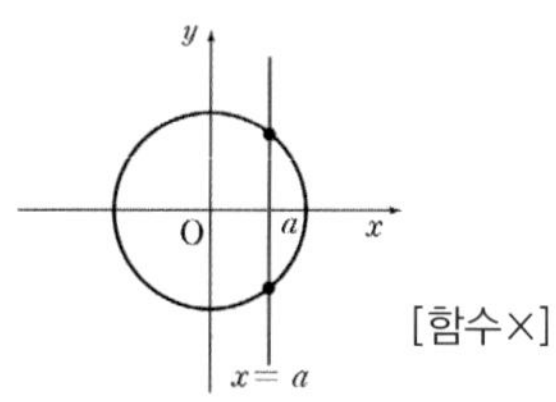

[함수×]

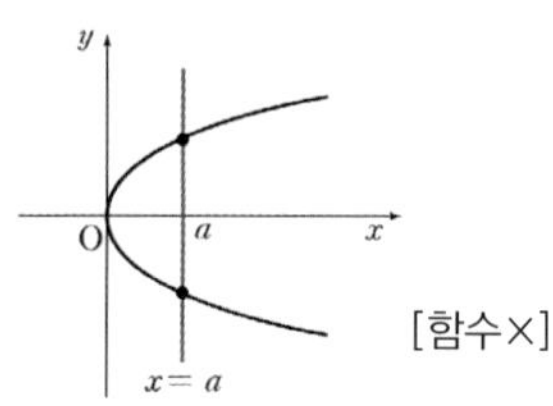

[함수×]

Click 그래프에서 함수 구분하기

X에서 Y로의 함수가 되려면 X의 모든 원소의 짝이 Y에 오직 하나만 있어야 한다. 그러므로 정의역의 각 원소 a에 대하여, y축에 평행한 직선인 $x=a$와 오직 한 점에서 만나면 되고, 어떤 그래프가 $x=a$와 두 점 이상에서 만난다면, 그 그래프는 함수의 그래프가 될 수 없다.

다음의 예를 보고, 함수인 것과 아닌 것을 구분해 보자.

①
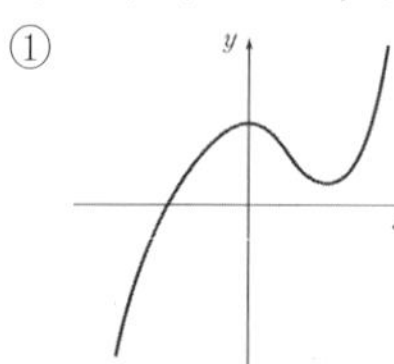

②
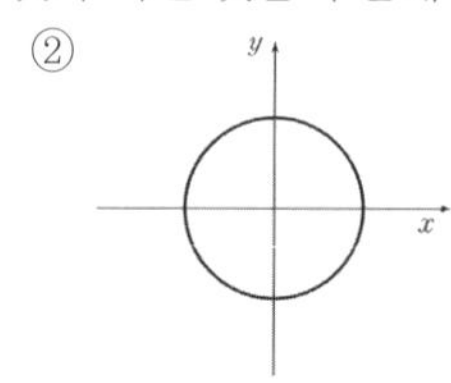

③
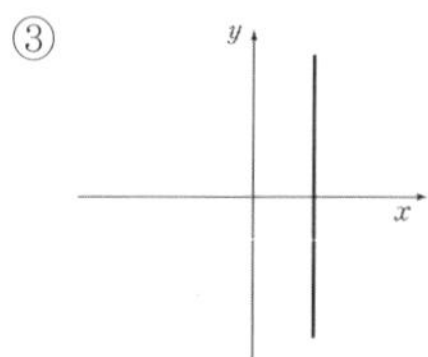

① 모든 x에 y값이 대응되므로 함수이다.
② x에 두 개의 y값이 대응되는 점이 있으므로 함수가 아니다.
③ 무수히 많은 y값이 대응되는 x가 있으므로 함수가 아니다.

확인 03

다음 중 함수의 그래프인 것을 모두 고르시오.

①
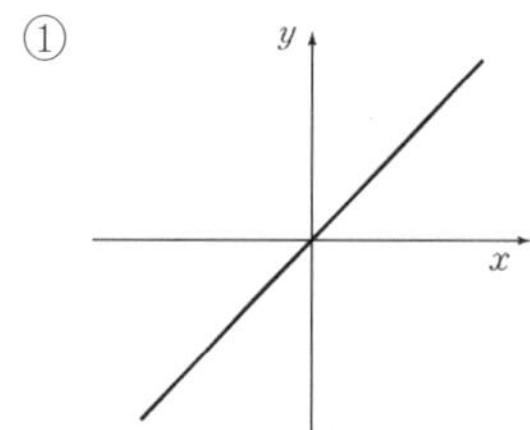

②
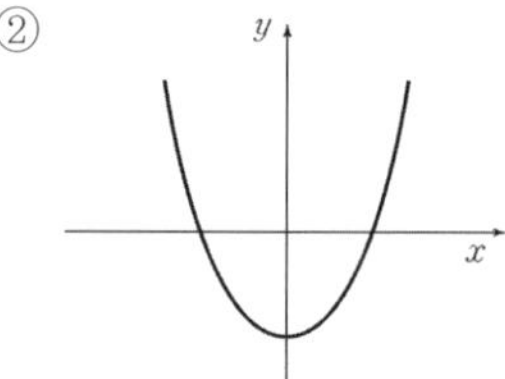

③
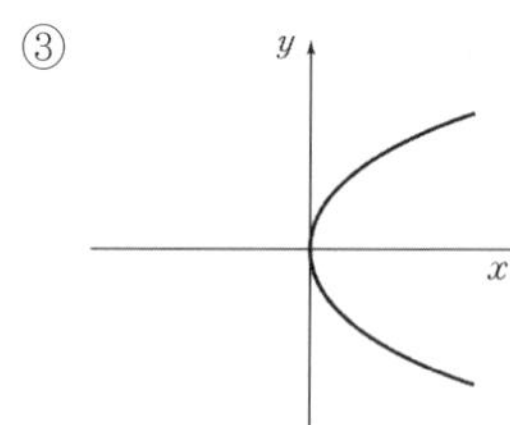

④
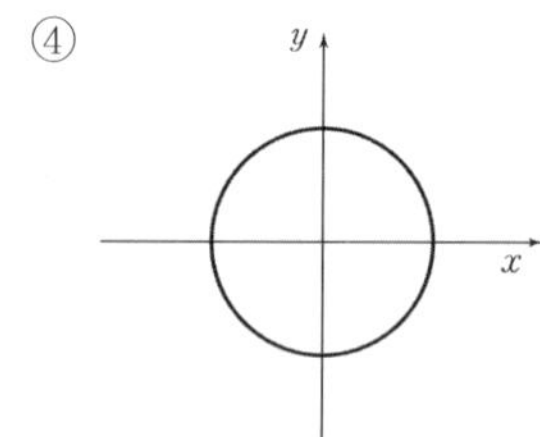

정답 ①, ②

2 여러 가지 함수

1. 일대일함수와 일대일대응 출제포인트 ★★★

(1) 일대일함수

X의 원소가 Y의 모두 다른 원소에 대응되는 함수를 말한다. 이때, Y에는 남는 원소가 있어도 관계없다.

(2) 일대일대응

X의 원소가 Y의 모두 다른 원소에 대응되는 함수를 말한다. 이때, Y에는 남는 원소가 없어야 한다.

> 일대일함수 : 하나당 하나씩!
> 일대일대응 : 하나당 하나씩! + 남김없이 모두!

Click 일대일함수와 일대일대응

다음 대응을 보고, 일대일함수와 일대일대응에 대해 알아보자.

①
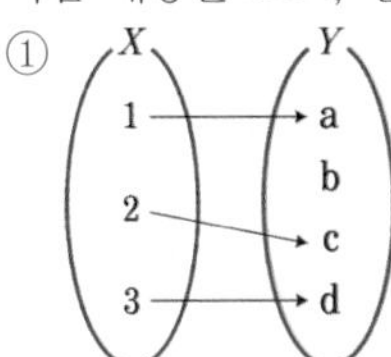

②
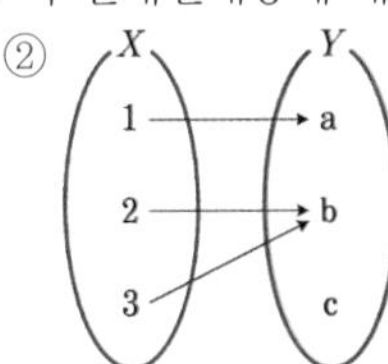

③
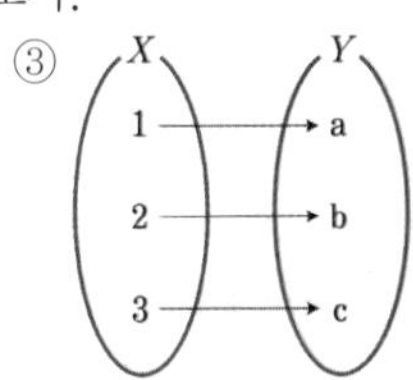

① Y에 남는 원소 b가 있지만, 모든 X의 원소가 Y의 모두 다른 원소에 짝이 있으므로 일대일함수이다.

② X의 원소 2와 3이 b와 짝지어 있으므로 일대일함수도 일대일대응도 아니다.

③ Y에 남는 원소가 없고, 모든 X의 원소가 Y의 모두 다른 원소에 짝이 있으므로 일대일대응이다. 또한 일대일함수이기도 하다.

확인 04

다음 대응 중 일대일함수인 것과 일대일대응인 것을 각각 모두 고르시오.

①
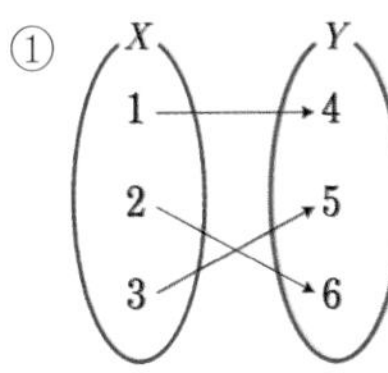

②
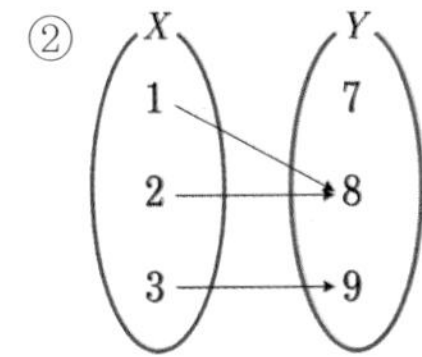

③
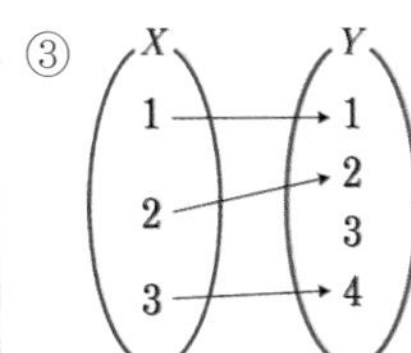

④
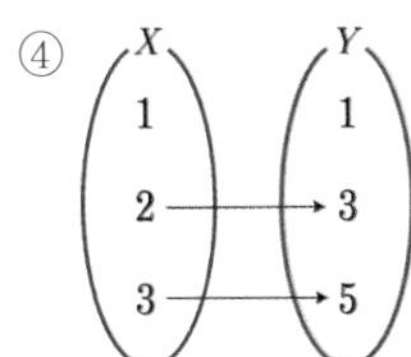

정답 • 일대일함수 : ①, ③
• 일대일대응 : ①

(3) 그래프에서 일대일함수 구분하기

X에서 Y로의 일대일함수가 되려면 X의 모든 원소가 모두 다른 Y의 원소에 대응되어야 한다. 다음의 예를 보고, 일대일함수인 것과 아닌 것을 구분해 보자.

함수의 그래프는 세로줄을 그어 찾고, 일대일함수의 그래프는 가로줄을 그어 찾으면 되어요!

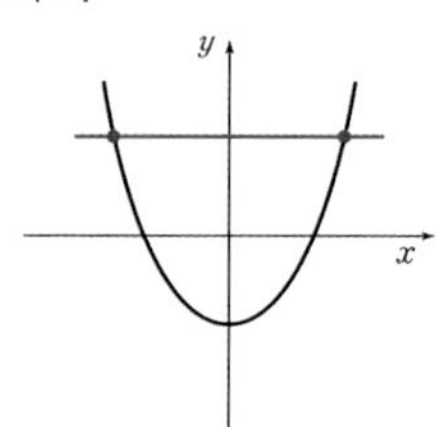

Click 그래프에서 일대일함수 구분하기

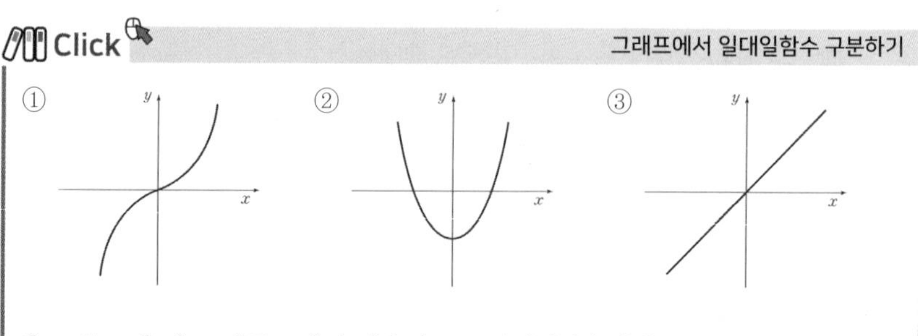

① 모든 x에 서로 다른 y값이 대응되므로 일대일함수이다.
② 서로 다른 x에 같은 y값이 대응되는 점이 있으므로 일대일함수가 아니다.
③ 모든 x에 서로 다른 y값이 대응되므로 일대일함수이다.

확인 05

다음 중 일대일함수의 그래프인 것을 모두 고르시오.

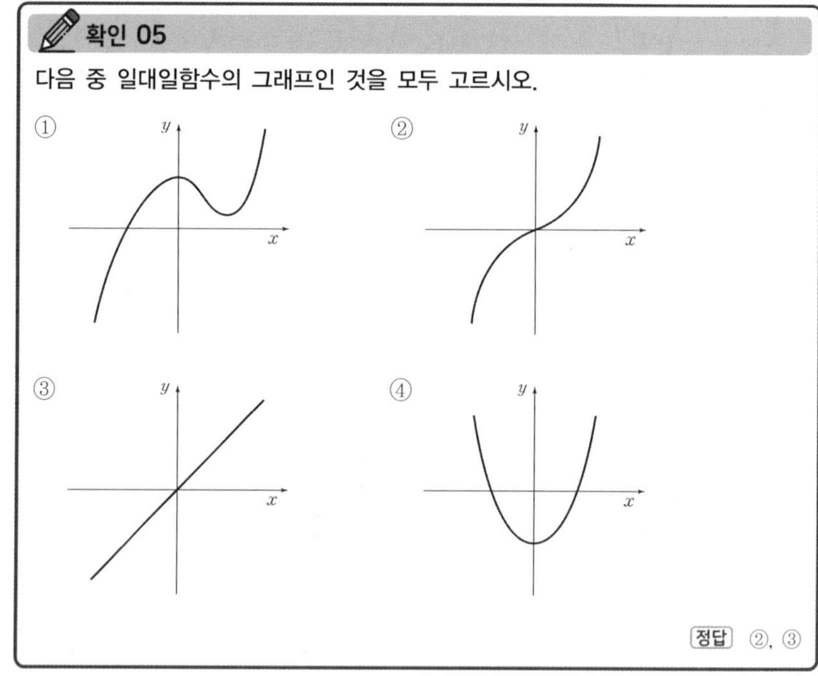

정답 ②, ③

2. 항등함수와 상수함수 출제포인트 ★★★

그림으로 핵심만 쏙 쏙!

항상 같은
x와 y가

(1) 항등함수

정의역과 공역이 같고, 정의역 X의 각 원소에 자기 자신이 대응하는 함수

예

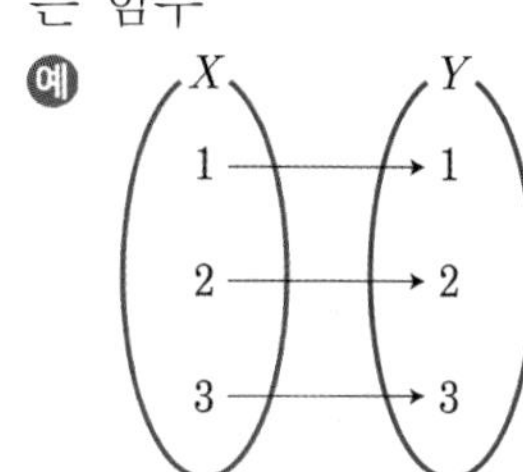

$f(1)=1$, $f(2)=2$, $f(3)=3$
으로 항상 자기 자신이 대응된다.

(2) 상수함수

정의역 X의 모든 원소에 공역 Y의 오직 한 원소가 대응하는 함수를 말한다.

→ $f(x)=c$(c는 상수)

그림으로 핵심만 쏙 쏙!

함수

항상 변하지 않는

예

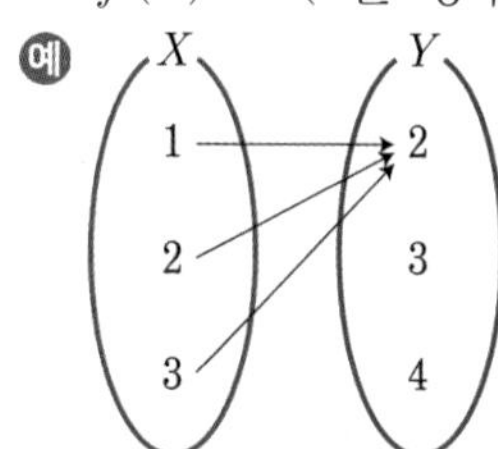

$f(1)=2$, $f(2)=2$, $f(3)=2$
로 오직 한 원소가 대응된다.

확인 06

두 집합 $X=\{1, 2, 3\}$, $Y=\{1, 2, 3, 4\}$에 대하여 함수 $f: X \rightarrow Y$가 상수함수이고, $f(1)=2$일 때, $f(2)$의 값을 구하여라.

풀이

상수함수이므로 모든 x에 같은 y가 대응된다. 그러므로 $f(2)=2$

정답 2

확인 07

두 집합 $X=\{1, 2, 3, 4\}$, $Y=\{1, 2, 3, 4\}$에 대하여 다음 물음에 답하여라.

❶ 함수 $f: X \to Y$가 상수함수이고, $f(1)=4$일 때, $f(3)$의 값을 구하여라.

❷ 함수 $f: X \to Y$가 항등함수일 때, $f(3)$의 값을 구하여라.

풀이

❶ 상수함수이므로 모든 x에 같은 y가 대응된다. 그러므로 $f(3)=4$

❷ 항등함수이므로 x와 같은 y가 대응된다. 그러므로 $f(3)=3$

정답 ❶ 4 ❷ 3

3 합성함수

1. 합성함수

(1) 합성함수

두 함수 $f: X \to Y$, $g: Y \to Z$가 주어질 때, 집합 X의 각 원소 x에 집합 Z의 원소 $g(f(x))$를 대응시키면 X를 정의역, Z를 공역으로 하는 새로운 함수를 정의할 수 있으며 이 함수를 합성함수라 한다.

➜ 기호 : $g \circ f$

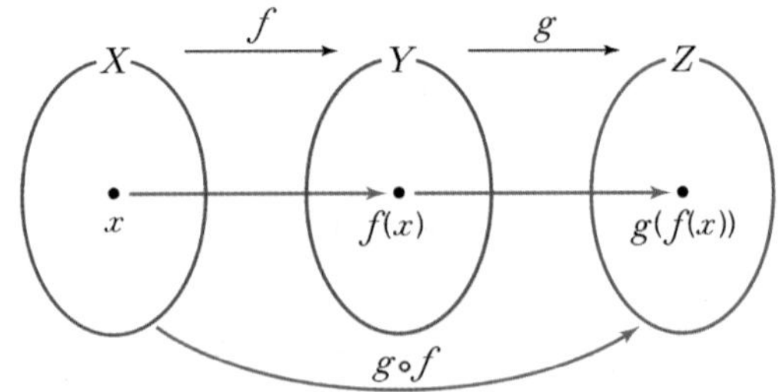

(2) 합성함수의 표현

① $g \circ f: X \to Z$에서 x의 함숫값을 기호로 $(g \circ f)(x)$
이때 $(g \circ f)(x)=g(f(x))$ ➜ $y=g(f(x))$

② $f \circ g: Y \to X$에서 x의 함숫값을 기호로 $(f \circ g)(x)$
이때 $(f \circ g)(x)=f(g(x))$ ➜ $y=f(g(x))$

그림으로 핵심만 쏙 쏙!

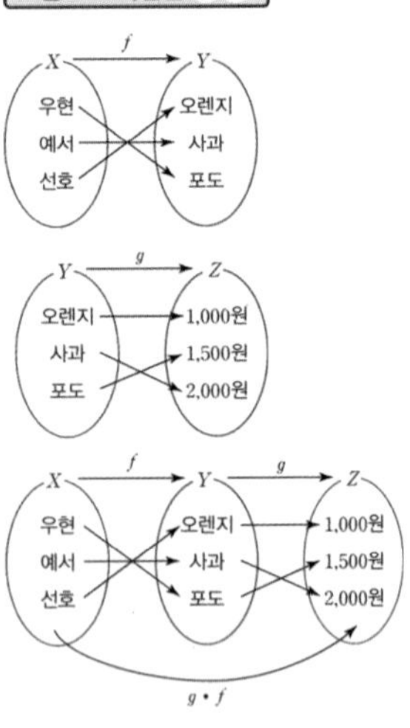

사람과 과일, 과일과 그 가격을 연결하는 각각의 함수를 연속적으로 대응시키면, 두 함수가 합성되어 새로운 함수가 만들어지게 되어요!

(3) 합성함수의 함숫값 구하기 출제포인트★★★

f와 g의 합성함수에서 $x=a$일 때의 함숫값을 구하면,

① $(f \circ g)(x)=f(g(x))$이므로, $(f \circ g)(a)=f(g(a))$이다.

② $(g \circ f)(x)=g(f(x))$이므로, $(g \circ f)(a)=g(f(a))$이다.

Click 합성함수의 함숫값

식에서의 합성함수의 함숫값

$f(x)=x+1$, $g(x)=x^2$일 때, $(f \circ g)(1)$과 $(g \circ f)(1)$을 구해보자.

$(f \circ g)(1)=f(g(1))$이므로 $g(1)=1$, $f(g(1))=f(1)=1+1=2$

$(g \circ f)(1)=g(f(1))$이므로 $f(1)=2$, $g(f(1))=g(2)=2^2=4$

대응관계에서의 합성함수의 함숫값

예 함수 $f: X \to Y$, $g: Y \to Z$가 다음 그림과 같을 때, $(g \circ f)(2)$를 구해보자.

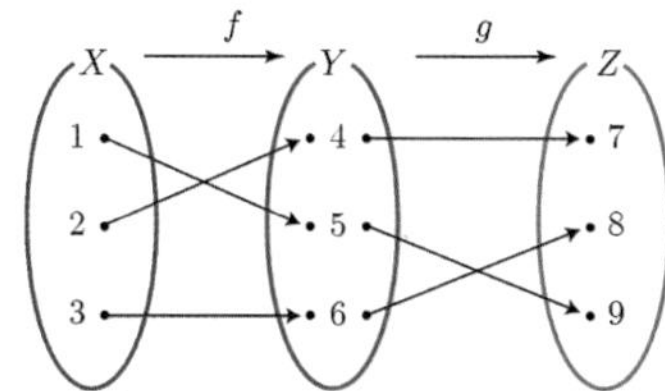

$(g \circ f)(2)=g(f(2))$이므로,
$f(2)$를 구하면, $f(2)=4$
$g(f(2))=g(4)=7$이다.

> 대응표에서의 합성함수는 화살표를 잘 따라가면 되어요!

확인 08

함수 $f: X \to Y$, $g: Y \to Z$ 가 다음 그림과 같을 때, 다음을 구하여라.

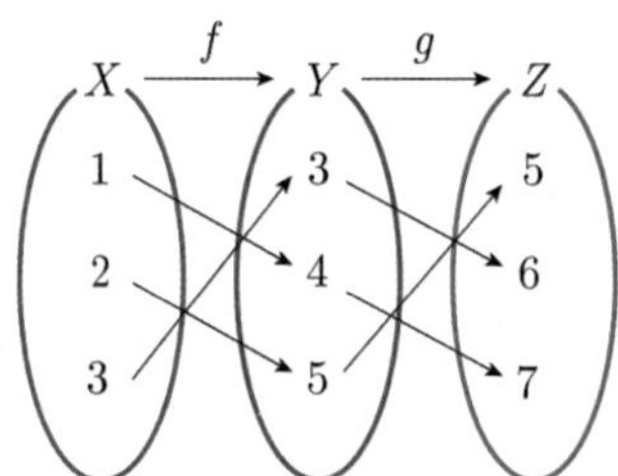

❶ $(g \circ f)(1)$
❷ $(g \circ f)(2)$
❸ $(g \circ f)(3)$

풀이

❶ $(g \circ f)(1)=g(f(1))=g(4)=7$
❷ $(g \circ f)(2)=g(f(2))=g(5)=5$
❸ $(g \circ f)(3)=g(f(3))=g(3)=6$

정답 ❶ 7 ❷ 5 ❸ 6

확인 09

함수 $f : X \to Y$가 다음 그림과 같을 때, 다음을 구하여라.

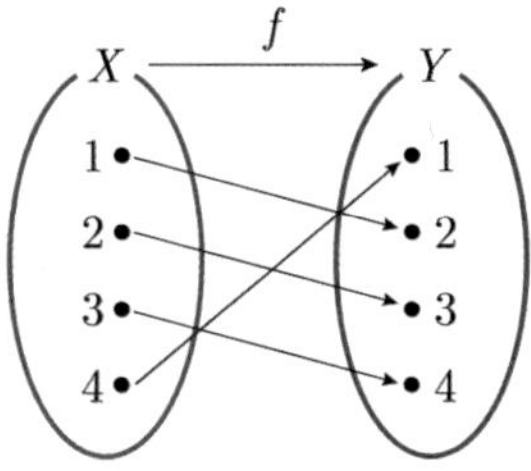

❶ $(f \circ f)(1)$ ❷ $(f \circ f)(2)$

❸ $(f \circ f)(3)$ ❹ $(f \circ f)(4)$

풀이

❶ $(f \circ f)(1) = f(f(1)) = f(2) = 3$
❷ $(f \circ f)(2) = f(f(2)) = f(3) = 4$
❸ $(f \circ f)(3) = f(f(3)) = f(4) = 1$
❹ $(f \circ f)(4) = f(f(4)) = f(1) = 2$

정답 ❶ 3 ❷ 4 ❸ 1 ❹ 2

확인 10

$f(x) = 2x$, $g(x) = x - 1$일 때, $(f \circ g)(1)$과 $(g \circ f)(1)$을 구하여라.

풀이

❶ $(f \circ g)(1) = f(g(1)) = f(0) = 0$
❷ $(g \circ f)(1) = g(f(1)) = g(2) = 1$

정답 ❶ $(f \circ g)(1) = 0$ ❷ $(g \circ f)(1) = 1$

(4) 합성함수의 성질

세 함수 f, g, h에 대하여

① $f \circ g \neq g \circ f$ ← 교환법칙이 성립하지 않는다.

② $f \circ (g \circ h) = (f \circ g) \circ h$ ← 결합법칙이 성립한다.

4 역함수

1. 역함수

(1) 역함수

함수 $f: X \to Y$가 일대일대응일 때 Y를 정의역, X를 공역으로 정의하는 새로운 함수를 역함수라 한다.

➜ 기호 : f^{-1}

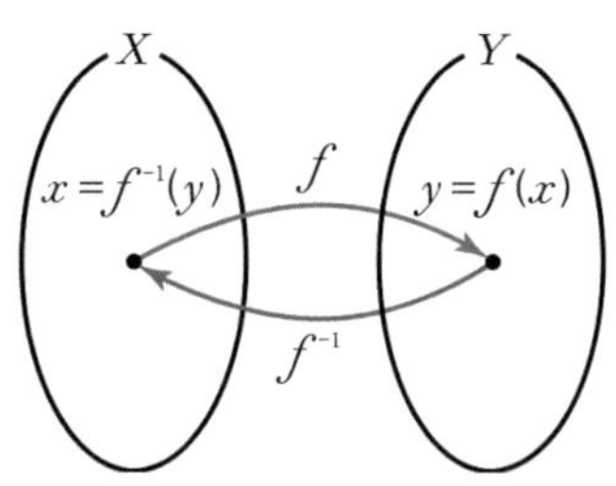

(2) 역함수의 표현

$f^{-1}: Y \to X$, $x=f^{-1}(y)$와 같이 나타낸다.

(3) 역함수의 성질 출제포인트★★★

① $(f^{-1})^{-1}=f$ ← 역함수의 역함수는 자기 자신이다.

② $f(a) = b$ ➜ $f^{-1}(b) = a$ ← 역함수의 정의

③ $f^{-1} \circ f = I$ (I는 항등함수) ← 역함수와 자신을 합성하면 항등함수

Click 역함수의 성질과 함숫값

함수 $f: X \to Y$가 다음 그림과 같을 때, 역함수 f^{-1}의 함숫값 $f^{-1}(1)$을 알아보자.

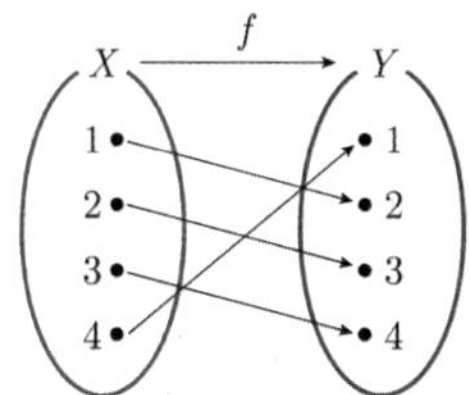

$f^{-1}(1)$은 함수 f의 함숫값이 1인 x를 거꾸로 찾으면 된다.
따라서, 화살표를 따라가 보면 4가 됨을 알 수 있다.

➜ $f(4) = 1$ ➜ $f^{-1}(1) = 4$

그림으로 핵심만 쏙쏙!

그림으로 핵심만 쏙쏙!

$f(a)=b$

$f^{-1}(b)=a$

확인 11

함수 $f: X \to Y$가 다음 그림과 같을 때, 다음을 구하여라.

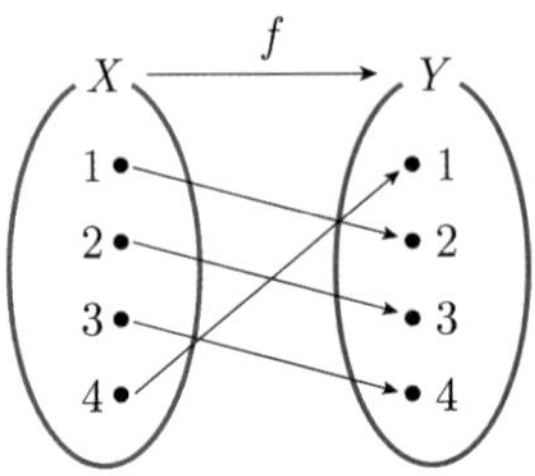

❶ $f^{-1}(2)$ ❷ $f^{-1}(3)$

❸ $f^{-1}(4)$ ❹ $f(1)$

❺ $f(2)$ ❻ $f(3)$

풀이

❶ $f^{-1}(2)=a$라 하면, $f(a)=2$인 a를 찾으면 1이다.

❷ $f^{-1}(3)=a$라 하면, $f(a)=3$인 a를 찾으면 2이다.

❸ $f^{-1}(4)=a$라 하면, $f(a)=4$인 a를 찾으면 3이다.

❹ $f(1)=2$

❺ $f(2)=3$

❻ $f(3)=4$

정답 ❶ 1 ❷ 2 ❸ 3 ❹ 2 ❺ 3 ❻ 4

Click 자기 자신이 되는 함수

함수 $f: X \to Y$가 다음 그림과 같을 때, $f^{-1} \circ f$를 알아보자.

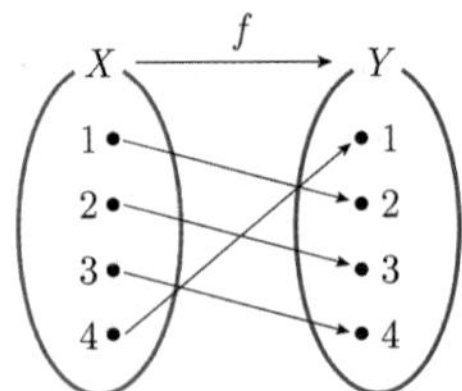

$(f^{-1} \circ f)(1)=f^{-1}(f(1))=f^{-1}(2)=1$

$(f^{-1} \circ f)(2)=f^{-1}(f(2))=f^{-1}(3)=2$

$(f^{-1} \circ f)(3)=f^{-1}(f(3))=f^{-1}(4)=3$

$(f^{-1} \circ f)(4)=f^{-1}(f(4))=f^{-1}(1)=4$

(4) 역함수 구하기

$y=f(x)$의 역함수가 존재할 때, 역함수를 구하는 방법은 다음과 같다.

① 주어진 함수에서 x를 y에 대한 식으로 나타낸다.
② x와 y를 서로 바꾸어 나타낸다.
③ 주어진 함수의 치역을 역함수의 정의역으로 바꾸어 준다.

예 $y=x+1$의 역함수를 구해보자.
① $x=y-1$ ➜ ② $y=x-1$
그러므로 역함수는 $y=x-1$이다.

x와 y를 먼저 바꾼 후 y를 x에 대한 식으로 정리해도 역함수를 구할 수 있어요!

확인 12

다음 함수의 역함수를 구하여라.

❶ $y=x+6$

❷ $y=-x+4$

풀이

❶ $y=x+6$ ➜ $x=y+6$ ➜ $y=x-6$
❷ $y=-x+4$ ➜ $x=-y+4$ ➜ $y=-x+4$

정답 ❶ $y=x-6$ ❷ $y=-x+4$

확인 13

다음 주어진 함수에서 $f^{-1}(2)$의 값을 구하여라.

❶ $f(x)=x+3$

❷ $f(x)=2x$

풀이

❶ $f^{-1}(2)=a$라 하면, $f(a)=2$이다.
$f(a)=a+3=2$
➜ $a=-1$

❷ $f^{-1}(2)=a$라 하면, $f(a)=2$이다.
$f(a)=2a=2$
➜ $a=1$

정답 ❶ -1 ❷ 1

01 실력 체크 문제

정답 및 해설 별책 43p

01 다음의 집합 X에서 집합 Y로의 함수에 대한 설명으로 옳지 않은 것은?

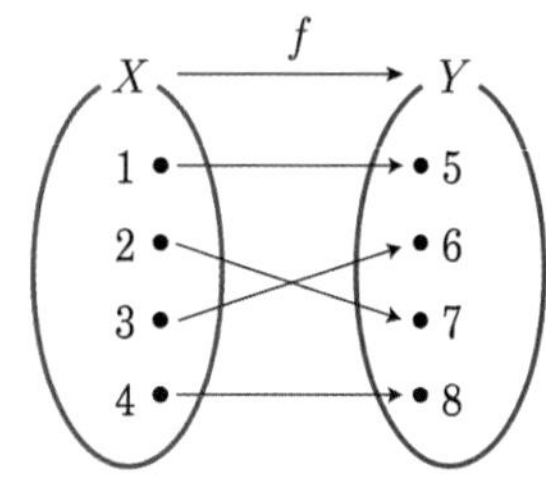

① 정의역은 $\{1, 2, 3, 4\}$이다.
② 공역은 $\{5, 6, 7, 8\}$이다.
③ 치역은 $\{5, 6, 7, 8\}$이다.
④ $f(2)=6$이다.

02 다음의 집합 X에서 집합 Y로의 함수에 대한 설명으로 옳지 않은 것은?

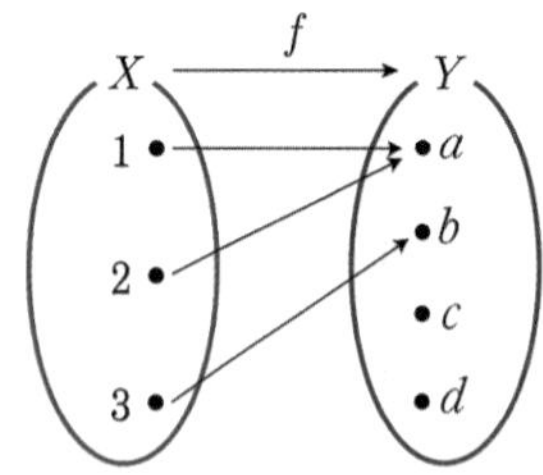

① 정의역은 $\{1, 2, 3\}$이다.
② 공역은 $\{a, b, c, d\}$이다.
③ 치역은 $\{a, b, c, d\}$이다.
④ $f(2)=a$이다.

03 다음 중 함수의 그래프가 아닌 것은?

①
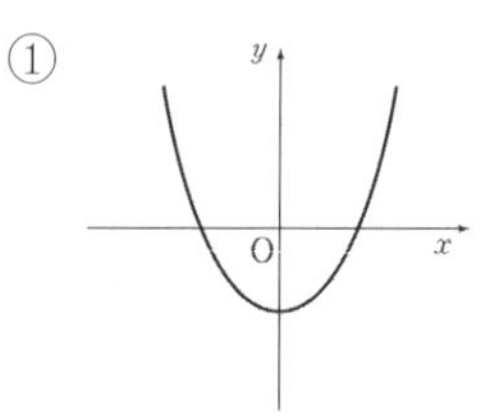
②
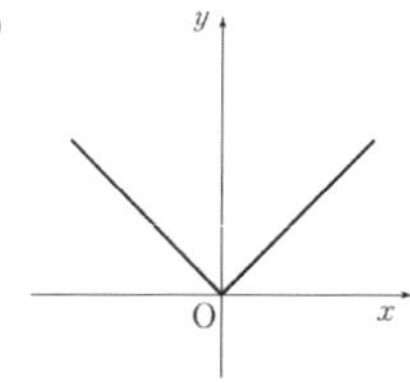
③
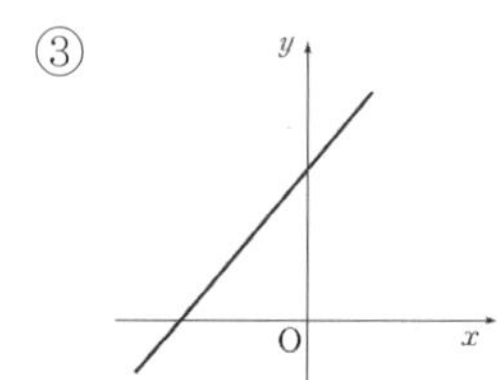
④
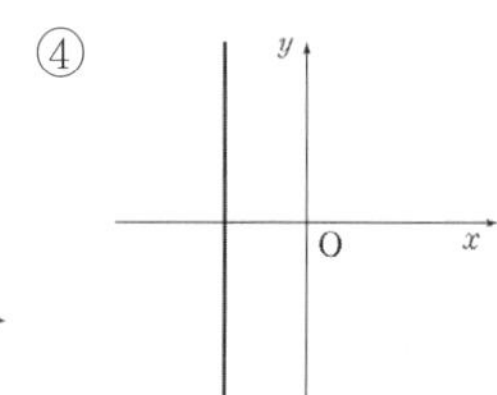

04 다음 중 일대일함수의 그래프가 아닌 것은?

①
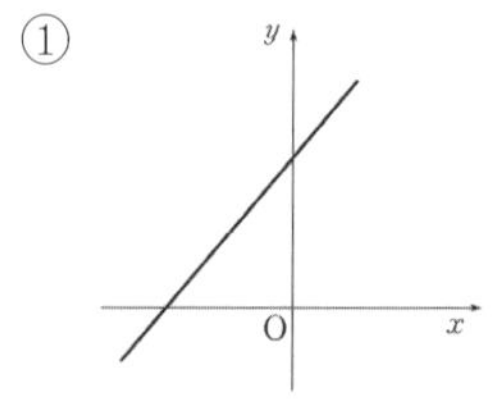
②
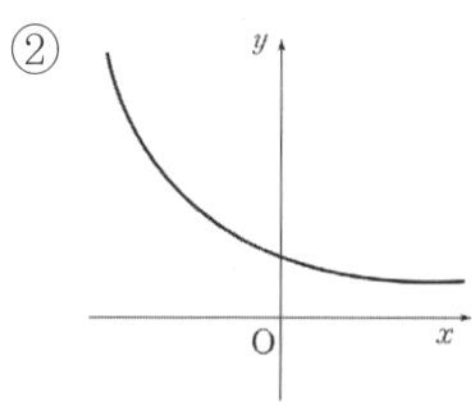
③
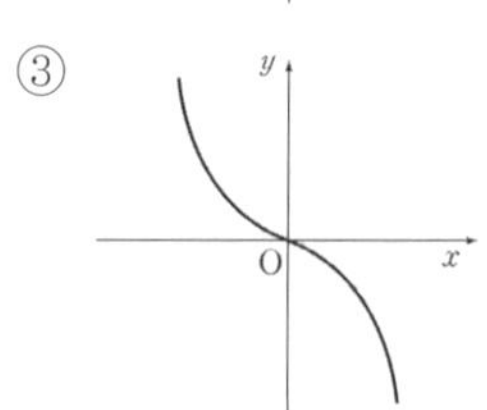
④
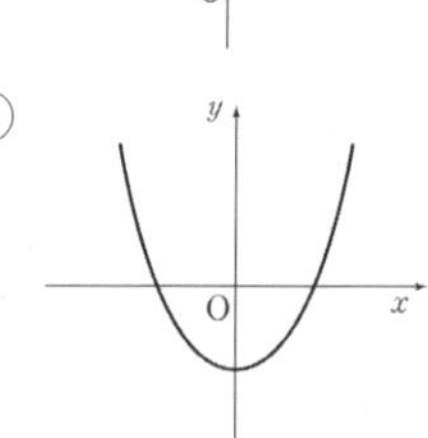

05 두 집합 $X=\{1, 2, 3, 4\}$, $Y=\{5, 6, 7, 8\}$에 대하여 함수 $f: X \to Y$가 상수함수이고, $f(1)=5$일 때, $f(2)$의 값은?

① 5　　② 6
③ 7　　④ 8

06 함수 $f: X \to Y$, $g: Y \to Z$가 다음 그림과 같을 때, $(g \circ f)(0)$의 값은?

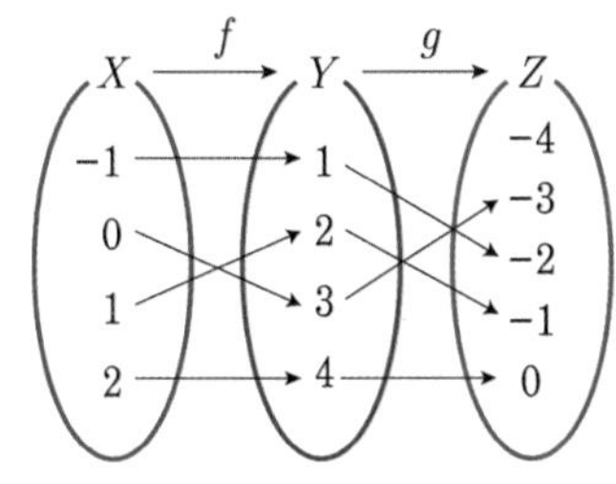

① -2　　② -3
③ -1　　④ 0

07 함수 $f: X \to Y$, $g: Y \to Z$가 다음 그림과 같을 때, $(g \circ f)(4)$의 값은?

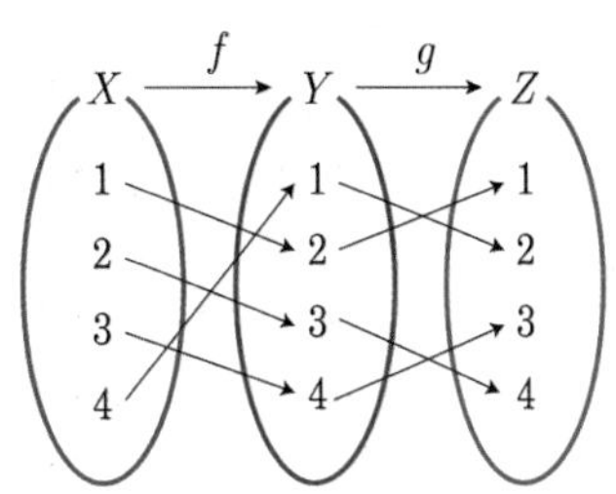

① 1　　② 2
③ 3　　④ 4

08 함수 $f: X \to Y$가 다음 그림과 같을 때, $(f \circ f)(2)$의 값은?

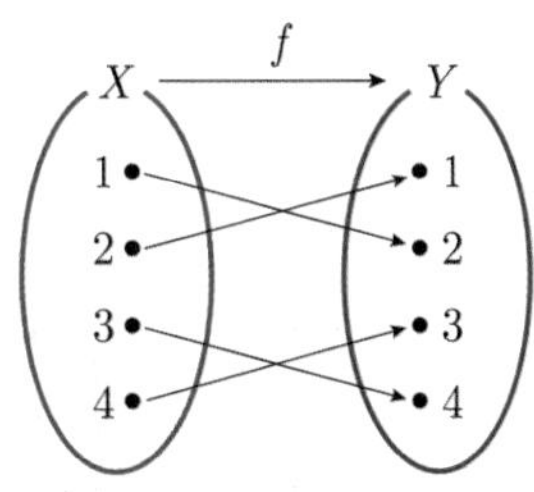

① 1　　② 2
③ 3　　④ 4

09 함수 $f: X \to Y$가 다음 그림과 같을 때, $f^{-1}(6)+f(1)$의 값은?

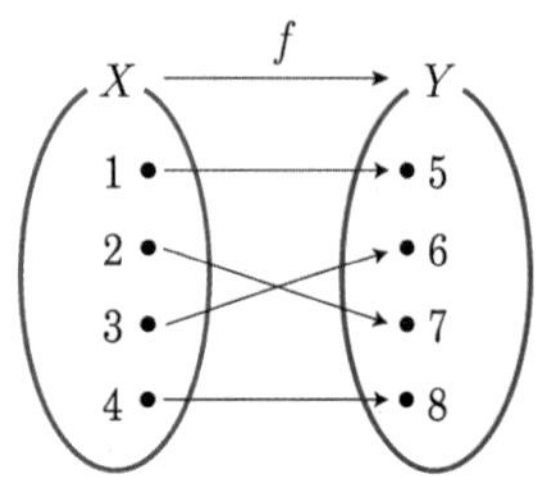

① 8　② 9
③ 10　④ 11

10 함수 $f: X \to Y$가 다음 그림과 같을 때, $f^{-1}(a)=5$, $f^{-1}(b)=4$를 만족하는 a와 b에 대하여 $a+b$의 값은?

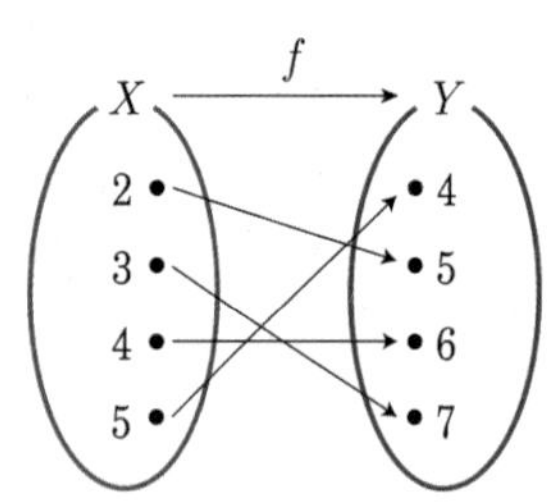

① 6　② 8
③ 10　④ 12

11 함수 $f: X \to Y$가 다음 그림과 같을 때, $f^{-1}(a)=1$, $f^{-1}(c)=3$을 만족하는 a, c에 대하여 ac의 값은?

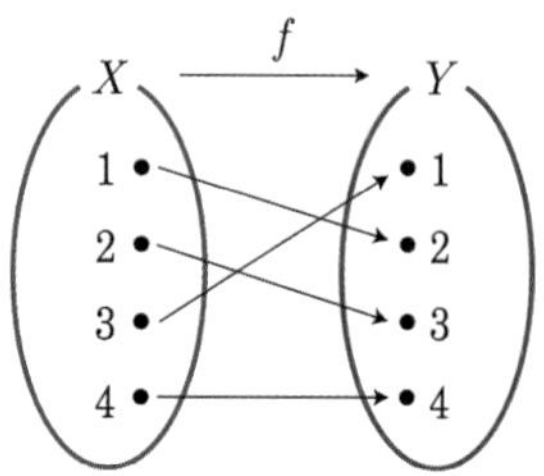

① 1　② 2
③ 3　④ 4

12 함수 $f(x)=x-2$에 대하여 역함수 $f^{-1}(2)$의 값은?

① 1　② 2
③ 3　④ 4

13 함수 $f(x)=x+2$의 역함수를 f^{-1}라고 할 때, $f^{-1}(1)$의 값은?

① -2 ② 0
③ 2 ④ -1

14 두 함수 $f(x)=2x+5$, $g(x)=x^2-1$의 합성함수 $(f \circ g)(x)$에 대하여, $(f \circ g)(1)$의 값은?

① 1 ② 2
③ 3 ④ 5

15 두 함수 $f(x)=3x-1$, $g(x)=2x^2$에 대하여 합성함수 $(f \circ g)(1)$의 값은?

① 5 ② 6
③ 7 ④ 8

16 그림의 함수 $f: X \rightarrow Y$와 그 역함수 $f^{-1}: Y \rightarrow X$에 대하여 $(f^{-1} \circ f)(4)$의 값은?

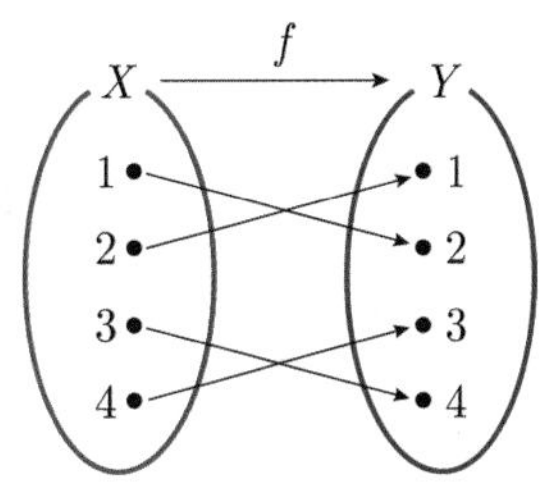

① 1 ② 2
③ 3 ④ 4

유리함수와 무리함수

- 유리함수와 무리함수의 그래프와 식을 알 수 있도록 합니다.
- 각 그래프의 성질과 함수의 평행이동에 대해 살펴봅니다.

1 유리식

1. 유리식

다항식 A, B에 대하여 $\frac{A}{B}(B \neq 0)$ 꼴로 나타내어지는 식을 유리식이라 한다. 이때, 분모에 미지수가 없는 식을 다항식, 미지수가 있는 식을 분수식이라 한다.

그림으로 핵심만 쏙 쏙!

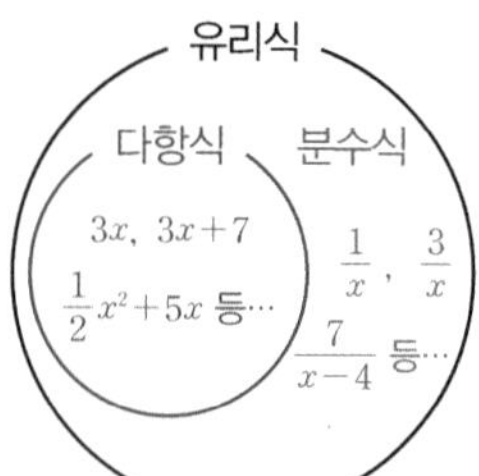

다항식 : x, $\frac{1}{2}x$, $\frac{x+3}{4}$

분수식 : $\frac{1}{x}$, $\frac{2}{x+1}$

둘 다 유리식이에요!

2. 유리식의 성질 출제포인트 ★★★

다항식 A, B, C $(B \neq 0,\ C \neq 0)$에 대하여

① $\frac{A}{B} = \frac{A \times C}{B \times C}$

② $\frac{A}{B} = \frac{A \div C}{B \div C}$

예 $\frac{1}{x} + \frac{1}{x+1} = \frac{x+1}{x(x+1)} + \frac{x}{x(x+1)} = \frac{2x+1}{x(x+1)}$

분수의 계산과 같이 분모와 분자에 (0이 아닌) 같은 식을 곱하거나, 나눌 수 있어요! 분수식을 더하거나 뺄 때도, 통분하여 계산하여야 해요!

확인 01

다음 식을 계산하여라.

❶ $\frac{1}{x+1} + \frac{1}{x-1}$

❷ $\frac{x}{x^2-1} - \frac{1}{x^2-1}$

정답 ❶ $\frac{2x}{x^2-1}$ 또는 $\frac{2x}{(x+1)(x-1)}$

❷ $\frac{1}{x+1}$

2 유리함수

1. 유리함수

함수 $y=f(x)$에서 $f(x)$가 x에 대한 유리식일 때, 이 함수를 유리함수라고 한다. 특히, $f(x)$가 x에 대한 다항식일 때, 이 함수를 다항함수라 한다.

2. 유리함수 $y=\dfrac{1}{x}$의 그래프

① 정의역 : $\{x \mid x \neq 0\}$
　치역 : $\{y \mid y \neq 0\}$
② 모양 : 원점에 대하여 대칭인 직각쌍곡선
③ 점근선 : $x=0,\ y=0$

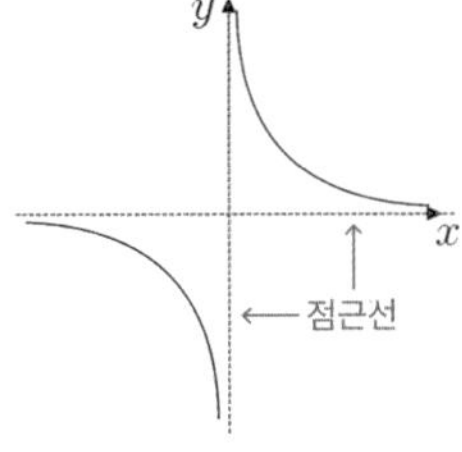

점근선
그래프가 한없이 가까이 다가가는 선

3. $y=\dfrac{a}{x}$의 그래프

<table>
<tr><th>$a>0$일 때</th><th>$a<0$일 때</th></tr>
<tr><td>y, a, (1, a), O, 1, x</td><td>y, 1, x, O, a, (1, a)</td></tr>
<tr><td colspan="2">정의역 : $\{x \mid x \neq 0\}$, 치역 : $\{y \mid y \neq 0\}$
점근선 : $x=0,\ y=0$
원점에 대칭인 쌍곡선이다.</td></tr>
<tr><td>제1사분면과 제3사분면을 지난다.</td><td>제2사분면과 제4사분면을 지난다.</td></tr>
</table>

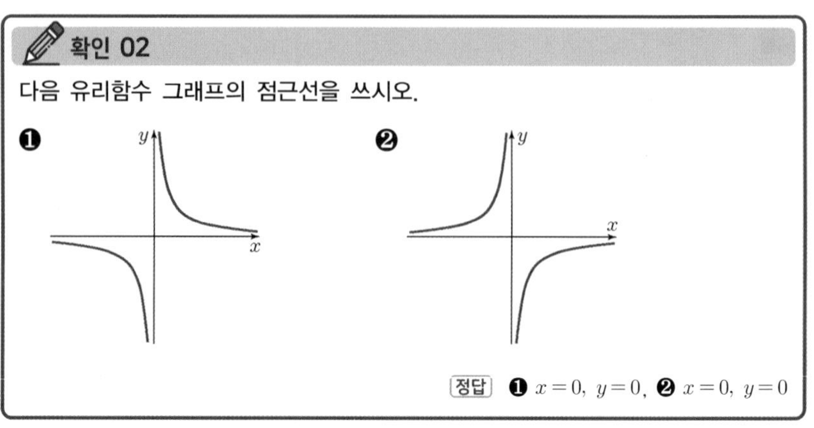

확인 02

다음 유리함수 그래프의 점근선을 쓰시오.

❶ ❷

정답 ❶ $x=0,\ y=0$, ❷ $x=0,\ y=0$

4. $y=\dfrac{1}{x-m}+n$의 그래프 출제포인트 ★★★

$y=\dfrac{1}{x}$을 x축의 방향으로 m만큼, y축의 방향으로 n만큼 평행이동한 그래프이다.

① 정의역 : $\{x \mid x \neq m\}$
   치역 : $\{y \mid y \neq n\}$

② 모양 : 점 (m, n)에 대칭인 직각쌍곡선

③ 점근선 : $x=m,\ y=n$

> $y=\dfrac{1}{x}$과 $y=\dfrac{1}{x-m}+n$
> x축의 방향으로 m만큼, y축의 방향으로 n만큼 평행이동한 그래프

5. $y=\dfrac{1}{x}$과 $y=\dfrac{1}{x-m}+n$

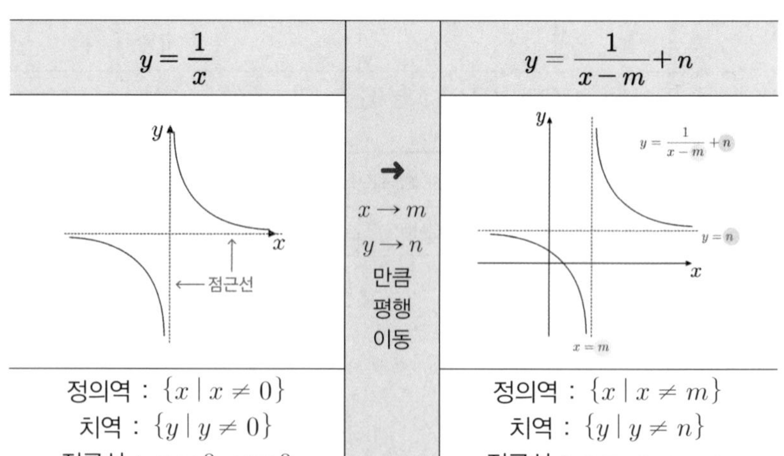

$y=\dfrac{1}{x}$		$y=\dfrac{1}{x-m}+n$
(그래프)	→ $x \to m$ $y \to n$ 만큼 평행이동	(그래프)
정의역 : $\{x \mid x \neq 0\}$ 치역 : $\{y \mid y \neq 0\}$ 점근선 : $x=0,\ y=0$		정의역 : $\{x \mid x \neq m\}$ 치역 : $\{y \mid y \neq n\}$ 점근선 : $x=m,\ y=n$

연계개념 이해 쑥!

도형을 x축의 방향으로 m만큼, y축의 방향으로 n만큼 평행이동하면,

$$f(x, y)=0 \xrightarrow[y \text{ 대신 } y-n \text{를 대입}]{x \text{ 대신 } x-m \text{를 대입}} f(x-m, y-n)=0$$

> 점근선을 보면, 그래프의 평행이동을 알 수 있습니다.

확인 03

다음 유리함수의 점근선을 쓰시오.

❶ $y=\dfrac{1}{x-1}+1$　　　❷ $y=\dfrac{1}{x-2}+1$

❸ $y=\dfrac{1}{x+1}+1$　　　❹ $y=\dfrac{1}{x+1}-2$

정답 ❶ $x=1,\ y=1$, ❷ $x=2,\ y=1$, ❸ $x=-1,\ y=1$, ❹ $x=-1,\ y=-2$

확인 04

다음 유리함수의 그래프를 보고, 점근선을 구하여라.

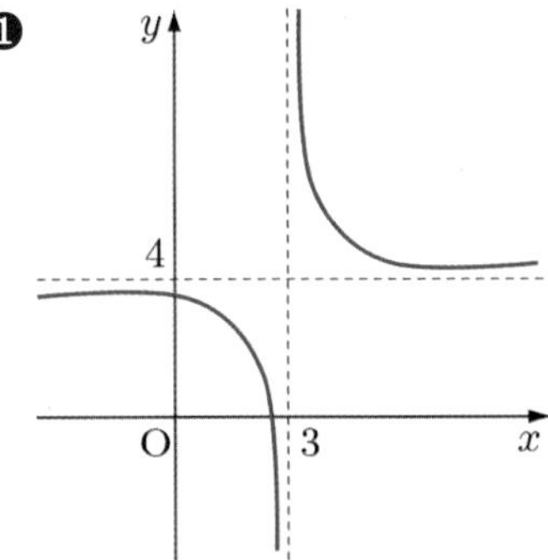

❷

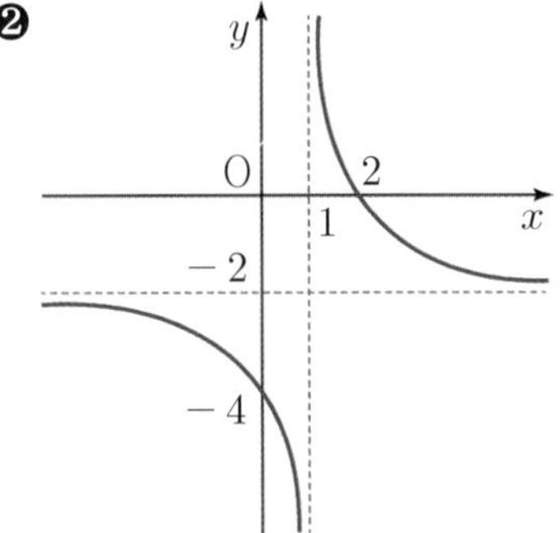

정답 ❶ $x=3,\ y=4$, ❷ $x=1,\ y=-2$

6. $y=\dfrac{a}{x-m}+n$의 그래프

$y=\dfrac{a}{x-m}+n\quad(a>0)$	$y=\dfrac{a}{x-m}+n\quad(a<0)$
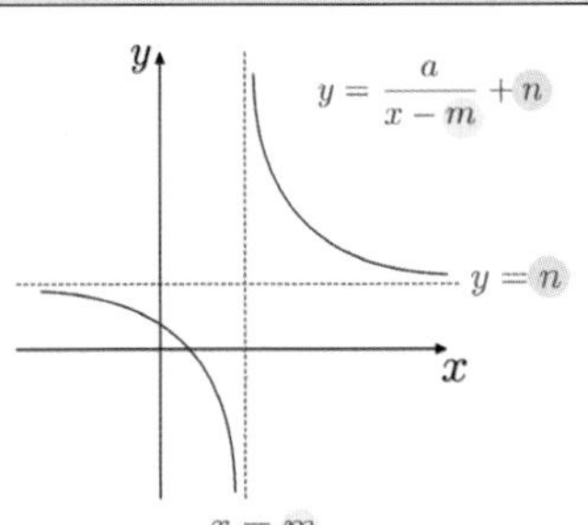	$y=\dfrac{a}{x-m}+n$, $y=n$, $x=m$
정의역 : $\{x\mid x\neq m\}$ 치역 : $\{y\mid y\neq n\}$ 점근선 : $x=m,\ y=n$	정의역 : $\{x\mid x\neq m\}$ 치역 : $\{y\mid y\neq n\}$ 점근선 : $x=m,\ y=n$

 확인 05

유리함수 $y=-\frac{1}{x+1}+a$의 그래프가 그림과 같을 때, a의 값을 구하여라.

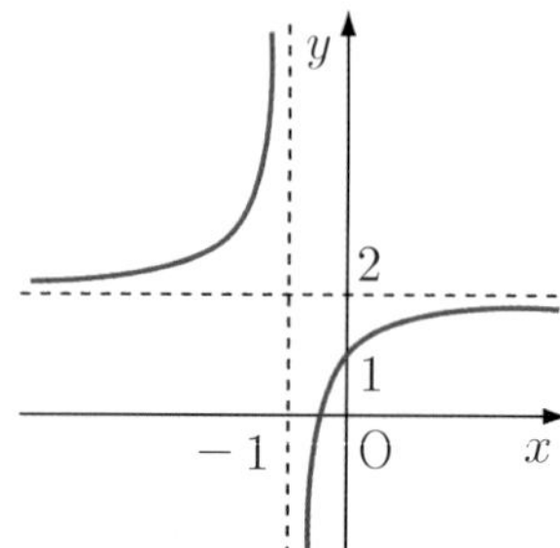

풀이

그래프의 점근선은 $x=-1$, $y=2$이고, 식에서 점근선을 구하면, $x=-1$, $y=a$ 이므로 $a=2$이다.

정답 $a=2$

3 무리식

1. 무리식

근호 안에 문자가 포함되어 있는 식 중에서 유리식으로 나타낼 수 없는 식을 무리식이라 한다.

예 $\sqrt{2x}$, $\sqrt{x+1}$은 무리식이다.

2. 무리식이 실수가 되기 위한 조건

근호 안의 식의 값이 0보다 크거나 같으면 무리식의 값은 실수가 된다.

예 $\sqrt{2x}$의 값이 실수가 되려면 $2x \geq 0$, 즉 $x \geq 0$이어야 한다.
$\sqrt{x+1}$의 값이 실수가 되려면 $x+1 \geq 0$, 즉 $x \geq -1$이어야 한다.

4 무리함수

1. 무리함수의 뜻

(1) 무리함수

함수 $y=f(x)$에서 $f(x)$가 x에 대한 무리식일 때, 이 함수를 무리함수라 한다.

예 $y=\sqrt{2x}$, $y=\sqrt{x+1}$ 은 무리함수이다.

(2) 무리함수의 정의역

무리함수에서 정의역이 특별히 정해지지 않은 경우에는 근호 안의 식의 값이 0 이상이 되도록 하는 실수 전체의 집합이 정의역이 된다.

예 $y=\sqrt{2x}$ 의 정의역은 $\{x \mid x \geq 0\}$

$y=\sqrt{x+1}$ 의 정의역은 $\{x \mid x \geq -1\}$

2. 무리함수의 그래프

(1) $y=\sqrt{x}$ 의 그래프

① 정의역 : $\{x \mid x \geq 0\}$

치역 : $\{y \mid y \geq 0\}$

② 시작점 : $(0, 0)$

③ 모양 : 시작점으로부터 오른쪽 위로 뻗어나가는 곡선

※ 시작점 : 그래프가 시작되는 점

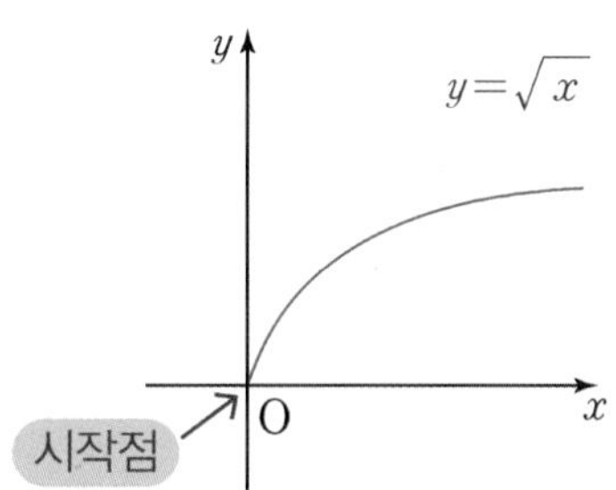

무리함수 그래프를 쉽게 익히기 위해 시작점이라는 용어를 약속해요!
시작점은 그래프가 시작되는 점이라는 뜻으로, 실제 무리함수의 용어는 아니므로, 우리 교재에서만 사용하도록 해요!

3. 여러 가지 무리함수의 그래프

(1) $y=\sqrt{ax}$ 의 그래프

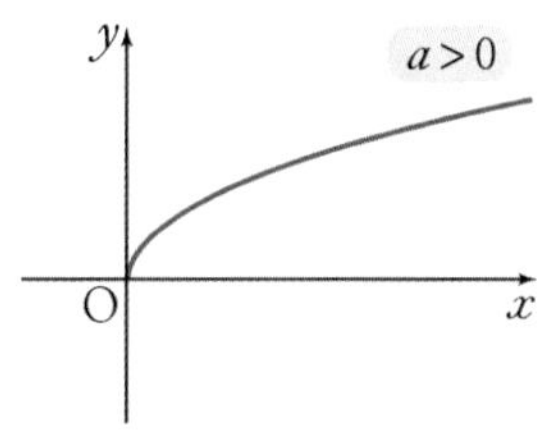

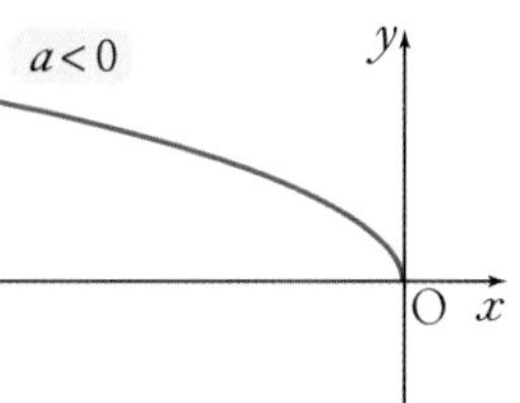

그림으로 핵심만 쏙쏙!

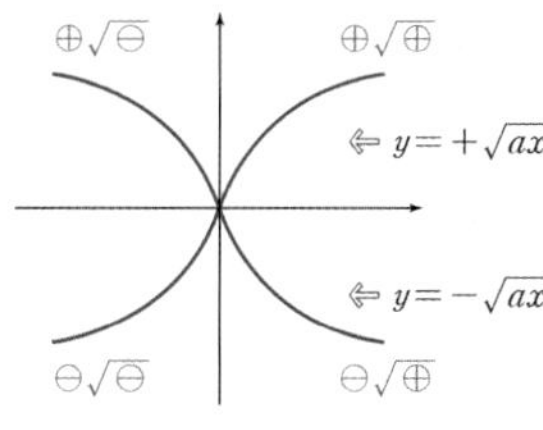

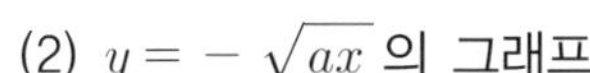

(2) $y=-\sqrt{ax}$ 의 그래프

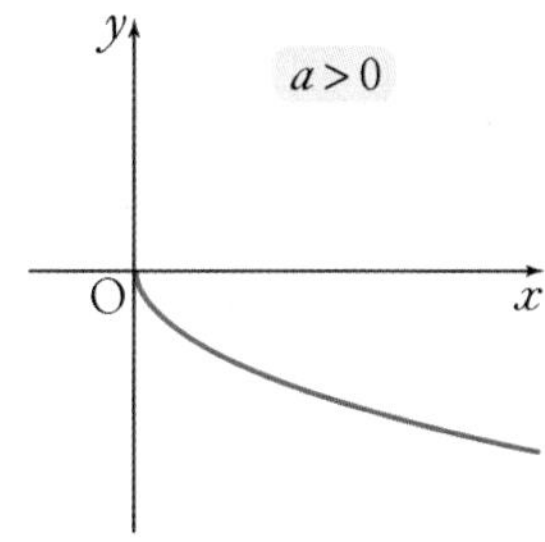

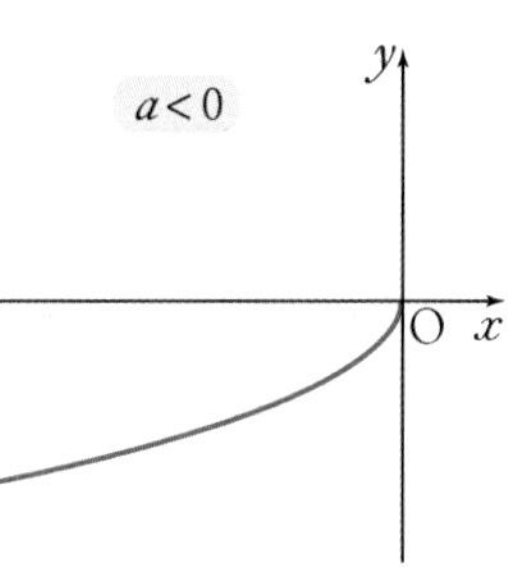

확인 06

다음 ①~④까지의 그래프와 알맞은 식을 연결하시오.

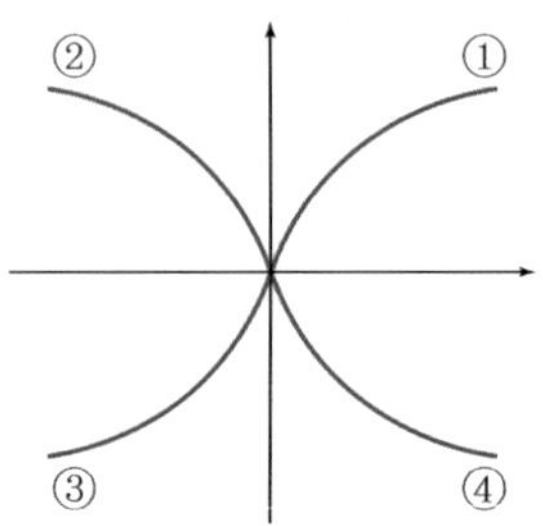

㉠ $y=\sqrt{2x}$
㉡ $y=\sqrt{-2x}$
㉢ $y=-\sqrt{2x}$
㉣ $y=-\sqrt{-2x}$

㉠ — (　　)　㉡ — (　　)　㉢ — (　　)　㉣ — (　　)

정답 ㉠ - ① / ㉡ - ② / ㉢ - ④ / ㉣ - ③

4. $y=\sqrt{x-m}+n$의 그래프 출제포인트★★★

① 정의역 : $\{x\,|\,x \geq m\}$
　치역 : $\{y\,|\,y \geq n\}$

② 시작점 : $(m,\ n)$

③ 모양 : 시작점으로부터 오른쪽 위로 뻗어나가는 곡선

※ 시작점 : 그래프가 시작되는 점

5. $y=\sqrt{x}$와 $y=\sqrt{x-m}+n$

$y=\sqrt{x}$		$y=\sqrt{x-m}+n$
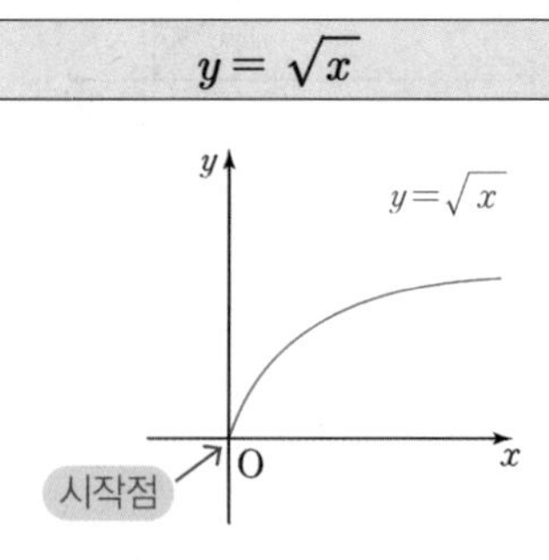	➜ $x \to m$ $y \to n$ 만큼 평행 이동	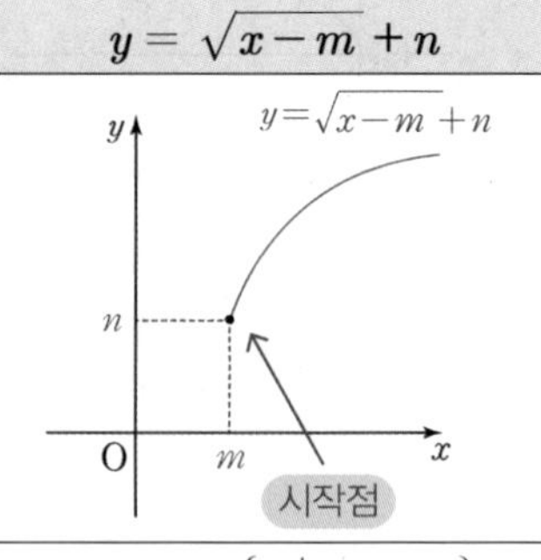
정의역 : $\{x\,|\,x \geq 0\}$ 치역 : $\{y\,|\,y \geq 0\}$ 시작점 : $(0,\ 0)$		정의역 : $\{x\,|\,x \geq m\}$ 치역 : $\{y\,|\,y \geq n\}$ 시작점 : $(m,\ n)$

연계개념 이해 쏙!

도형을 x축의 방향으로 m만큼, y축의 방향으로 n만큼 평행이동하면,

$$f(x,\ y)=0 \xrightarrow[y \text{ 대신 } y-n \text{을 대입}]{x \text{ 대신 } x-m \text{을 대입}} f(x-m,\ y-n)=0$$

➜ 시작점을 보면, 그래프의 평행 이동을 알 수 있습니다.

확인 07

다음 그래프는 $y=\sqrt{x-a}$ 의 그래프이다. a의 값을 구하여라.

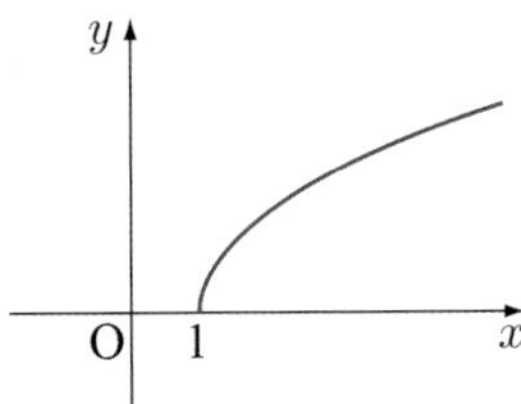

풀이

$y=\sqrt{x-a}$는 $y=\sqrt{x}$를 x축의 방향으로 a만큼 평행이동한 그래프이다. 그러므로 그래프를 참고하면 $a=1$이다.

정답 $a=1$

확인 08

그림은 무리함수 $y=\sqrt{x}$ 의 그래프와 $y=\sqrt{x}$ 를 x축의 방향으로 a만큼 평행이동한 $y=\sqrt{x-a}$ 의 그래프이다. 상수 a의 값을 구하여라.

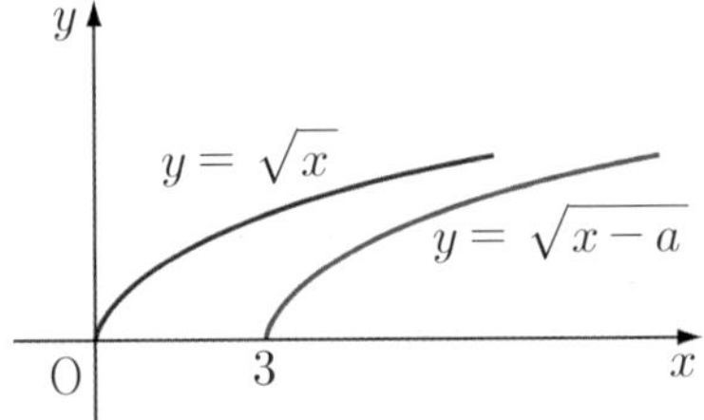

풀이

$y=\sqrt{x-a}$는 $y=\sqrt{x}$를 x축의 방향으로 a만큼 평행이동한 그래프이다. 그러므로 그래프를 참고하면 $a=3$이다.

정답 $a=3$

02 실력 체크 문제

정답 및 해설 별책 46p

01 분수식 $\frac{1}{x}-\frac{1}{x+1}$을 계산하면? (단, $x \neq 0$, $x \neq -1$)

① $\frac{-2}{x(x+1)}$ ② $\frac{-1}{x(x+1)}$

③ $\frac{1}{x(x+1)}$ ④ $\frac{2x+1}{x(x+1)}$

02 분수식 $\frac{x}{x^2-1}+\frac{1}{x^2-1}$을 간단히 하면? (단, $x \neq \pm 1$)

① 1 ② $\frac{1}{x-1}$

③ $\frac{1}{x+1}$ ④ $\frac{1}{x^2-1}$

03 유리함수 $y=\frac{1}{x-a}-2$의 그래프가 그림과 같을 때, a의 값은?

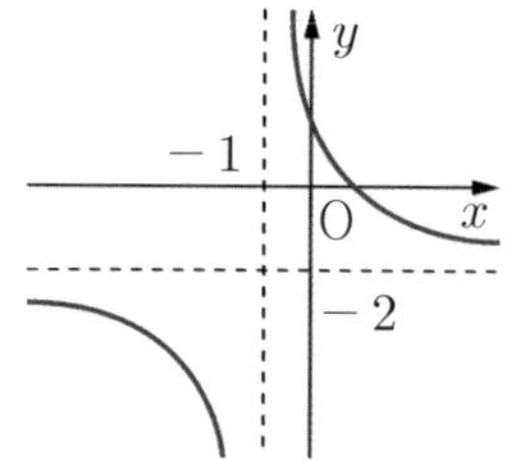

① 1 ② -1

③ -2 ④ 2

04 유리함수 $y=\frac{1}{x-1}+a$의 그래프가 그림과 같을 때, a의 값은?

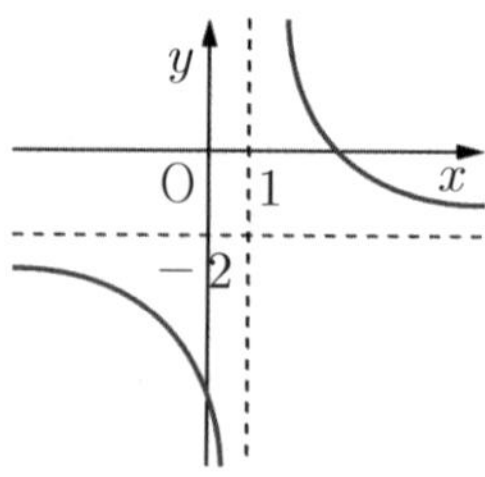

① 1 ② -1

③ -2 ④ 2

05 유리함수 $y=\frac{1}{x-1}+a$의 그래프가 그림과 같을 때, a의 값은?

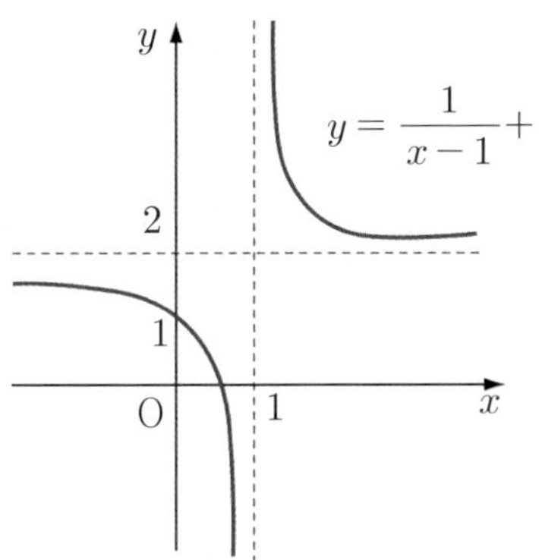

① 1　　② 2
③ -1　　④ -2

06 유리함수 $y=-\frac{1}{x-a}-1$의 그래프가 그림과 같을 때, a의 값은?

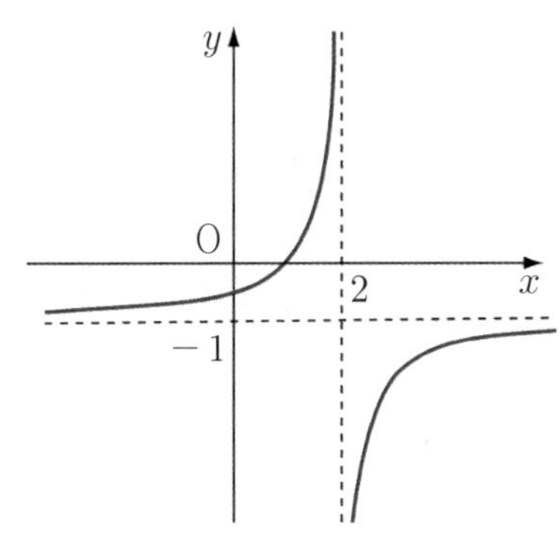

① 1　　② -1
③ 2　　④ -2

07 $y=\frac{2}{x}$의 그래프를 x축의 방향으로 2만큼, y축의 방향으로 3만큼 평행이동하면 $y=\frac{2}{x-a}+b$의 그래프가 된다. $a+b$의 값은?

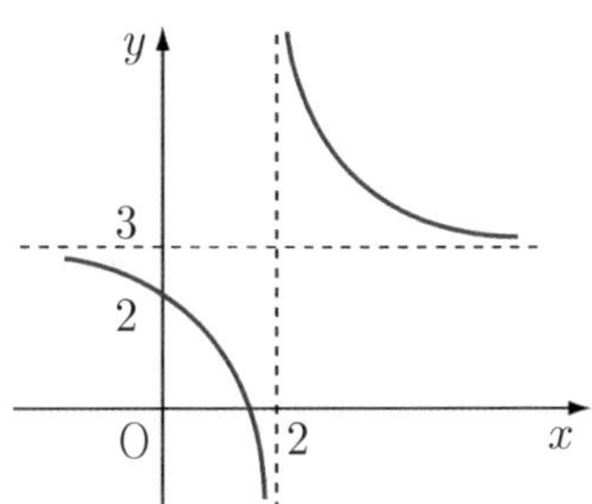

① 2　　② 3
③ 4　　④ 5

08 함수 $y=\frac{1}{x}$의 그래프를 x축의 방향으로 2만큼, y축의 방향으로 -5만큼 평행이동하면 $y=\frac{1}{x-a}+b$의 그래프가 된다. 이때, $a+b$의 값은?

① -3　　② -1
③ 1　　④ 3

09 분수함수 $y=\dfrac{2}{x-1}+3$의 그래프가 점 $(2,\ k)$를 지날 때, 실수 k의 값은?

① 2 ② 3
③ 4 ④ 5

10 분수함수 $y=\dfrac{4x-1}{x+2}$이 점 $(1,\ a)$를 지날 때, 실수 a의 값은?

① -1 ② 0
③ 1 ④ 2

11 다음 그래프는 $y=\sqrt{x-a}$의 그래프이다. a의 값은?

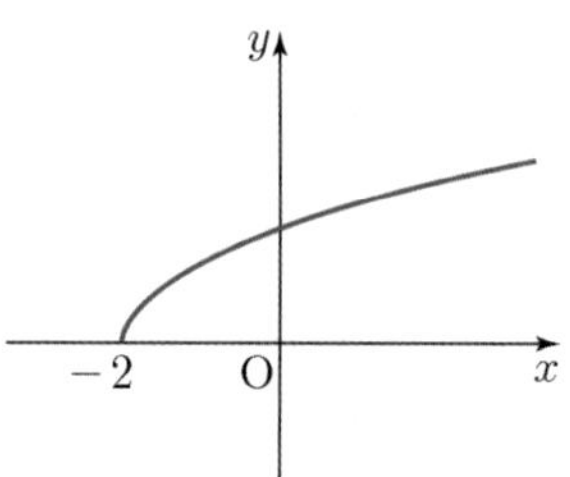

① -1 ② 1
③ -2 ④ 2

12 다음 그래프는 $y=\sqrt{x-2}+a$의 그래프이다. a의 값은?

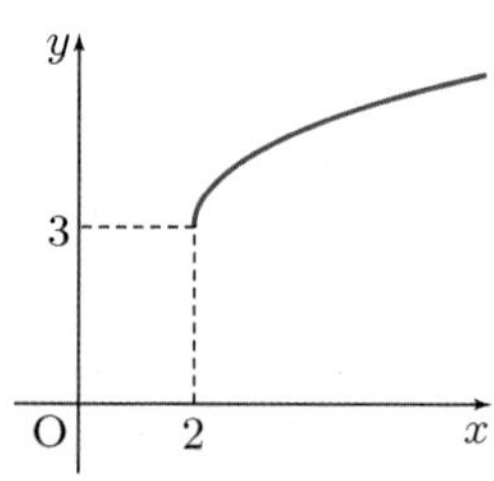

① 2 ② 3
③ 4 ④ 5

13 무리함수 $y=\sqrt{x-2}+4$의 그래프는 함수 $y=\sqrt{x}$ 의 그래프를 x축의 방향으로 a만큼, y축의 방향으로 b만큼 평행이동한 것이다. $a+b$의 값은?

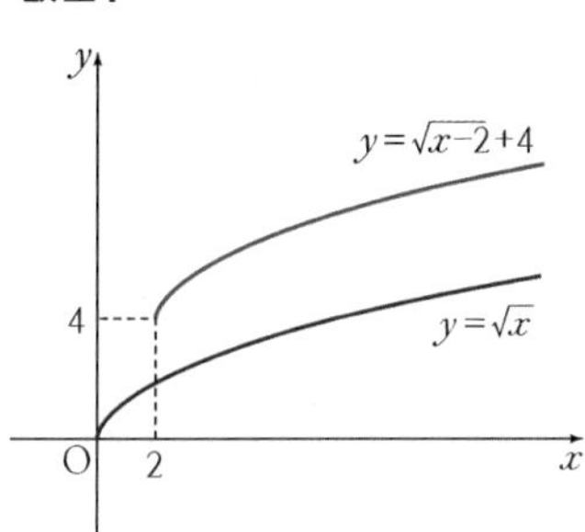

① 2 ② 4
③ 6 ④ 8

14 그림의 무리함수 $y=\sqrt{x-2}+2$의 그래프는 함수 $y=\sqrt{x}$ 의 그래프를 x축의 방향으로 a만큼, y축의 방향으로 b만큼 평행이동한 것이다. $a+b$의 값은?

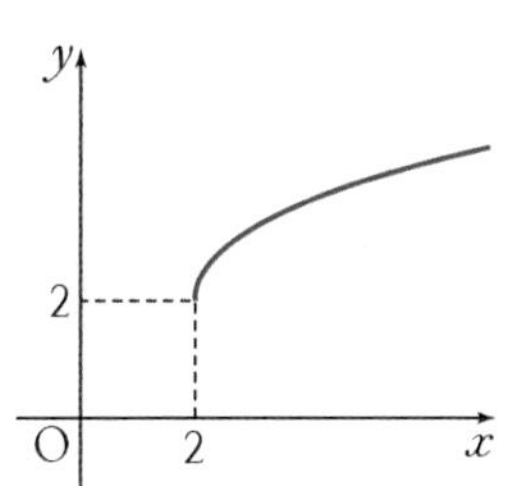

① 2 ② 3
③ 4 ④ 5

15 다음 그래프는 $y=\sqrt{x-a}+b$의 그래프이다. $a+b$의 값은?

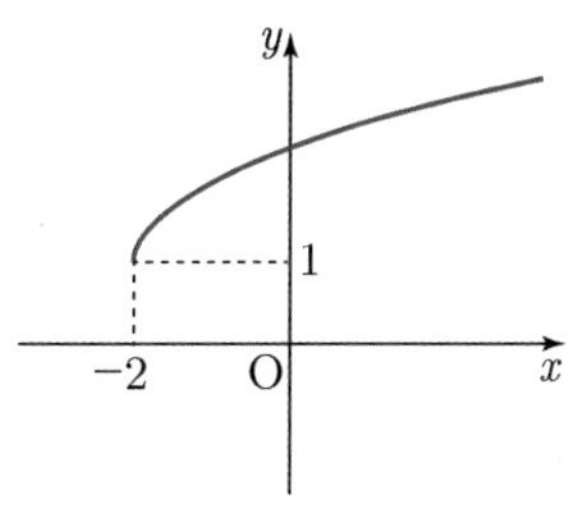

① -1 ② 0
③ 1 ④ 2

16 그림의 무리함수 $y=-\sqrt{-x+a}+b$의 그래프에서 $a-b$의 값은?

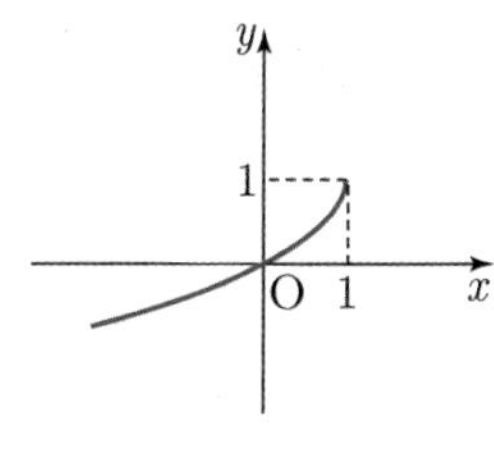

① -1 ② 0
③ 1 ④ 2

단원출제요소정리

01 여러 가지 함수

1 함수

두 집합 X, Y에 대하여 X의 각 원소에 Y의 원소가 반드시, 그리고 오직 하나만 대응될 때, 이 대응을 집합 X에서 집합 Y로의 함수라 하고, 이 함수 f를 기호로 $\boldsymbol{f: X \to Y}$와 같이 나타낸다.

2 정의역, 공역, 치역

① 정의역 : 집합 X

② 공역 : 집합 Y

③ 함숫값 : x에 대응하는 y의 값
$(x \in X, y \in Y)$
$f(a)$: $y=f(x)$의 $x=a$일 때의 함숫값

④ 치역 : $\{f(x) | x \in X\}$

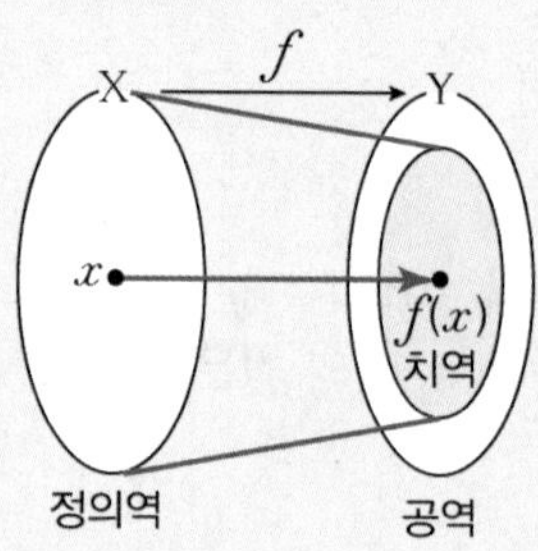

3 여러 가지 함수

(1) 일대일함수
X의 원소가 Y의 모두 다른 원소에 대응되는 함수

(2) 일대일대응
X의 원소가 Y의 모두 다른 원소에 대응되며 공역과 치역이 일치

(3) 항등함수
정의역과 공역이 같고, 정의역 X의 각 원소에 자기 자신이 대응하는 함수
➜ $f(x)=x$

(4) 상수함수
정의역 X의 모든 원소에 공역 Y의 오직 한 원소가 대응하는 함수를 말한다.
➜ $f(x)=c$(c는 상수)

4 합성함수의 함숫값

① $(f \circ g)(x)=f(g(x))$이므로,
$(f \circ g)(a)=f(g(a))$이다.

② $(g \circ f)(x)=g(f(x))$이므로,
$(g \circ f)(a)=g(f(a))$이다.

5 역함수의 성질

① $(f^{-1})^{-1}=f$ ← 역함수의 역함수는 자기 자신이다.

② $f(a)=b$ ➜ $f^{-1}(b)=a$
← 역함수의 정의

③ $f^{-1} \circ f=I$ (I는 항등함수) ← 역함수와 자신을 합성하면 항등함수

단원출제요소정리

02 유리함수와 무리함수

1 $y=\frac{1}{x}$과 $y=\frac{1}{x-m}+n$

$$y=\frac{1}{x}$$

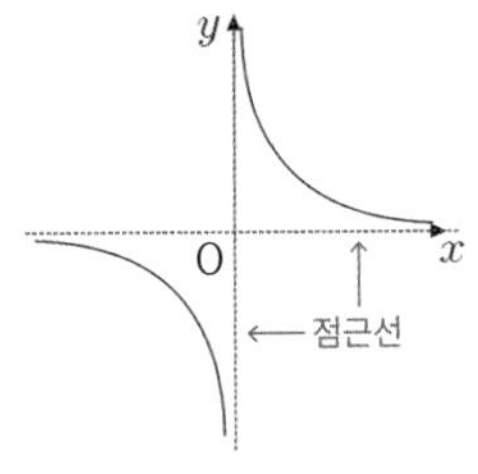

정의역 : $\{x \mid x \neq 0\}$
치역 : $\{y \mid y \neq 0\}$
점근선 : $x=0,\ y=0$

↓ $x \rightarrow m,\ y \rightarrow n$ 만큼 평행이동

$$y=\frac{1}{x-m}+n$$

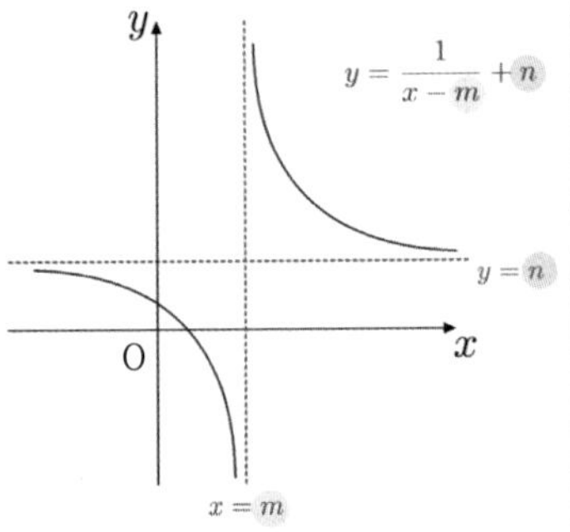

정의역 : $\{x \mid x \neq m\}$
치역 : $\{y \mid y \neq n\}$
점근선 : $x=m,\ y=n$

2 $y=\sqrt{x}$와 $y=\sqrt{x-m}+n$

$$y=\sqrt{x}$$

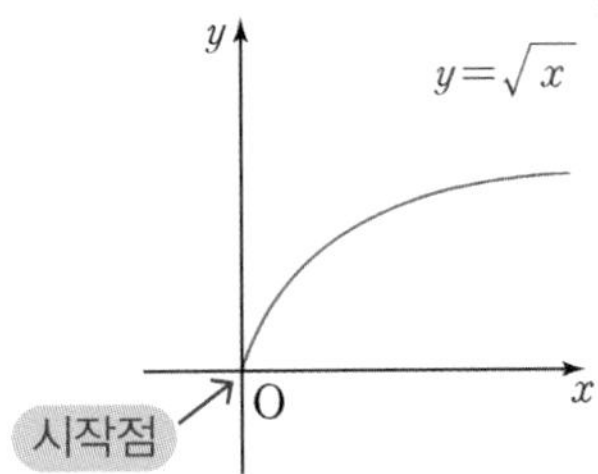

정의역 : $\{x \mid x \geq 0\}$
치역 : $\{y \mid y \geq 0\}$
시작점 : $(0,\ 0)$

↓ $x \rightarrow m,\ y \rightarrow n$ 만큼 평행이동

$$y=\sqrt{x-m}+n$$

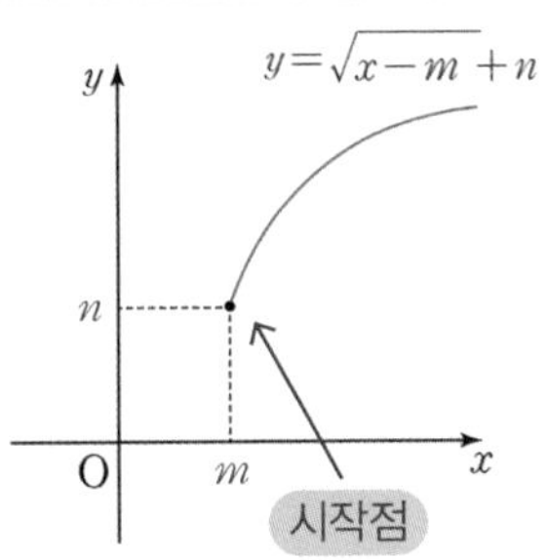

정의역 : $\{x \mid x \geq m\}$
치역 : $\{y \mid y \geq n\}$
시작점 : $(m,\ n)$

기출문제 체크

정답 및 해설 별책 48p

01 그림과 같은 함수 $f: X \to Y$에 대한 설명으로 옳지 않은 것은?

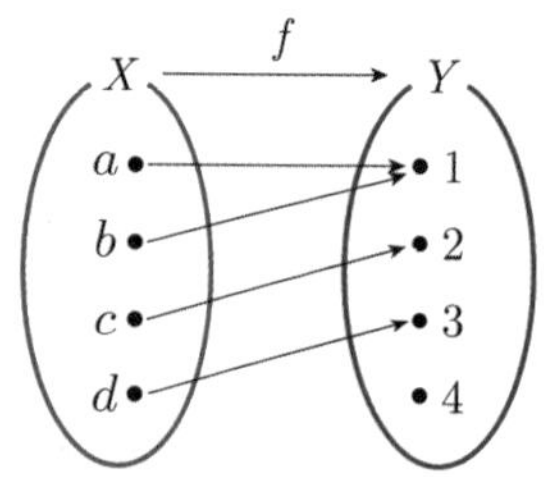

① 정의역은 $\{a, b, c, d\}$이다.

② 공역은 $\{1, 2, 3, 4\}$이다.

③ 치역은 $\{1, 2, 3\}$이다.

④ $f(a) = 2$이다.

02 두 집합 $X = \{1, 2, 3\}$, $Y = \{4, 5, 6, 7\}$에 대하여 함수 $f: X \to Y$가 상수함수이고, $f(3) = 4$일 때, $f(1)$의 값은?

① 4　　② 5

③ 6　　④ 7

03 함수 $f: X \to Y$가 그림과 같을 때, $(f \circ f)(2)$의 값은?

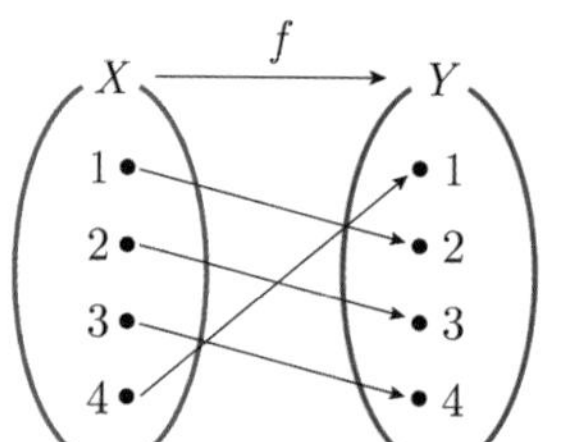

① 1

② 2

③ 3

④ 4

04 두 함수 $f: X \to Y$, $g: Y \to Z$가 그림과 같을 때, $(g \circ f)(2)$의 값은?

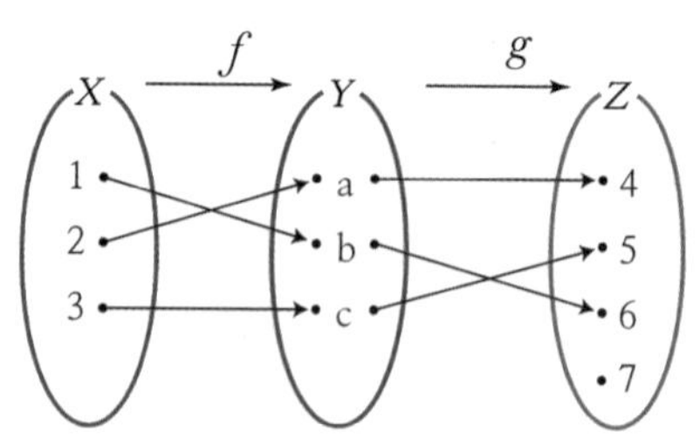

① 4　　② 5

③ 6　　④ 7

05 함수 $f : X \to Y$가 그림과 같을 때, $f^{-1}(a)=4$를 만족하는 상수 a의 값은? (단, f^{-1}는 f의 역함수이다.)

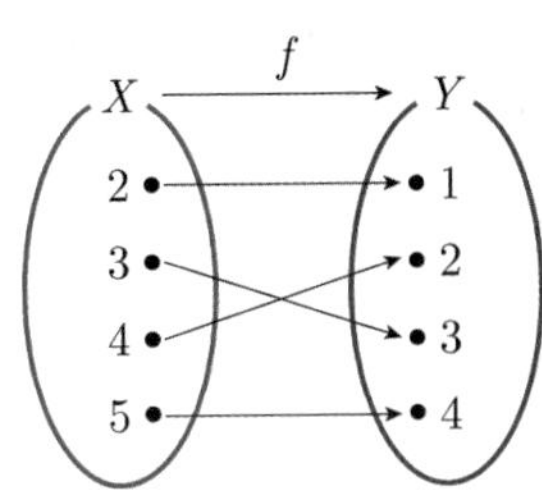

① 2　② 3
③ 4　④ 5

06 함수 $f : X \to Y$가 그림과 같을 때, $f(4)+f^{-1}(4)$의 값은? (단, f^{-1}는 f의 역함수이다.)

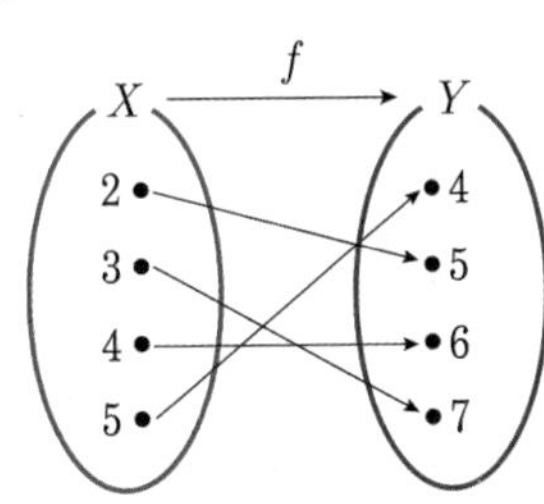

① 5　② 7
③ 9　④ 11

07 유리함수 $y=\dfrac{1}{x-a}+4$의 그래프의 점근선은 두 직선 $x=3$, $y=4$이다. 상수 a의 값은?

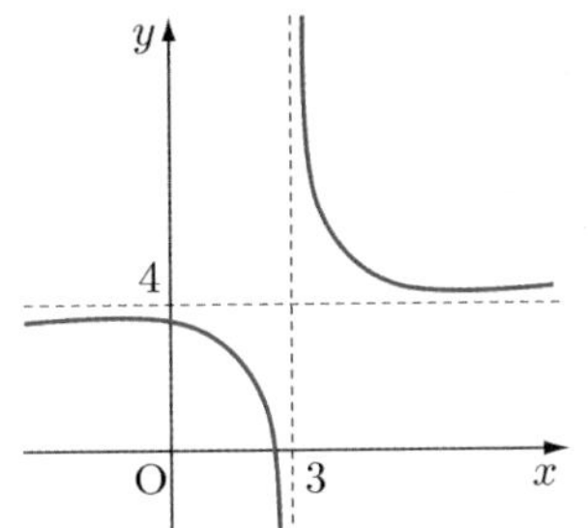

① 1
② 3
③ 5
④ 7

08 유리함수 $y=\dfrac{1}{x-1}+a$의 그래프가 그림과 같을 때, 상수 a의 값은?

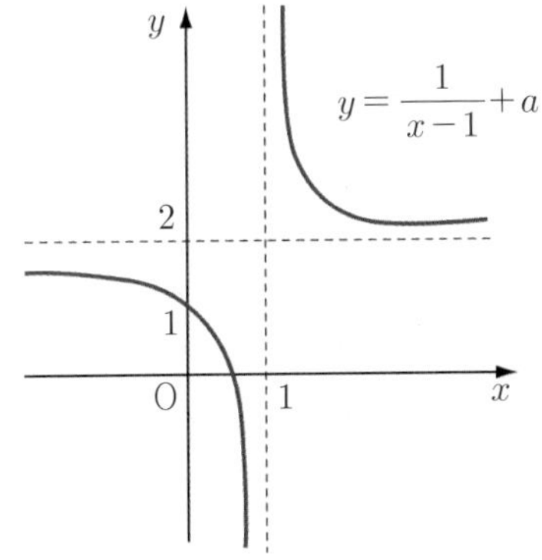

① 1　② 2
③ 3　④ 4

09 유리함수 $y=\dfrac{1}{x-2}+3$의 그래프로 알맞은 것은?

①
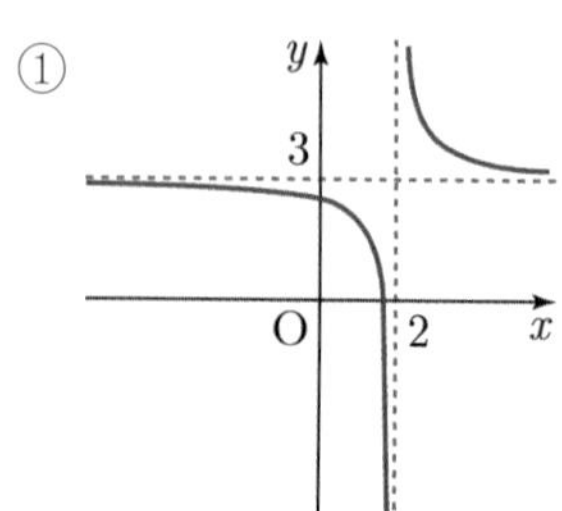

②
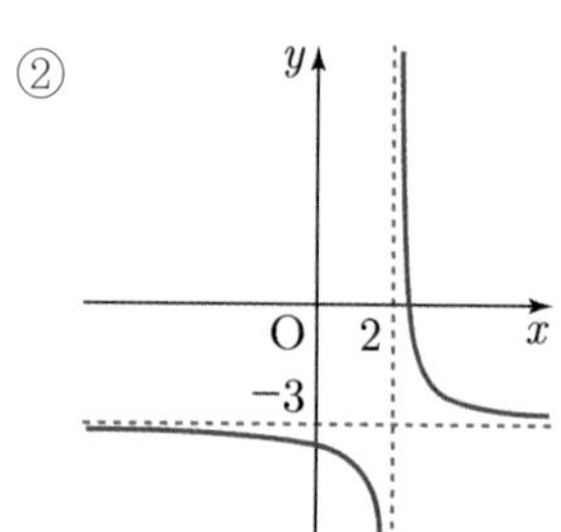

③
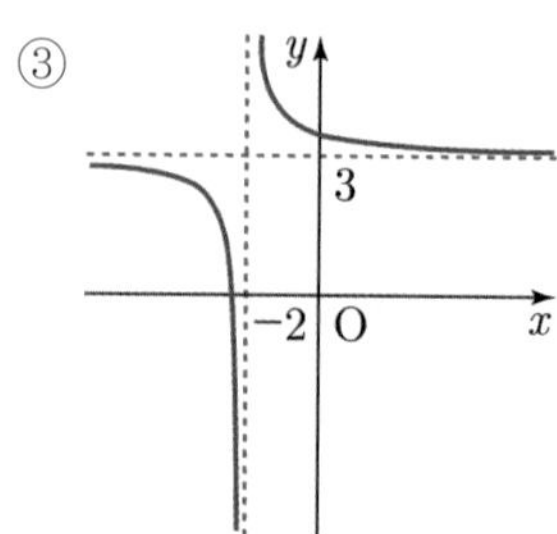

④
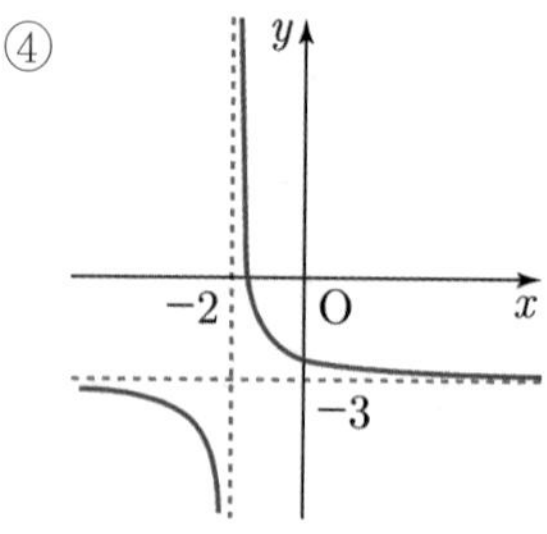

10 그림은 유리함수 $y=\dfrac{2}{x}$의 그래프를 x축의 방향으로 1만큼, y축의 방향으로 -2만큼 평행이동한 $y=\dfrac{2}{x+a}+b$의 그래프이다. 두 상수 a, b에 대하여 $a+b$의 값은?

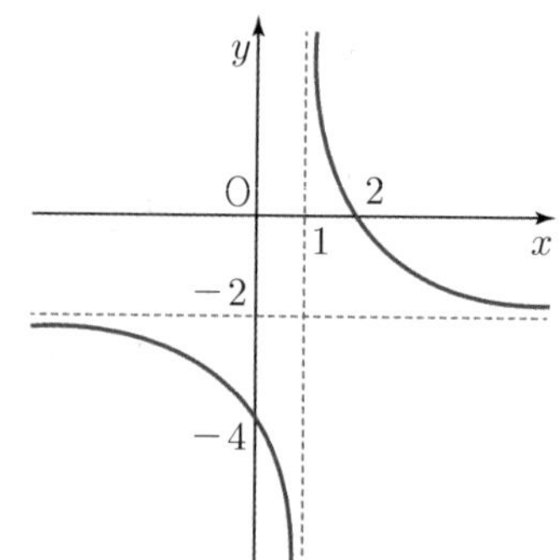

① -3　　② -1
③ 1　　④ 3

11 무리함수 $y=\sqrt{x-1}+a$의 그래프가 그림과 같을 때, 상수 a의 값은?

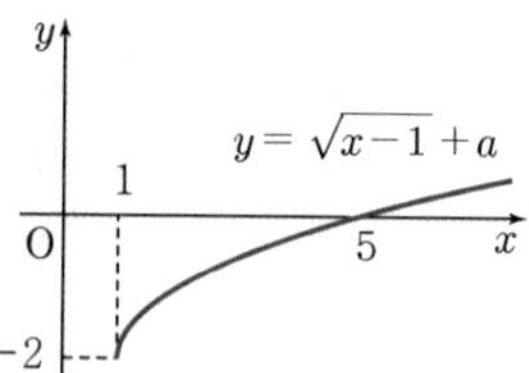

① -2　　② 0
③ 2　　④ 4

12 무리함수 $y=\sqrt{x-2}$ 의 그래프로 알맞은 것은?

①
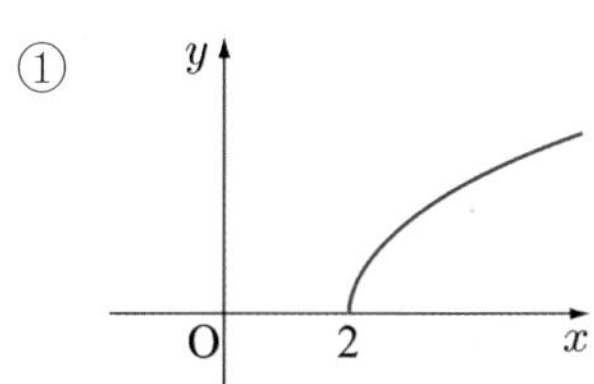

②
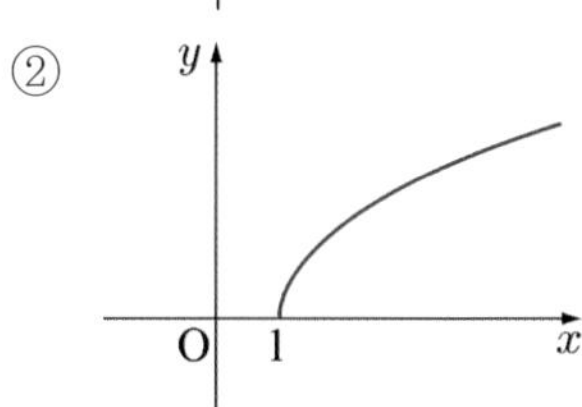

③
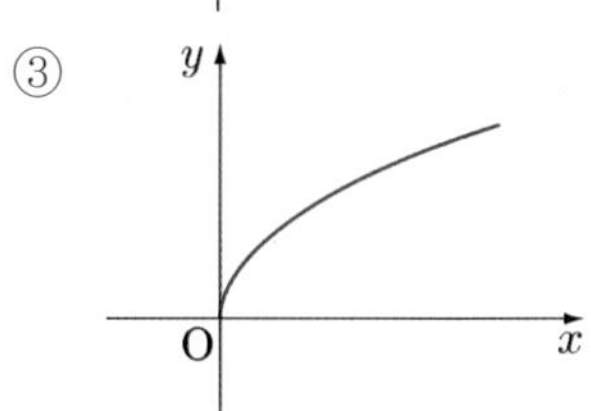

④
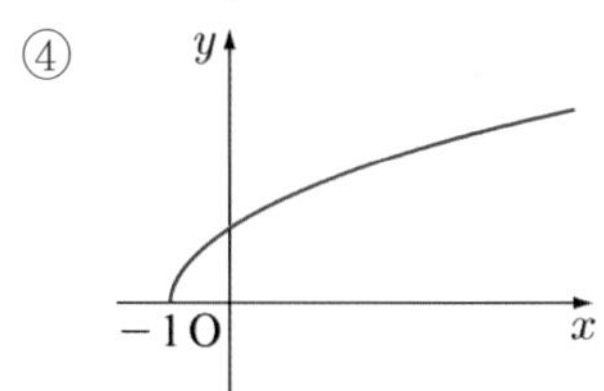

13 무리함수 $y=\sqrt{x-1}+2$의 그래프는 함수 $y=\sqrt{x}$ 의 그래프를 x축 방향으로 a만큼, y축 방향으로 b만큼 평행이동한 것이다. $a+b$의 값은?

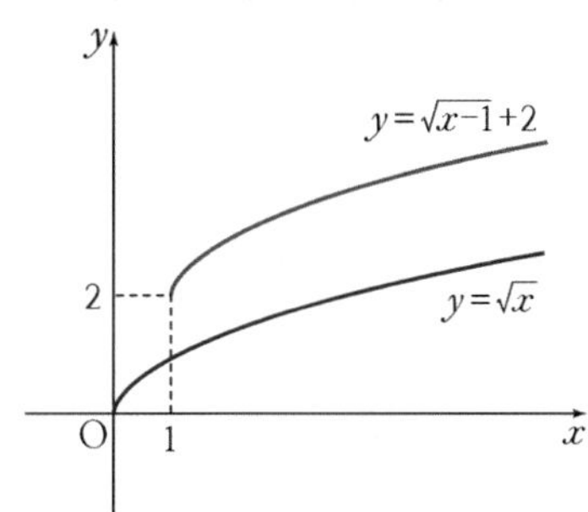

① -3　　② -1
③ 1　　④ 3

14 그림은 무리함수 $y=\sqrt{x}$ 의 그래프와 $y=\sqrt{x}$ 를 x축의 방향으로 a만큼 평행이동한 $y=\sqrt{x-a}$ 의 그래프이다. 상수 a의 값은?

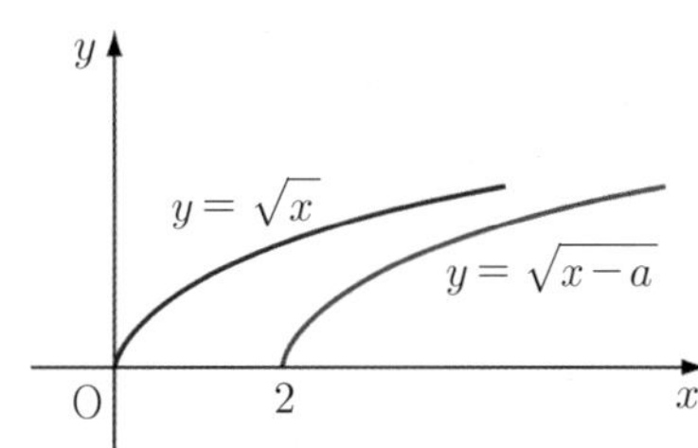

① -1　　② 0
③ 1　　④ 2

EBS 교육방송교재
고졸 검정고시 수학

PART

VI

경우의 수

이 단원에서는 합의 법칙과 곱의 법칙을 이용하여 경우의 수를 구할 수 있도록 합니다. 순열과 조합의 차이를 구분하고, 각각의 경우의 수를 구할 수 있도록 합니다.

경우의 수

• 합의 법칙과 곱의 법칙을 이용하여 경우의 수를 구할 수 있도록 합니다.

1 경우의 수

1. 경우의 수

① **시행** : 어떤 실험 또는 관찰을 하는 행위를 말한다.
② **사건** : 같은 조건에서 반복할 수 있는 실험이나 관찰에 의하여 나타나는 결과를 말한다.
③ **경우** : 사건이 일어날 수 있는 구체적인 결과를 말한다.
④ **경우의 수** : 사건이 일어날 수 있는 경우의 가짓수를 경우의 수라고 한다.

Click 경우의 수 용어정리

주사위를 던져 짝수가 나오는 경우의 수에 대해 알아보자.
① 시행 : 주사위를 던진다.
② 사건 : 짝수의 눈이 나온다.
③ 경우 : 2, 4, 6 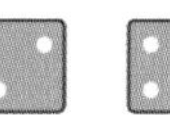 
④ 경우의 수 : 3가지
이와 같이 경우의 수는 그 사건이 일어나는 모든 가짓수를 말한다.

연계개념 이해 쏙!

주사위를 던질 때, 다음 사건의 경우의 수는

사건	홀수의 눈이 나온다.
경우	
경우의 수	3가지

사건	3의 배수의 눈이 나온다.
경우	
경우의 수	2가지

1~5까지의 숫자카드 중 하나를 택할 때, 다음 사건의 경우의 수는

사건	짝수가 나온다.
경우	2, 4
경우의 수	2가지

확인 01

1~10까지의 자연수가 적힌 10장의 카드가 있는 상자에서 한 장의 카드를 꺼낼 때, 다음 사건이 일어나는 경우의 수를 구하여라.

❶ 짝수가 나온다.

❷ 홀수가 나온다.

풀이

❶ 2, 4, 6, 8, 10의 5가지이다.
❷ 1, 3, 5, 7, 9의 5가지이다.

정답 ❶ 5 ❷ 5

확인 02

1~8까지의 자연수가 각각 적힌 8개의 공이 들어있는 상자에서 한 개의 공을 꺼낼 때, 다음 사건이 일어나는 경우의 수를 구하여라.

❶ 짝수가 나온다.

❷ 홀수가 나온다.

풀이

❶ 2, 4, 6, 8의 4가지이다.
❷ 1, 3, 5, 7의 4가지이다.

정답 ❶ 4 ❷ 4

2 합의 법칙과 곱의 법칙

사건 A, B가 일어나는 경우의 수가 각각 m, n이라 하면

1. 사건 A 또는 B가 일어나는 경우의 수 [합의 법칙] 출제포인트 ★★★

사건 A와 사건 B가 동시에 일어나지 않을 때 ➜ 경우의 수 : $m+n$

그림으로 핵심만 쏙쏙!

사건 A 또는 사건 B
↓ ↓
m $+$ n

Click — 합의 법칙

티셔츠 3종류와 스웨터 2종류가 있을 때, 이 중 하나를 고르는 경우의 수는
티셔츠 또는 스웨터
3 + 2 = 5가지이다.

사건 A **또는** 사건 B

$m + n$

동시에 일어나지 않는 사건에 대해서는 합의 법칙을 사용한다.

확인 03

색연필 4종류와 볼펜 3종류가 있을 때, 색연필 또는 볼펜 한 자루를 선택하는 경우의 수를 구하여라.

풀이

동시에 일어나지 않는 사건이므로 합의 법칙을 이용한다. $(4+3=7)$

정답 7가지

확인 04

만화책 4권과 소설책 5권이 책꽂이에 꽂혀있을 때, 만화책 또는 소설책 한 권을 꺼내는 경우의 수를 구하여라.

풀이

동시에 일어나지 않는 사건이므로 합의 법칙을 이용한다. $(4+5=9)$

정답 9가지

2. 사건 A, B가 동시에 일어나는 경우의 수 [곱의 법칙] 출제포인트

사건 A와 사건 B가 동시에 일어날 때 ➜ 경우의 수 : $m \times n$

Click — 곱의 법칙

어떤 아이스크림 가게에서 컵이나 콘에,
딸기, 바닐라, 초코 중 한 종류의 아이스크림을 담아 판매한다고 한다.

용기를 고르고(2가지) 동시에 아이스크림 맛을 고른다.(3가지)
2 × 3 = 6가지

경우의 수는 하나하나 경우를 생각하여 세는 방법으로도 문제를 풀 수 있다.

그림으로 핵심만 쏙쏙!

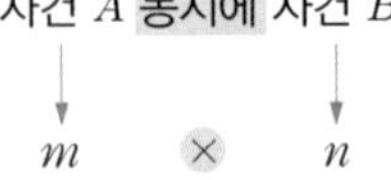

그림으로 핵심만 쏙쏙!

총 6가지이다.

 확인 05

A 에서 B 를 거쳐 C 로 가려고 한다. 가는 길의 종류가 다음 그림과 같을 때, A 에서 C 까지 가는 길의 경우의 수를 구하여라.

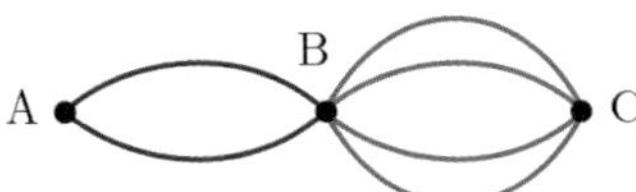

풀이

A 에서 B 까지 가는 길의 종류가 2가지, B 에서 C 까지 가는 길의 종류가 4가지이고, A 에서 B 를 거쳐 C 까지 가는 경로이므로 곱의 법칙을 이용하면, $2 \times 4 = 8$

정답 8가지

 확인 06

A 에서 B 를 거쳐 C 로 가려고 한다. 가는 길의 종류가 다음 그림과 같을 때, A 에서 C 까지 가는 길의 경우의 수를 구하여라.

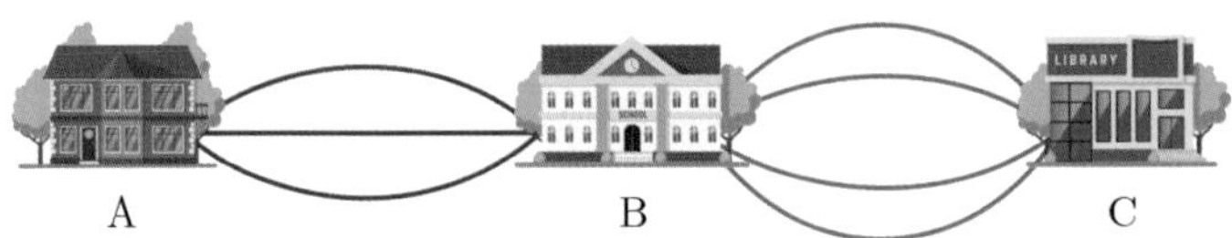

풀이

A 에서 B 까지 가는 길의 종류가 3가지, B 에서 C 까지 가는 길의 종류가 4가지이고, A 에서 B 를 거쳐 C 까지 가는 경로이므로 곱의 법칙을 이용하면, $3 \times 4 = 12$

정답 12가지

01 실력 체크 문제

정답 및 해설 별책 50p

01 휴게실에 5종류의 소설책과 3종류의 신문이 있다. 소설책 또는 신문 중에서 한 가지를 고르는 경우의 수는?

① 2　　② 4
③ 6　　④ 8

02 어느 화원에 붉은색 꽃이 5종류, 흰색 꽃이 3종류, 노란색 꽃이 2종류 진열되어 있다. 각각의 색의 꽃을 한 송이씩 뽑아 꽃다발을 만드는 방법의 수는? (단, 꽃의 종류는 모두 다르다.)

① 30　　② 35
③ 40　　④ 45

03 두 지점 A, B 사이에는 3개의 버스 노선과 2개의 지하철 노선이 있다. A 지점에서 B 지점으로 갈 때에는 버스를 타고, B 지점에서 A 지점으로 돌아올 때에는 지하철을 타는 방법의 수는?

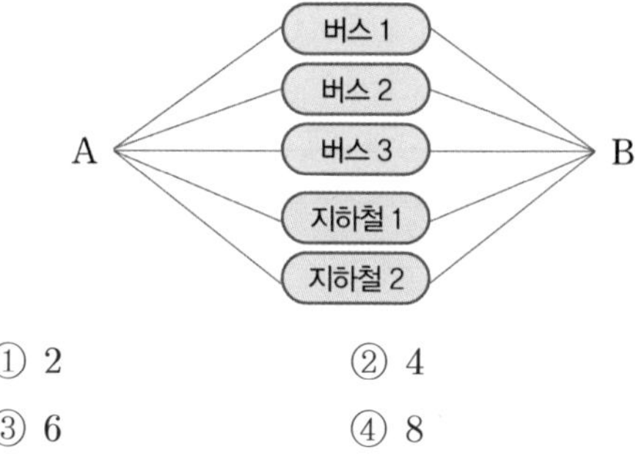

① 2　　② 4
③ 6　　④ 8

04 7명의 남자 선수와 5명의 여자 선수로 구성된 탁구팀에서 한 사람씩 뽑아 혼합복식조를 만드는 경우의 수는?

① 30　　② 35
③ 40　　④ 45

05 2개의 자음 ㄱ, ㄴ과 4개의 모음 ㅏ, ㅑ, ㅓ, ㅕ가 있다. 이 중에서 자음 한 개와 모음 한 개를 짝지어 만들 수 있는 글자의 개수는?

① 2　　② 4
③ 6　　④ 8

06 A, B 두 개의 주사위를 동시에 던질 때, 주사위 A는 3의 배수의 눈이 나오고, B는 6의 약수의 눈이 나오는 경우의 수는?

① 4　　② 6
③ 8　　④ 10

순열과 조합

• 순열과 조합의 의미를 이해하고, 조건에 맞게 경우의 수를 구할 수 있도록 합니다.

그림으로 핵심만 쏙 쏙!

$_{n}\mathrm{P}_{r}$
$= n \times (n-1) \times \cdots \times (n-r+1)$ (r개)

$n!$

$n! = n \times (n-1) \times \cdots \times 1$

→ n부터 시작하여 1까지 곱하는 것

예 $3! = 3 \times 2 \times 1$

1 순열

1. 선택하여 나열하는 경우의 수 [순열] 출제포인트 ★★★

서로 다른 n개에서 중복됨 없이 $r(n \geq r)$개를 택하여 일렬로 배열하는 것을 n개에서 r개를 택하는 순열이라 하고, 이 순열의 수를 기호로 $_{n}\mathrm{P}_{r}$과 같이 나타낸다.

$_{n}\mathrm{P}_{r}$

서로 다른 것의 개수 (n)　　택하는 것의 개수 (r)

① $_{n}\mathrm{P}_{r} = n(n-1)(n-2)\cdots(n-r+1)$ (단, $0 \leq r \leq n$)

예 $_{4}\mathrm{P}_{3} = 4 \times 3 \times 2 = 24$, $_{5}\mathrm{P}_{2} = 5 \times 4 = 20$

② $_{n}\mathrm{P}_{n} = n!$

③ $_{n}\mathrm{P}_{0} = 1$, $0! = 1$

Click 　정수와 순열

숫자카드 1, 2, 3, 4가 있을 때, 이 중 두 장을 선택하여 만들 수 있는 두 자리 정수를 알아보자.

방법 1

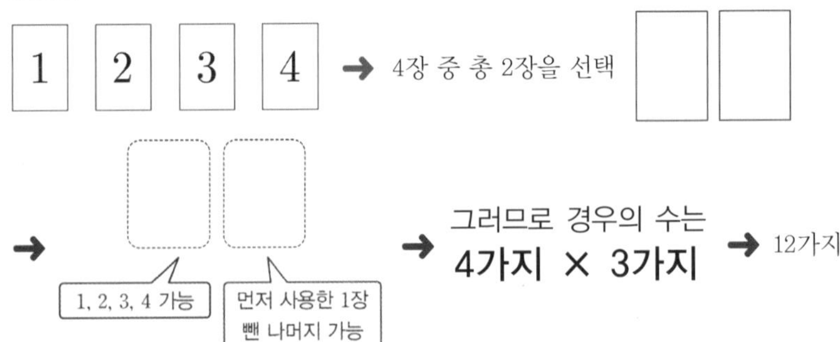

방법 2 숫자카드 4개 중 2개를 선택하여 일렬로 배열하는 경우의 수이므로 $_{4}\mathrm{P}_{2}$

$_{4}\mathrm{P}_{2} = 4 \times 3 = 12$

2. 한 줄로 서는 경우의 수

① n명을 한 줄로 세우는 경우의 수

➜ ${}_n\mathrm{P}_n = n\times(n-1)\times(n-2)\times\cdots\times2\times1$

② n명 중에서 2명을 뽑아 한 줄로 세우는 경우의 수

➜ ${}_n\mathrm{P}_2 = n\times(n-1)$

③ n명 중에서 3명을 뽑아 한 줄로 세우는 경우의 수

➜ ${}_n\mathrm{P}_3 = n\times(n-1)\times(n-2)$

Click 한 줄로 서는 경우의 수와 순열

3명의 학생이 일렬로 서는 경우의 수를 순열로 구하는 이유를 알아보자.

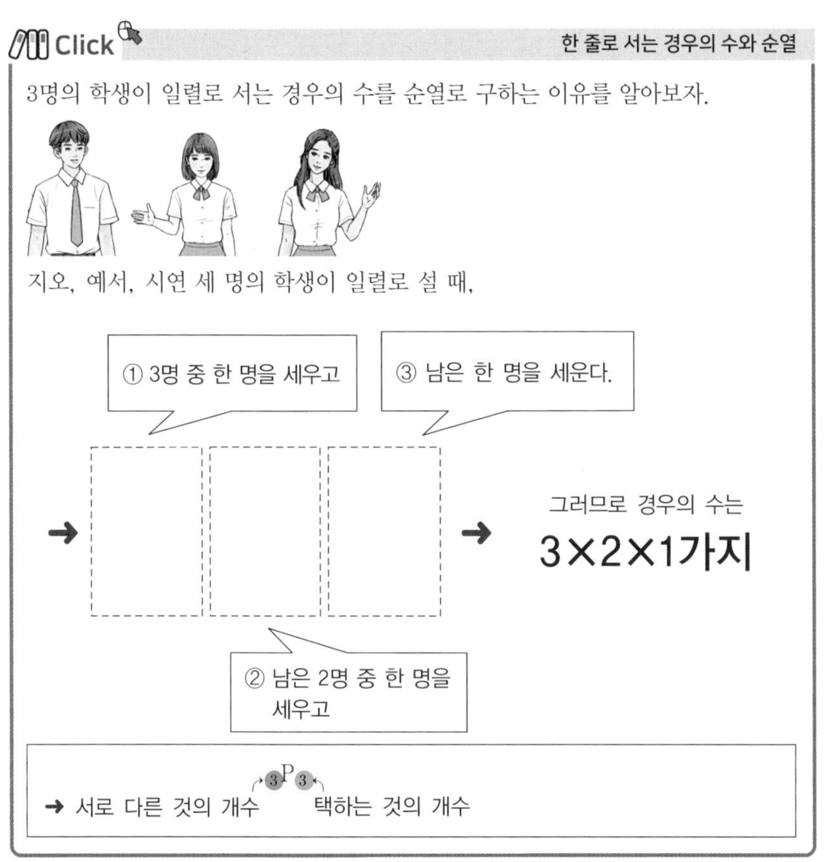

➜ 서로 다른 것의 개수 ${}_3\mathrm{P}_3$ 택하는 것의 개수

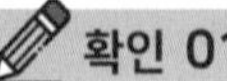

확인 01

다음의 경우의 수를 구하여라.

❶ 3명의 학생이 일렬로 서는 경우의 수를 구하여라.

❷ 4명의 학생 중 2명을 골라 일렬로 세우는 경우의 수를 구하여라.

❸ 4명의 학생 중 3명을 골라 일렬로 세우는 경우의 수를 구하여라.

풀이

❶ $3\times2\times1=6$ 또는 ${}_3\mathrm{P}_3$

❷ 4×3 또는 ${}_4\mathrm{P}_2$

❸ $4\times3\times2$ 또는 ${}_4\mathrm{P}_3$

정답 ❶ 6가지 ❷ 12가지 ❸ 24가지

3. 대표 뽑기(구분이 되는)

① n명 중에서 2명의 대표를 뽑는 경우의 수(회장, 부회장과 같이 구분이 되는 대표)

→ ${}_n\mathrm{P}_2=n\times(n-1)$

예 3명 중에서 회장 1명과 부회장 1명을 뽑는 경우의 수는 ${}_3\mathrm{P}_2=6$가지

② n명 중에서 3명의 대표를 뽑는 경우의 수(회장, 부회장, 총무와 같이 구분이 되는 대표)

→ ${}_n\mathrm{P}_3=n\times(n-1)\times(n-2)$

예 4명 중에서 회장 1명과 부회장 1명, 총무 1명을 뽑는 경우의 수는 ${}_4\mathrm{P}_3=24$가지

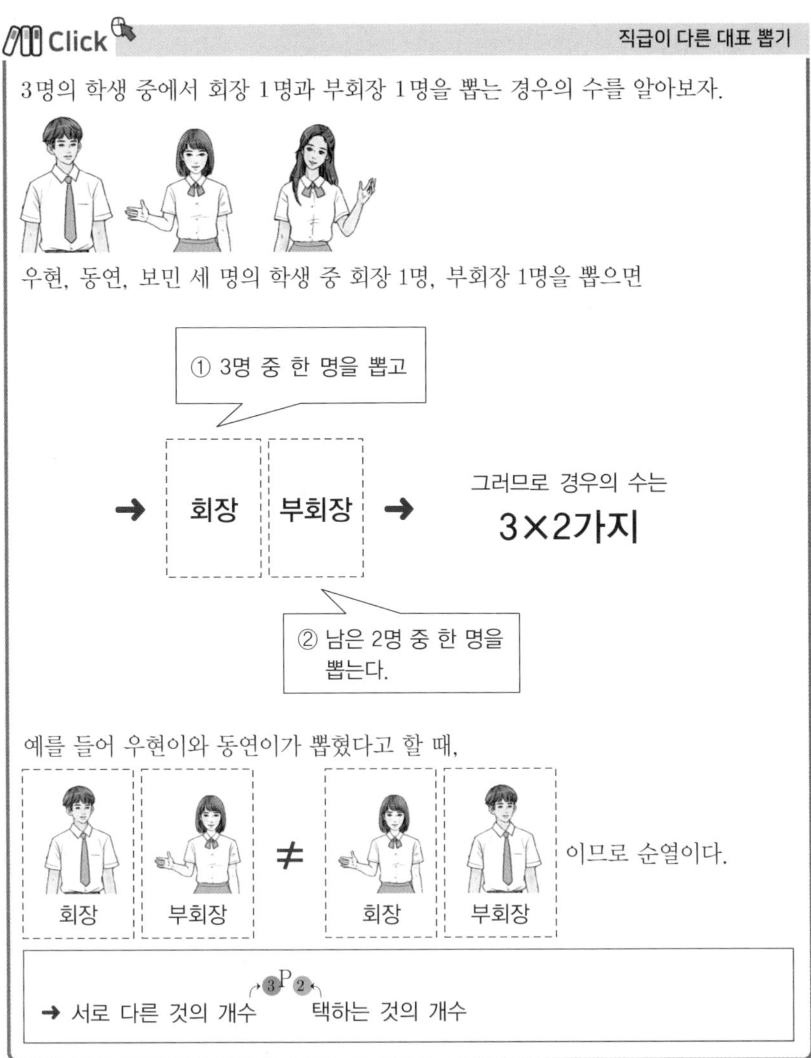

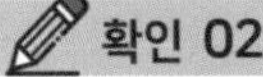

확인 02

사과, 딸기, 포도 세 종류의 과일 중 서로 다른 두 개의 과일을 골라 일렬로 나열하는 경우의 수는?

① 4가지　　② 5가지
③ 6가지　　④ 7가지

풀이

세 개 중 두 개를 골라 일렬로 나열하므로
$3\times2=6$가지 또는 ${}_3P_2$

정답 ③

확인 03

a, b, c, d 네 종류의 알파벳 중 서로 다른 두 개의 알파벳을 골라 일렬로 나열하는 경우의 수는?

① 6가지 ② 8가지
③ 10가지 ④ 12가지

풀이

네 개 중 두 개를 골라 일렬로 나열하므로
$4\times3=12$가지 또는 $_4P_2$

정답 ④

확인 04

4명 중에서 회장 1명과 부회장 1명을 뽑는 경우의 수를 구하여라.

풀이

4명 중 직급이 다른 2명의 대표를 뽑는 경우의 수는
$4\times3=12$가지 또는 $_4P_2$

정답 12가지

2 조합

1. 선택하는 경우의 수 [조합] 출제포인트 ★★★

서로 다른 n개에서 순서를 고려하지 않고 r개를 택하는 것을 n개에서 r개를 택하는 조합이라 하고, 이 조합의 수를 기호로 $_nC_r$과 같이 나타낸다.

$_nC_r$
서로 다른 것의 개수 (n) 택하는 것의 개수 (r)

① $_nC_r = \dfrac{n(n-1)(n-2)\cdots(n-r+1)}{r!}$ (단, $0 \le r \le n$)

② $_nC_n=1,\ _nC_0=1$

그림으로 핵심만 쏙쏙!

$_nC_r = \dfrac{n\times(n-1)\times\cdots\times(n-r+1)}{r!}$ (분자: r개)

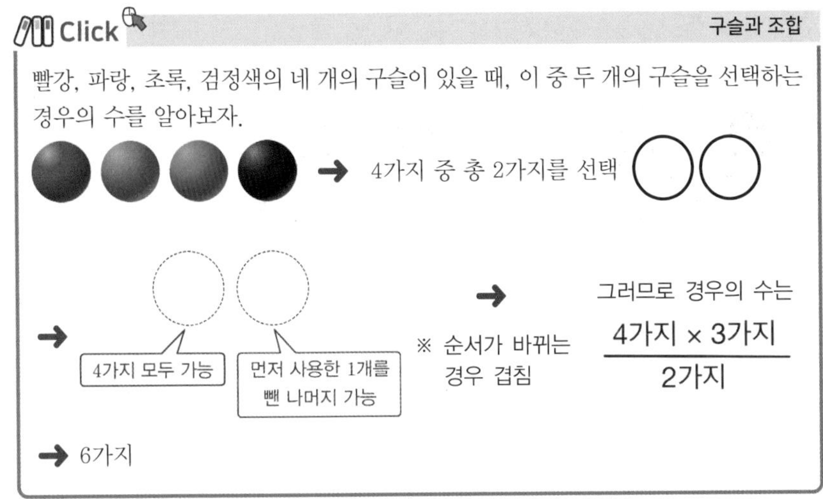

그림으로 핵심만 쏙 쏙!

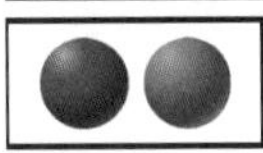

그림과 같이 두 가지 경우는 같은 경우이다. 따라서 겹치는 만큼 2로 나누어 구한다.

2. 대표 뽑기(구분이 되지 않는)

① n명 중에서 2명의 대표를 뽑는 경우의 수(회장 2명과 같이 구분이 되지 않는 대표)

→ ${}_{n}\mathrm{C}_{2}=\dfrac{n\times(n-1)}{2\times1}$

예 3명 중에서 회장 2명을 뽑는 경우의 수는

${}_{3}\mathrm{C}_{2}=\dfrac{3\times2}{2\times1}=3$가지

② n명 중에서 3명의 대표를 뽑는 경우의 수(회장 3명과 같이 구분이 되지 않는 대표)

→ ${}_{n}\mathrm{C}_{3}=\dfrac{n\times(n-1)\times(n-2)}{3\times2\times1}$

예 4명 중에서 회장 3명을 뽑는 경우의 수는

${}_{4}\mathrm{C}_{3}=\dfrac{4\times3\times2}{3\times2\times1}=4$가지

Click 직급이 같은 대표 뽑기와 조합

5명의 학생 중에서 회장 2명을 뽑는 경우의 수를 알아보자.

예린, 보림, 재원, 예준, 민영 5명의 학생 중에서 회장 2명을 뽑으면

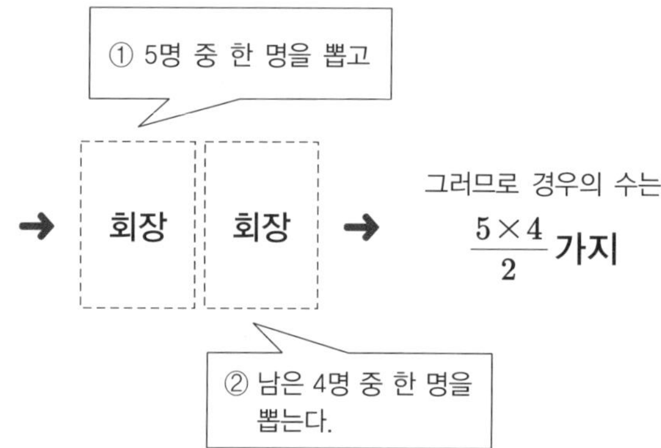

2로 나누는 이유를 알아보자. 예를 들어 예린이와 민영이가 뽑혔다고 할 때,

이므로 조합이다.

→ 서로 다른 것의 개수 $_5C_2$ 택하는 것의 개수

확인 05

사과, 딸기, 포도 세 종류의 과일 중 서로 다른 두 개의 과일을 고르는 경우의 수는?

① 5가지　　② 4가지

③ 3가지　　④ 2가지

풀이

세 개 중 두 개를 고르는 경우의 수이므로, 과일의 종류가 같다면, 순서가 바뀌는 것은 다른 경우로 인정하지 않는다.

따라서, $\frac{3\times2}{2}=3$가지이거나 $_3C_2$

정답 ③

확인 06

a, b, c, d 네 종류의 알파벳 중 서로 다른 두 개의 알파벳을 고르는 경우의 수는?

① 6가지 ② 5가지
③ 4가지 ④ 3가지

풀이

네 개 중 두 개를 고르는 경우의 수이므로, 알파벳의 종류가 같다면, 순서가 바뀌는 것은 다른 경우로 인정하지 않는다.

따라서, $\dfrac{4\times3}{2}=6$가지이거나 ${}_4\mathrm{C}_2$

정답 ①

확인 07

4명의 학생 중 회장 2명을 뽑는 경우의 수는?

풀이

4명 중 직급이 같은 2명의 대표를 뽑는 경우의 수에서, 순서가 바뀌는 것은 다른 경우로 인정하지 않으므로

$\dfrac{4\times3}{2}=\dfrac{12}{2}=6$가지 또는 ${}_4\mathrm{C}_2$이다.

정답 6가지

실력 체크 문제

정답 및 해설 별책 51p

01 1, 2, 3, 4, 5 의 숫자가 하나씩 적힌 5 장의 카드를 이용하여 만들 수 있는 세 자리의 정수의 개수는?

① 40 ② 45
③ 50 ④ 60

02 A, B, C, D 4 명을 일렬로 세우는 모든 경우의 수는?

① 12 ② 24
③ 26 ④ 30

03 예서, 지홍, 휘령, 승헌, 예진, 준영 6명의 학생 중에서 회장 1명, 부회장 1명을 뽑는 경우의 수는?

① 30 ② 35
③ 40 ④ 45

04 서로 다른 5가지 음식 중에서 3가지를 선택하여 접시에 담는 경우의 수는? (단, 담는 자리나 순서는 구별하지 않는다.)

① 4 ② 6
③ 8 ④ 10

05 10 종류의 서로 다른 아이스크림 중에서 2 가지를 고르는 방법의 수는? (단, 아이스크림을 고르는 순서는 구별하지 않는다.)

① 10 ② 15
③ 30 ④ 45

06 8 개의 축구팀 중 두 팀을 선택하여 경기하는 경우의 수는?

① 12 ② 24
③ 28 ④ 30

단원출제요소정리

01 경우의 수

1 합의 법칙과 곱의 법칙

사건 A, B가 일어나는 경우의 수가 각각 m, n이라 하면

① 사건 A 또는 B가 일어나는 경우의 수 [합의 법칙]

사건 A와 사건 B가 동시에 일어나지 않을 때 ➜ 경우의 수 : $m+n$

사건 A **또는** 사건 B

m + n

② 사건 A, B가 동시에 일어나는 경우의 수 [곱의 법칙]

사건 A와 사건 B가 동시에 일어날 때

➜ 경우의 수 : $m\times n$

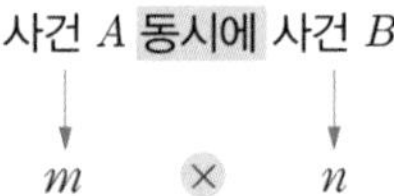

02 순열과 조합

1 선택하여 나열하는 경우의 수 [순열]

서로 다른 n개에서 중복됨 없이 $r(n \geq r)$개를 택하여 일렬로 배열하는 것을 n개에서 r개를 택하는 순열이라 하고, 이 순열의 수를 기호로 ${}_{n}\mathrm{P}_{r}$과 같이 나타낸다.

${}_{n}\mathrm{P}_{r}$

서로 다른 것의 개수 / 택하는 것의 개수

➜ ${}_{n}\mathrm{P}_{r}=n(n-1)(n-2)\cdots(n-r+1)$

(단, $0 \leq r \leq n$)

2 대표 뽑기(구분이 되는)

① n명 중에서 2명의 대표를 뽑는 경우의 수 (회장, 부회장과 같이 구분이 되는 대표)

➜ ${}_{n}\mathrm{P}_{2}=n\times(n-1)$

② n명 중에서 3명의 대표를 뽑는 경우의 수 (회장, 부회장, 총무와 같이 구분이 되는 대표)

➜ ${}_{n}\mathrm{P}_{3}=n\times(n-1)\times(n-2)$

3 선택하는 경우의 수 [조합]

서로 다른 n개에서 순서를 고려하지 않고 r개를 택하는 것을 n개에서 r개를 택하는 조합이라 하고, 이 조합의 수를 기호로 ${}_{n}\mathrm{C}_{r}$과 같이 나타낸다.

${}_{n}\mathrm{C}_{r}$

서로 다른 것의 개수 / 택하는 것의 개수

➜ ${}_{n}\mathrm{C}_{r}=\dfrac{n(n-1)(n-2)\cdots(n-r+1)}{r!}$

(단, $0 \leq r \leq n$)

4 대표 뽑기(구분이 되지 않는)

① n명 중에서 2명의 대표를 뽑는 경우의 수 (회장 2명과 같이 구분이 되지 않는 대표)

➜ ${}_{n}\mathrm{C}_{2}=\dfrac{n\times(n-1)}{2\times1}$

② n명 중에서 3명의 대표를 뽑는 경우의 수 (회장 3명과 같이 구분이 되지 않는 대표)

➜ ${}_{n}\mathrm{C}_{3}=\dfrac{n\times(n-1)\times(n-2)}{3\times2\times1}$

PART VI

기출문제 체크

정답 및 해설 별책 52p

01 A, B 두 개의 주사위를 동시에 던질 때, 주사위 A의 눈의 수는 짝수, 주사위 B의 눈의 수는 3의 배수가 나오는 경우의 수는?

① 3　② 4
③ 5　④ 6

02 그림과 같이 P도시에서 Q도시로 가는 길은 3가지이고, Q도시에서 R도시로 가는 길은 2가지이다. P도시를 출발하여 Q도시를 거쳐 R도시로 가는 경우의 수를 구하면?

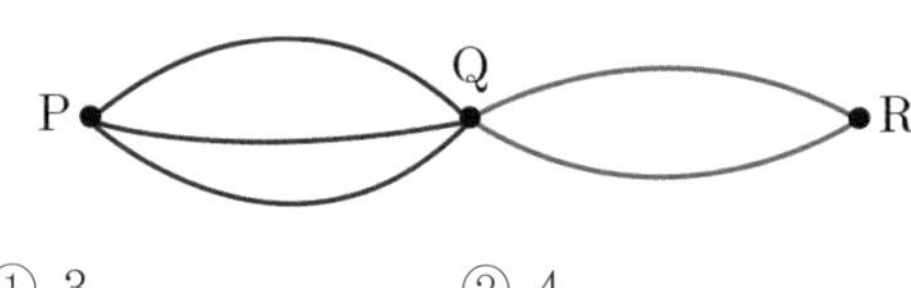

① 3　② 4
③ 5　④ 6

03 그림과 같이 세 종류의 과일과 두 종류의 채소가 있다. 정민이가 한 종류의 과일과 한 종류의 채소를 섞어 주스를 만들려고 한다. 과일과 채소에서 각각 한 종류씩 선택할 수 있는 경우의 수는?

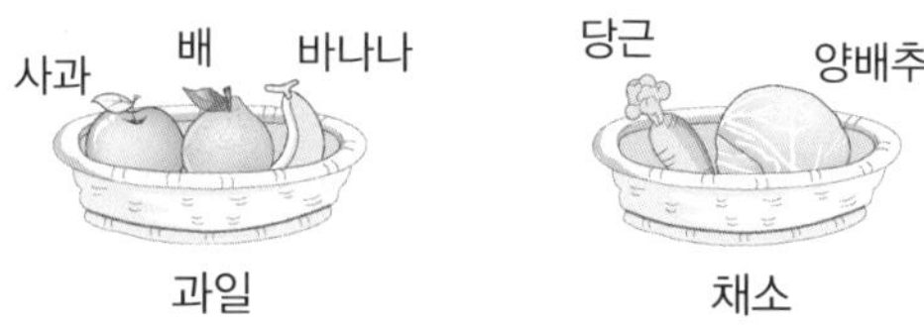

① 4　② 6
③ 8　④ 10

04 그림은 어느 하계 올림픽 경기 종목 중 4개의 종목을 나타낸 것이다. 이 4개의 종목에서 서로 다른 2개의 종목을 택하여 일렬로 나열하는 경우의 수는?

① 12　② 15
③ 18　④ 21

05 그림과 같이 3장의 글자 카드가 있다. 이 중에서 서로 다른 2장의 카드를 택하여 일렬로 나열하는 경우의 수는?

복

① 4　　② 6
③ 8　　④ 10

06 그림과 같은 석 장의 숫자 카드가 있다. 이 중에서 서로 다른 두 장의 카드를 택하여 만들 수 있는 두 자리 정수의 개수는?

① 6개　　② 8개
③ 10개　　④ 12개

07 그림과 같이 5개의 정다면체가 있다. 이 5개의 정다면체에서 서로 다른 2개의 정다면체를 선택하는 경우의 수는?

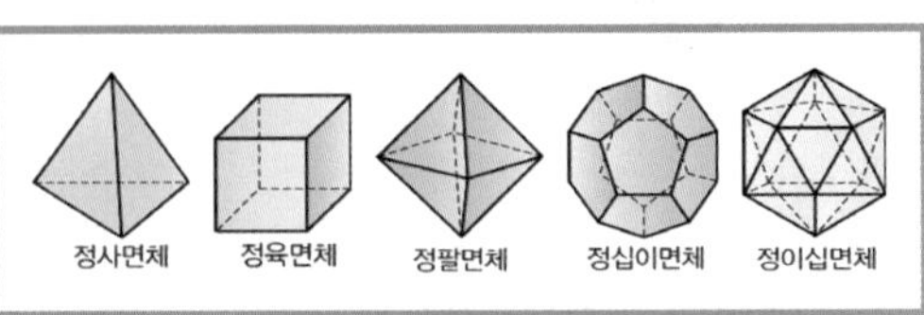

① 8　　② 10
③ 12　　④ 14

08 그림과 같이 4개의 민속놀이가 있다. 이 중에서 서로 다른 2개의 민속놀이를 선택하는 경우의 수는?

연날리기

제기차기

그네타기

팽이치기

① 2　　② 4
③ 6　　④ 8

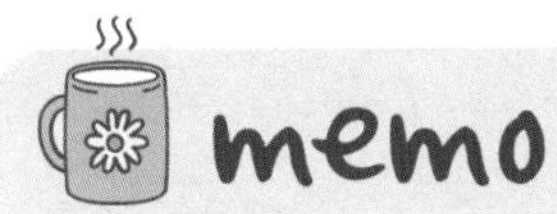

EBS 교육방송교재

고졸 검정고시 **수학**

실전 모의고사

제 1 회 실전 모의고사

정답 및 해설 별책 53p

01 두 다항식 $A=x^2+5x+7$, $B=3x-1$에 대하여 $A+2B$는?

① x^2+8x+6

② $3x^2+4x+4$

③ $x^2+11x+5$

④ x^2+5x+4

02 등식 $x^2+ax+1=x^2+3x+1$이 x에 대한 항등식일 때, 상수 a의 값은?

① 1 ② 2

③ 3 ④ 4

03 다항식 x^3-x^2+ax+3이 $x+1$로 나누어떨어질 때, 상수 a의 값은?

① 0 ② 1

③ 2 ④ 3

04 다항식 x^3-a^3을 인수분해한 식이 $(x-2)(x^2+2x+4)$일 때, 상수 a의 값은?

① 2 ② 3

③ 4 ④ 5

05 다음 등식을 만족하는 실수 a, b의 값은? (단, $i=\sqrt{-1}$)

$$(a-1)+3i=2+bi$$

① $a=3,\ b=1$

② $a=1,\ b=3$

③ $a=3,\ b=2$

④ $a=3,\ b=3$

06 이차방정식 $x^2+4x+k=0$ 이 중근을 갖도록 하는 k의 값은?

① 2　② 3

③ 4　④ 5

07 $0 \le x \le 4$일 때, 함수 $y=(x-1)^2-1$의 최댓값은?

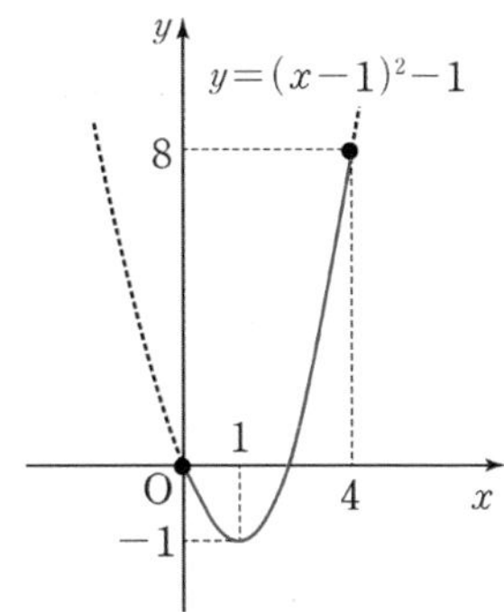

① 8　② 0

③ 1　④ 3

08 x, y에 대한 연립방정식 $\begin{cases} x^2+y^2=a \\ xy=-4 \end{cases}$ 의 해가 $x=b$, $y=-1$일 때, $a-b$의 값은?

① 12　② 13

③ 14　④ 15

09 부등식 $|x-5| \le 3$의 해를 수직선 위에 나타낼 때, a에 알맞은 수는?

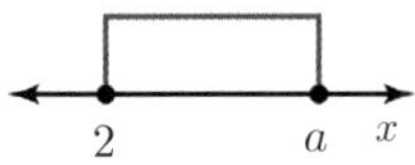

① 6　　② 7
③ 8　　④ 9

10 이차부등식 $(x-2)(x+4)>0$의 해는?

① $-2<x<4$
② $x<-2$ 또는 $x>4$
③ $-4<x<2$
④ $x<-4$ 또는 $x>2$

11 좌표평면 위의 두 점 $\mathrm{A}(-1, 4)$, $\mathrm{B}(3, -4)$의 중점은?

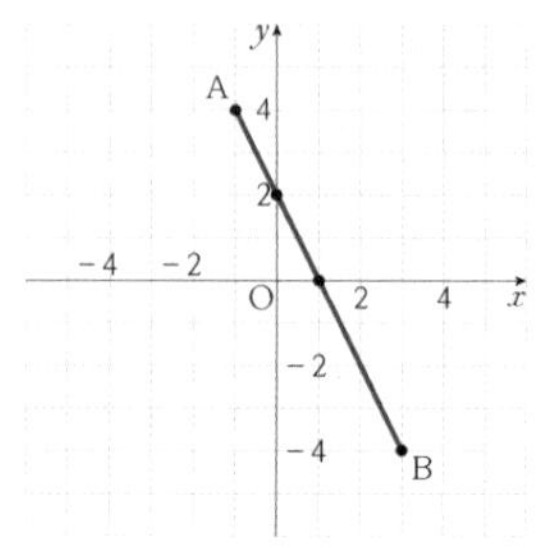

① $(1, 1)$　　② $(2, 0)$
③ $(2, 1)$　　④ $(1, 0)$

12 직선 $y=2x-1$에 수직이고 점 $(0, 2)$를 지나는 직선의 방정식은?

① $y=-\frac{1}{2}x+2$　　② $y=-2x+2$
③ $y=\frac{1}{2}x+2$　　④ $y=2x+2$

13 중심이 점 $(3,\ 4)$이고 점 $(6,\ 0)$을 지나는 원의 방정식은?

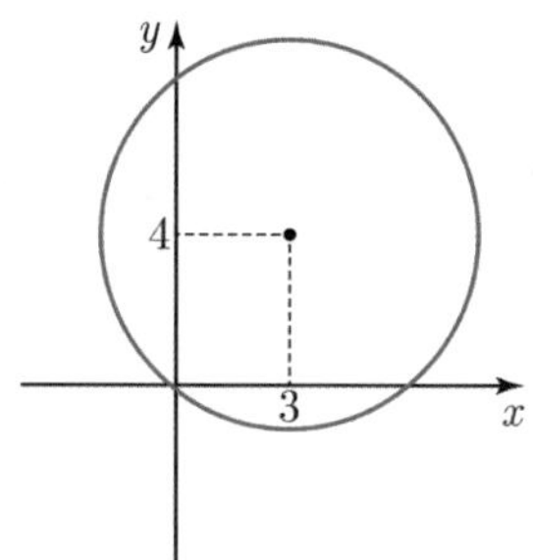

① $(x-3)^2+(y-4)^2=5$

② $(x+3)^2+(y+4)^2=25$

③ $(x+3)^2+(y+4)^2=5$

④ $(x-3)^2+(y-4)^2=25$

14 좌표평면 위의 점 $(1,\ 4)$를 x축의 방향으로 1만큼, y축의 방향으로 -4만큼 평행이동한 점의 좌표는?

① $(2,\ 1)$　　② $(2,\ 0)$

③ $(1,\ 2)$　　④ $(0,\ 2)$

15 전체집합 $U=\{1, 2, 3, 4, 5, 6, 7\}$의 두 부분집합 $A=\{1, 4, 5, 7\}$, $B=\{3, 4, 5, 6\}$에 대하여 $n(A\cap B^C)$는?

① 0　　② 1

③ 2　　④ 3

16 다음 중 참인 명제는?

① 한라산은 높다.

② $x^2=1$이면 $x=1$이다.

③ $x>2$이다.

④ $x=3$이면 $x+1=4$이다.

17 두 함수 $f(x)=2x-1$, $g(x)=x^2-1$의 합성함수 $(f \circ g)(x)$에 대하여, $(f \circ g)(1)$의 값은?

① 1　　② 2
③ 0　　④ -1

18 유리함수 $y=\dfrac{1}{x+a}+b$의 그래프의 점근선은 $x=-2$, $y=-3$이다. $a+b$의 값을 구하면?

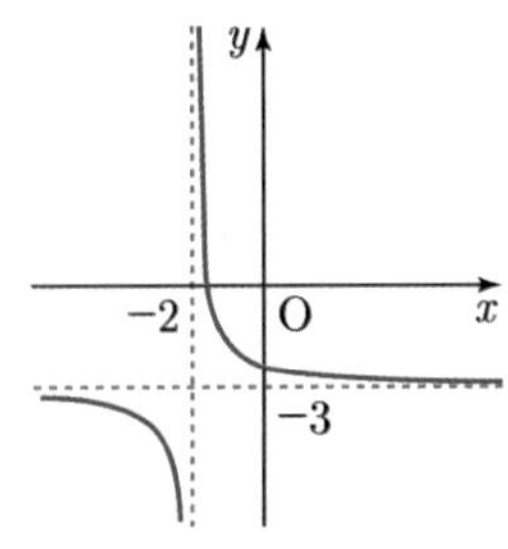

① -1　　② 0
③ 1　　④ 2

19 숫자 1, 3, 5, 7이 적혀있는 네 장의 카드가 있다. 서로 다른 두 장의 카드로 만들 수 있는 두 자리 정수의 개수는?

① 16가지　　② 12가지
③ 10가지　　④ 9가지

20 서로 다른 5가지의 화분이 있다. 이 중 2가지를 선택하는 경우의 수는?

① 4가지　　② 6가지
③ 8가지　　④ 10가지

제 2 회 실전 모의고사

정답 및 해설 별책 57p

01 두 다항식 $A=x^2-2x+4$, $B=2x^2+x$에 대하여 $2A-B$는?

① x^2+x+8

② $3x^2-x+4$

③ $-5x+8$

④ $2x+8$

02 등식 $3x^2+4x+b=ax^2+4x+1$이 x에 대한 항등식일 때, $a+b$의 값은?

① 1　② 2

③ 3　④ 4

03 조립제법을 이용하여 다항식 x^3-5x^2+3x-1을 $x-2$로 나누는 과정이다. 몫과 나머지는?

2	1	−5	3	−1
		2	−6	−6
	1	−3	−3	□

① 몫 : x^2-3x, 나머지 : 5

② 몫 : x^2-3x, 나머지 : -7

③ 몫 : x^2-3x-3, 나머지 : -7

④ 몫 : x^2-3x-3, 나머지 : 5

04 다항식 $x+\frac{1}{x}=3$일 때, $x^2+\frac{1}{x^2}$의 값은?

① 7　② 9

③ 11　④ 13

05 $i(3+2i)=-2+ai$일 때, 실수 a의 값은? (단, $i=\sqrt{-1}$)

① -3 ② -2
③ 2 ④ 3

06 $x^2+3x-4=0$의 두 근을 α, β라 할 때, $\alpha+\beta+\alpha\beta$의 값은?

① -7 ② -5
③ -1 ④ 7

07 $3 \le x \le 5$일 때, 이차함수 $y=(x-2)^2-2$의 최솟값은?

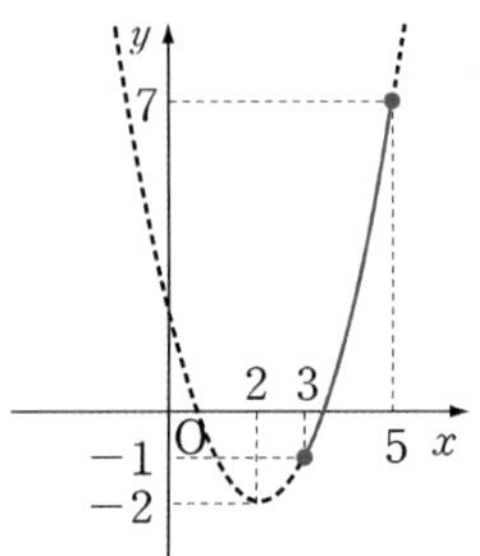

① 7 ② 5
③ -1 ④ -2

08 삼차방정식 $x^3+3x^2-x+a=0$의 한 근이 -1일 때, 상수 a의 값은?

① 1 ② -1
③ -2 ④ -3

09 다음 연립부등식의 해는?

$$\begin{cases} 3x-2>4 \\ -2+3x \le x+4 \end{cases}$$

① $x \le 2$ 또는 $x > 3$
② $2 < x \le 3$
③ $2 < x < 3$
④ $2 \le x < 3$

10 다음 그림과 같은 해를 갖는 이차부등식을 보기에서 고르면?

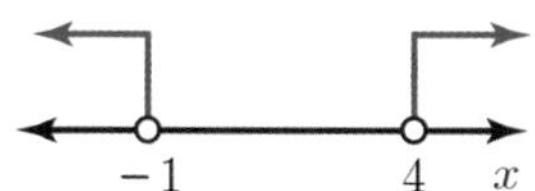

① $(x-1)(x+4)>0$
② $(x-1)(x+4)<0$
③ $(x+1)(x-4)<0$
④ $(x+1)(x-4)>0$

11 좌표평면 위의 두 점 $\mathrm{A}(0, -1)$, $\mathrm{B}(3, 3)$ 사이의 거리는?

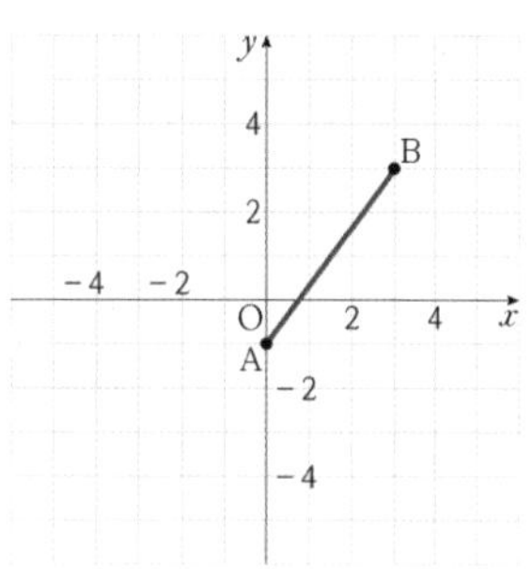

① 3　　② $\sqrt{13}$
③ 4　　④ 5

12 직선 $y=-3x+2$에 평행하고, 점 $(0, -1)$을 지나는 직선의 방정식은?

① $y=3x+1$　　② $y=3x-1$
③ $y=-3x+1$　　④ $y=-3x-1$

13 그림과 같이 중심이 $(-2,\ 3)$이고, y축에 접하는 원의 방정식은?

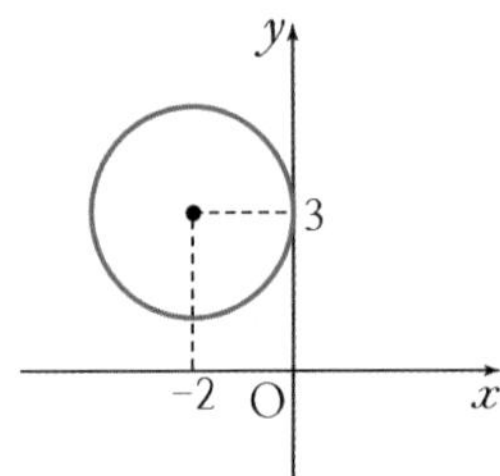

① $(x+2)^2+(y-3)^2=2$
② $(x-2)^2+(y+3)^2=2$
③ $(x+2)^2+(y-3)^2=2^2$
④ $(x-2)^2+(y+3)^2=2^2$

14 좌표평면 위의 점 $\mathrm{A}(1,\ 3)$을 원점에 대하여 대칭이동한 점을 B라 할 때, 원점 O와 점 B 사이의 거리는?

① $\sqrt{6}$ ② $2\sqrt{2}$
③ $\sqrt{10}$ ④ $3\sqrt{2}$

15 두 집합 A, B에 대하여 $A\cap B=\phi$인 것은?

① $A=\{1,\ 2\},\ B=\{2,\ 3,\ 5\}$
② $A=\{a,\ b\},\ B=\{a,\ c,\ d\}$
③ $A=\{1,\ 2,\ 4\}$,
$B=\{x\mid x$는 10 이하의 소수$\}$
④ $A=\{x\mid x$는 10 이하의 짝수$\}$,
$B=\{x\mid x$는 9의 약수$\}$

16 명제 '$x=2$이면 $x^3=8$이다.'의 역은?

① $x^3=8$이면 $x=2$이다.
② $x\neq2$이면 $x^3\neq8$이다.
③ $x=2$이면 $x^3\neq8$이다.
④ $x^3\neq8$이면 $x\neq2$이다.

17 함수 $f: X \to Y$가 그림과 같을 때, $f(1)+f^{-1}(3)$의 값은? (단, f^{-1}는 f의 역함수이다.)

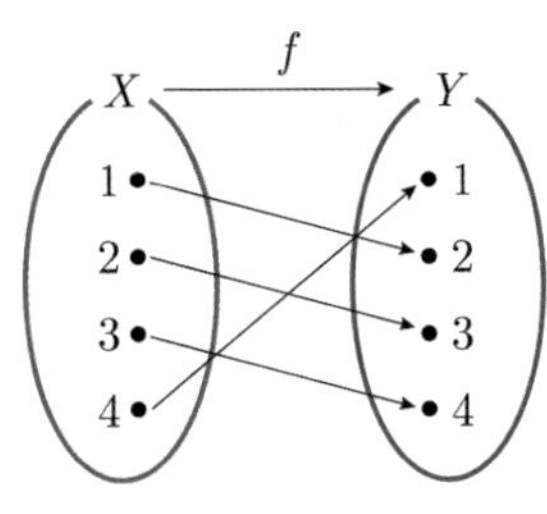

① 3　② 4　③ 5　④ 6

18 무리함수 $y=\sqrt{x-1}+4$의 그래프는 함수 $y=\sqrt{x}$의 그래프를 x축의 방향으로 a만큼, y축의 방향으로 b만큼 평행이동한 것이다. $a+b$의 값은?

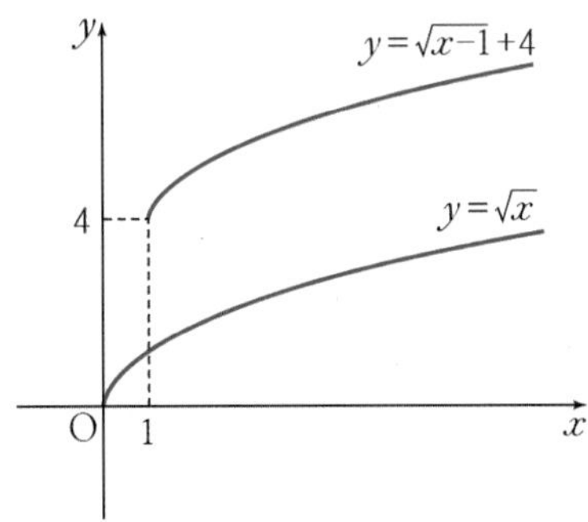

① 2　② 3　③ 4　④ 5

19 그림은 동계올림픽의 종목 중 5가지 종목을 나타낸 것이다. 이 중 서로 다른 두 가지 종목을 선택하여 일렬로 나열하는 경우의 수는?

① 10가지　② 12가지　③ 15가지　④ 20가지

20 예서는 점심을 먹기 위해 혼자 분식집에 갔다. '김밥, 떡볶이, 라볶이, 야채튀김, 라면' 총 5가지의 음식 중 서로 다른 2개의 음식을 선택하는 경우의 수는?

① 4가지　② 6가지　③ 8가지　④ 10가지

고졸 검정고시 **수학**

2024년 기출문제

2024 제 1 회 수학

기출을 보면 합격이 보인다!

정답 및 해설 별책 60p

01 두 다항식 $A = 3x^2 + x$, $B = x^2 + 3x$에 대하여 $A + B$는?

① $4x^2 - 4x$ ② $4x^2 - 2x$
③ $4x^2 + 2x$ ④ $4x^2 + 4x$

02 등식 $x^2 + x + 3 = x^2 + ax + b$가 x에 대한 항등식일 때, 두 상수 a, b에 대하여 $a + b$의 값은?

① 2 ② 4
③ 6 ④ 8

03 다항식 $x^3 + 2x^2 + 2$를 $x - 1$로 나누었을 때, 나머지는?

① 1 ② 3
③ 5 ④ 7

04 다항식 $x^3 + 3x^2 + 3x + 1$을 인수분해한 식이 $(x + a)^3$일 때, 상수 a의 값은?

① -2 ② -1
③ 1 ④ 2

05 복소수 $4 + 3i$의 켤레복소수가 $a + bi$일 때, 두 실수 a, b에 대하여 $a + b$의 값은? (단, $i = \sqrt{-1}$)

① 1 ② 2
③ 3 ④ 4

06 두 수 1, 3을 근으로 하고 x^2의 계수가 1인 이차방정식이 $x^2 - ax + 3 = 0$일 때, 상수 a의 값은?

① 1 ② 2
③ 3 ④ 4

07 $-1 \leq x \leq 1$일 때, 이차함수 $y = x^2 + 4x + 1$의 최솟값은?

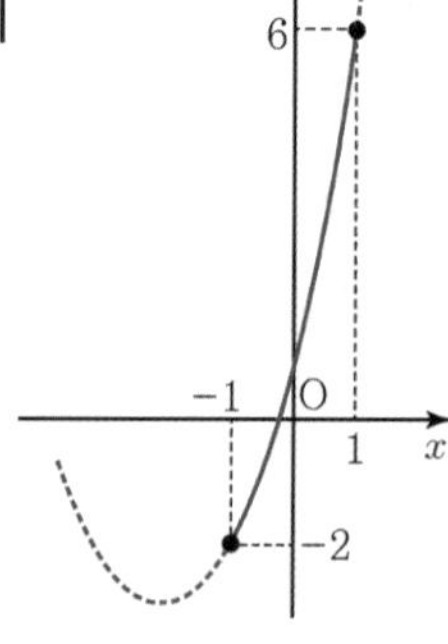

① -2
② -1
③ 0
④ 1

08 사차방정식 $x^4 + 2x - a = 0$의 한 근이 1일 때, 상수 a의 값은?

① -1 ② 1
③ 3 ④ 5

09 연립방정식 $\begin{cases} 2x+y=8 \\ x^2-y^2=a \end{cases}$의 해가 $x=3$, $y=b$일 때, 두 상수 a, b에 대하여 $a+b$의 값은?

① 5　　② 7
③ 9　　④ 11

10 이차부등식 $(x-2)(x-4) \leq 0$의 해는?

① $x \leq 2$　　② $x \geq 4$
③ $2 \leq x \leq 4$　　④ $x \leq 2$ 또는 $x \geq 4$

11 수직선 위의 두 점 A(1), B(6)에 대하여 선분 AB를 2 : 3으로 내분하는 점 P의 좌표는?

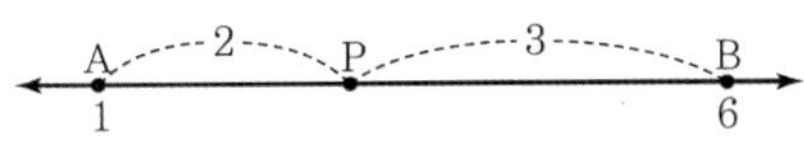

① 3　　② $\frac{7}{2}$
③ 4　　④ $\frac{9}{2}$

12 직선 $y=x-3$에 평행하고, 점 $(0, 4)$를 지나는 직선의 방정식은?

① $y=-x+2$　　② $y=-x+4$
③ $y=x+2$　　④ $y=x+4$

13 중심의 좌표가 $(-2, 2)$이고 x축과 y축에 동시에 접하는 원의 방정식은?

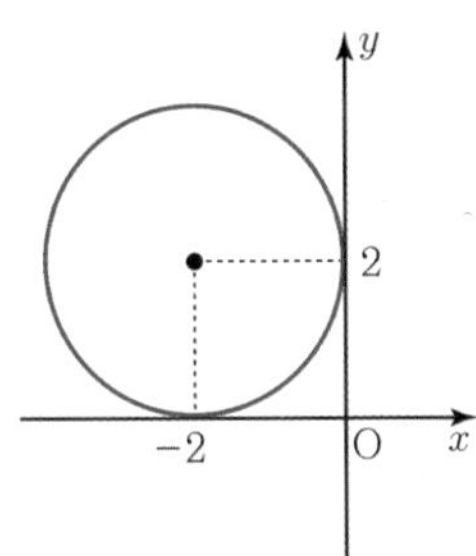

① $(x-2)^2+(y-2)^2=4$
② $(x+2)^2+(y-2)^2=4$
③ $(x-2)^2+(y+2)^2=4$
④ $(x+2)^2+(y+2)^2=4$

14 좌표평면 위의 점 $(3, -2)$를 원점에 대하여 대칭이동한 점의 좌표는?

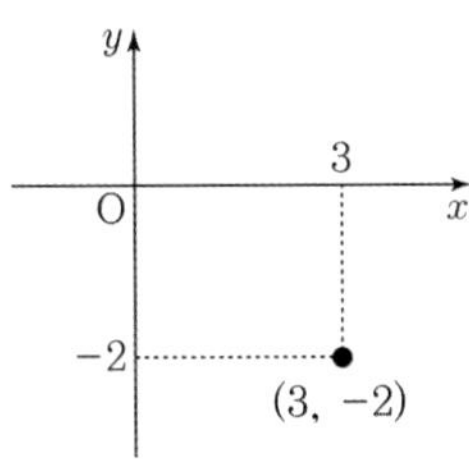

① $(-3, 2)$　　② $(-2, 3)$
③ $(2, -3)$　　④ $(3, 2)$

15 두 집합 $A=\{1, 2, 3, 4\}$, $B=\{3, 4\}$에 대하여 $A-B$는?

① $\{1\}$　　② $\{1, 2\}$
③ $\{3, 4\}$　　④ $\{1, 2, 3\}$

16 전체집합이 $U=\{x \mid x$는 9 이하의 자연수$\}$일 때, 다음 조건의 진리집합은?

x는 3의 배수이다.

① $\{1,\ 3,\ 5\}$　② $\{3,\ 6,\ 9\}$
③ $\{1,\ 3,\ 5,\ 7\}$　④ $\{2,\ 4,\ 6,\ 8\}$

17 두 함수 $f: X \to Y$, $g: Y \to Z$가 그림과 같을 때, $(g \circ f)(2)$의 값은?

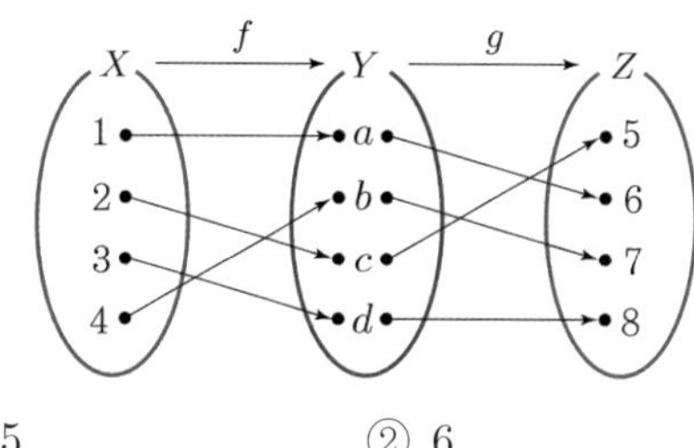

① 5　② 6
③ 7　④ 8

18 유리함수 $y=\dfrac{1}{x-2}+3$의 그래프는 유리함수 $y=\dfrac{1}{x}$의 그래프를 x축의 방향으로 a만큼, y축의 방향으로 b만큼 평행이동한 것이다. 두 상수 a, b에 대하여 $a+b$의 값은?

① 3　② 4
③ 5　④ 6

19 그림과 같이 입체도형을 그린 4개의 포스터가 있다. 이 중에서 서로 다른 2개의 포스터를 택하여 출입문의 상단과 하단에 각각 붙이는 경우의 수는?

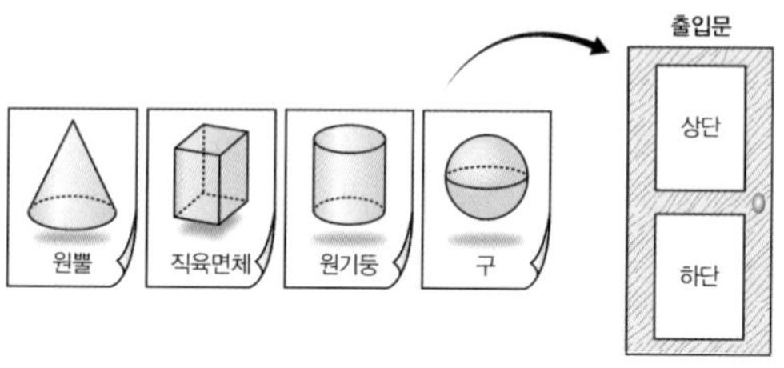

① 12　② 13
③ 14　④ 15

20 그림과 같이 4종류의 수학 수행 과제가 있다. 이 중에서 서로 다른 3종류의 수학 수행 과제를 선택하는 경우의 수는?

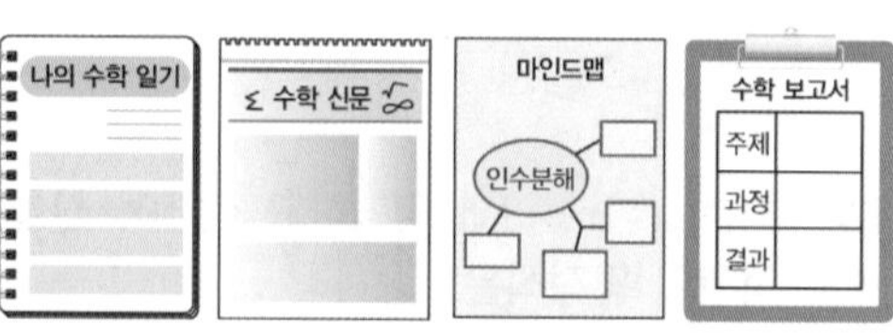

① 1　② 2
③ 3　④ 4

2024 제2회

수학

정답 및 해설 별책 65p

01 두 다항식 $A=2x^3+3x$, $B=3x+2$에 대하여 $A-B$는?

① $2x^3-2$　② $2x^3+2$
③ $2x^3-x$　④ $2x^3+x$

02 등식 x^3-3x^2+a가 $x-2$로 나누어떨어질 때, 상수 a의 값은?

① 1　② 2
③ 3　④ 4

03 다항식 x^3-3^3을 인수분해한 식이 $(x-3)(x^2+ax+9)$일 때, 상수 a의 값은?

① 1　② 3
③ 5　④ 7

04 복소수 $5-3i$의 켤레복소수가 $5+ai$일 때, 실수 a의 값은? (단, $i=\sqrt{-1}$)

① 1　② 3
③ 5　④ 7

05 이차방정식 $x^2-2x+a=0$이 중근을 가질 때, 상수 a의 값은?

① 1　② 2
③ 3　④ 4

06 이차방정식 $x^2-x-6=0$의 서로 다른 두 실근을 α, β라고 할 때, $\alpha+\beta$의 값은?

① -6　② -1
③ 1　④ 6

07 $0\le x\le 3$일 때, 이차함수 $y=-(x-2)^2+3$의 최댓값은?

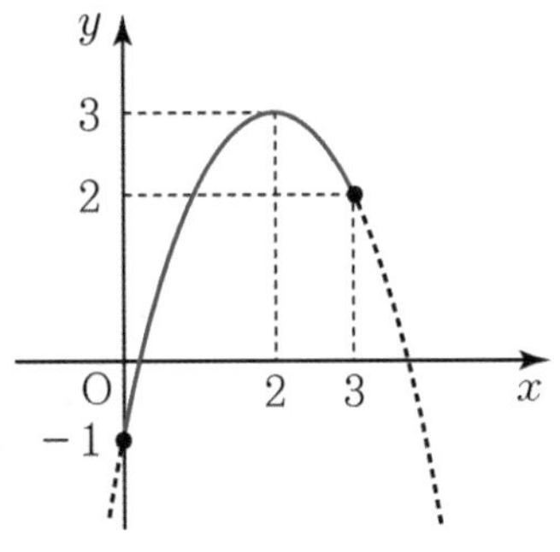

① -1　② 0
③ 2　④ 3

08 그림은 부등식 $|x+1| \geq 5$의 해를 수직선 위에 나타낸 것이다. 상수 a의 값은?

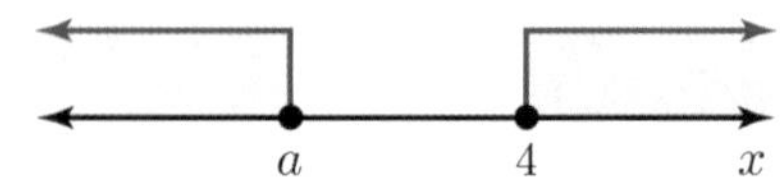

① -8 ② -7
③ -6 ④ -5

09 좌표평면 위의 점 A$(-2, -1)$, B$(2, 3)$에 대하여 선분 AB를 $3:1$로 내분하는 점의 좌표는?

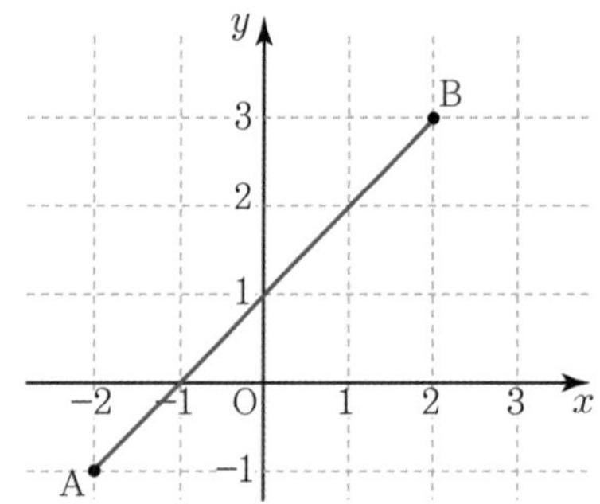

① $(-1, 0)$ ② $(1, 2)$
③ $(1, 3)$ ④ $(2, 1)$

10 원점과 직선 $x+y-2=0$ 사이의 거리는?

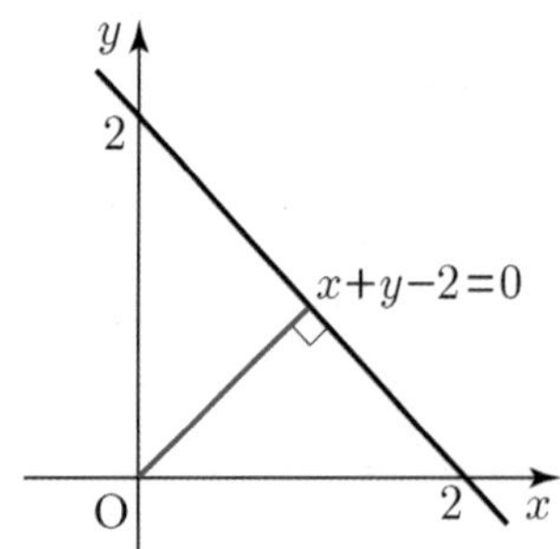

① 1 ② $\sqrt{2}$
③ $\sqrt{3}$ ④ 2

11 자연수 a에 대하여 직선 $y=a$와 원 $x^2+y^2=4$가 서로 다른 두 점에서 만날 때, a의 값은?

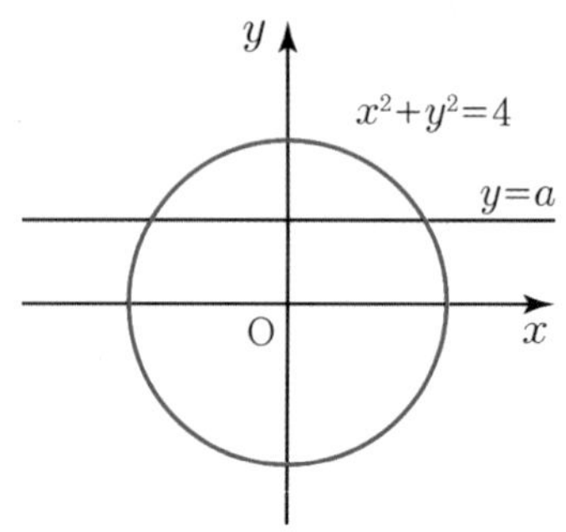

① 1 ② 2
③ 3 ④ 4

12 좌표평면 위의 점 $(1, 3)$을 직선 $y=x$에 대하여 대칭이동한 점의 좌표는?

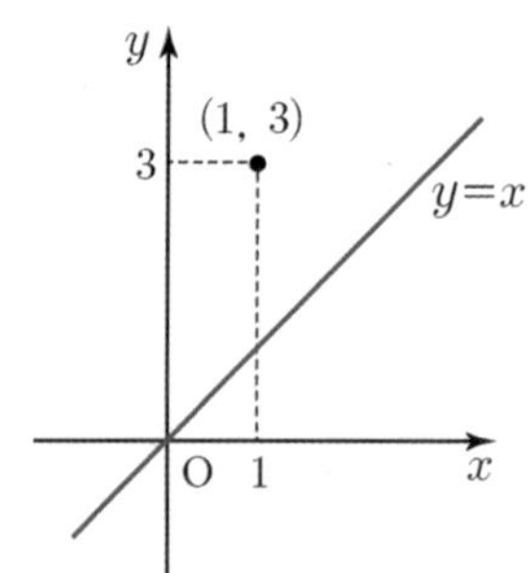

① $(-1, -3)$ ② $(-1, 3)$
③ $(3, -1)$ ④ $(3, 1)$

13 다음 중 집합인 것은?

① 작은 동물의 모임
② 유명한 가수의 모임
③ 키가 큰 사람의 모임
④ 7 이하의 자연수의 모임

14 두 집합 $A=\{2, 4, 6, 8\}$, $B=\{6, 7, 8\}$에 대하여 $A-B$는?

① $\{2, 4\}$　② $\{2, 6\}$
③ $\{4, 8\}$　④ $\{6, 8\}$

15 두 조건 '$p : x-2=0$', '$q : x^2-a=0$'에 대하여 p가 q이기 위한 충분조건이 되도록 하는 상수 a의 값은?

① 1　② 2
③ 3　④ 4

16 두 함수 $f : X \to Y$, $g : Y \to Z$가 그림과 같을 때, $(g \circ f)(1)$의 값은?

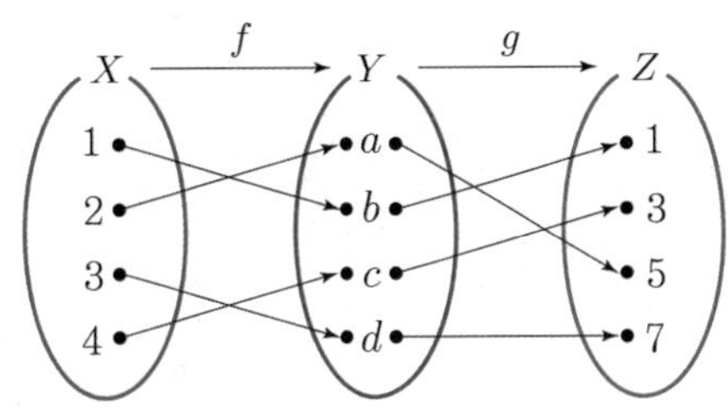

① 1　② 3
③ 5　④ 7

17 함수 $f(x)=2x+1$에 대하여 $f^{-1}(5)$의 값은? (단, f^{-1}는 f의 역함수이다.)

① 1　② 2
③ 3　④ 4

18 무리함수 $y=\sqrt{x-2}+4$의 그래프는 무리함수 $y=\sqrt{x}$의 그래프를 x축의 방향으로 a만큼, y축의 방향으로 b만큼 평행이동한 것이다. 두 상수 a, b에 대하여 $a+b$의 값은?

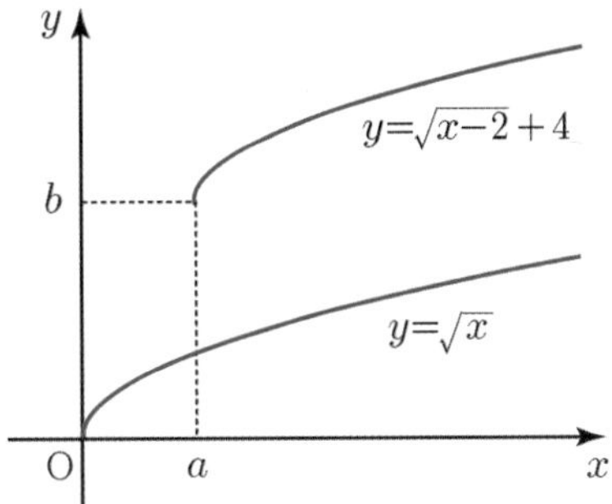

① 2　② 4
③ 6　④ 8

19 그림과 같이 한국 문화를 알리는 4종류의 카드가 각각 한 장씩 있다. 이 중에서 서로 다른 3장의 카드를 택하여 일렬로 나열하는 경우의 수는?

① 12　② 16　③ 20　④ 24

20 그림은 유네스코에 등재된 우리나라 세계 기록 유산 중 5개를 나타낸 것이다. 이 중에서 서로 다른 2개의 세계 기록 유산을 선택하는 경우의 수는?

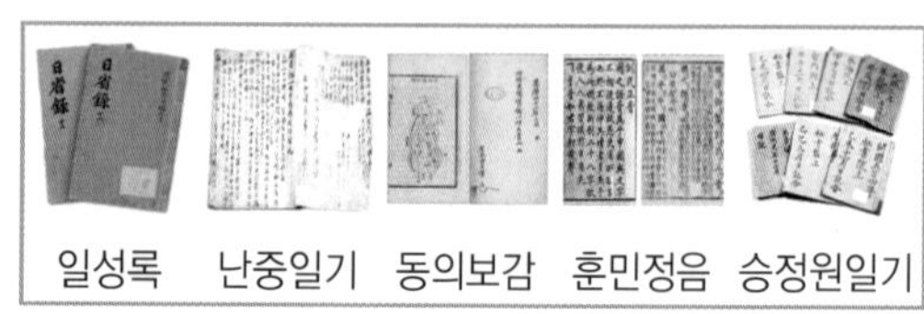

① 6　② 8　③ 10　④ 12

2025
고졸 검정고시

고졸 검정고시

- 최신기출 완벽분석
- 시험에 꼭 나오는 핵심 이론 정리
- 적중률 높은 문제 구성

2025

고졸 검정고시

수학

정답 및 해설

인터넷 강의
검스타트
www.gumstart.co.kr

EBS 검정고시 방송교재 **저자직강**

2025 검정고시
검스타트가 앞서갑니다

과목별 기본서 부문
온라인서점 판매 1위
(고졸 및 중졸 : 예스24, 2024.7 기준)

최근 6개년('19.1회~'24.1회)
시험후기/합격수기 최다
(시험후기/합격수기 1,457건 등록)

검정고시 브랜드
검색어 조회 1위
(네이버데이터랩/카카오데이터트렌드,
2024.1~2024.8)

2025
고졸 검정고시
수학

인터넷 강의
검스타트
www.gumstart.co.kr

정답 및 해설

PART Ⅰ 다항식

01 다항식의 연산

실력 체크 문제 본문 32~35p

01 ③	02 ①	03 ②	04 ④	05 ①
06 ③	07 ④	08 ①	09 ③	10 ①
11 ③	12 ②	13 ①	14 ③	15 ①
16 ④	17 ③	18 ②		

01 정답 ③

| 풀이 |

세로셈을 이용한 덧셈은 동류항끼리 계산한다.

$$\begin{array}{r} 2x^2 + 2x + 3 \\ + \quad x^2 - x + 1 \\ \hline 3x^2 + 1x + 4 \end{array}$$

$\Rightarrow 3x^2+x+4$

02 정답 ①

| 풀이 |

$$\begin{array}{r} x^2 + 3x \quad\;\; \\ + \quad x^2 + x + 5 \\ \hline 2x^2 + 4x + 5 \end{array}$$

$\Rightarrow 2x^2+4x+5$

03 정답 ②

| 풀이 |

세로셈을 이용한 뺄셈은 ⊖를 ⊕ 부호로 바꾸고 모든 항의 부호를 바꾸어 더한다.

$$\begin{array}{r} 2x^2+2x+4 \\ - \quad x^2+\ x+5 \\ \hline \end{array} \Rightarrow \begin{array}{r} 2x^2 + 2x + 4 \\ + \; -x^2 - x - 5 \\ \hline 1x^2 + 1x - 1 \end{array}$$

$\Rightarrow x^2+x-1$

04 정답 ④

| 풀이 |

$$\begin{array}{r} 3x^2+4x+3 \\ - \quad x^2+2x+1 \\ \hline \end{array} \Rightarrow \begin{array}{r} 3x^2 + 4x + 3 \\ + \; -x^2 - 2x - 1 \\ \hline 2x^2 + 2x + 2 \end{array}$$

$\Rightarrow 2x^2+2x+2$

05 정답 ①

| 풀이 |

$A=2x^2+4x+2,\ B=x^2+x+1$이므로

$A+B=(2x^2+4x+2)+(x^2+x+1)$

$=2x^2+4x+2+x^2+x+1$

$=(2+1)x^2+(4+1)x+(2+1)$

$=3x^2+5x+3$

06 정답 ③

| 풀이 |

$A=x^2+2x+4,\ B=x^2+x$이므로

$A+2B=(x^2+2x+4)+2(x^2+x)$

$=x^2+2x+4+2x^2+2x$

$=(1+2)x^2+(2+2)x+4$

$=3x^2+4x+4$

07 정답 ④

| 풀이 |

$A=x^2+2x$, $B=x+1$

$$\begin{aligned}2A-B&=2(x^2+2x)-(x+1)\\&=2x^2+4x-x-1\\&=2x^2+(4-1)x-1\\&=2x^2+3x-1\end{aligned}$$

08 정답 ①

| 풀이 |

$A=x^2+2x$, $B=3x^2-1$에 대하여

$$\begin{aligned}3A-B&=3(x^2+2x)-(3x^2-1)\\&=3x^2+6x-3x^2+1\\&=(3-3)x^2+6x+1\\&=6x+1\end{aligned}$$

09 정답 ③

| 풀이 |

단항식 $A=x$, 다항식 $B=x-2$에 대하여

$AB=x\times(x-2)=x^2-2x$ [분배법칙]

10 정답 ①

| 풀이 |

$(x+2)(x-2)=x^2-2x+2x-4=x^2-4$

11 정답 ③

| 풀이 |

$A=x+3$, $B=x-2$에 대하여

$$\begin{aligned}AB&=(x+3)(x-2)\\&=x^2-2x+3x-6\\&=x^2+x-6\end{aligned}$$

12 정답 ②

| 풀이 |

곱셈공식 변형에 의해

$$\begin{aligned}x^2+y^2&=(x+y)^2-2xy\\&=(3)^2-2\times(2)\\&=9-4=5\end{aligned}$$

13 정답 ①

| 풀이 |

곱셈공식 변형에 의해

$$\begin{aligned}x^3+y^3&=(x+y)^3-3xy(x+y)\\&=(2)^3-3\times1\times(2)\\&=8-6=2\end{aligned}$$

14 정답 ③

| 풀이 |

곱셈공식 변형에 의해

$$\begin{aligned}x^2+\frac{1}{x^2}&=\left(x-\frac{1}{x}\right)^2+2\\&=(3)^2+2\\&=11\end{aligned}$$

15 정답 ①

| 풀이 |

$$\begin{array}{r|l} & x\ +2 \\ \hline x+1 & x^2+3x+5 \\ & \boxed{} \\ \hline & 2x+5 \\ & 2x+2 \\ \hline & 3\end{array}$$

빈칸에 알맞은 식은 나누는 식 $(x+1)$과 x의 곱이므로,

$(x+1)\times x=x^2+x$이다.

16 정답 ④

| 풀이 |

$$
\begin{array}{r|l}
 & 2x \quad +1 \\
\hline
x+2 & 2x^2+5x+5 \\
 & 2x^2+4x \\
\hline
 & \boxed{\quad\quad} \\
 & \quad\;\; x+2 \\
\hline
 & \quad\quad\;\; 3
\end{array}
$$

빈칸에 알맞은 식은 윗줄 $2x^2+5x+5$에서 아랫줄 $2x^2+4x$를 뺀 식이므로

$2x^2+5x+5-(2x^2+4x)$

$=2x^2+5x+5-2x^2-4x$

$=(2-2)x^2+(5-4)x+5$

$=x+5$

17 정답 ③

| 풀이 |

나누어지는 식이 3차식이므로 3차식을 1차식으로 나눈 몫은 2차식이 된다.

또한 조립제법의 결과에 쓰여 있는 수는 각항의 계수가 되므로 정리하면 $1x^2+0x+1$이다.

그러므로 몫은 x^2+1, 나머지는 1

18 정답 ②

| 풀이 |

다항식 x^3+5x^2-6x+2를 $x-1$로 나누는 과정을 조립제법으로 계산하면 다음과 같다.

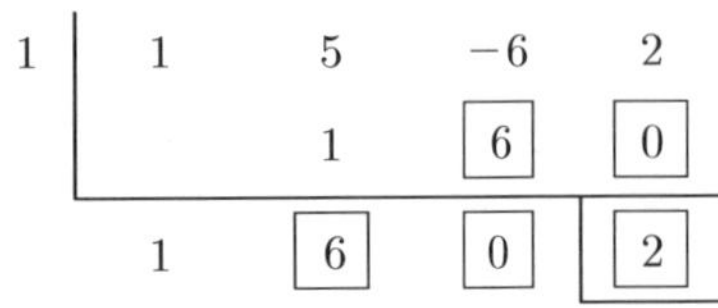

1	1	5	−6	2
		1	6	0
	1	6	0	2

이때, 몫은 x^2+6x, 나머지는 2가 된다.

02 항등식과 나머지 정리

실력 체크 문제 본문 43~45p

01 ④	02 ③	03 ④	04 ①	05 ②
06 ③	07 ①	08 ①	09 ①	10 ②
11 ②				

01 정답 ④

| 풀이 |

항등식은 문자에 어떤 값을 대입해도 항상 성립하는 등식을 말한다. 보기의 ①번~③번의 식은 모두 방정식이고, ④번의 식은 좌변을 전개하면 x^2+2x로 우변의 식과 같다. 따라서, 어떤 수를 대입하더라도 항상 참이므로 항등식이다.

02 정답 ③

| 풀이 |

항등식은 문자에 어떤 값을 대입해도 항상 성립하는 등식으로, 좌변과 우변이 같아야 한다.

① $(x+1)^2=x^2+2x+1$

➜ 좌변을 전개하여 정리하면 x^2+2x+1이므로 항등식이다.

② $x^2-x=-x+x^2$

➜ 우변을 내림차순으로 정리하면 x^2-x이므로 항등식이다.

③ $x^2+x=x(x+2)$

➜ 우변을 분배법칙을 이용하여 전개하면 x^2+2x로 좌변과 일차항이 다르다. 항등식이 아니다.

④ $x(x+3)=x^2+3x$

➜ 좌변을 분배법칙을 이용하여 전개하면 x^2+3x이므로 항등식이다.

03 정답 ④

| 풀이 |

항등식은 문자에 어떤 값을 대입해도 항상 성립하는 등식을 말한다. 좌변과 우변의 동류항의 계수가 각각 같음

을 이용하여 항등식의 계수를 결정하는 계수비교법을 이용하면 $a=3$, $b=2$, $c=5$이므로, $a+b+c=10$이다.

참고

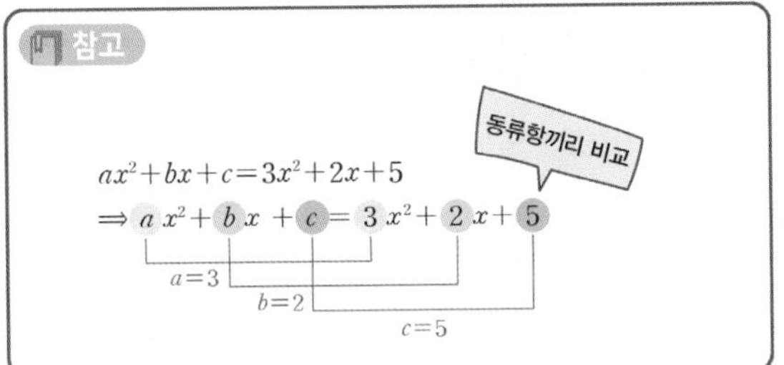

04 정답 ①

| 풀이 |

$(x-1)^2+a(x-1)+b=x^2-x+2$의 양변에

$x=2$를 대입하면

$1^2+a+b=4$이므로 $a+b=3$

| 다른 풀이 |

$x=1$을 대입하면, $b=2$

$x=2$를 대입하면

$1^2+a+b=4$ ➜ $a+b=3$이므로, $a=1, b=2$

05 정답 ②

| 풀이 |

$x^2-6x+9=(x-1)^2+a(x-1)+b$의 양변에

$x=1$을 대입하면, $1^2-6+9=b$ ➜ $b=4$

$x=0$을 대입하면, $9=1-a+b$ ➜ $9=1-a+4$

➜ $a=-4$

따라서, $a+b=0$이다.

| 다른 풀이 |

다항식의 우변을 전개하여 정리하면,

$x^2-6x+9=(x-1)^2+a(x-1)+b$

➜ $x^2-6x+9=x^2-2x+1+ax-a+b$

➜ $x^2-6x+9=x^2+(-2+a)x+(1-a+b)$이다.

동류항의 계수끼리 비교하면,

$-6=-2+a$, $9=1-a+b$이므로,

$a=-4$, $b=4$이다.

따라서, $a+b=0$이다.

06 정답 ③

| 풀이 |

주어진 식의 양변에 $x=1$을 대입하면,

$1^2-2\times1+3=0+R$ ➜ $1-2+3=R$ ➜ $R=2$

참고

다항식 $P(x)$를

$x-a$로 나눈 나머지는 $P(a)$와 같다.

나누는 식 $x-a=0$이 되는 x의 값 $x=a$를 대입한다.

07 정답 ①

| 풀이 |

다항식 x^3+x-2를 $P(x)$라 하자.

$P(x)$가 $x-2$로 나눈 나머지는 $P(2)$와 같다.

$P(2)=2^3+2-2=8$ ➜ 나머지는 8이다.

08 정답 ①

| 풀이 |

다항식 x^3-2x^2+ax+5를 $P(x)$라 하자.

$P(x)$가 $x-1$로 나누어떨어지므로, 인수정리에 의해 $P(1)=0$이다.

$P(1)=1-2+a+5=0$ ➜ $a=-4$

참고

다항식 $P(x)$가

나누어 떨어지면 나머지가 0

$x-a$로 나누어 떨어지면 $P(a)=0$

나누는 식 $x-a=0$이 되는 x의 값 $x=a$를 대입하면 0

09 정답 ①

| 풀이 |

다항식 x^3-x+k를 $P(x)$라 하자.

$P(x)$를 $x-2$로 나눈 나머지는 $P(2)$와 같다.

$P(2)=2^3-2+k=4$ ➜ $k=-2$

> 참고
>
> 다항식 $P(x)$를
>
> $x-a$로 나눈 나머지는 $P(a)$와 같다.
>
> 나누는 식 $x-a=0$이 되는 x의 값 $x=a$를 대입한다.

10 정답 ②

| 풀이 |

다항식 x^3+2x+5를 $P(x)$라 하자.

$P(x)$를 $x+1$로 나눈 나머지는 $P(-1)$과 같다.

$P(-1)=(-1)^3+2\times(-1)+5=-1-2+5=2$

➜ 나머지는 2이다.

11 정답 ②

| 풀이 |

다항식 x^2-2x+k를 $P(x)$라 하자.

$P(x)$가 $x-2$로 나누어떨어지므로, 인수정리에 의해 $P(2)=0$이다.

$P(2)=2^2-2\times2+k=0$ ➜ $k=0$

> 참고
>
> 다항식 $P(x)$가
>
> 나누어 떨어지면 나머지가 0
>
> $x-a$로 나누어 떨어지면 $P(a)=0$
>
> 나누는 식 $x-a=0$이 되는 x의 값 $x=a$를 대입하면 0

03 인수분해

실력 체크 문제 본문 52~54p

01 ②	02 ③	03 ①	04 ③	05 ②
06 ②	07 ③	08 ③	09 ②	10 ③
11 ②	12 ①			

01 정답 ②

| 풀이 |

두 수의 합과 곱을 이용하여 인수분해하면,

곱이 6인 수	합이 −5
1, 6	×
2, 3	×
−1, −6	×
−2, −3	○

➜ $(x-2)(x-3)$

| 다른 풀이 |

멜빵공식을 이용하여 인수분해하면 다음과 같다.

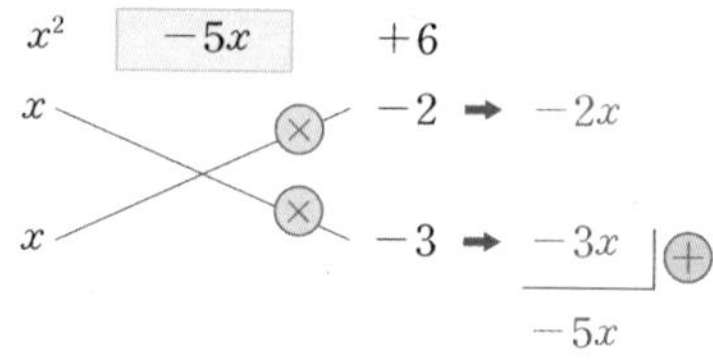

$=(x-2)(x-3)$

> 참고 **멜빵공식**

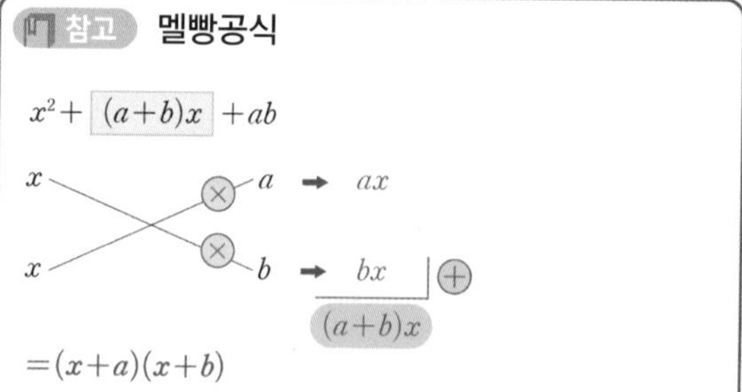

02 정답 ③

| 풀이 |

두 수의 합과 곱을 이용하여 인수분해하면,

곱이 −10인 수	합이 −3
−1, 10	×
1, −10	×
2, −5	○
−2, 5	×

➜ $(x+2)(x-5)$

| 다른 풀이 |

멜빵공식을 이용하여 인수분해하면 다음과 같다.

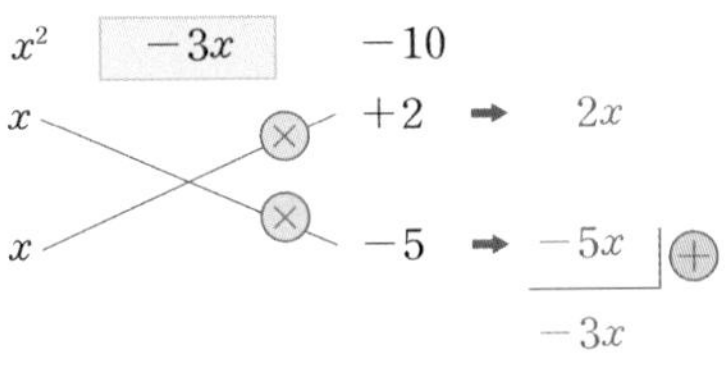

$=(x+2)(x-5)$

03 정답 ①

| 풀이 |

두 수의 합과 곱을 이용하여 인수분해하면,

곱이 2인 수	합이 3
1, 2	○
−1, −2	×

➜ $(x+1)(x+2)$

이므로, $a=1$, $b=2$이거나 $a=2$, $b=1$이다.

따라서 $a+b=3$이다.

| 다른 풀이 |

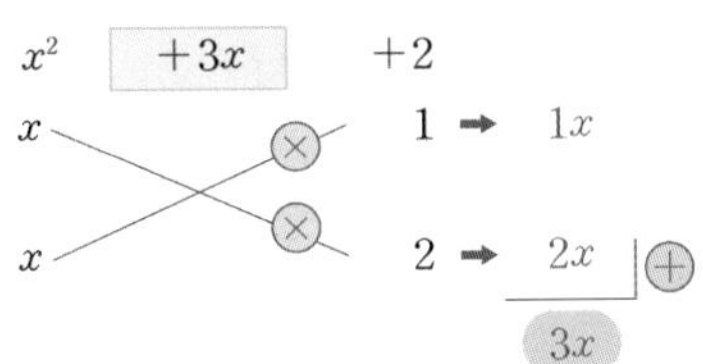

$=(x+1)(x+2)$

이므로, $a=1, b=2$이거나 $a=2, b=1$이다.

따라서 $a+b=3$이다.

04 정답 ③

| 풀이 |

인수분해 공식 $a^2+2ab+b^2=(a+b)^2$에 a 대신 x, b 대신 2를 내입하여 인수분해하면,

$x^2+4x+4=(x+2)^2$이다.

05 정답 ②

| 풀이 |

$x^2-4=x^2-(2)^2$이므로

인수분해 공식 $a^2-b^2=(a+b)(a-b)$에 a 대신 x, b 대신 2를 대입하여 인수분해하면,

$x^2-4=(x+2)(x-2)$

06 정답 ②

| 풀이 |

인수분해 공식 $a^3-b^3=(a-b)(a^2+ab+b^2)$에 a 대신 x, b 대신 1을 대입하여 인수분해하면,

$x^3-1=(x-1)(x^2+x+1)$이므로,

$a=1$

07 정답 ③

| 풀이 |

인수분해 공식 $a^3+b^3=(a+b)(a^2-ab+b^2)$에 a 대신 x, b 대신 2를 대입하여 인수분해하면,

$x^3+2^3=(x+2)(x^2-2x+4)$이므로,

$a=2$

08 정답 ③

| 풀이 |

완전제곱식 $x^2+2ax+a^2=(x+a)^2$이 되려면

➜ 일차항계수의 반의 제곱 = 상수항

을 만족해야 한다.

$\therefore\ k=\left(\frac{4}{2}\right)^2=2^2=4$

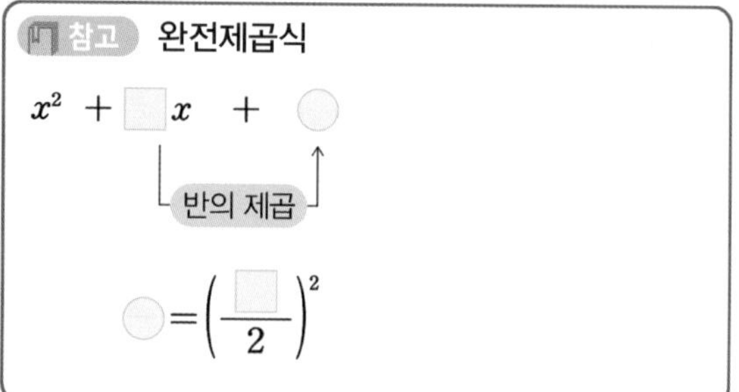

09 정답 ②

| 풀이 |

완전제곱식 $x^2+2ax+a^2=(x+a)^2$ 에 의해

$x^2+6x+9=(x+3)^2$이므로 $k=3$

| 다른 풀이 |

다항식의 우변을 전개하여 정리하면,

$x^2+6x+9=(x+k)^2$

➜ $x^2+6x+9=x^2+2kx+k^2$이다.

동류항의 계수끼리 비교하면,

$6=2k$이므로, $k=3$이다.

10 정답 ③

| 풀이 |

완전제곱식 $x^2+2ax+a^2=(x+a)^2$ 이 되려면

➜ 일차항계수의 반의 제곱 = 상수항

을 만족해야 한다.

$\therefore \left(\frac{k}{2}\right)^2=16$ ➜ $k^2=64$ ➜ $k=8$(k는 양수)

11 정답 ②

| 풀이 |

x^3-3x^2+3x-k를 인수분해한 식이 $(x-1)^3$이므로

$x^3-3x^2+3x-k=(x-1)^3$이다.

우변을 전개하여 좌변과 비교하면,

$(x-1)^3=x^3-3x^2+3x-1$이므로,

$k=1$이다.

12 정답 ①

| 풀이 |

인수분해 공식 $a^3-3a^2b+3ab^2-b^3=(a-b)^3$에 a 대신 x, b 대신 2를 대입하여 인수분해하면,

$x^3-6x^2+12x-8=(x-2)^3$이므로,

$k=-2$이다.

기출문제 체크 본문 56~59p

01 ④	02 ①	03 ①	04 ①	05 ④
06 ①	07 ②	08 ④	09 ③	10 ①
11 ①	12 ②	13 ②	14 ④	15 ④
16 ①				

01 정답 ④

| 풀이 |

$A=2x^2+x,\ B=x^2-x$이므로

$A-B=(2x^2+x)-(x^2-x)$
$=2x^2+x-x^2+x$
$=(2-1)x^2+(1+1)x$
$=x^2+2x$

02 정답 ①

| 풀이 |

$A=x^2-x,\ B=-x^2+1$이므로

$2A+B=2(x^2-x)+(-x^2+1)$
$=2x^2-2x-x^2+1$
$=(2-1)x^2-2x+1$
$=x^2-2x+1$

03 정답 ①

| 풀이 |

$A=x^2+x,\ B=3x+4$이므로

$3A-B=3(x^2+x)-(3x+4)$
$=3x^2+3x-3x-4$
$=3x^2+(3-3)x-4$
$=3x^2-4$

04 정답 ①

| 풀이 |

$A=x,\ B=x-3$이므로

$AB=x(x-3)$
$=x^2-3x$ [분배법칙을 이용하여 전개]

05 정답 ④

| 풀이 |

인수분해 공식 $x^3+y^3=(x+y)(x^2-xy+y^2)$
을 이용하기 위해 y의 자리에 3을 대입하여 표현하면,
$x^3+3^3=(x+3)(x^2-x\times3+3^2)$이 된다.
그러므로 $a=9$임을 알 수 있다.

06 정답 ①

| 풀이 |

인수분해 공식 $x^3-y^3=(x-y)(x^2+xy+y^2)$
을 이용하기 위해 y의 자리에 2를 대입하여 표현하면,
$x^3-2^3=(x-2)(x^2+x\times2+2^2)$이 된다.
그러므로 $a=2$임을 알 수 있다.

07 정답 ②

| 풀이 |

x에 대한 항등식이므로 x에 대해 정리한 후 동류항끼리의 계수를 비교하여 좌변과 우변을 같게 하면, 항등식이 성립한다.
동류항끼리의 계수를 비교하면, $a=3,\ b=-7$
$\therefore\ a+b=-4$

08 정답 ④

| 풀이 |

x에 대한 항등식이므로 x에 대해 정리한 후 동류항끼리의 계수를 비교하여 좌변과 우변을 같게 하면, 항등식이 된다.
①, ②번은 항등식이 아니다.
③의 좌변을 전개하면, $(x+1)^2=x^2+2x+1$이므로 역시 항등식이 아니다.
④의 우변을 전개하면 $(x+1)(x-1)=x^2-1$
좌변과 우변이 같으므로 항등식이다.

09 정답 ③

| 풀이 |

x에 대한 항등식이므로 x에 대해 정리한 후 동류항끼리의 계수를 비교하여 좌변과 우변을 같게 하면, 항등식이 된다.

좌변을 전개하면, $2x^2+2x+4$이므로 동류항끼리의 계수를 비교하면, $a=2$, $b=4$이다.

$\therefore\ a+b=6$

10 정답 ①

| 풀이 |

x에 대한 항등식이므로 모든 x에 대해 참이고 어떤 숫자를 대입해도 식은 참이다.

양변에 $x=1$을 대입하면

$0^2+2\times0+a=1^2$

$\therefore\ a=1$이다.

11 정답 ①

| 풀이 |

다항식 x^3-2x+a을 $P(x)$라 하면,

$P(x)=x^3-2x+a$

$P(x)$가 $x-1$로 나누어떨어지므로, 인수정리에 의해 $P(1)=0$이다.

➜ $P(1)=1^3-2\times1+a=0$

$\therefore\ a=1$

12 정답 ②

| 풀이 |

다항식 $2x^2+4x-3$을 $P(x)$라 하면,

$P(x)=2x^2+4x-3$

$P(x)$를 $x-1$로 나눈 나머지는 나머지 정리에 의해 (나머지)$R=P(1)$이다.

➜ $P(1)=2\times1^2+4\times1-3=2+4-3=3$

13 정답 ②

| 풀이 |

다항식 x^3-3x^2+ax+5를 $P(x)$라 하면,

$P(x)=x^3-3x^2+ax+5$

$P(x)$가 $x-1$로 나누어떨어지므로, 인수정리에 의해 $P(1)=0$이다.

➜ $P(1)=1^3-3\times1^2+a\times1+5=0$

➜ $1-3+a+5=0$

$\therefore\ a=-3$

14 정답 ④

| 풀이 |

조립제법을 이용하여 몫을 구할 수 있다.

2	1	0	−2	1
		2	4	4
	1	2	2	5

삼차식을 일차식으로 나누었으므로 몫은 이차식이 되고, 조립제법의 결과인 1, 2, 2가 차례로 각 항의 계수가 되므로, 몫은 x^2+2x+2이고, 나머지는 마지막의 숫자인 5가 된다.

15 정답 ④

| 풀이 |

조립제법을 이용하여 나머지를 구할 수 있다.

2	1	1	−1	1
		2	6	10
	1	3	5	R

위의 숫자와 아래 숫자의 합을 제일 아래에 쓰는 규칙대로 계산하면, $R=1+10=11$이고, 나머지는 마지막의 숫자인 R이 된다.

따라서 나머지는 11이다.

16 정답 ①

| 풀이 |

(가)에 알맞은 식은

$2x^2+x-3$에서 $2x^2+2x$를 뺀 것이므로

$2x^2+x-3-(2x^2+2x)$

$=2x^2+x-3-2x^2-2x$

$=(2-2)x^2+(1-2)x-3$

$=-x-3$

따라서 (가)에 알맞은 식은 $-x-3$이다.

PART II 방정식과 부등식

01 복소수와 이차방정식

실력 체크 문제 본문 73~78p

01 ④	02 ②	03 ④	04 ②	05 ④
06 ②	07 ④	08 ④	09 ②	10 ③
11 ③	12 ①	13 ④	14 ①	15 ④
16 ④	17 ①	18 ①	19 ④	20 ②
21 ②	22 ④			

01 정답 ④

| 풀이 |

$a=0$, $b\neq 0$이면, 순허수이므로, ④는 옳지 않은 설명이다. 예를 들어 $a=0, b=3$이면 복소수 $a+bi=3i$가 되어 순허수가 된다.

02 정답 ②

| 풀이 |

복소수 $a+bi$(a, b는 실수)에서 $a=0$, $b\neq 0$이면, 순허수이므로 보기의 주어진 수 중 순허수는 $3i$와 $-2i$의 2개이다.

03 정답 ④

| 풀이 |

$a+bi$에서 $b=0$이면 실수, $b\neq 0$이면 허수,

$a=0$, $b\neq 0$이면 순허수이다.

① 0 ➜ 실수

② $2-i$ ➜ 허수

③ i^2 ➜ $i^2=-1$이므로 실수

④ i^3 ➜ $i^3=i^2\times i=-1\times i=-i$이므로 순허수

04 정답 ②

| 풀이 |

$6+i+(3+i)a$가 순허수가 되려면

실수부분$=0$, 허수부분$\neq 0$이어야 한다.
먼저 복소수를 실수부분과 허수부분으로 정리하면,
$6+i+3a+ai=(6+3a)+(1+a)i$ 이므로
$6+3a=0$ ➜ $a=-2$이다.

05 정답 ④

| 풀이 |
복소수상등에 의해 $a+bi=c+di$를 만족하면 $a=c$, $b=d$이다. 즉, 실수부분과 허수부분을 구분하여 각각 같으면 되므로 좌변의 실수부분인 3과 우변의 실수부분인 a, 좌변의 허수부분인 b와 우변의 허수부분인 -2가 각각 같아야 한다.
$\therefore a=3, b=-2$이다.

06 정답 ②

| 풀이 |
복소수의 상등 조건에 의해서 a, b, c, d가 실수일 때, $a+bi=c+di$를 만족하면 $a=c$, $b=d$이다. 따라서, $a+bi=2+3i$를 만족하기 위해선 $a=2$, $b=3$이 되어야 한다.

07 정답 ④

| 풀이 |
주어진 조건을 만족하려면 실수부분과 허수부분이 모두 0이어야 한다.
따라서, $x=1$, $y=2$이므로 $x+y=1+2=3$

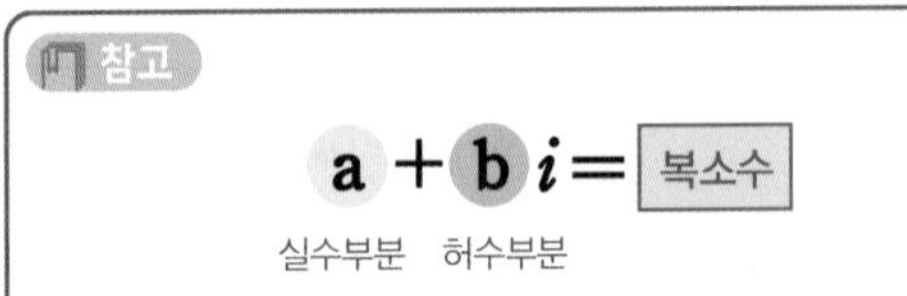

08 정답 ④

| 풀이 |
복소수상등에 의해 $a+bi=c+di$를 만족하면 $a=c$, $b=d$이다. 즉, 실수부분과 허수부분을 구분하여 각각 같으면 되므로 좌변의 실수부분인 $x+3$과 우변의 실수부분인 2, 좌변의 허수부분인 y와 우변의 허수부분인 3이 각각 같아야 한다.
$\therefore x=-1, y=3$이다.

09 정답 ②

| 풀이 |
x, y가 실수이므로 $x-1$, $y+3$도 실수이다.
두 복소수가 서로 같으려면 실수부분과 허수부분이 각각 서로 같아야 하므로
$x-1=4$, $y+3=-2$ ➜ $x=5$, $y=-5$
이므로 $xy=-25$

10 정답 ③

| 풀이 |
켤레복소수는 허수부분의 부호를 반대로 바꾼 수로, 복소수 $a+bi$(단, a, b는 실수)의 켤레복소수는 $a-bi$이다.
$2-3i$의 실수부분은 2, 허수부분은 -3이므로
$2-3i$의 켤레복소수는 $2+3i$가 된다.

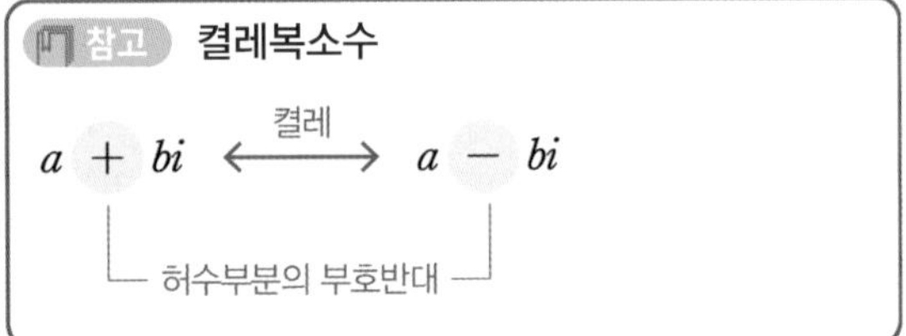

11 정답 ③

| 풀이 |
켤레복소수는 허수부분의 부호를 반대로 바꾼 수로, 복소수 $a+bi$(단, a, b는 실수)의 켤레복소수는 $a-bi$이다.
그러므로 좌변을 간단히 하면 $\overline{4-i}=4+i$이다.
$4+i=a+bi$에서 실수부분과 허수부분을 각각 비교하면, $a=4$, $b=1$이므로 $a-b=4-1=3$

12 정답 ①

| 풀이 |

켤레복소수는 허수부분의 부호를 반대로 바꾼 수로, 복소수 $a+bi$(단, a, b는 실수)의 켤레복소수는 $a-bi$이다.

그러므로 우변을 간단히 하면 $\overline{a+bi}=a-bi$이므로, $2+i=a-bi$에서 실수부분과 허수부분을 각각 비교하면, $a=2$, $b=-1$이므로 $a+b=2+(-1)=1$

13 정답 ④

| 풀이 |

복소수의 곱셈에서는 허수단위 i를 문자로 생각하고, 그 과정에서 i^2이 나오면 $i^2=-1$임을 이용하여 계산한다.

좌변 $i(3-2i)$를 전개하여 계산하면

$i(3-2i)=3i-2i^2=3i-2\times(-1)=3i+2$

좌변 $3i+2$와 우변 $2+bi$를 비교하면

$2+3i=2+bi$이므로 $b=3$이다.

14 정답 ①

| 풀이 |

$$
\begin{aligned}
(-2+i)(3+5i)&=-6-10i+3i+5i^2\\
&=\{-6+(-5)\}+(-10+3)i\\
&=-11-7i
\end{aligned}
$$

이므로, 우변의 $a+bi$와 실수부분, 허수부분을 각각 비교하면, $a=-11, b=-7$이다.

이때, $a-b=-11+7=-4$

15 정답 ④

| 풀이 |

복소수의 덧셈, 뺄셈은 허수단위 i를 문자처럼 생각하여 다항식의 덧셈, 뺄셈과 같은 방법으로 계산한다.

$1+2i-(3-i)=1+2i-3+i$

실수부분과 허수부분으로 나누어 정리한 후 각각 같음을 이용하면,

$(1-3)+(2+1)i=-2+3i$

이것을 우변인 $-2+ai$와 비교하면 $a=3$이다.

참고

복소수의 덧셈, 뺄셈

a, b, c, d가 실수일 때

❶ $(a+bi)+(c+di)=(a+c)+(b+d)i$

❷ $(a+bi)-(c+di)=(a-c)+(b-d)i$

16 정답 ④

| 풀이 |

α와 β에 주어진 복소수를 대입한 다음, 실수부분과 허수부분으로 나누어 계산한다.

$$
\begin{aligned}
2\alpha+\beta&=2(3-i)+(1+2i)\\
&=6-2i+1+2i\\
&=7
\end{aligned}
$$

참고

실수끼리

$a+bi=c+di$

허수끼리

끼리끼리 계산해요!

17 정답 ①

| 풀이 |

이차방정식이 중근을 갖기 위한 조건은

판별식 $D=b^2-4ac=0$이므로,

$D=(-4)^2-4\times1\times(k-2)=0$

$D=16-4(k-2)=0$

$16-4k+8=0$

$-4k=-24$

$k=6$

참고

이차방정식 $ax^2+bx+c=0$에서

판별식 $D>0$ ➜ 서로 다른 두 실근

$D=0$ ➜ 중근

$D<0$ ➜ 서로 다른 두 허근

18 정답 ①

| 풀이 |

이차방정식이 중근을 갖기 위한 조건은

판별식 $D=b^2-4ac=0$이므로,

$D=(-6)^2-4\times1\times k=0$

$D=36-4k=0$

$\therefore\ k=9$

19 정답 ④

| 풀이 |

이차방정식이 서로 다른 두 실근을 갖기 위한 조건은

판별식 $D=b^2-4ac>0$이므로,

① $x^2+x+4=0$

→ $D=1^2-4\times1\times4=1-16=-15<0$

→ 서로 다른 두 허근

② $x^2+9=0$

→ $D=0^2-4\times1\times9=0-36=-36<0$

→ 서로 다른 두 허근

③ $x^2+2x+1=0$

→ $D=2^2-4\times1\times1=4-4=0$

→ 중근

④ $x^2+x-2=0$

→ $D=1^2-4\times1\times(-2)=1+8=9>0$

→ 서로 다른 두 실근

참고

이차방정식 $ax^2+bx+c=0$에서

판별식 $D>0$ → 서로 다른 두 실근

$D=0$ → 중근

$D<0$ → 서로 다른 두 허근

20 정답 ②

| 풀이 |

이차방정식이 서로 다른 두 허근을 갖기 위한 조건은

판별식 $D=b^2-4ac<0$이므로,

① $x^2-2x+1=0$

→ $D=(-2)^2-4\times1\times1=4-4=0$

→ 중근

② $x^2+x+3=0$

→ $D=1^2-4\times1\times3=1-12=-11<0$

→ 서로 다른 두 허근

③ $x^2+4x+4=0$

→ $D=4^2-4\times1\times4=16-16=0$

→ 중근

④ $x^2+x-3=0$

→ $D=1^2-4\times1\times(-3)=1+12=13>0$

→ 서로 다른 두 실근

21 정답 ②

| 풀이 |

$x^2-3x-4=0$에서 근과 계수와의 관계에 의하여

$\alpha+\beta=3,\ \alpha\beta=-4$ 이다.

$\alpha+\beta+\alpha\beta=3-4=-1$

참고

근과 계수와의 관계

$a\,x^2+b\,x+c=0$

$\alpha+\beta=$합$=-\dfrac{b}{a}$ $\alpha\beta=$곱$=\dfrac{c}{a}$

22 정답 ④

| 풀이 |

$x^2-6x-7=0$에서 근과 계수와의 관계에 의하여

$\alpha+\beta=6,\ \alpha\beta=-7$ 이다.

$\alpha+\beta-\alpha\beta=6+7=13$

02 이차방정식과 이차함수

실력 체크 문제 본문 86~88p

01 ③	02 ③	03 ①	04 ①	05 ①
06 ④	07 ②	08 ②	09 ④	10 ①
11 ②				

01 정답 ③

| 풀이 |

이차함수 $y=x^2-4x+3$의 그래프와 x축의 교점의 x좌표의 개수는 이차방정식 $x^2-4x+3=0$의 해의 개수와 같다. (x축과의 교점을 구하기 위해, $y=0$으로 놓아야 하므로, 이차방정식 $x^2-4x+3=0$의 해와 같음을 알 수 있다.)

따라서 이차방정식 $x^2-4x+3=0$의 해의 개수를 구하면, $D=(-4)^2-4\times1\times3=16-12=4>0$ 이므로

서로 다른 두 개의 실근을 갖으며,

교점의 개수 또한 두 개이다.

| 다른 풀이 |

이차함수 $y=x^2-4x+3$의 그래프와 x축의 교점의 x좌표를 구하기 위해, $y=0$으로 놓으면

$x^2-4x+3=0$이므로

이 식을 인수분해하면, $(x-3)(x-1)=0$

$\therefore$ $x=1$ 또는 $x=3$으로 교점의 개수는 2개이다.

02 정답 ③

| 풀이 |

이차함수 $y=x^2-5x+6$의 그래프와 x축의 교점의 x좌표는 이차방정식 $x^2-5x+6=0$의 해와 같다. (x축과의 교점을 구하기 위해, $y=0$으로 놓아야 하므로, 이차방정식 $x^2-5x+6=0$의 해와 같음을 알 수 있다.)

따라서 이차방정식 $x^2-5x+6=0$의 해를 각각 α, β라 놓으면, 근과 계수와의 관계에 의해 $\alpha+\beta=5$임을 알 수 있다.

| 다른 풀이 |

이차함수 $y=x^2-5x+6$의 그래프와 x축의 교점의 x좌표를 구하기 위해, $y=0$으로 놓으면

$x^2-5x+6=0$이므로

이 식을 인수분해하면, $(x-2)(x-3)=0$

$\therefore$ $x=2$ 또는 $x=3$으로

교점의 x좌표의 합 $\alpha+\beta=2+3=5$이다.

03 정답 ①

| 풀이 |

아래로 볼록인 이차함수의 최솟값은 꼭짓점의 y좌표와 같다.

꼭짓점의 좌표가 $(1, -4)$이므로 최솟값은 -4이다.

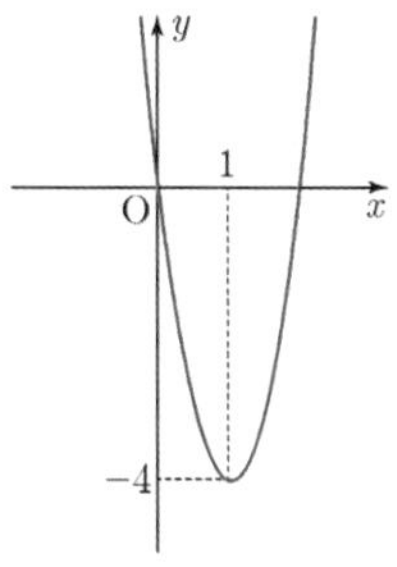

참고

아래로 볼록인 이차함수는 최댓값을 갖지 않으며, 최솟값은 꼭짓점의 y좌표와 같다.

04 정답 ①

| 풀이 |

구간이 제한된 이차함수의 최댓값과 최솟값은 꼭짓점과 구간의 양 끝값을 이용하여 구한다.

$f(x)=-2(x-1)^2+3$ $(0\le x\le 3)$라 놓으면,

꼭짓점의 좌표가 $(1, 3)$이고,

구간의 양 끝값은

$f(0)=-2(0-1)^2+3=-2\times1+3=1$

$f(3)=-2(3-1)^2+3=-2\times2^2+3$

$=-8+3=-5$이므로,

이 중 가장 큰 3이 최댓값, 가장 작은 -5가 최솟값이다. 그러므로 최댓값과 최솟값의 합은 -2이다.

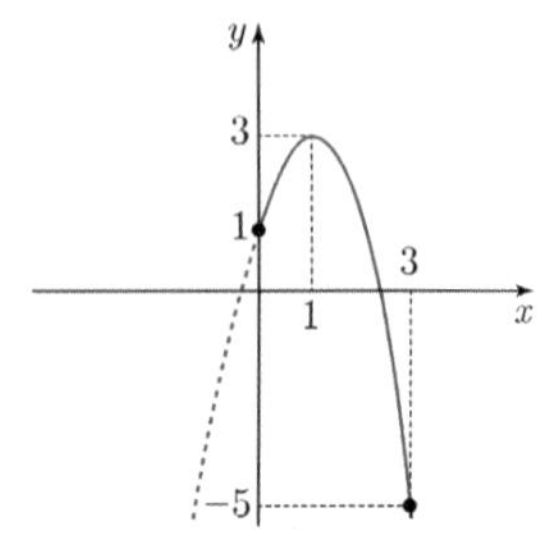

05 정답 ①

| 풀이 |

구간이 제한된 이차함수의 최댓값과 최솟값은 꼭짓점과 구간의 양 끝값을 이용하여 구한다.

그러나 그래프의 꼭짓점의 좌표가 $(1, -5)$로 구간에 포함되지 않으므로, 구간의 양 끝값이 최대, 최소가 된다.

$f(x)=(x-1)^2-5\ (-2 \le x \le 0)$라 놓으면,

구간의 양 끝값은

$f(-2)=(-2-1)^2-5=(-3)^2-5=9-5=4$

$f(0)=(0-1)^2-5=1-5=-4$이다.

둘 중 큰 값인 4가 최댓값, 작은 값인 -4가 최솟값이 되어, $a=4$, $b=-4$이다.

따라서 $a-b=8$

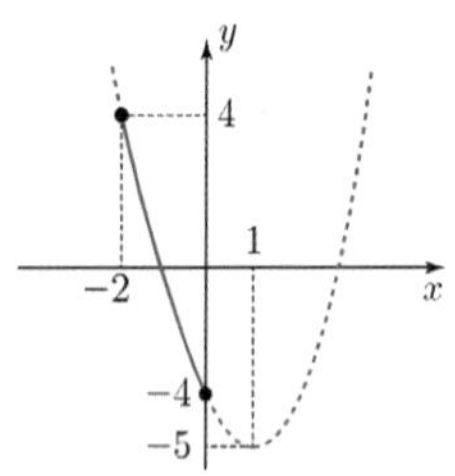

06 정답 ④

| 풀이 |

$f(x)=x^2+2x-2=(x+1)^2-3$

$-2 \le x \le 1$에서 $y=f(x)$의 그래프가 다음 그림과 같다.

구간이 제한된 이차함수의 최댓값과 최솟값은 꼭짓점과 구간의 양 끝값을 이용하여 구한다.

꼭짓점의 좌표는 $(-1, -3)$이므로 $f(-1)=-3$

구간의 양 끝값은 $f(-2)=-2$, $f(1)=1$이다.

따라서 $f(x)$의 최댓값은 1이다.

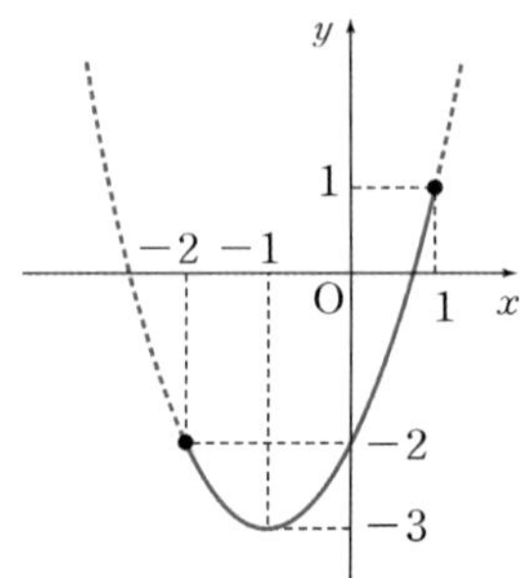

07 정답 ②

| 풀이 |

$f(x)=-x^2+4x-3\ (0 \le x \le 3)$

$f(x)=-x^2+4x-3$

$\quad =-(x-2)^2+1$

$0 \le x \le 3$에서 $y=f(x)$의 그래프가 오른쪽 그림과 같다.

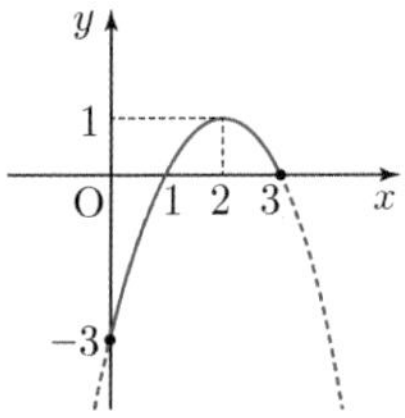

구간이 제한된 이차함수의 최댓값과 최솟값은 꼭짓점과 구간의 양 끝값을 이용하여 구한다.

꼭짓점의 좌표는 $(2, 1)$이므로 $f(2)=1$

구간의 양 끝값은 $f(0)=-3$, $f(3)=0$이다.

즉, $f(2)=1$, $f(0)=-3$, $f(3)=0$

따라서 $f(x)$의 최댓값은 1이다.

08 정답 ②

| 풀이 |

$f(x)=-x^2+1\ (-1 \le x \le 2)$

에서 $y=f(x)$의 그래프는 오른쪽 그림과 같다. 즉,

$f(-1)=0$, $f(0)=1$,

$f(2)=-3$

따라서 $f(x)$의 최댓값은 1이다.

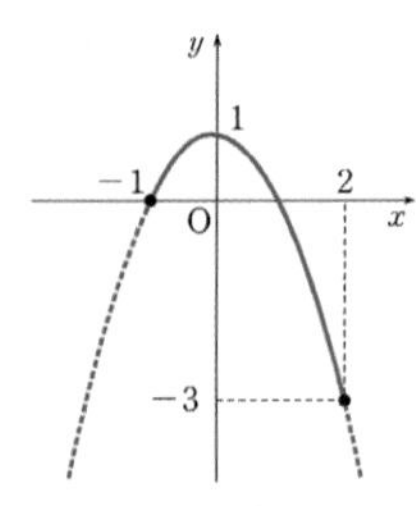

09 정답 ④

| 풀이 |

$f(x)=x^2-2x+3=(x-1)^2+2$

$0 \leq x \leq 3$에서 $y=f(x)$의 그래프는 오른쪽 그림과 같다. 즉,

$f(0)=3$, $f(1)=2$, $f(3)=6$

따라서 $f(x)$의 최댓값은 6이다.

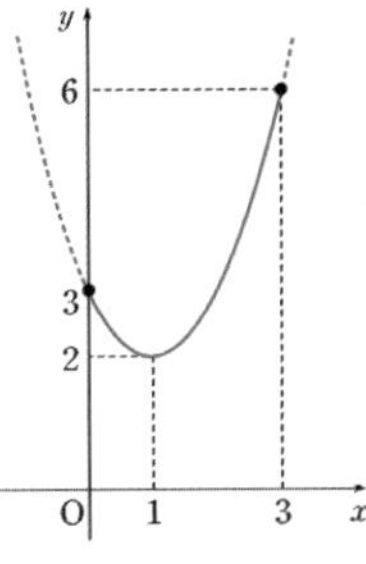

10 정답 ①

| 풀이 |

$y=x^2-2x+4=(x-1)^2+3$이므로

꼭짓점의 좌표는 $(1, 3)$이다.

$y=(x-p)^2+q$의 그래프는 $x=p$일 때, 최솟값 q를 갖는다. 따라서 $y=(x-1)^2+3$는 $x=1$에서 최솟값 3을 가지므로 $a=1$이다.

11 정답 ②

| 풀이 |

$y=x^2-2x+2$를 완전제곱식의 형태로 바꾸면

$y=(x-1)^2+1$이고 꼭짓점은 $(1, 1)$이다.

$y=(x-p)^2+q$의 그래프는 $x=p$일 때, 최솟값 q를 갖는다. 따라서 $y=(x-1)^2+1$는 $x=1$에서 최솟값 1을 가진다.

$\therefore a+b=1+1=2$

03 여러 가지 방정식과 부등식

실력 체크 문제 본문 104~107p

01 ②	02 ②	03 ②	04 ③	05 ①
06 ③	07 ④	08 ②	09 ④	10 ④
11 ②	12 ①	13 ④	14 ④	15 ②
16 ④				

01 정답 ②

| 풀이 |

방정식의 근은 식에 대입하면 식을 참이 되게 하는 값이므로 $x^3+x+a=0$에 $x=1$을 대입하면, a의 값을 구할 수 있다. $1^3+1+a=0$ ➜ $a=-2$

> **참고** 방정식의 근(해)
> 식을 참이 되게 하는 미지수의 값

02 정답 ②

| 풀이 |

방정식의 근은 식에 대입하면 식을 참이 되게 하는 값이므로 $x^3-x^2+2x+a=0$에 $x=1$을 대입하면, a의 값을 구할 수 있다.

$1^3-1^2+2\times1+a=0$

➜ $1-1+2+a=0$

➜ $a=-2$

03 정답 ②

| 풀이 |

연립방정식의 해는 두 식을 동시에 만족시키는 미지수의 값이므로 식에 대입하면 모두 참이 된다.

$x=1$, $y=b$를 두 식에 각각 대입하면,

$xy=6$에서 $xy=1\times b=6$이므로

$b=6$

$x+y=a$에서 $x+y=1+b=1+6=7$이므로

$a=7$

$\therefore a+b=6+7=13$

> **참고** 연립방정식의 근(해)
> 여러 방정식을 동시에 참이 되게 하는 미지수의 값

04 정답 ③

| 풀이 |

$y+z=a$에서 $y=1$, $z=2$를 대입하면 $a=3$

$x+y=4$에서 $y=1$을 대입하면 $x=3$이므로 $b=3$

따라서, $a+b=3+3=6$

05 정답 ①

| 풀이 |

$x-y=1$에서 $x=2$, $y=b$를 대입하면

$2-b=1$ ➜ $b=1$이므로 $x=2$, $y=1$이다.

$x^2-y^2=a$에서 $x=2$, $y=1$을 대입하면

$2^2-1^2=4-1=3$이므로 $a=3$이다.

$\therefore\ a+b=3+1=4$

06 정답 ③

| 풀이 |

$x+y=4$에서 $y=2$를 대입하면 $x=2$이므로 $b=2$이다.

$x^2+y^2=a$에서 $x=2$, $y=2$를 대입하면

$x^2+y^2=2^2+2^2=4+4=8$이므로

$a=8$임을 알 수 있다.

따라서, $a-b=8-2=6$이다.

07 정답 ④

| 풀이 |

절댓값을 포함한 일차부등식은 양수 a에 대하여

① $|x|<a$의 해는 $-a<x<a$

② $|x|>a$의 해는 $x<-a$ 또는 $x>a$이다.

이 성질을 이용하여 부등식 $|x-2|<3$을 풀면,

$-3<x-2<3$, 모든 변에 $+2$를 하면

⇨ $-1<x<5$이므로 이것을 수직선에 나타내면

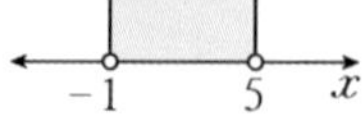

08 정답 ②

| 풀이 |

절댓값을 포함한 일차부등식은 양수 a에 대하여

① $|x|\le a$의 해는 $-a\le x\le a$

② $|x|\ge a$의 해는 $x\le -a$ 또는 $x\ge a$이다.

이 성질을 이용하여 부등식 $|x-4|\le 1$을 풀면,

$-1\le x-4\le 1$, 모든 변에 $+4$를 하면

➜ $3\le x\le 5$이므로 $a=5$

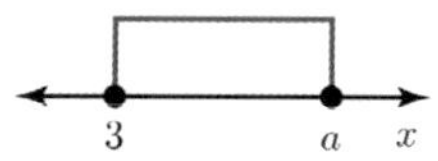

09 정답 ④

| 풀이 |

절댓값을 포함한 일차부등식은 양수 a에 대하여

① $|x|<a$의 해는 $-a<x<a$

② $|x|>a$의 해는 $x<-a$ 또는 $x>a$이다.

이 성질을 이용하여 부등식 $|x+2|>2$를 풀면,

$x+2<-2$ 또는 $x+2>2$

➜ $x<-4$ 또는 $x>0$이므로

$a=0$

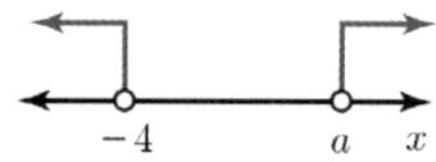

10 정답 ④

| 풀이 |

$$\begin{cases} 4x-5<3 & \cdots\cdots \text{㉠} \\ 2-x\le 5x-4 & \cdots\cdots \text{㉡} \end{cases}$$

부등식 ㉠을 풀면 $4x<3+5$

$x<2$ …… ㉢

부등식 ㉡을 풀면 $-x-5x\le -4-2$

$-6x\le -6$

$x\ge 1$ …… ㉣

이것을 수직선에 나타내어 공통범위를 찾으면

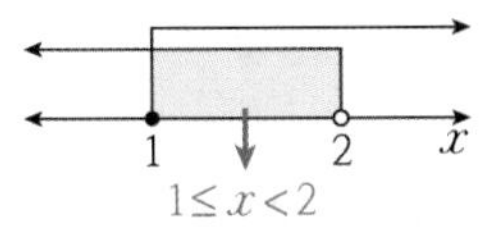

이다. 따라서 $1 \le x < 2$

11 정답 ②

| 풀이 |

이차부등식 $(x-a)(x-b) \le 0$의 해는 $a < b$일 때, $a \le x \le b$이므로, $a=-2, b=4$이다.

그러므로 $a+b=-2+4=2$

(만약, $b < a$인 경우는 $b \le x \le a$이고, $a=4, b=-2$가 된다. 그러나 $a+b=4-2=2$로 같기 때문에 둘 중 한 가지로 놓고 풀어도 관계없다.)

참고

$a<b$일 때,	그림	해
$(x-a)(x-b)<0$	a b x	$a<x<b$
$(x-a)(x-b)\le 0$	a b x	$a\le x\le b$
$(x-a)(x-b)>0$	a b x	$x<a$ 또는 $x>b$
$(x-a)(x-b)\ge 0$	a b x	$x\le a$ 또는 $x\ge b$

12 정답 ①

| 풀이 |

이차부등식 $(x-a)(x-b) \ge 0$의 해는 $a < b$일 때, $x \le a$ 또는 $x \ge b$이다.

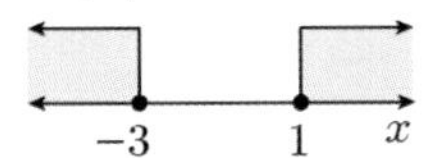

주어진 그림을 부등식으로 나타내면 $x \le -3$ 또는 $x \ge 1$이므로, $a=-3, b=1$이다.

그러므로 $ab=-3\times 1=-3$

13 정답 ④

| 풀이 |

이차부등식 $(x-a)(x-b) \ge 0$의 해는 $a<b$일 때, $x \le a$ 또는 $x \ge b$이다.

이것을 이용하여 $(x+1)(x-k) \ge 0$의 해를 구하면, 주어진 조건(문제의 그림)에 의해 $k>-1$이므로 $x \le -1$ 또는 $x \ge k$임을 알 수 있다.

문제의 그림을 참고하면,

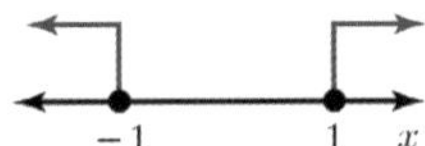

$x \le -1$ 또는 $x \ge 1$이므로, $k=1$이다.

14 정답 ④

| 풀이 |

$$\begin{cases} 3x-6>0 & \cdots\cdots ㉠ \\ (x-1)(x-4)<0 & \cdots\cdots ㉡ \end{cases}$$ 에서

㉠ $3x-6>0 \rightarrow x>2$

㉡ $(x-1)(x-4)<0 \rightarrow 1<x<4$

두 식의 공통범위를 구하면 $2<x<4$이다.

따라서, $\alpha=2$, $\beta=4$이다.

$\therefore \alpha\beta=2\times 4=8$

15 정답 ②

| 풀이 |

$$\begin{cases} x>1 & \cdots\cdots ㉠ \\ x^2-x-6>0 & \cdots\cdots ㉡ \end{cases}$$

㉡의 좌변을 인수분해하면 $(x-3)(x+2)>0$이다.

그러므로 $x<-2$ 또는 $x>3$

㉠과 ㉡의 공통범위를 구하면, $x>3$이 된다.

16 정답 ④

| 풀이 |

$$\begin{cases} x^2-6x-7<0 & \cdots\cdots ㉠ \\ (x-2)(x-9)<0 & \cdots\cdots ㉡ \end{cases}$$

㉠ $x^2-6x-7=(x+1)(x-7)$이므로
부등식 $x^2-6x-7<0$의 해는 $-1<x<7$이다.
㉡ $(x-2)(x-9)<0$의 해는 $2<x<9$이다.
두 부등식의 공통범위를 구하면 $2<x<7$이므로 $a=7$이다.

참고
이차부등식 $(x-a)(x-b)<0$의 해는 $a<b$일 때, $a<x<b$이다.

기출문제 체크 본문 110~115p

01 ①	02 ③	03 ③	04 ④	05 ③
06 ②	07 ③	08 ④	09 ④	10 ①
11 ③	12 ③	13 ③	14 ①	15 ②
16 ②	17 ④	18 ①	19 ①	20 ④
21 ①	22 ③			

01 정답 ①

| 풀이 |
복소수의 곱셈은 분배법칙을 이용하여 전개한 후 실수부분과 허수부분으로 나누어 계산한다.
$i^2=-1$임을 이용하여 간단히 한다.
$i(1+2i)=i+2i^2=i-2=-2+i$이므로 $a=-2$이다.

02 정답 ③

| 풀이 |
복소수가 서로 같으려면, 실수부분과 허수부분이 각각 같아야 한다.
좌변의 실수부분은 $x-1$, 우변의 실수부분은 2이고, 좌변의 허수부분은 $y+2$, 우변의 허수부분은 3이므로 각각 같음을 이용하면, $x-1=2$, $y+2=3$이다.
$\therefore x=3,\ y=1$

참고
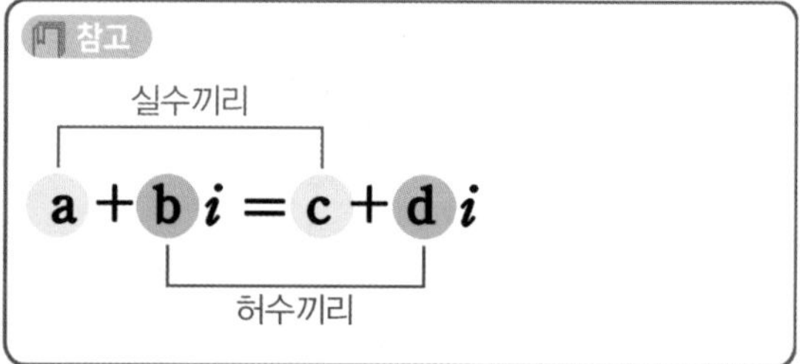

03 정답 ③

| 풀이 |
복소수의 덧셈, 뺄셈은 실수부분과 허수부분으로 나누어 계산한다. 두 식의 괄호를 풀어 실수부분과 허수부분끼리 정리하면 다음과 같다.
$(5-2i)-(1-4i)=5-2i-1+4i$
$=5-1-2i+4i=(5-1)+(-2+4)i=4+2i$
$\therefore a=2$

04 정답 ④

| 풀이 |

복소수의 덧셈, 뺄셈은 실수부분과 허수부분으로 나누어 계산한다. 두 식의 괄호를 풀어 실수부분과 허수부분끼리 정리하면 다음과 같다.

$(1+2i)-(3-i)=1+2i-3+i=1-3+2i+i$

$=(1-3)+(2+1)i=-2+3i$

$\therefore a=3$

05 정답 ③

| 풀이 |

복소수의 곱셈은 분배법칙을 이용하여 전개한 후 실수부분과 허수부분으로 나누어 계산한다.

$i^2=-1$임을 이용하여 간단히 한다.

$(1+2i)(3-i)=3-i+6i-2i^2=3-i+6i+2$

$=3+2-i+6i=(3+2)+(-1+6)i=5+5i$

$\therefore a=5$

06 정답 ②

| 풀이 |

이차방정식 $ax^2+bx+c=0$의 근을 판별하는 식을 판별식이라 하며, b^2-4ac와 같다.

이때, b^2-4ac가 양수이면 서로 다른 두 실근을, 0이면 중근을, 음수이면 서로 다른 두 허근을 갖는다.

① $b^2-4ac=0^2-4\times1\times3=-12$ ➜ 음수 ➜ 서로 다른 두 허근

② $b^2-4ac=1^2-4\times1\times(-2)=1+8=9$ ➜ 양수 ➜ 서로 다른 두 실근

③ $b^2-4ac=2^2-4\times1\times1=0$ ➜ 0 ➜ 중근

④ $b^2-4ac=3^2-4\times1\times5=9-20=-11$ ➜ 음수 ➜ 서로 다른 두 허근

07 정답 ③

| 풀이 |

이차방정식 $ax^2+bx+c=0$의 근을 판별하는 식을 판별식이라 하며, b^2-4ac와 같다.

이때, b^2-4ac가 양수이면 서로 다른 두 실근을, 0이면 중근을, 음수이면 서로 다른 두 허근을 갖는다.

주어진 식은 중근을 가지므로

$b^2-4ac=2^2-4\times1\times(m-3)=4-4(m-3)=0$

$4-4m+12=0$ ➜ $-4m=-16$

$\therefore m=4$

08 정답 ④

| 풀이 |

이차방정식의 근과 계수와의 관계를 이용하면, $\alpha\beta=2$이다.

> **참고 근과 계수와의 관계**
>
> $ax^2+bx+c=0$
>
> $\alpha+\beta=\text{합}=-\dfrac{b}{a}$　　$\alpha\beta=\text{곱}=\dfrac{c}{a}$

09 정답 ④

| 풀이 |

이차방정식의 근과 계수와의 관계를 이용하면, $\alpha+\beta=5$이다.

10 정답 ①

| 풀이 |

주어진 식을 $f(x)=x^2-3$ $(-1\le x\le 2)$라 놓으면, $-1\le x\le 2$에서 $y=f(x)$의 그래프가 오른쪽 그림과 같다.

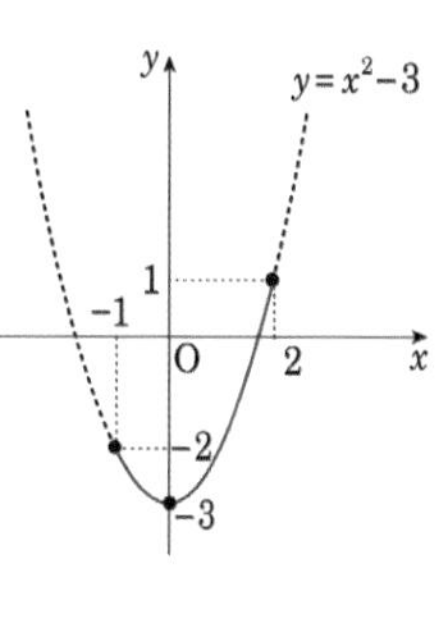

구간이 제한된 이차함수의 최댓값과 최솟값은 꼭짓점과 구간의 양 끝값을 이용하여 구한다.

꼭짓점의 좌표는 $(0, -3)$이므로

$f(0)=-3$

구간의 양 끝값은 $f(-1)=-2$, $f(2)=1$이다.

그러므로 $f(x)$의 최솟값은 -3이다.

11 정답 ③

| 풀이 |

주어진 식을

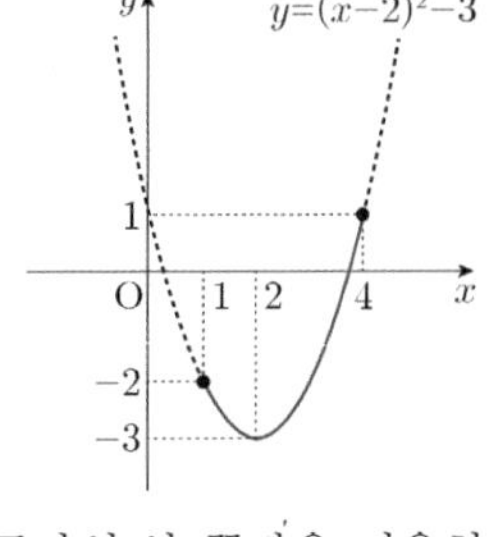

$f(x)=(x-2)^2-3$

$(1 \le x \le 4)$라 놓으면,

$1 \le x \le 4$에서

$y=f(x)$의 그래프가 오른쪽 그림과 같다.

구간이 제한된 이차함수의 최댓값과 최솟값은 꼭짓점과 구간의 양 끝값을 이용하여 구한다.

꼭짓점의 좌표는 $(2, -3)$이므로

$f(2)=-3$

구간의 양 끝값은 $f(1)=-2$, $f(4)=1$이다.

그러므로 $f(x)$의 최댓값은 1이다.

12 정답 ③

| 풀이 |

주어진 식을

$f(x)=-(x+1)^2+4$

$-3 \le x \le 0$라 놓으면,

$-3 \le x \le 0$에서

$y=f(x)$의 그래프가 오른쪽 그림과 같다.

구간이 제한된 이차함수의 최댓값과 최솟값은 꼭짓점과 구간의 양 끝값을 이용하여 구한다.

꼭짓점의 좌표는 $(-1, 4)$이므로

$f(-1)=4$

구간의 양 끝값은 $f(-3)=0$, $f(0)=3$이다.

그러므로 $f(x)$의 최댓값은 4이다.

13 정답 ③

| 풀이 |

주어진 식을

$f(x)=(x-1)^2-2$

$(2 \le x \le 4)$라 놓으면,

$2 \le x \le 4$에서 $y=f(x)$의 그래프가 오른쪽 그림과 같다.

구간이 제한된 이차함수의 최댓값과 최솟값은 꼭짓점과 구간의 양 끝값을 이용하여 구한다.

주어진 구간 안에 꼭짓점이 없는 경우이므로 구간의 양 끝값이 최대, 최소가 된다.

구간의 양 끝값은 $f(2)=-1$, $f(4)=7$이다.

그러므로 $f(x)$의 최댓값은 7, 최솟값은 -1이다.

최댓값과 최솟값의 합을 구하면 $7-1=6$

14 정답 ①

| 풀이 |

방정식의 근은 식에 대입하면 식을 참이 되게 하는 값이므로 $x^3-2x^2+ax+4=0$에 $x=2$를 대입하면, a의 값을 구할 수 있다.

$2^3-2\times2^2+a\times2+4=0$ ➜ $8-8+2a+4=0$

➜ $a=-2$

15 정답 ②

| 풀이 |

방정식의 근은 식에 대입하면 식을 참이 되게 하는 값이므로 $x^3-x^2+3x+a=0$에 $x=1$을 대입하면, a의 값을 구할 수 있다.

$1^3-1^2+3\times1+a=0$ ➜ $1-1+3+a=0$

➜ $a=-3$

16 정답 ②

| 풀이 |

연립방정식의 해는 두 식을 동시에 만족하는 미지수 x, y의 값이므로 식에 대입하여 문제를 해결할 수 있다.

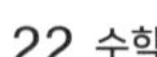

연립방정식 $\begin{cases} x-y=1 & \cdots\cdots ㉠ \\ x^2-y^2=a & \cdots\cdots ㉡ \end{cases}$ 의 해가

$x=3$, $y=b$이므로, $x=3$, $y=b$를 식 ㉠, ㉡에 각각 대입하면,

㉠ $3-b=1$ ➜ $b=2$

㉡ $3^2-b^2=a$ ➜ $9-4=a$ ➜ $a=5$

$\therefore$ $a+b=5+2=7$이다.

17 정답 ④

| 풀이 |

연립방정식의 해는 두 식을 동시에 만족하는 미지수 x, y의 값이므로 식에 대입하여 문제를 해결할 수 있다.

연립방정식 $\begin{cases} x+y=1 & \cdots\cdots ㉠ \\ y-z=2 & \cdots\cdots ㉡ \\ z-x=3 & \cdots\cdots ㉢ \end{cases}$ 의 해가

$x=-2$, $y=a$, $z=b$이므로, 식 ㉠, ㉡, ㉢에 각각 대입하면,

㉠ $-2+a=1$ ➜ $a=3$

㉡ $a-b=2$

㉢ $b+2=3$ ➜ $b=1$

$\therefore$ $a+b=3+1=4$

18 정답 ①

| 풀이 |

$\begin{cases} 3x<2x+5 & \cdots\cdots ㉠ \\ 4x>3x-1 & \cdots\cdots ㉡ \end{cases}$ 에서

㉠ $3x<2x+5$ ➜ $x<5$

㉡ $4x>3x-1$ ➜ $4x-3x>-1$ ➜ $x>-1$

두 식의 공통범위를 구하면 $-1<x<5$이다.

$\therefore$ $a=5$이다.

19 정답 ①

| 풀이 |

$|x|\le a$ (단, $a>0$)의 해는 $-a\le x\le a$임을 이용하면, $|x-2|\le 2$의 해는

$-2\le x-2\le 2$ ➜ $0\le x\le 4$

이것을 수직선에 나타내면

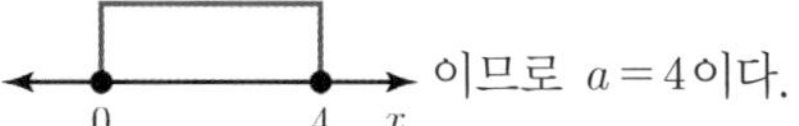

이므로 $a=4$이다.

20 정답 ④

| 풀이 |

$|x|\le a$ (단, $a>0$)의 해는 $-a\le x\le a$임을 이용하면, $|x-1|\le 3$의 해는

$-3\le x-1\le 3$ ➜ $-2\le x\le 4$

이것을 수직선에 나타내면

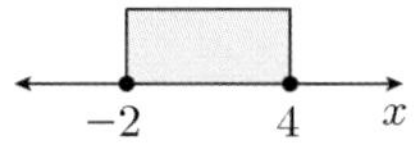

21 정답 ①

| 풀이 |

$-a<-b$인 경우, 이차부등식 $(x+a)(x+b)\ge 0$의 해를 구하면, $x\le -a$ 또는 $x\ge -b$가 된다.

문제에 주어진 수직선은 $x\le 1$ 또는 $x\ge 3$이므로, $a=-1$, $b=-3$이 된다. $a+b=-1+(-3)=-4$

> **참고**
> $-a>-b$인 경우 $a=-3$, $b=-1$이 되어, $a+b=-4$로 합은 같으므로 한 가지의 경우로 생각하여 문제를 풀면 된다.

22 정답 ③

| 풀이 |

$a<b$인 경우, 이차부등식 $(x-a)(x-b)\le 0$의 해를 구하면, $a\le x\le b$가 된다.

그러므로 주어진 그림을 이용하면, $a=-1$, $b=2$임을 알 수 있다. $a+b=-1+2=1$

> **참고**
> $a>b$인 경우 $a=2$, $b=-1$이 되어, $a+b=1$로 합은 같으므로 한 가지의 경우로 생각하여 문제를 풀면 된다.

PART III 도형의 방정식

01 평면좌표

실력 체크 문제 본문 122~123p

01 ④	02 ③	03 ①	04 ①	05 ①
06 ①	07 ④	08 ②		

01 정답 ④

| 풀이 |

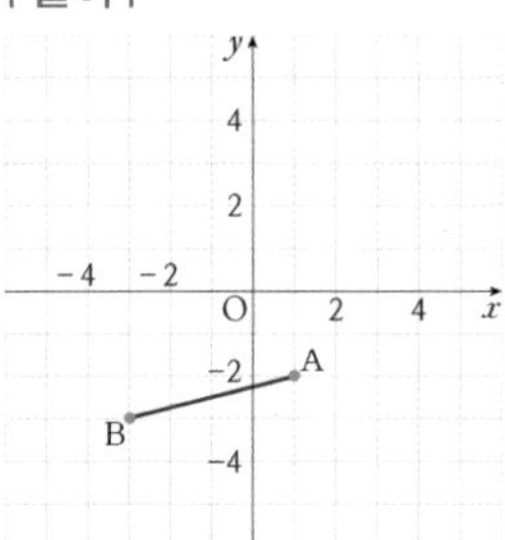

두 점 사이의 거리 공식에 의해

$\overline{AB} = \sqrt{(-3-1)^2+(-3+2)^2}$

$= \sqrt{16+1}$

$= \sqrt{17}$

> **참고**
> 좌표평면에서의 두 점 $A(x_1, y_1)$, $B(x_2, y_2)$에 대하여, 두 점 A, B 사이의 거리는
> $\overline{AB} = \sqrt{(x_2-x_1)^2+(y_2-y_1)^2}$ 이다.

02 정답 ③

| 풀이 |

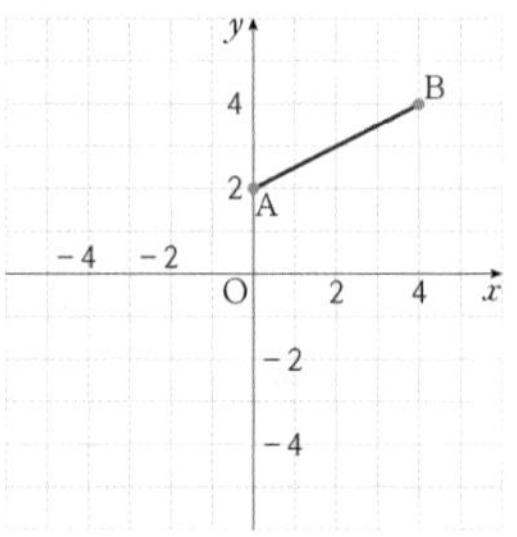

두 점 사이의 거리 공식에 의해

$\overline{AB} = \sqrt{(4-0)^2+(4-2)^2}$

$= \sqrt{16+4} = \sqrt{20} = 2\sqrt{5}$

03 정답 ①

| 풀이 |

두 점 A(1, 2), B(−3, 4)를 이은 선분의 중점의 좌표는 $\left(\frac{1-3}{2}, \frac{2+4}{2}\right) = (-1, 3)$이다.

> **참고**
> 선분 AB의 중점 M의 좌표는
> $\left(\frac{x\text{ 좌표의 합}}{2}, \frac{y\text{ 좌표의 합}}{2}\right)$

04 정답 ①

| 풀이 |

두 점 A(−2, 4) B(2, −2)를 이은 선분의 중점의 좌표는 $\left(\frac{-2+2}{2}, \frac{4-2}{2}\right) = (0, 1)$이다.

05 정답 ①

| 풀이 |

A(1, 4)와 B(3, 2)의 중점을 구하면,

$\left(\frac{1+3}{2}, \frac{4+2}{2}\right) = (2, 3)$이다.

두 점 사이의 거리 공식에 의해, 원점으로부터 M까지의 거리를 구하면,

$\overline{OM} = \sqrt{2^2+3^2} = \sqrt{4+9} = \sqrt{13}$ 이다.

06 정답 ①

| 풀이 |

선분 AP와 선분 BP의 길이는 같으므로

$\sqrt{(x-6)^2+2^2} = \sqrt{\{x-(-1)\}^2+5^2}$

양변을 제곱하여 계산하면

$(x-6)^2+4 = (x+1)^2+25$

$x^2-12x+36+4 = x^2+2x+1+25$

$-14x=-14$

$x=1$이므로 점 P의 좌표는 $(1, 0)$이다.

07 정답 ④

| 풀이 |

내분점 공식을 이용한다.

$$x=\frac{3\times10+1\times2}{3+1}=\frac{30+2}{4}=8$$

08 정답 ②

| 풀이 |

내분점 공식을 이용하여 문제를 해결한다.

$A(2, 2)$, $B(8, 5)$를 $2:1$로 내분하는 점 P의 좌표는

$$P=\left(\frac{2\times8+1\times2}{2+1}, \frac{2\times5+1\times2}{2+1}\right)=(6, 4)$$

참고

좌표평면 위의 두 점 $A(x_1, y_1)$, $B(x_2, y_2)$에 대하여 선분 AB를 $m:n(m>0, n>0)$으로 내분하는 점을 P, 외분하는 점을 Q라 하면,

$$P\left(\frac{mx_2+nx_1}{m+n}, \frac{my_2+ny_1}{m+n}\right),$$

$$Q\left(\frac{mx_2-nx_1}{m-n}, \frac{my_2-ny_1}{m-n}\right)\ (m\neq n)$$

02 직선의 방정식

실력 체크 문제 본문 135~138p

01 ④	02 ④	03 ④	04 ②	05 ③
06 ①	07 ③	08 ②	09 ③	10 ②
11 ①	12 ④	13 ④	14 ①	15 ③
16 ①				

01 정답 ④

| 풀이 |

$y=-x+3$의 기울기는 x의 계수인 -1이고, y절편은 상수항인 3이다.

그러므로 기울기와 y절편을 차례로 구하면 $-1, 3$

참고 직선의 방정식

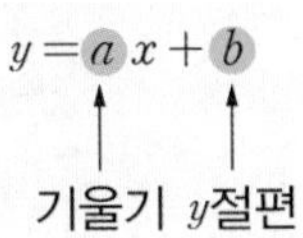

02 정답 ④

| 풀이 |

그래프의 기울기는

$$a=\frac{(y\text{값의 증가량})}{(x\text{값의 증가량})}=\frac{2-0}{0-(-1)}=\frac{2}{1}=2\text{이다.}$$

또한 x절편은 -1이고, y절편은 2이다.

직선의 방정식을 구하면, $y=2x+2$가 되므로 옳지 않은 보기는 ④번이다.

03 정답 ④

| 풀이 |

$2x-y-1=0$을 y에 대한 함수식으로 바꾸면 $y=2x-1$이다. 평행이므로 기울기가 같고, 점 $(0, 3)$을 지나므로 y절편이 3이다.

따라서, 구하려는 직선의 방정식은 $y=2x+3$이다.

> **참고** 직선의 평행
> 두 직선 $y=mx+n$, $y=m'x+n'$이 평행하면,
> $m=m'$, $n\neq n'$이다.

04 정답 ②

| 풀이 |

$y=2x+1$에 수직이려면 기울기의 곱이 -1이 되어야 하므로 구하려는 직선의 방정식의 기울기는 $-\frac{1}{2}$이다.
또한, 원점을 지나므로 직선의 방정식은 $y=-\frac{1}{2}x$이다.

> **참고** 직선의 수직
> 두 직선 $y=mx+n$, $y=m'x+n'$이 수직일 때,
> $m\times m'=-1$이다.

05 정답 ③

| 풀이 |

$y=x+3$에 평행인 직선의 방정식은 기울기는 같고 y절편은 다르다. 그러므로 구하려는 직선의 방정식의 기울기는 1이고, $y=x+b$라 할 수 있다.
또한 이 직선이 점 $(0, 5)$를 지나므로 식에 대입하면,
$5=0+b$ ➜ $b=5$
따라서, 구하려는 직선의 방정식은 $y=x+5$이다.

06 정답 ①

| 풀이 |

$3x-y=0$을 y에 대하여 정리하면, $y=3x$이다.
두 직선이 서로 수직으로 만나려면 두 기울기의 곱이 -1이므로 $3\times m=-1$에서 $m=-\frac{1}{3}$이다.

07 정답 ③

| 풀이 |

두 직선이 평행하려면 기울기는 같고, y절편은 달라야 한다. 두 직선 $x+y+1=0$, $ax+y+3=0$을 각각 y에 대해 정리하면,
$y=-x-1$, $y=-ax-3$이므로,
두 직선의 기울기가 같음을 이용하면,
$-1=-a$
$a=1$

08 정답 ②

| 풀이 |

수직인 두 직선의 기울기의 곱은 -1이다.
문제에 주어진 직선 $2x-y+1=0$을 y에 대하여 정리하면, $y=2x+1$이므로 기울기가 2이다.
기울기가 2인 직선과 수직인 직선의 기울기를 m이라 하면,
$2\times m=-1$이므로 $m=-\frac{1}{2}$이 된다.
따라서 보기에서 기울기가 $-\frac{1}{2}$인 직선을 찾으면,
$y=-\frac{1}{2}x$이다.

09 정답 ③

| 풀이 |

구하려는 직선의 방정식을 $y=ax+b$라 하면
직선 $y=x+4$에 수직이므로 기울기의 곱 $a\times 1=-1$이어야 한다. 따라서, $a=-1$이므로 $y=-x+b$이다.
또한, 이 직선이 점 $(1, 1)$을 지나므로 $1=-1+b$를 만족한다.
따라서, $b=2$이므로 직선의 방정식은 $y=-x+2$이다.

10 정답 ②

| 풀이 |

구하려는 직선의 방정식을 $y=ax+b$라 하면
그래프의 기울기는
$a=\frac{(y\text{값의 증가량})}{(x\text{값의 증가량})}=\frac{4-0}{0-2}=\frac{4}{-2}=-2$이다.
또한 y절편이 4이므로
직선의 방정식을 구하면, $y=-2x+4$이다.

11 정답 ①

| 풀이 |

구하려는 직선의 방정식을 $y=ax+b$라 하면

그래프의 기울기는

$a=\dfrac{(y\text{값의 증가량})}{(x\text{값의 증가량})}=\dfrac{2-0}{0-1}=\dfrac{2}{-1}=-2$이다.

또한 y절편이 2이므로

직선의 방정식을 구하면, $y=-2x+2$이다.

12 정답 ④

| 풀이 |

구하려는 직선의 방정식을 $y=ax+b$라 하면

그래프의 기울기는

$a=\dfrac{(y\text{값의 증가량})}{(x\text{값의 증가량})}=\dfrac{-3-1}{2-0}=\dfrac{-4}{2}=-2$이다.

또한 y절편이 1이므로

직선의 방정식을 구하면, $y=-2x+1$이다.

13 정답 ④

| 풀이 |

기울기가 3인 직선의 방정식은 $y=3x+b$로 놓을 수 있다. 이 직선이 점 $(-1,\ 2)$를 지나므로 직선의 방정식에 대입하면 $2=-3+b$이다. 따라서, $b=5$이므로 직선의 방정식은 $y=3x+5$이다.

14 정답 ①

| 풀이 |

구하려는 직선의 방정식을 $y=ax+b$라 하면

그래프의 기울기는

$a=\dfrac{(y\text{값의 증가량})}{(x\text{값의 증가량})}=\dfrac{1-5}{3-1}=\dfrac{-4}{2}=-2$

이다. 따라서 직선의 방정식은 $y=-2x+b$가 되고

지나는 두 점 중 하나의 점 $(1, 5)$를 식에 대입하면,

$5=-2+b$ ➜ $b=7$

이므로 직선의 방정식은 $y=-2x+7$이 된다.

15 정답 ③

| 풀이 |

구하려는 직선의 방정식을 $y=ax+b$라 하면

그래프의 기울기는

$a=\dfrac{(y\text{값의 증가량})}{(x\text{값의 증가량})}=\dfrac{0-6}{3-0}=\dfrac{-6}{3}=-2$

이다. 또한 y절편이 6이므로

직선의 방정식을 구하면, $y=-2x+6$

16 정답 ①

| 풀이 |

좌표평면 위의 두 점 A$(1, 1)$, B$(1, -2)$를 지나는 직선을 그래프로 그리면, $x=1$임을 알 수 있다.

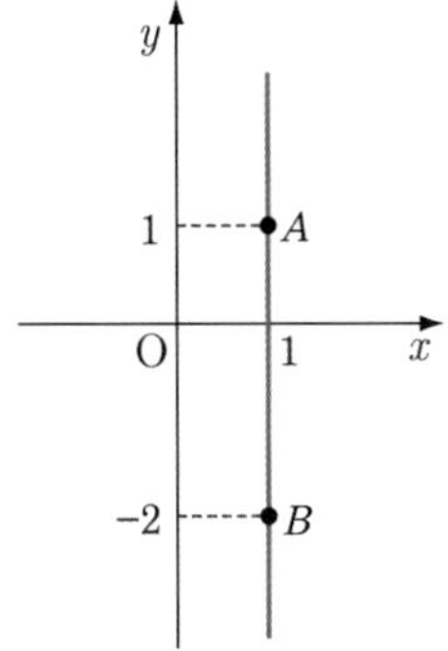

03 원의 방정식

실력 체크 문제 본문 146~149p

01 ②	02 ②	03 ③	04 ③	05 ①
06 ④	07 ④	08 ③	09 ②	10 ①
11 ④	12 ④	13 ②	14 ②	

01 정답 ②

| 풀이 |

원의 중심이 $(a,\ b)$이고, 반지름의 길이가 r인 원의 방정식은 $(x-a)^2+(y-b)^2=r^2$이다.

원 $(x-3)^2+(y+2)^2=1$의 중심의 좌표는 $(3,\ -2)$이다.

02 정답 ②

| 풀이 |

원의 중심이 $(a,\ b)$이고, 반지름의 길이가 r인 원의 방정식은 $(x-a)^2+(y-b)^2=r^2$이다.

원 $(x+2)^2+(y+1)^2=4$에서

$r^2=4$이고 $r=2(r>0)$이므로, 반지름은 2이다.

03 정답 ③

| 풀이 |

중심이 $(a,\ b)$이고 반지름의 길이가 r인 원의 방정식은 $(x-a)^2+(y-b)^2=r^2$이다.

따라서, 중심이 $(-1,\ 2)$이고 반지름의 길이가 5인 원의 방정식은 $(x+1)^2+(y-2)^2=25$이다.

04 정답 ③

| 풀이 |

중심이 $(a,\ b)$이고 반지름의 길이가 r인 원의 방정식은 $(x-a)^2+(y-b)^2=r^2$이다.

중심이 $(2,\ -3)$이고 반지름의 길이가 3인 원의 방정식은 $(x-2)^2+(y+3)^2=9$이다.

05 정답 ①

| 풀이 |

A, B가 지름의 양 끝점이므로 중심이 $\overline{AB}$의 중점이다.

따라서 중심$=\left(\frac{4+0}{2},\ \frac{0+4}{2}\right)=(2,2)$이다.

또한 $\overline{AB}$의 길이가 지름이므로,

$\overline{AB}=\sqrt{4^2+4^2}=\sqrt{32}=4\sqrt{2}$가 되어 원의 반지름은 $2\sqrt{2}$이다.

중심이 $(2,2)$이고, 반지름이 $2\sqrt{2}$인 원의 방정식은 $(x-2)^2+(y-2)^2=8$이다.

참고 지름의 양 끝점이 주어진 원의 방정식

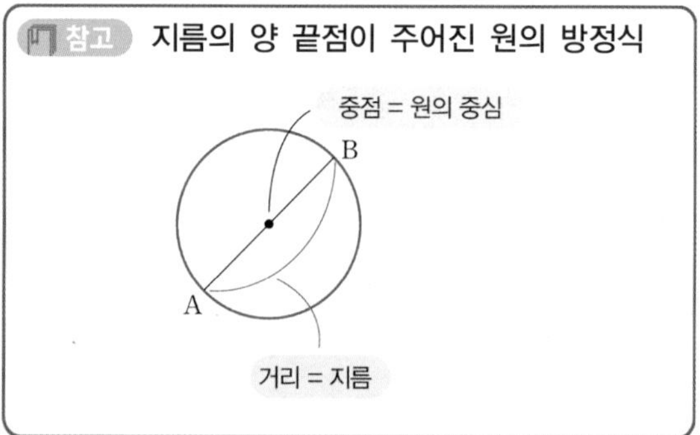

06 정답 ④

| 풀이 |

A, B가 지름의 양 끝점이므로 중심이 $\overline{AB}$의 중점이 된다.

따라서 중심$=\left(\frac{-3+1}{2},\ \frac{0+0}{2}\right)=(-1,0)$이다.

또한 $\overline{AB}$의 길이가 지름이므로, $\overline{AB}=4$가 되어 원의 반지름은 2이다.

중심이 $(-1,0)$이고, 반지름이 2인 원의 방정식은 $(x+1)^2+y^2=4$이다.

07 정답 ④

| 풀이 |

중심이 $C(2,\ -1)$이므로 원의 방정식은 $(x-2)^2+(y+1)^2=r^2$이다. 원점을 지나므로 원점을 식에 대입하면 $2^2+1^2=5=r^2$이다.

따라서 원의 방정식은 $(x-2)^2+(y+1)^2=5$

08 정답 ③

| 풀이 |

중심이 $(3,\ 2)$이므로 원의 방정식은

$(x-3)^2+(y-2)^2=r^2$이다.

원점을 지나므로 원점을 식에 대입하면

$3^2+2^2=9+4=13=r^2$이다.

따라서 원의 방정식은 $(x-3)^2+(y-2)^2=13$

09 정답 ②

| 풀이 |

중심이 $(1, -3)$이므로 $(x-1)^2+(y+3)^2=r^2$이다.

원이 y축에 접하므로 반지름의 길이 $=|x$ 좌표$|$가 되어, 반지름$=1$이다.

따라서 원의 방정식은 $(x-1)^2+(y+3)^2=1$

10 정답 ①

| 풀이 |

중심이 $(2,\ 1)$이므로 구하려는 원의 방정식은

$(x-2)^2+(y-1)^2=r^2$이다. x축에 접하므로 반지름의 길이는 1이다.

따라서 원의 방정식은 $(x-2)^2+(y-1)^2=1$이다.

11 정답 ④

| 풀이 |

중심이 $(2,\ 2)$이므로 원의 방정식은

$(x-2)^2+(y-2)^2=r^2$으로 놓을 수 있다.

x축과 y축에 동시에 접하므로 반지름의 길이는 2이다.

따라서 원의 방정식은 $(x-2)^2+(y-2)^2=4$이다.

12 정답 ④

| 풀이 |

중심이 $(6, 2)$이므로 $(x-6)^2+(y-2)^2=r^2$이다.

원이 x축에 접하므로 반지름의 길이 $=|y$ 좌표$|$가 되어, 반지름$=2$이다.

따라서 원의 방정식은 $(x-6)^2+(y-2)^2=4$이고,

보기에서 알맞은 답을 찾기 위해 위의 식을 전개하여 정리하면, $x^2-12x+36+y^2-4y+4=4$

➜ $x^2+y^2-12x-4y+36=0$

13 정답 ②

| 풀이 |

원의 방정식을 완전제곱식을 이용하여 표준형으로 변형하면,

$x^2+2x+y^2-3=0$

➜ $x^2+2x+y^2=3$

➜ $(x^2+2x+1)+y^2=3+1$

➜ $(x+1)^2+y^2=4$

이므로, 반지름의 길이는 2이다.

14 정답 ②

| 풀이 |

원의 중심의 좌표 $(0, 0)$이 $y=x$ 위에 있기 때문에, 중심으로부터 직선까지의 거리는 0이다.

$0<3$(반지름)이므로, $d<r$이 되어 원과 직선의 위치 관계는 서로 다른 두 점에서 만나게 된다.

| 다른 풀이 |

원의 중심의 좌표 $(0, 0)$으로부터 $x-y=0$까지의 거리를 점과 직선 사이의 거리 공식을 이용하여 구하면

$$d=\frac{|0|}{\sqrt{1^2+1^2}}=0$$

$0<3$(반지름)이므로, $d<r$이 되어 원과 직선의 위치 관계는 서로 다른 두 점에서 만나게 된다.

| 다른 풀이 |

원 $x^2+y^2=9$에 $y=x$를 대입하면, $x^2+x^2=9$

$2x^2-9=0$이다.

이차방정식의 해의 개수가 원과 직선의 교점이므로, 판별식에 넣어보면 $D=0^2-4\times2\times(-9)=72>0$ 이므로 원과 직선의 위치관계는 서로 다른 두 점에서 만나게 된다.

참고 원과 직선의 위치관계

$d>r$
$d=r$
$d<r$
O

d : 중심으로부터 직선까지의 거리
r : 원의 반지름

04 평행이동과 대칭이동

실력 체크 문제 본문 155~157p

01 ②	02 ③	03 ③	04 ③	05 ①
06 ④	07 ②	08 ④	09 ④	10 ④
11 ②	12 ②			

01 정답 ②

| 풀이 |

점의 평행이동에서 $(x,\ y)$를 x축 방향으로 a만큼, y축 방향으로 b만큼 평행이동한 점은 $(x+a,\ y+b)$가 된다. 따라서, 문제에서 주어진 점을 평행이동하면 새로운 점의 좌표는 $(-2+3,\ 0+3)=(1,\ 3)$이다.

02 정답 ③

| 풀이 |

점의 평행이동에서 임의의 점 $(x,\ y)$를 x축의 방향으로 a만큼, y축의 방향으로 b만큼 평행이동한 점은 $(x+a,\ y+b)$이다.

따라서, 문제에서 주어진 점을 x축의 방향으로 5만큼, y축의 방향으로 2만큼 평행이동한 점의 좌표는 $(-1+5,\ 3-2)=(4,\ 1)$이다.

03 정답 ③

| 풀이 |

점의 평행이동에서 임의의 점 $(x,\ y)$를 x축의 방향으로 a만큼, y축의 방향으로 b만큼 평행이동한 점은 $(x+a,\ y+b)$이다. 따라서, 점 B의 좌표를 구하면 $\mathrm{B}(-1+3,\ 3+4)$ ➜ $\mathrm{B}(2,\ 7)$이다.

04 정답 ③

| 풀이 |

좌표평면 위의 점 P를 한 점 또는 한 직선에 대하여 대칭인 점 P′로 옮기는 것을 각각 그 점 또는 그 직선에 대한 대칭이동이라 한다.

좌표평면 위의 점 $P(x,\ y)$를 원점에 대하여 대칭이동한 점은 $(-x,\ -y)$로 x좌표와 y좌표의 부호를 모두 바꿔야 한다. 따라서 점 $(2,\ 3)$을 원점에 대하여 대칭이동한 점의 좌표는 $(-2,\ -3)$이다.

05 정답 ①

| 풀이 |

좌표평면 위의 점 P를 y축에 대칭인 점 P′로 옮기는 것을 그 점에 대한 y축 대칭이동이라 하고,
점 $P(x,\ y)$를 y축에 대하여 대칭이동한 점 P′은 $P'(-x,\ y)$이다.
즉, 점의 x좌표의 부호를 바꾸고 y좌표는 그대로 두면 되므로, $P'(-4,\ -2)$

06 정답 ④

| 풀이 |

좌표평면 위의 점 P를 한 점 또는 한 직선에 대하여 대칭인 점 P′로 옮기는 것을 각각 그 점 또는 그 직선에 대한 대칭이동이라 하고, 점 $P(x,\ y)$를 $y=x$에 대하여 대칭이동한 점 P′는 $P'(y,\ x)$이므로 점 $(-3,\ 5)$를 $y=x$에 대하여 대칭이동한 점의 좌표는 $(5,\ -3)$이다.

> **참고** 점 또는 직선의 대칭이동
>
> 좌표평면 위의 점 $(x,\ y)$를
>
> ❶ x축에 대하여 대칭이동한 점은 $(x,\ -y)$
>
> ❷ y축에 대하여 대칭이동한 점은 $(-x,\ y)$
>
> ❸ 원점에 대하여 대칭이동한 점은 $(-x,\ -y)$
>
> ❹ 직선 $y=x$에 대하여 대칭이동한 점은 $(y,\ x)$

07 정답 ②

| 풀이 |

x축에 대하여 대칭이동하면 y좌표의 부호가 바뀐다.
따라서, 점 $(-2,\ 5)$를 x축에 대하여 대칭이동한 점은
→ $(-2,\ -5)$이다.

08 정답 ④

| 풀이 |

x축에 대하여 대칭이동하면 y좌표의 부호가 바뀌고,
y축에 대하여 대칭이동하면 x좌표의 부호가 바뀐다.
따라서, B, C의 좌표를 구하면
$B(1,\ -3)$, $C(-1,\ 3)$이다.
삼각형 ABC의 밑변을 $\overline{AC}$라 하고, 높이를 $\overline{AB}$라 하면, $\overline{AC}=2$, $\overline{AB}=6$이므로,

$$S=\frac{1}{2}\times 2\times 6=6$$

09 정답 ④

| 풀이 |

x축에 대하여 대칭이동하면 y좌표의 부호가 바뀌고,
y축에 대하여 대칭이동하면 x좌표의 부호가 바뀐다.
따라서, B, C의 좌표를 구하면
$B(3,\ 4)$, $C(-3,\ -4)$이다.
두 점 사이의 거리 공식을 이용하여, $\overline{BC}$를 구하면,

$$\overline{BC}=\sqrt{\{3-(-3)\}^2+\{4-(-4)\}^2}$$
$$=\sqrt{6^2+8^2}=\sqrt{36+64}=\sqrt{100}=10$$

10 정답 ④

| 풀이 |

x축에 대하여 대칭이동하면 y좌표의 부호가 바뀐다.
따라서 $y=2x-2$에 y 대신 $-y$를 대입하면
$-y=2x-2$이다.
이 식을 y에 대한 식으로 정리하면, $y=-2x+2$이다.

11 정답 ②

| 풀이 |

y축에 대하여 대칭이동하면 x좌표의 부호가 바뀐다.
따라서, 주어진 직선의 방정식에 x 대신 $-x$를 대입하면 $y=-3x-3$

12 정답 ②

| 풀이 |

y축에 대하여 대칭이동하면 x좌표의 부호가 바뀐다. 따라서 주어진 원의 방정식에 x 대신 $-x$를 대입하면 $(-x+3)^2+(y+2)^2=4$가 된다.

$(-x+3)^2=(x-3)^2$이므로

$(x-3)^2+(y+2)^2=4$가 된다.

기출문제 체크 본문 160~164p

01 ③	02 ③	03 ②	04 ④	05 ②
06 ①	07 ①	08 ③	09 ④	10 ③
11 ④	12 ④	13 ③	14 ②	15 ③
16 ③	17 ①	18 ④		

01 정답 ③

| 풀이 |

좌표평면 위의 두 점 A$(-2, 1)$, B$(2, 4)$ 사이의 거리는 $\overline{AB}=\sqrt{(x_2-x_1)^2+(y_2-y_1)^2}$ 이므로,

공식에 대입하면,

$\overline{AB}=\sqrt{\{2-(-2)\}^2+(4-1)^2}=\sqrt{16+9}=\sqrt{25}=5$

| 다른 풀이 |

다음 그림과 같이 축에 평행한 직선을 그어 직각삼각형을 만들면 피타고라스의 정리를 이용할 수 있다.

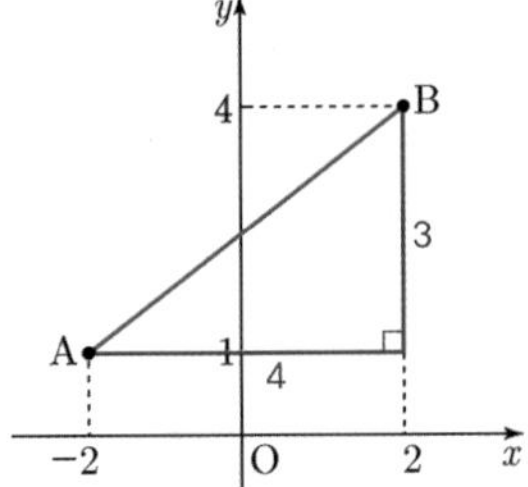

$\rightarrow \overline{AB}^2=4^2+3^2$

$=16+9$

$=25$

$\therefore \overline{AB}=5$

02 정답 ③

| 풀이 |

좌표평면 위의 두 점 A$(-1, 1)$, B$(2, 3)$ 사이의 거리는 $\overline{AB}=\sqrt{(x_2-x_1)^2+(y_2-y_1)^2}$ 이므로,

공식에 대입하면,

$\overline{AB}=\sqrt{\{2-(-1)\}^2+(3-1)^2}=\sqrt{9+4}=\sqrt{13}$

| 다른 풀이 |
다음 그림과 같이 축에 평행한 직선을 그어 직각삼각형을 만들면 피타고라스의 정리를 이용할 수 있다.

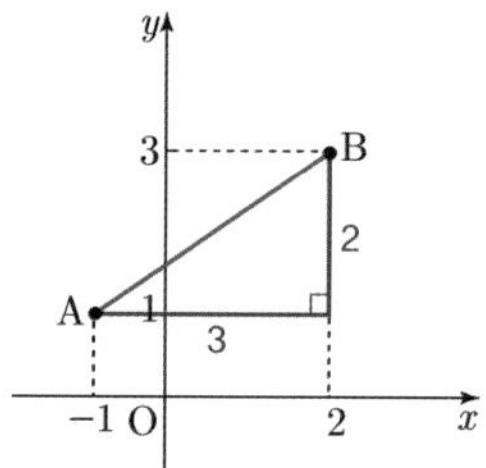

→ $\overline{AB}^2 = 3^2+2^2$
$= 9+4$
$= 13$
$\therefore\ \overline{AB} = \sqrt{13}$

03 정답 ②

| 풀이 |
좌표평면 위의 두 점 $A(x_1,\ y_1)$, $B(x_2,\ y_2)$의 중점의 좌표는 $\left(\frac{x_1+x_2}{2},\ \frac{y_1+y_2}{2}\right)$이므로
공식에 대입하면,
중점 $= \left(\frac{-5+1}{2},\ \frac{7+1}{2}\right) = \left(\frac{-4}{2},\ \frac{8}{2}\right) = (-2,\ 4)$

04 정답 ④

| 풀이 |
직선 $y=2x+3$에 평행하므로, 기울기가 2이고,
점 $(0, 6)$을 지나므로 y절편이 6인 직선의 방정식이다.
기울기가 a이고, y절편이 b인 직선의 방정식은
$y=ax+b$임을 이용하여 식을 구하면, $y=2x+6$이다.

참고

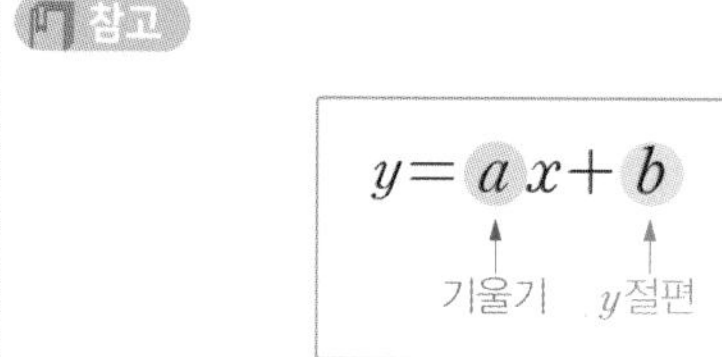

05 정답 ②

| 풀이 |
서로 수직인 직선의 방정식은 기울기의 곱이 -1이다.
그러므로 직선 $y=x+1$에 수직인 직선의 기울기는 -1이고, 점 $(0,\ 2)$를 지나므로 y절편이 2인 직선의 방정식이다.
기울기가 a이고, y절편이 b인 직선의 방정식은
$y=ax+b$임을 이용하여 식을 구하면,
$y=-x+2$이다.

06 정답 ①

| 풀이 |
두 점을 이용하여 기울기를 구하면, $\frac{4}{2}=2$이므로
직선의 식은 $y=2x+b$이다.
y절편이 -3이므로 $b=-3$
그러므로 직선의 방정식은 $y=2x-3$이다.

07 정답 ①

| 풀이 |
두 점을 이용하여 기울기를 구하면, $\frac{4}{2}=2$이므로
직선의 식은 $y=2x+b$이다.
y절편이 4이므로 $b=4$
그러므로 직선의 방정식은 $y=2x+4$이다.

08 정답 ③

| 풀이 |
두 점 $(2, -1)$, $(2, 3)$을 지나는 직선의 방정식은 y축에 평행한 $x=k$ 꼴의 방정식이다.
그러므로 지나는 x좌표를 넣어주면 $x=2$

09 정답 ④

| 풀이 |
A, B가 지름의 양 끝점이므로 중심이 $\overline{AB}$의 중점이 된다.
따라서 중심$=\left(\frac{-1+3}{2},\ \frac{-1+3}{2}\right)=(1, 1)$이다.

또한 $\overline{AB}$의 길이가 지름이므로,

$\overline{AB}=\sqrt{\{3-(-1)\}^2+\{3-(-1)\}^2}$

$=\sqrt{16+16}=\sqrt{32}=4\sqrt{2}$ 가 되어

원의 반지름은 $2\sqrt{2}$ 이다.

중심이 $(1, 1)$이고, 반지름이 $2\sqrt{2}$ 인 원의 방정식은 $(x-1)^2+(y-1)^2=8$이다.

10 정답 ③

| 풀이 |

중심이 $C(-2, 1)$이므로 원의 방정식은 $(x+2)^2+(y-1)^2=r^2$이다. 원점을 지나므로 원점을 식에 대입하면 $2^2+1^2=5=r^2$이다.

그러므로 원의 방정식은 $(x+2)^2+(y-1)^2=5$

11 정답 ④

| 풀이 |

중심이 점 $(3, 2)$이고 반지름의 길이가 1이므로,

중심이 (a, b)이고, 반지름의 길이가 r인 원의 방정식이 $(x-a)^2+(y-b)^2=r^2$과 같음을 이용하면,

$(x-3)^2+(y-2)^2=1$이 된다.

12 정답 ④

| 풀이 |

중심이 점 $(-1, 3)$이고 반지름의 길이가 2이므로,

중심이 (a, b)이고, 반지름의 길이가 r인 원의 방정식이 $(x-a)^2+(y-b)^2=r^2$과 같음을 이용하면,

$(x+1)^2+(y-3)^2=2^2$이 된다.

13 정답 ③

| 풀이 |

주어진 원의 중심은 $(2, 1)$이고, x축에 접하므로 반지름이 1이다.

중심이 (a, b)이고, 반지름의 길이가 r인 원의 방정식이 $(x-a)^2+(y-b)^2=r^2$과 같음을 이용하면,

$(x-2)^2+(y-1)^2=1^2$이 된다.

14 정답 ②

| 풀이 |

점 $(2, 1)$을 x축의 방향으로 -2만큼, y축의 방향으로 2만큼 평행이동한 점의 좌표는

$(2-2, 1+2)=(0, 3)$

15 정답 ③

| 풀이 |

점 $(2, 5)$를 x축에 대하여 대칭이동하면, y좌표의 부호가 반대로 바뀌므로 $(2, -5)$가 된다.

(음수 ➜ 양수, 양수 ➜ 음수)

16 정답 ③

| 풀이 |

점 $(1, -3)$을 x축에 대하여 대칭이동하면, y좌표의 부호가 반대로 바뀌므로 $(1, 3)$이 된다.

원점으로부터 (x_1, y_1)까지의 거리$=\sqrt{(x_1)^2+(y_1)^2}$ 이므로, 공식에 대입하면,

$\overline{OB}=\sqrt{1^2+3^2}=\sqrt{1+9}=\sqrt{10}$

17 정답 ①

| 풀이 |

점 $(3, 4)$를 원점에 대하여 대칭이동하면, x좌표와 y좌표의 부호가 모두 반대로 바뀌므로 $(-3, -4)$가 된다.

(음수 ➜ 양수, 양수 ➜ 음수)

18 정답 ④

| 풀이 |

점 $(4, 5)$를 $y=x$에 대하여 대칭이동하면, x좌표와 y좌표가 서로 바뀌므로 $(5, 4)$가 된다.

PART IV 집합과 명제

01 집합

실력 체크 문제 본문 177~180p

01 ④	02 ③	03 ④	04 ②	05 ③
06 ②	07 ②	08 ④	09 ①	10 ③
11 ②	12 ④	13 ④	14 ③	15 ①
16 ④				

01 정답 ④

| 풀이 |

집합은 정확한 기준이 있는 모임이다. 보기의 ①, ②, ③은 정확한 기준이 있지 않기 때문에 집합이라 할 수 없다. 따라서 집합인 것은 ④이다.

02 정답 ③

| 풀이 |

$A=\{2,\ 4,\ 6,\ 8,\ 10\}$이므로

$5 \notin A$이다.

03 정답 ④

| 풀이 |

모든 원소가 같은 두 집합을 서로 같은 집합이라 한다. 그러므로 $a=4$이면 $A=\{1, 2, 4\}$, $B=\{1, 2, 4\}$가 되어 서로 같은 집합이다.

04 정답 ②

| 풀이 |

집합 $A=B$이면 A, B의 모든 원소들이 같아야 한다.

A의 원소 ➜ $2,\ 3,\ a+2$

B의 원소 ➜ $2,\ a-1,\ 6$이므로

$a+2=6$, $a-1=3$이어야 한다.

$a+2=6$ ➜ $a=4$,

$a-1=3$ ➜ $a=4$

$\therefore\ a=4$

05 정답 ③

| 풀이 |

$A\cap B=\varnothing$이라 함은 집합 A와 집합 B의 공통원소가 없다는 뜻이다. 보기에 주어진 두 집합의 교집합을 구해보면,

① $A\cap B=\{1\}$

② $A\cap B=\{c\}$

③ $A\cap B=\phi$

④ $A\cap B=\{2\}$

따라서 공통원소가 없는 두 집합을 찾으면 ③이 답이다.

06 정답 ②

| 풀이 |

$A=\{x|x$는 5 이하의 짝수$\}$를 원소나열법으로 나타내면, $A=\{2, 4\}$이다. $A\cup B$는 집합 A, B에 대하여 집합 A에 속하거나 집합 B에 속하는 모든 원소로 이루어진 집합을 말하므로, $A\cup B=\{2, 4, 6\}$

07 정답 ②

| 풀이 |

그림에서 색칠한 부분은 두 집합 A, B의 교집합이다. $B=\{1,\ 2,\ 4\}$이므로 A와의 공통원소를 찾으면 2가 있다.

08 정답 ④

| 풀이 |

집합 A의 여집합이란, 전체집합 중 집합 A에 포함되지 않는 원소들의 모임을 뜻한다. 따라서, 전체집합 $U=\{1,\ 2,\ 3,\ 4,\ 5, 6\}$ 중 집합 A에 포함되지 않는 원소는 2, 5, 6이므로 원소나열법으로 나타내면 $\{2, 5, 6\}$이다.

09 정답 ①

| 풀이 |

그림에서 색칠한 부분은 두 집합 A, B에 전부 속하지 않는 부분이다. 따라서, 전체집합 U에서 두 집합의 합집합

에 포함된 원소를 제외한 나머지 원소이다.
$B=\{1,2,4,8\}$이므로 $A\cup B=\{1, 2, 4, 6, 8\}$이다.
이 집합에 속하지 않는 원소는 3, 5, 7이다.
그러므로 색칠한 부분의 원소는 3, 5, 7이고 보기 중 색칠한 부분의 원소가 아닌 것은 1이다.

10 정답 ③

| 풀이 |
$A\cap B^C=A-B$는 두 집합 A, B에 대하여 집합 A에는 속하지만 집합 B에는 속하지 않는 모든 원소로 이루어진 집합이다. 즉, $A-B=\{x|x\in A$ 그리고 $x\notin B\}$를 만족하는 부분의 영역은 ③이다.

11 정답 ②

| 풀이 |
집합 A에 대한 집합 B의 차집합 $A-B$는 집합 A의 원소 중 집합 B에 포함되지 않는 원소들을 구하면 된다.
$A\cap B=\{c, d\}$이므로 $A-B=\{a, b\}$이다.

12 정답 ④

| 풀이 |
$A\cap B^C$을 벤다이어그램으로 나타내면 다음과 같다.

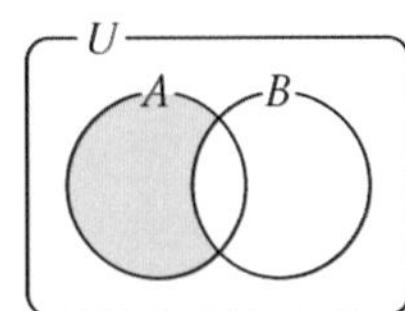

따라서, $A\cap B^C=A-B$가 성립한다. 그러므로 $A-B$를 구하면 된다.
$A-B$는 두 집합 A, B에 대하여 집합 A에는 속하지만 집합 B에는 속하지 않는 모든 원소로 이루어진 집합이다. 즉, $A-B=\{x|x\in A$ 그리고 $x\notin B\}$
원소 4, 5는 A, B에 모두 속해 있고, 1, 2, 3은 A에만 속하므로
$\therefore A-B=\{1, 2, 3\}$

13 정답 ④

| 풀이 |
두 집합 A, B에 대하여 집합 A에 속하거나 집합 B에 속하는 모든 원소로 이루어진 집합을 A와 B의 합집합이라 한다. 기호 ➜ $A\cup B$
$A=\{3, 6, 9\}$, $B=\{1,3,5,7,9\}$이므로
$A\cup B=\{1, 3, 5, 6, 7, 9\}$이고,
집합 A의 원소가 유한개일 때, A의 원소의 개수를 기호 $n(A)$로 나타낸다.
원소는 모두 6개이므로
$\therefore n(A\cup B)=6$

14 정답 ③

| 풀이 |
$A\cap B^C$은 $A-B$와 같고, 두 집합 A, B에 대하여 집합 A에는 속하지만 집합 B에는 속하지 않는 모든 원소로 이루어진 집합이다.
즉, $A-B=\{x|x\in A$ 그리고 $x\notin B\}$
원소 2, 4, 6은 A, B에 모두 속해 있고, 1, 3, 5는 A에만 속하므로 $A\cap B^C=\{1, 3, 5\}$이고
$n(A\cap B^C)=3$이다.

15 정답 ①

| 풀이 |
두 집합 A, B에 대하여 집합 A에도 속하고 집합 B에도 속하는 모든 원소로 이루어진 집합을 A와 B의 교집합이라 하고, 이것을 기호로 $A\cap B$라 한다.
즉, $A\cap B=\{x\,|\,x\in A$ 그리고 $x\in B\}$이다.
$A=\{4,8\}$, $B=\{1,3,5,7,9\}$이므로, 두 집합의 공통 원소는 없다. 그러므로 $A\cap B=\phi$
$n(A\cap B)=0$

16 정답 ④

| 풀이 |
$A=\{4,8,12\}$, $\mathrm{B}=\{3, 7, 12\}$이므로
$n(A\cup B)=n(A)+n(B)-n(A\cap B)$
$=3+3-1=5$

| 다른 풀이 |
$A=\{4, 8, 12\}$, $B=\{3, 7, 12\}$이므로,
$A\cup B=\{3, 4, 7, 8, 12\}$이다.
그러므로 $n(A\cup B)=5$

참고 합집합의 원소의 개수
$n(A\cup B)=n(A)+n(B)-n(A\cap B)$
[겹치는 원소를 빼야 한다.]

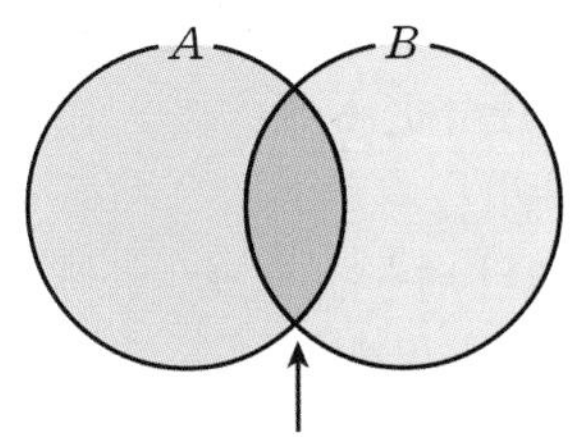

두 번 세어진 부분을
한 번 빼주어야 해요!

주의!!
$n(A\cup B)\neq n(A)+n(B)$

02 명제

실력 체크 문제 본문 189~193p

01 ③	02 ④	03 ②	04 ③	05 ③
06 ②	07 ③	08 ③	09 ④	10 ②
11 ④	12 ④	13 ②	14 ④	15 ③
16 ④	17 ④	18 ②	19 ②	20 ③

01 정답 ③

| 풀이 |
참, 거짓이 명확한 문장 또는 식을 명제라 한다.
① $x+1=x+1$ ➜ 항등식이므로 x에 관계없이 항상 참이다. 따라서 명제이다.
② 2는 홀수이다. ➜ 항상 거짓인 명제이다.
③ $x+2>4$ ➜ x의 값에 따라 참, 거짓이 바뀌므로 명제가 아니다.
④ 3은 9의 약수이다. ➜ 항상 참인 명제이다.

02 정답 ④

| 풀이 |
참, 거짓이 명확한 문장 또는 식을 명제라 한다.
① 4의 배수는 8의 배수이다. ➜ 거짓인 명제이다.
② 정사각형은 마름모이다. ➜ 정사각형은 모두 마름모이므로 참인 명제이다.
③ $x=4$이면 $x+2>4$이다. ➜ $x=4$이면 $x+2>4$는 참이므로 참인 명제이다.
④ $x+1=x^2+x+1$ ➜ x의 값에 따라 참, 거짓이 바뀌므로 명제가 아니다.

03 정답 ②

| 풀이 |
참, 거짓이 명확한 문장 또는 식을 명제라 한다.
ㄱ. $x^2=1$ ➜ $x=1$ 또는 $x=-1$이면 참이지만, 그 외의 값을 넣으면 거짓. 그러므로 명제가 아니다.
ㄴ. $x<1$ ➜ x의 값에 따라 참, 거짓이 바뀌므로 명제가 아니다.

ㄷ. 꽃은 아름답다. ➜ 보는 사람마다 다르게 느낄 수 있기 때문에 명제라 할 수 없다.

ㄹ. $2+3=6$ ➜ 항상 거짓인 명제이다.

ㅁ. 4는 짝수이다. ➜ 참인 명제이다.

그러므로 명제는 ㄹ, ㅁ으로 2개이다.

04 정답 ③

| 풀이 |

참, 거짓이 명확한 문장 또는 식을 명제라 한다.

① $x-2<6$ ➜ x의 값에 따라 참, 거짓이 바뀌므로 명제가 아니다.

② $x=3$ ➜ x의 값에 따라 참, 거짓이 바뀌므로 명제가 아니다.

③ 9는 4의 배수이다. ➜ 9는 4의 배수가 아니므로 항상 거짓이다. 그러므로 거짓인 명제이다.

④ 가을은 아름답다. ➜ 사람마다 다르게 느낄 수 있기 때문에 명제라 할 수 없다.

05 정답 ③

| 풀이 |

① $2+2=4$이므로 $4<5$이다. 따라서 거짓이다.

② x의 값에 따라 참이 되거나 거짓이 되므로 명제가 아니다.

③ $x=2$이면 $x+2=4$이다. 그러므로 참인 명제이다.

④ 2의 배수는 2, 4, 6, ⋯이 있다. 그런데 2, 6, ⋯은 4의 배수에 포함되지 않는다. 그러므로 거짓인 명제이다.

06 정답 ②

| 풀이 |

① $4+3=7$이므로 $7>5$이다. 따라서 거짓인 명제이다.

② 약수가 1과 자신 2개뿐인 자연수를 소수라 한다. 2는 소수이다. 그러므로 참인 명제이다.

③ 마름모는 네 각의 크기가 같지 않을 수 있으므로 정사각형이 아니다. 따라서 거짓이다.

④ $x^2=1$이 되는 x는 1 또는 -1이다. 만약 $x=-1$이면 거짓이 되므로 거짓인 명제이다.

07 정답 ③

| 풀이 |

내용이 참인지 거짓인지를 명확하게 판별할 수 있는 문장이나 식을 명제라 한다.

① 직사각형은 정사각형이다. ➜ 직사각형은 네 변의 길이가 같지 않을 수 있으므로 정사각형이 될 수 없다. 그러므로 거짓인 명제이다.

② 12의 약수는 6의 약수이다. ➜ 12의 약수는 1, 2, 3, 4, 6, 12이고, 6의 약수는 1, 2, 3, 6이므로 거짓인 명제이다.

③ 4의 배수는 2의 배수이다. ➜ 4의 배수는 모두 2의 배수이므로 참인 명제이다.

④ 이등변삼각형의 세 내각의 크기는 같다. ➜ 이등변삼각형은 두 밑각의 크기가 같으므로 거짓인 명제이다.

08 정답 ③

| 풀이 |

명제 $p \to \sim q$가 참이므로 반드시 참인 명제는 그 대우인 $q \to \sim p$이다.

09 정답 ④

| 풀이 |

명제의 대우는 가정과 결론을 부정하여 순서를 바꾼 것으로, 가정인 $\sim p$의 부정은 p이고, 결론인 q의 부정은 $\sim q$이므로, 대우명제는 '$\sim q$이면 p이다.'가 된다.

10 정답 ②

| 풀이 |

주어진 명제의 가정과 결론을 각각 부정하여 서로 바꾸어 놓은 명제를 그 명제의 대우라고 한다.

명제 'a가 짝수이면 a는 4의 배수이다.'

가정 ➜ a가 짝수이다. (부정 ➜ a는 짝수가 아니다.)

결론 ➜ a는 4의 배수이다. (부정 ➜ a는 4의 배수가 아니다.)

이므로 대우를 구하면,

a가 4의 배수가 아니면, a는 짝수가 아니다.

11 정답 ④

| 풀이 |

$x \geq 1$이면 $x^2 \geq 1$이다.

명제 $p \to q$에 대하여 가정 p와 결론 q의 위치를 바꾼 명제를 역이라 한다. 명제 '$x \geq 1$이면 $x^2 \geq 1$이다.'에서 가정 ➜ $x \geq 1$, 결론 ➜ $x^2 \geq 1$이므로

가정과 결론의 위치를 바꾸면 '$x^2 \geq 1$이면 $x \geq 1$이다.'

12 정답 ④

| 풀이 |

주어진 명제 '$x^2+y^2=0$이면 $x=0$이고 $y=0$이다.'에서 가정과 결론을 각각 구하면,

[가정(p) : $x^2+y^2=0$이다.],

[결론(q) : $x=0$이고 $y=0$이다.]와 같다.

[가정의 부정($\sim p$) : $x^2+y^2 \neq 0$이다.],

[결론의 부정($\sim q$) : $x \neq 0$이거나 $y \neq 0$이다.]

명제의 대우는 가정과 결론을 부정하여 순서를 바꾼 것으로, '$x \neq 0$이거나 $y \neq 0$이면 $x^2+y^2 \neq 0$이다.'가 된다.

> 참고
>
> '그리고'의 부정은 '또는'이다.

13 정답 ②

| 풀이 |

주어진 명제 'a가 3의 배수이면 a는 6의 배수이다.'에서 가정과 결론을 각각 구하면,

[가정(p) : a는 3의 배수이다.],

[결론(q) : a는 6의 배수이다.]와 같다.

[가정의 부정($\sim p$) : a는 3의 배수가 아니다.],

[결론의 부정($\sim q$) : a는 6의 배수가 아니다.]

명제의 대우는 가정과 결론을 부정하여 순서를 바꾼 것으로, 'a가 6의 배수가 아니면 a는 3의 배수가 아니다.'가 된다.

14 정답 ④

| 풀이 |

두 조건 p, q의 진리집합을 각각 P, Q라고 할 때 $P \subset Q$이면 명제 $p \to q$는 참이다.

주어진 조건은 $Q \subset P$이므로 $q \to p$는 참이다.

15 정답 ③

| 풀이 |

주어진 명제가 참이므로 대우 명제도 참이 됨을 이용한다.

따라서, 주어진 명제의 대우 명제를 찾으면 된다.

주어진 명제가 '$x=2$이면 $x^2=4$이다.'이므로, 그에 대한 대우 명제는 '$x^2 \neq 4$이면 $x \neq 2$이다.'가 된다.

16 정답 ④

| 풀이 |

주어진 명제 '정삼각형이면 이등변삼각형이다.'에서 가정과 결론을 각각 구하면,

[가정(p) : 정삼각형이다.],

[결론(q) : 이등변삼각형이다.]와 같다.

[가정의 부정($\sim p$) : 정삼각형이 아니다.],

[결론의 부정($\sim q$) : 이등변삼각형이 아니다.]

명제의 대우는 가정과 결론을 부정하여 순서를 바꾼 것으로, '이등변삼각형이 아니면 정삼각형이 아니다.'가 된다.

17 정답 ④

| 풀이 |

주어진 명제 '$x > 2$이면 $x^2 > 4$이다.'에서 가정과 결론을 각각 구하면,

[가정(p) : $x > 2$이다.],

[결론(q) : $x^2 > 4$이다.]와 같다.

[가정의 부정($\sim p$) : $x \leq 2$이다.],

[결론의 부정($\sim q$) : $x^2 \leq 4$이다.]

명제의 대우는 가정과 결론을 부정하여 순서를 바꾼 것으로, '$x^2 \leq 4$이면 $x \leq 2$이다.'가 된다.

18 정답 ②

| 풀이 |

주어진 명제 '$x=3$이면 $x^2=9$이다.'에서 가정과 결론을 각각 구하면,

[가정(p) : $x=3$이다.],

[결론(q) : $x^2=9$이다.]와 같다.

[가정의 부정($\sim p$) : $x\neq 3$이다.],

[결론의 부정($\sim q$) : $x^2\neq 9$이다.]

명제의 대우는 가정과 결론을 부정하여 순서를 바꾼 것으로, '$x^2\neq 9$이면 $x\neq 3$이다.'가 된다.

19 정답 ②

| 풀이 |

$x=1$을 $x^2=1$에 대입하면 만족하므로

'$x=1$이면 $x^2=1$'은 참이다.

그러나 $x^2=1$이면 $x=1$ 또는 $x=-1$이므로

'$x^2=1$이면 $x=1$이다.'는 거짓이다.

즉, $x=1$ ➜ $x^2=1$만을 만족하므로

$x=1$은 $x^2=1$이기 위한 충분조건이다.

20 정답 ③

| 풀이 |

$(x-2)(x-3)=0$이면 $x=2$ 또는 $x=3$이다.

그러므로 $(x-2)(x-3)=0$이면 $x=2$이다.는 거짓이고, 반대로 $x=2$이면 $(x-2)(x-3)=0$은 참이다.

즉, $x=2$ ➜ $(x-2)(x-3)=0$만을 만족하므로

$(x-2)(x-3)=0$이면 $x=2$가 참이 되기 위해서는 추가 조건이 필요하다.

그러므로 $(x-2)(x-3)=0$은 $x=2$이기 위한 필요조건이다.

기출문제 체크

본문 196~199p

01 ③	02 ②	03 ①	04 ④	05 ①
06 ④	07 ①	08 ③	09 ①	10 ②
11 ③	12 ①	13 ④	14 ①	15 ④
16 ④				

01 정답 ③

| 풀이 |

집합은 정확한 기준이 있는 모임이다.

보기의 ①, ②, ④는 정확한 기준이 있지 않기 때문에 집합이라 할 수 없다. 보기 ③의 10보다 작은 자연수는 명확한 기준에 의해 1, 2, 3, 4, 5, 6, 7, 8, 9로 정해지므로 정답은 ③이다.

02 정답 ②

| 풀이 |

두 집합 A, B에 대하여 집합 A에도 속하고 집합 B에도 속하는 모든 원소로 이루어진 집합을 A와 B의 교집합이라 하고, 이것을 기호로 $A\cap B$라 한다.

즉, $A\cap B=\{x\,|\,x\in A$ 그리고 $x\in B\}$이다.

$A=\{2, 3, 5, 7\}$, $B=\{1, 2, 4\}$이므로, 두 집합의 공통원소는 2이다. 그러므로 $A\cap B=\{2\}$

03 정답 ①

| 풀이 |

$A\cap B=\phi$는 "집합 A와 집합 B의 공통원소가 하나도 없다"를 뜻하는 기호이므로, 보기의 집합을 모두 원소나열법으로 나타내어 공통원소가 없는 두 집합을 찾으면 된다.

① $A=\{1, 3\}$, $B=\{2, 4, 6\}$ ➜ $A\cap B=\phi$

② $A=\{a, b, c\}$, $B=\{c, d, e\}$ ➜ $A\cap B=\{c\}$

③ $A=\{1, 2, 4\}$, $B=\{x\,|\,x$는 6의 약수$\}$

➜ $A=\{1, 2, 4\}$, $B=\{1, 2, 3, 6\}$

➜ $A\cap B=\{1, 2\}$

④ $A=\{x\,|\,x$는 5 이하의 짝수$\}$, $B=\{1, 2, 3\}$

➜ $A=\{2, 4\}$, $B=\{1, 2, 3\}$

➜ $A\cap B=\{2\}$

04 정답 ④

| 풀이 |

$A-B=\{x \mid x \in A,\ x \notin B\}$이다.

즉, A에는 포함되고, B에는 포함되지 않는 원소를 구하면 된다. 집합 A의 원소 1, 2, 3, 6 중 B와 공통인 교집합의 원소는 2, 3이므로 $A-B=\{1, 6\}$이다.

05 정답 ①

| 풀이 |

$A \cap B^C = A-B=\{x \mid x \in A,\ x \notin B\}$이다.

즉, A에는 포함되고, B에는 포함되지 않는 원소를 구하면 된다. 집합 A의 원소 1, 2, 3, 4 중 B와 공통인 교집합의 원소는 3, 4이므로 $A-B=\{1, 2\}$이다.

06 정답 ④

| 풀이 |

모든 원소가 같은 두 집합을 서로 같은 집합이라 한다. 그러므로 $a-1=5$, $a+1=7$이면 서로 같은 집합이다.

$\therefore a=6$

07 정답 ①

| 풀이 |

두 집합 A, B에 대하여 집합 A에도 속하고 집합 B에도 속하는 모든 원소로 이루어진 집합을 A와 B의 교집합이라 하고, 이것을 기호로 $A \cap B$라 한다.

즉, $A \cap B=\{x \mid x \in A$ 그리고 $x \in B\}$이다.

집합 $A=\{1, 2, 3, 6\}$, $B=\{1, 2, 4, 8\}$이므로,

두 집합의 공통원소는 1, 2이다.

그러므로 $A \cap B=\{1, 2\}$

$n(A \cap B)=2$

08 정답 ③

| 풀이 |

두 집합 A, B에 대하여 집합 A에 속하거나 집합 B에 속하는 모든 원소로 이루어진 집합을 A와 B의 합집합이라 한다. 기호 ➜ $A \cup B$

$A=\{1,\ 3,\ 4\}$, $B=\{2,\ 4,\ 5\}$이므로

$A \cup B=\{1,\ 2,\ 3,\ 4,\ 5\}$이고, 집합 A의 원소가 유한개일 때, A의 원소의 개수를 기호 $n(A)$로 나타낸다. 원소는 모두 5개이므로

$\therefore n(A \cup B)=5$

09 정답 ①

| 풀이 |

명제란 참, 거짓이 명확한 문장 또는 식이다.

①은 x의 값에 따라 참, 거짓이 바뀌므로 명제가 아니다.

②는 항상 참이므로 참인 명제이다.

③은 항상 참이므로 참인 명제이다.

④는 항상 참이므로 참인 명제이다.

10 정답 ②

| 풀이 |

① 정사각형은 직사각형이다. ➜ 정사각형은 네 각이 모두 직각이므로 직사각형이다. 그러므로 참인 명제이다.

② 12의 약수는 6의 약수이다. ➜ 12의 약수 중 12는 6의 약수가 아니므로 거짓이 된다. 따라서 거짓인 명제이다.

③ 두 유리수의 합은 유리수이다. ➜ 두 유리수의 합은 언제나 유리수이므로 참인 명제이다.

④ 정삼각형의 세 내각의 크기는 같다. ➜ 정삼각형은 세 변과 세 각의 크기가 각각 같으므로 참인 명제이다.

11 정답 ③

| 풀이 |

주어진 명제 '$x=1$이면 $x^3=1$이다.'에서 가정과 결론을 각각 구하면,

[가정 : $x=1$이다.], [결론 : $x^3=1$이다.]와 같다.

명제의 역은 가정과 결론의 순서를 바꾼 것으로,

'$x^3=1$이면 $x=1$이다.'가 된다.

12 정답 ①

| 풀이 |

주어진 명제 'a가 짝수이면 a는 4의 배수이다.'에서 가정과 결론을 각각 구하면,

[가정 : a는 짝수이다.], [결론 : a는 4의 배수이다.]와 같다.

명제의 역은 가정과 결론의 순서를 바꾼 것으로,

'a가 4의 배수이면 a가 짝수이다.'가 된다.

13 정답 ④

| 풀이 |

주어진 명제 '$x=2$이면 $x^2=4$이다.'에서 가정과 결론을 각각 구하면,

[가정(p) : $x=2$이다.],

[결론(q) : $x^2=4$이다.]와 같다.

[가정의 부정($\sim p$) : $x \neq 2$이다.],

[결론의 부정($\sim q$) : $x^2 \neq 4$이다.]

명제의 대우는 가정과 결론을 부정하여 순서를 바꾼 것으로, '$x^2 \neq 4$이면 $x \neq 2$이다.'가 된다.

14 정답 ①

| 풀이 |

주어진 명제 '$x^2 \neq 1$이면 $x \neq 1$이다.'에서 가정과 결론을 각각 구하면,

[가정(p) : $x^2 \neq 1$이다.],

[결론(q) : $x \neq 1$이다.]와 같다.

[가정의 부정($\sim p$) : $x^2=1$이다.],

[결론의 부정($\sim q$) : $x=1$이다.]

명제의 대우는 가정과 결론을 부정하여 순서를 바꾼 것으로, '$x=1$이면 $x^2=1$이다.'가 된다.

15 정답 ④

| 풀이 |

주어진 명제 '$x>1$이면 $x^2>1$이다.'에서 가정과 결론을 각각 구하면,

[가정(p) : $x>1$이다.],

[결론(q) : $x^2>1$이다.]와 같다.

[가정의 부정($\sim p$) : $x \leq 1$이다.],

[결론의 부정($\sim q$) : $x^2 \leq 1$이다.]

명제의 대우는 가정과 결론을 부정하여 순서를 바꾼 것으로, '$x^2 \leq 1$이면 $x \leq 1$이다.'가 된다.

16 정답 ④

| 풀이 |

주어진 명제 '정사각형이면 직사각형이다.'에서 가정과 결론을 각각 구하면,

[가정(p) : 정사각형이다.],

[결론(q) : 직사각형이다.]와 같다.

[가정의 부정($\sim p$) : 정사각형이 아니다.],

[결론의 부정($\sim q$) : 직사각형이 아니다.]

명제의 대우는 가정과 결론을 부정하여 순서를 바꾼 것으로, '직사각형이 아니면 정사각형이 아니다.'가 된다.

PART V 함수

01 여러 가지 함수

실력 체크 문제 본문 216~219p

01 ④	02 ③	03 ④	04 ④	05 ①
06 ②	07 ②	08 ②	09 ①	10 ③
11 ②	12 ④	13 ④	14 ④	15 ①
16 ④				

01 정답 ④

| 풀이 |

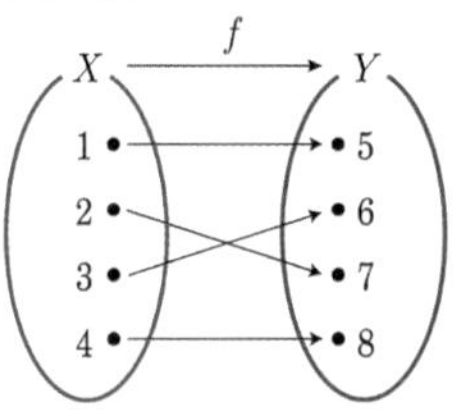

정의역은 집합 X로 $\{1, 2, 3, 4\}$이고,
공역은 집합 Y로 $\{5, 6, 7, 8\}$이다.
치역은 함숫값 전체의 집합으로 x와 대응되는 y의 값들로 이루어진 집합이므로, $\{5, 6, 7, 8\}$이다.
④ $f(2)$는 $x=2$일 때, 대응되는 y의 값으로 대응관계를 참고하면, $f(2)=7$임을 알 수 있다.
그러므로 틀린 설명은 ④번이다.

02 정답 ③

| 풀이 |

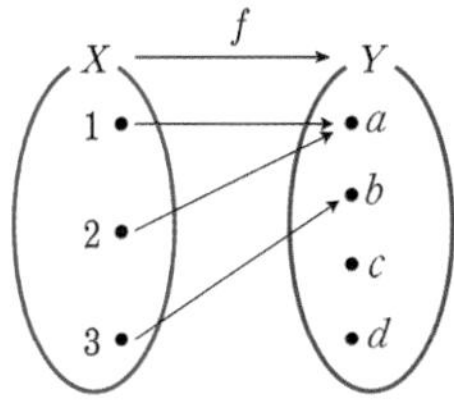

정의역은 집합 X로 $\{1, 2, 3\}$이고,
공역은 집합 Y로 $\{a, b, c, d\}$이다.
치역은 함숫값 전체의 집합으로 x와 대응되는 y의 값들로 이루어진 집합이므로, $\{a, b\}$이다.
$f(2)$는 $x=2$일 때, 대응되는 y의 값으로 대응관계를 참고하면, $f(2)=a$임을 알 수 있다.
그러므로 틀린 설명은 ③번이다.

03 정답 ④

| 풀이 |

X에서 Y로의 함수가 되려면 X의 모든 원소의 짝이 Y에 오직 하나만 있어야 한다. 그러므로 정의역의 각 원소 a에 대하여, y축에 평행한 직선인 $x=a$와 오직 한 점에서 만나면 되고, 어떤 그래프가 $x=a$와 두 점 이상에서 만난다면, 그 그래프는 함수의 그래프가 될 수 없다.
④ 그래프는 무수히 많은 y값이 대응되는 x의 값이 있으므로 함수가 아니다.

04 정답 ④

| 풀이 |

X에서 Y로의 함수가 되려면 X의 모든 원소의 짝이 Y에 오직 하나만 있어야 한다. 그러므로 정의역의 각 원소 a에 대하여, y축에 평행한 직선인 $x=a$와 오직 한 점에서 만나면 되고, 어떤 그래프가 $x=a$와 두 점 이상에서 만난다면, 그 그래프는 함수의 그래프가 될 수 없다.
또한, 일대일함수의 그래프는 x축에 평행인 직선을 그어 오직한 점에서 만나야 한다.
④ x축에 평행직선을 그어보면 그래프와 두 점에서 만나므로 일대일함수가 아니다.

05 정답 ①

| 풀이 |

정의역의 모든 원소가 공역의 단 하나의 원소로만 대응될 때, 즉 $f: X \to Y$, $f(x)=c$(c는 상수)이면, 이 함수 f를 상수함수라 한다.
상수함수의 치역의 원소는 한 개뿐이다.
$f: X \to Y$가 상수함수이고, $f(1)=5$이므로 상수함수 $f: X \to Y$ 치역은 5, 즉 한 개뿐이다.
$\therefore f(2)=5$

06 정답 ②

| 풀이 |

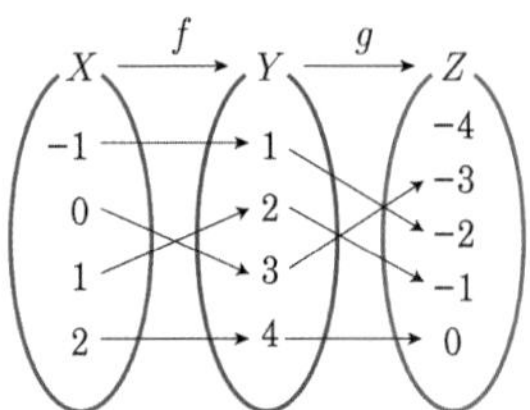

$(g \circ f)(0)=g(f(0))$과 같다.
위의 그림을 보고 $f(0)$을 먼저 구하면, 3이 됨을 알 수 있으므로, $(g \circ f)(0)=g(f(0))=g(3)$
$g(3)$ 역시 위의 그림을 보면 -3이 된다.
따라서 $(g \circ f)(0)=g(f(0))=g(3)=-3$

07 정답 ②

| 풀이 |

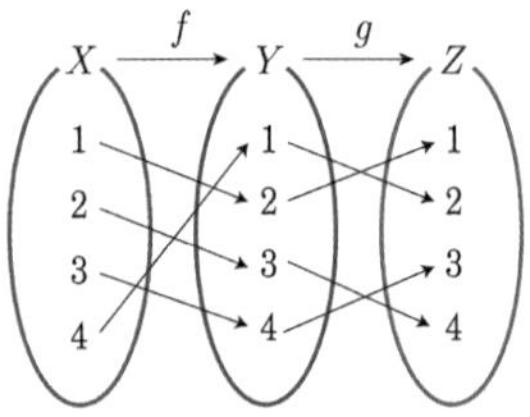

$(g \circ f)(4)=g(f(4))$와 같다.
위의 그림을 보고 $f(4)$를 먼저 구하면, 1이 됨을 알 수 있으므로, $(g \circ f)(4)=g(f(4))=g(1)$
$g(1)$ 역시 위의 그림을 보면 2가 된다.
따라서 $(g \circ f)(4)=g(f(4))=g(1)=2$

08 정답 ②

| 풀이 |

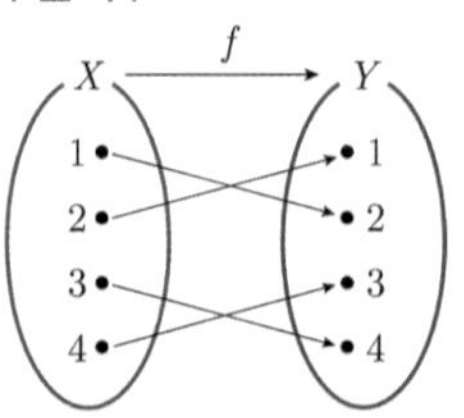

$(f \circ f)(2)=f(f(2))$와 같다.
위의 그림을 보고 $f(2)$를 먼저 구하면, 1이 됨을 알 수 있으므로, $(f \circ f)(2)=f(f(2))=f(1)$
$f(1)$ 역시 위의 그림을 보면 2가 된다.
따라서 $(f \circ f)(2)=f(f(2))=f(1)=2$

09 정답 ①

| 풀이 |

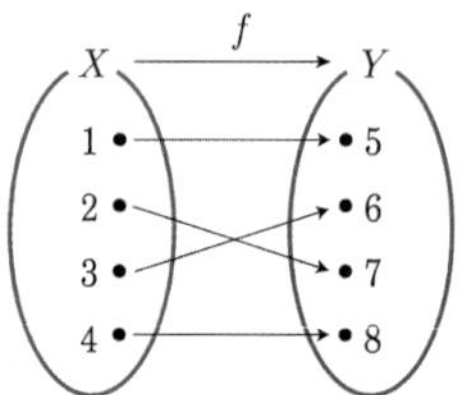

$f^{-1}(6)=a$이면 $f(a)=6$이다.
$f: X \to Y$에서 3에 대응하는 Y의 원소가 6이므로 $a=3$이다. 따라서, $f^{-1}(6)=3$
$f(1)$은 위의 대응표에 의해 $f(1)=5$이다.
그러므로 $f^{-1}(6)+f(1)=3+5=8$

10 정답 ③

| 풀이 |

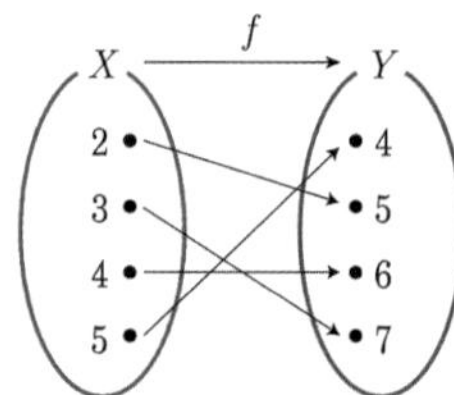

$f^{-1}(a)=5$이면 $f(5)=a$이다.
$f: X \to Y$에서 5에 대응하는 Y의 원소가 4이므로 $a=4$이다.
또한 $f^{-1}(b)=4$이면 $f(4)=b$이다.
$f: X \to Y$에서 4에 대응하는 Y의 원소가 6이므로 $b=6$이다. 그러므로 $a+b=10$

11 정답 ②

| 풀이 |

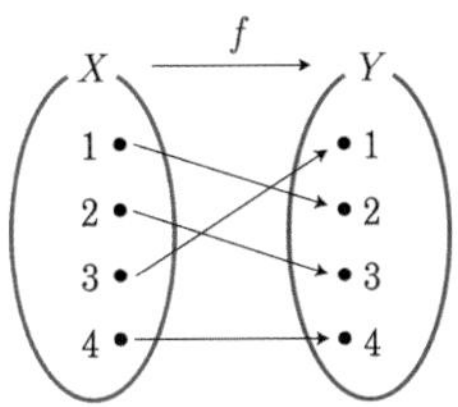

$f^{-1}(a)=1$이면 $f(1)=a$이다.
$f: X \to Y$에서 1에 대응하는 Y의 원소가 2이므로 $a=2$이다.
또한 $f^{-1}(c)=3$이면 $f(3)=c$이다.
$f: X \to Y$에서 3에 대응하는 Y의 원소가 1이므로 $c=1$이다. 그러므로 $ac=2\times1=2$

12 정답 ④

| 풀이 |

$f^{-1}(2)=a$라 하면 $f(a)=2$이므로,
$f(a)=a-2=2$ ➜ $a=4$
따라서, 이를 만족하는 a를 구하면 $a=4$가 된다.

13 정답 ④

| 풀이 |

$f^{-1}(1)=k$라 놓으면 $f(k)=1$이다.
$k+2=1$을 풀면 $k=-1$이다.

| 다른 풀이 |

역함수를 직접 구해서 푸는 방법도 있다.
$y=x+2$의 역함수는 x, y를 바꾸는 것이므로
$x=y+2$에서 $y=x-2$가 된다.
따라서, 이 함수에 1을 대입하면 $1-2=-1$이 된다.

14 정답 ④

| 풀이 |

합성함수에서 $(f\circ g)(x)=f(g(x))$이다.
따라서, $(f\circ g)(1)=f(g(1))$이므로 $x=1$을 먼저 $g(x)$에 대입하면 $g(1)=1^2-1=0$이다.
이 값을 다시 $f(x)$에 대입하면
$f(g(1))=f(0)=2\times0+5=5$

15 정답 ①

| 풀이 |

$(f\circ g)(1)=f(g(1))$과 같다.
$x=1$을 함수 $g(x)$에 먼저 대입하고 나서, 나오는 함숫값을 다시 $f(x)$에 대입하여 구하면
$g(1)=2\times1^2=2$이므로
$f(g(1))=f(2)=3\times2-1=5$이다.

16 정답 ④

| 풀이 |

역함수의 성질에서
$f^{-1}\circ f=f\circ f^{-1}=\mathrm{I}$(항등함수)이다. 즉, x와 y의 값이 같아지므로 4가 된다.

02 유리함수와 무리함수

실력 체크 문제 본문 228~231p

01 ③	02 ②	03 ②	04 ③	05 ②
06 ③	07 ④	08 ①	09 ④	10 ③
11 ③	12 ②	13 ③	14 ③	15 ①
16 ②				

01 정답 ③

| 풀이 |

통분하여 계산하면,

$$\frac{1}{x}-\frac{1}{x+1}=\frac{x+1}{x(x+1)}-\frac{x}{x(x+1)}=\frac{1}{x(x+1)}$$

02 정답 ②

| 풀이 |

$$\frac{x+1}{x^2-1}=\frac{x+1}{(x-1)(x+1)}=\frac{1}{x-1}$$

03 정답 ②

| 풀이 |

점근선의 방정식이 $x=-1$, $y=-2$이므로

$y=\frac{1}{x}$의 그래프를 x축의 방향으로 -1만큼, y축의 방향으로 -2만큼 평행이동한 함수이다.

따라서, $a=-1$이다.

04 정답 ③

| 풀이 |

점근선의 방정식이 $x=1$, $y=-2$이므로

$y=\frac{1}{x}$의 그래프를 x축의 방향으로 1만큼, y축의 방향으로 -2만큼 평행이동한 함수이다.

따라서, $a=-2$이다.

05 정답 ②

| 풀이 |

점근선의 방정식이 $x=1$, $y=2$이므로

$y=\frac{1}{x}$의 그래프를 x축의 방향으로 1만큼, y축의 방향으로 2만큼 평행이동한 함수이다.

따라서, $a=2$이다.

06 정답 ③

| 풀이 |

점근선의 방정식이 $x=2$, $y=-1$이므로

$y=-\frac{1}{x}$의 그래프를 x축의 방향으로 2만큼, y축의 방향으로 -1만큼 평행이동한 함수이다.

따라서, $a=2$이다.

07 정답 ④

| 풀이 |

도형의 평행이동에서 x축의 방향으로 2만큼, y축의 방향으로 3만큼 평행이동하면 x 대신 $x-2$를, y 대신 $y-3$을 대입한다. 따라서 $y=\frac{2}{x}$를 평행이동한 식은 $y-3=\frac{2}{x-2}$이다. 이를 y에 대한 식으로 정리하면 $y=\frac{2}{x-2}+3$과 같고, 이는 $y=\frac{2}{x-a}+b$와 같아진다.

따라서, $a=2$, $b=3$이므로 $a+b=5$가 된다.

08 정답 ①

| 풀이 |

도형의 평행이동에서 x축의 방향으로 2만큼, y축의 방향으로 -5만큼 평행이동하면 x 대신 $x-2$를, y 대신 $y+5$를 대입한다. 따라서 $y=\frac{1}{x}$을 평행이동한 식은 $y+5=\frac{1}{x-2}$이다.

이를 y에 대한 식으로 정리하면 $y=\frac{1}{x-2}-5$와 같고,

이는 $y=\frac{1}{x-a}+b$와 같아진다.

따라서, $a=2$, $b=-5$이므로 $a+b=-3$이 된다.

09 정답 ④

| 풀이 |

그래프 위의 점이므로 함수식에 대입하면 식을 만족한다.

점 $(2,\ k)$를 주어진 분수함수에 대입하면

$k=\frac{2}{2-1}+3=2+3=5$

10 정답 ③

| 풀이 |

그래프 위의 점이므로 함수식에 대입하면 식을 만족한다.

점 $(1,\ a)$를 주어진 분수함수에 대입하면

$a=\frac{4\times1-1}{1+2}=\frac{3}{3}=1$

11 정답 ③

| 풀이 |

무리함수 $y=\sqrt{x-a}$의 그래프는 $y=\sqrt{x}$의 그래프를 x축의 방향으로 a만큼 평행이동한 그래프이고, 주어진 그래프는 그래프의 시작점이 $(0,0)$에서 $(-2,0)$으로 x축의 방향으로 -2만큼 평행이동한 것이다. 그러므로 $a=-2$이다.

12 정답 ②

| 풀이 |

무리함수 $y=\sqrt{x-2}+a$의 그래프는 $y=\sqrt{x}$의 그래프를 x축의 방향으로 2만큼, y축의 방향으로 a만큼 평행이동한 그래프이고, 주어진 그래프는 그래프의 시작점이 $(0,0)$에서 $(2,3)$으로 x축의 방향으로 2만큼, y축의 방향으로 3만큼 평행이동한 것이다. 그러므로 $a=3$이다.

13 정답 ③

| 풀이 |

무리함수 $y=\sqrt{x-2}+4$의 그래프는 함수 $y=\sqrt{x}$의 그래프를 x축의 방향으로 2만큼, y축의 방향으로 4만큼 평행이동한 것이다. 그러므로 $a=2, b=4$이고, $a+b=6$이다.

14 정답 ③

| 풀이 |

$y=\sqrt{x-2}+2$의 그래프는 함수 $y=\sqrt{x}$의 그래프를 x축의 방향으로 2만큼, y축의 방향으로 2만큼 평행이동한 그래프이다. 그러므로 $a=2, b=2$이고, $a+b=4$이다.

15 정답 ①

| 풀이 |

무리함수 $y=\sqrt{x-a}+b$의 그래프는 $y=\sqrt{x}$의 그래프를 x축의 방향으로 a만큼, y축의 방향으로 b만큼 평행이동한 그래프이고, 주어진 그래프는 그래프의 시작점이 $(0,0)$에서 $(-2,1)$로 x축의 방향으로 -2만큼, y축의 방향으로 1만큼 평행이동한 것이다. 그러므로 $a=-2, b=1$이고, $a+b=-1$이다.

16 정답 ②

| 풀이 |

$y=-\sqrt{-x+a}+b$는 $y=-\sqrt{-x}$ 그래프를 x축의 방향으로 a만큼, y축의 방향으로 b만큼 평행이동한 그래프이다.

그래프의 시작점이 $(0,0)$에서 $(1,1)$로 평행이동되었으므로 $a=1, b=1$이고, $a-b=0$이다.

기출문제 체크 본문 234~237p

01 ④	02 ①	03 ④	04 ①	05 ①
06 ④	07 ②	08 ②	09 ①	10 ①
11 ①	12 ①	13 ④	14 ④	

01 정답 ④

| 풀이 |

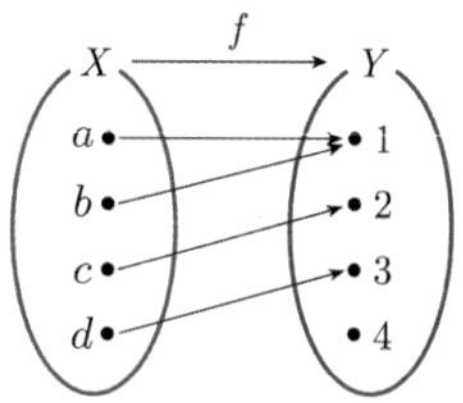

정의역은 집합 X로 $\{a, b, c, d\}$이고,
공역은 집합 Y로 $\{1, 2, 3, 4\}$이다.
치역은 함숫값 전체의 집합으로 x와 대응되는 y의 값들로 이루어진 집합이므로, $\{1, 2, 3\}$이다.

④ $f(a)=2$는 $x=a$일 때, 대응되는 y의 값이 2라는 뜻으로 대응관계를 참고하면, $f(a)=1$임을 알 수 있다. 그러므로 이는 틀린 설명이다.

02 정답 ①

| 풀이 |

상수함수는 정의역 X의 모든 원소에 공역 Y의 오직 한 원소가 대응하는 함수를 말한다.
$f(3)=4$이므로, 정의역 X의 모든 원소는 4에 대응되므로 $f(1)=4$이다.

03 정답 ④

| 풀이 |

$(f \circ f)(2)=f(f(2))$와 같다.
제시된 그림을 보고 $f(2)$를 먼저 구하면, 3이 됨을 알 수 있으므로, $(f \circ f)(2)=f(f(2))=f(3)$
$f(3)$ 역시 문제의 그림을 참고하면 4가 된다.
$\therefore (f \circ f)(2)=f(f(2))=f(3)=4$

04 정답 ①

| 풀이 |

$(g \circ f)(2)=g(f(2))$와 같다.
제시된 그림을 보고 $f(2)$를 먼저 구하면, a가 됨을 알 수 있으므로, $(g \circ f)(2)=g(f(2))=g(a)$
$g(a)$ 역시 이 그림을 보면 4가 된다.
$\therefore (g \circ f)(2)=g(f(2))=g(a)=4$

05 정답 ①

| 풀이 |

$f^{-1}(a)=4$이면, $f(4)=a$이다.
$f: X \to Y$에서 4에 대응하는 원소가 2이므로
$a=2$이다.

06 정답 ④

| 풀이 |

$f^{-1}(4)=a$이면 $f(a)=4$이다.
$f: X \to Y$에서 5에 대응하는 Y의 원소가 4이므로
$a=5$이다. 따라서, $f^{-1}(4)=5$
$f(4)$는 문제의 대응표에 의해 $f(4)=6$이다.
그러므로 $f(4)+f^{-1}(4)=6+5=11$이다.

07 정답 ②

| 풀이 |

주어진 그래프의 점근선의 방정식이 $x=3$, $y=4$이다.
그러므로, $y=\frac{1}{x}$의 그래프를 x축의 방향으로 3만큼, y축의 방향으로 4만큼 평행이동한 함수이다.
$y=\frac{1}{x-a}+4$는 $y=\frac{1}{x}$을 x축의 방향으로 a만큼, y축의 방향으로 4만큼 평행이동한 그래프이므로
➜ $a=3$이다.

08 정답 ②

| 풀이 |

점근선의 방정식이 $x=1$, $y=2$이므로,

$y=\frac{1}{x}$의 그래프를 x축의 방향으로 1만큼, y축의 방향으로 2만큼 평행이동한 함수이다.

$y=\frac{1}{x-1}+a$는 $y=\frac{1}{x}$을 x축의 방향으로 1만큼, y축의 방향으로 a만큼 평행이동한 함수이다.

따라서, $a=2$이다.

09 정답 ①

| 풀이 |

유리함수 $y=\frac{1}{x-2}+3$의 점근선은 $x=2$, $y=3$이다.

10 정답 ①

| 풀이 |

도형의 평행이동에서 x축의 방향으로 1만큼, y축의 방향으로 -2만큼 평행이동하면 x 대신 $x-1$을, y 대신 $y+2$를 대입한다. 따라서 $y=\frac{2}{x}$를 평행이동한 식은 $y+2=\frac{2}{x-1}$이다. 이를 y에 대한 식으로 정리하면 $y=\frac{2}{x-1}-2$와 같고, 이는 $y=\frac{2}{x+a}+b$와 같아진다.

$\therefore$ $a=-1$, $b=-2$이므로 $a+b=-3$이 된다.

11 정답 ①

| 풀이 |

그래프에서 시작점을 찾으면 $(1, -2)$이고,

무리함수 $y=\sqrt{x-1}+a$의 그래프에서 시작점은 $(1, a)$이므로 $a=-2$이다.

12 정답 ①

| 풀이 |

함수 $y=\sqrt{x-2}$의 그래프는 함수 $y=\sqrt{x}$의 그래프를 x축의 방향으로 2만큼 평행이동한 것이므로 그래프는 ①이다.

| 다른 풀이 |

$y=\sqrt{x-2}$의 그래프는 시작점이 $(2, 0)$이므로 보기에서 알맞은 그래프는 ①이다.

13 정답 ④

| 풀이 |

$y=\sqrt{x}$를 x축의 방향으로 a만큼, y축의 방향으로 b만큼 평행이동하면 $y=\sqrt{x-a}+b$이고,

$y=\sqrt{x-a}+b=\sqrt{x-1}+2$이므로

$a=1$, $b=2$이다.

$\therefore a+b=1+2=3$

| 다른 풀이 |

그래프에서 시작점을 찾으면 평행이동을 알 수 있다.

무리함수 $y=\sqrt{x-a}+b$의 그래프에서 시작점은 (a, b)이고, 그래프에서 시작점을 읽으면 $(1, 2)$이므로 $a=1$, $b=2$이다.

$\therefore a+b=1+2=3$

14 정답 ④

| 풀이 |

$y=\sqrt{x-a}$는 $y=\sqrt{x}$를 x축의 방향으로 a만큼 평행이동한 그래프이다.

그래프가 x축의 방향으로 2만큼 이동되었으므로,

$a=2$이다.

| 다른 풀이 |

그래프에서 시작점을 찾으면 평행이동을 알 수 있다.

무리함수 $y=\sqrt{x-a}$의 그래프에서 시작점은 $(a, 0)$이고, 그래프에서 시작점을 읽으면 $(2, 0)$이므로 $a=2$이다.

PART VI 경우의 수

01 경우의 수

실력 체크 문제 본문 244~245p

01 ④ 02 ① 03 ③ 04 ② 05 ④
06 ③

01 정답 ④

| 풀이 |
소설책을 고르는 경우의 수는 5가지이고, 신문을 고르는 경우의 수는 3가지이다.
두 사건은 동시에 일어날 수 없는 사건이므로 합의 법칙을 이용하여 구하면,
경우의 수는 $5+3=8$(가지)이다.

02 정답 ①

| 풀이 |
붉은색 꽃이 5종류, 흰색 꽃이 3종류, 노란색 꽃이 2종류이므로 각각의 꽃을 한 송이씩 뽑아 꽃다발을 만드는 방법의 수는 $5\times3\times2=30$이다.
이때, 각 사건은 동시에 일어날 수 있으므로, 곱의 법칙을 사용한다.

03 정답 ③

| 풀이 |
A 지점에서 B 지점으로 버스를 타고 가는 방법이 3가지이고, 그 각각에 대하여 B 지점에서 A 지점으로 지하철을 타고 가는 방법이 2가지이므로 구하는 경우의 수는 $3\times2=6$이다.
위와 같이 연속적으로 일어나는 사건은 동시에 일어날 수 있으므로, 곱의 법칙을 사용한다.

04 정답 ②

| 풀이 |
남자 선수 7명 중에서 혼합복식 조원 1명을 뽑는 경우의 수는 7가지, 여자 선수 5명 중에서 혼합복식 조원 1명을 뽑는 경우의 수는 5가지이다.
이때, 두 사건은 동시에 일어날 수 있으므로, 곱의 법칙을 사용하여 구하면 $7\times5=35$(가지)

05 정답 ④

| 풀이 |
2개의 자음 ㄱ, ㄴ과 4개의 모음 ㅏ, ㅑ, ㅓ, ㅕ
이 중에서 자음 한 개와 모음 한 개를 짝지어 만들 수 있는 글자의 개수는 곱의 법칙을 이용하여 $2\times4=8$이다.
이때, 두 사건은 동시에 일어날 수 있으므로, 곱의 법칙을 사용한다.

06 정답 ③

| 풀이 |
A, B 두 개의 주사위를 동시에 던질 때,
주사위 A에서 3의 배수의 눈이 나오는 경우는 3, 6으로 경우의 수는 2가지,
B에서 6의 약수의 눈이 나오는 경우는 1, 2, 3, 6으로 경우의 수는 4가지이다.
두 경우의 수는 동시에 일어날 수 있으므로, $2\times4=8$가지이다.

02 순열과 조합

실력 체크 문제 본문 254~255p

01 ④ 02 ② 03 ① 04 ④ 05 ④
06 ③

01 정답 ④

| 풀이 |
5장의 카드에서 3장을 뽑는 순열의 수이므로
${}_5P_3 = 5 \times 4 \times 3 = 60$

02 정답 ②

| 풀이 |
4명을 일렬로 세우는 경우의 수는
$4! = 4 \times 3 \times 2 \times 1 = 24$

03 정답 ①

| 풀이 |
6명의 학생 중에서 2명을 뽑아 일렬로 나열하는 경우의 수와 같으므로
${}_6P_2 = 6 \times 5 = 30$

04 정답 ④

| 풀이 |
서로 다른 5가지 음식 중에서 3가지를 선택하는 경우의 수는 ${}_5C_3 = \frac{5 \times 4 \times 3}{3 \times 2 \times 1} = 10$이다.
담는 자리나 순서는 구별하지 않으므로 조합으로 계산한다.

05 정답 ④

| 풀이 |
10개의 서로 다른 아이스크림 중에서 2개를 택하는 경우의 수는 순서를 고려하지 않으므로 조합으로 계산할 수 있다.
${}_{10}C_2 = \frac{10 \times 9}{2 \times 1} = 45$

06 정답 ③

| 풀이 |
8팀 중에서 2팀을 택하면 한 경기가 이루어지므로 구하는 경기의 수는
${}_8C_2 = \frac{8 \times 7}{2 \times 1} = 28$

기출문제 체크

본문 257~258p

01 ④ 02 ④ 03 ② 04 ① 05 ②
06 ① 07 ② 08 ③

01 정답 ④

| 풀이 |

A 주사위에 짝수의 눈이 나오는 경우는 2, 4, 6으로 3가지이고,

B 주사위에 3의 배수의 눈이 나오는 경우는 3, 6으로 2가지이다.

이때, 두 사건은 동시에 일어날 수 있으므로, 곱의 법칙을 사용하여 $3\times2=6$으로 구한다.

경우의 수는 6가지이다.

02 정답 ④

| 풀이 |

P도시에서 Q도시로 가는 길은 3가지이고,

Q도시에서 R도시로 가는 길은 2가지이다.

이때, P에서 출발하여 Q를 거쳐 R로 가는 경우의 수는 곱의 법칙을 이용하여 계산하므로 $3\times2=6$가지이다.

03 정답 ②

| 풀이 |

3종류의 과일에서 1개, 2종류의 채소에서 1개를 선택하는 경우의 수이므로, 먼저 곱의 법칙을 이용하여 경우의 수를 구하면, $3\times2=6$가지이다.

곱의 법칙을 이용하는 이유는 과일의 선택과 채소의 선택은 동시에 일어날 수 있는 사건이기 때문이다.

04 정답 ①

| 풀이 |

농구, 배구, 축구, 탁구의 4가지 종목 중 2개의 종목을 선택하여 일렬로 나열하는 경우의 수는 $4\times3=12$가지이다.

| 다른 풀이 |

농구를 1, 배구를 2, 축구를 3, 탁구를 4라고 생각하면, 아래 4장의 카드 중 2개를 골라 일렬로 세우는 경우와 같은 문제이다.

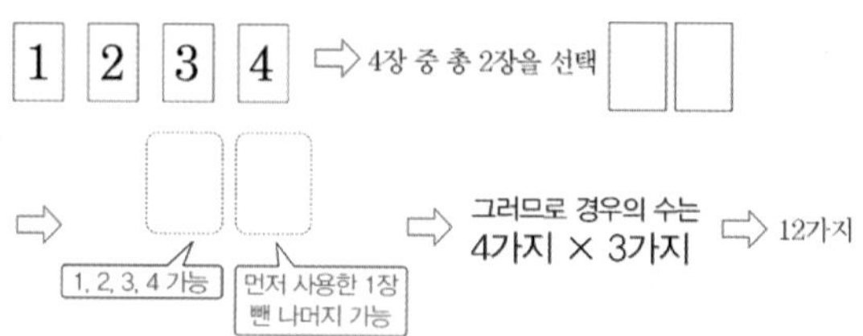

| 다른 풀이 |

4개의 종목에서 2개를 뽑아 일렬로 세우는 순열의 수이므로 ${}_4P_2=4\times3=12$가지

05 정답 ②

| 풀이 |

3장의 카드에서 2장의 카드를 선택하여 일렬로 나열하는 경우의 수이므로 $3\times2=6$가지이다.

| 다른 풀이 |

3개의 서로 다른 카드에서 2개를 뽑아 일렬로 세우는 순열의 수이므로 ${}_3P_2=3\times2=6$가지

06 정답 ①

| 풀이 |

3장의 카드에서 2장의 카드를 선택하여 일렬로 나열하는 경우의 수이므로 $3\times2=6$가지이다.

| 다른 풀이 |

3개의 서로 다른 카드에서 2개를 뽑아 일렬로 세우는 순열의 수이므로 ${}_3P_2=3\times2=6$가지

[카드로 정수를 만듦으로 순열의 수이다.]

07 정답 ②

| 풀이 |

서로 다른 5가지 중에 2개를 선택하는 경우의 수이므로 $\frac{5\times4}{2}=10$가지이다. 이때, 2로 나누어주는 이유는 선택된 2개의 순서가 바뀌면 겹치는 경우가 생기기 때문이다.

예 정육면체와 정사면체 = 정사면체와 정육면체

| 다른 풀이 |
서로 다른 5가지 정다면체 중에서 2가지를 선택하는 경우의 수는 ${}_5C_2=\frac{5\times4}{2\times1}=10$이다.
선택하는 순서가 다르다고 해도 다른 사건으로 구별하지 않으므로 조합으로 계산한다.

08 정답 ③

| 풀이 |
서로 다른 4가지 중에 2개를 선택하는 경우의 수이므로 $\frac{4\times3}{2}=6$가지이다. 이때, 2로 나누어주는 이유는 선택된 2개의 순서가 바뀌면 겹치는 경우가 생기기 때문이다.
예 그네 타기와 팽이치기 = 팽이치기와 그네 타기

| 다른 풀이 |
서로 다른 4가지의 민속놀이 중에서 2가지를 선택하는 경우의 수는 ${}_4C_2=\frac{4\times3}{2\times1}=6$이다.
선택하는 순서가 달라도 다른 사건으로 구별하지 않으므로 조합으로 계산한다.

PART VII 실전 모의고사

제1회 정답 본문 262~266p

01 ③	02 ③	03 ②	04 ①	05 ④
06 ③	07 ①	08 ②	09 ③	10 ④
11 ④	12 ①	13 ④	14 ②	15 ③
16 ④	17 ④	18 ①	19 ②	20 ④

01 정답 ③

| 풀이 |
$A=x^2+5x+7$, $B=3x-1$이므로

$$\begin{aligned}A+2B&=(x^2+5x+7)+2(3x-1)\\&=x^2+5x+7+6x-2\\&=x^2+(5+6)x+7-2\\&=x^2+11x+5\end{aligned}$$

02 정답 ③

| 풀이 |
x에 대한 항등식이므로 x에 대해 정리한 후 동류항끼리의 계수를 비교하여 좌변과 우변을 같게 하면, 항등식이 성립한다.
좌변과 우변의 이차항의 계수와 상수항은 각각 같고, 일차항의 계수는 a와 3이므로 $a=3$

03 정답 ②

| 풀이 |
다항식 x^3-x^2+ax+3을 $P(x)$라 하면,
$P(x)=x^3-x^2+ax+3$
$P(x)$가 $x+1$로 나누어떨어지므로, 인수정리에 의해 $P(-1)=0$이다.
→ $P(-1)=-1-1-a+3=0$
$\therefore a=1$

04 정답 ①

| 풀이 |

인수분해 공식 $x^3-y^3=(x-y)(x^2+xy+y^2)$

을 이용하기 위해 y의 자리에 a를 대입하여 표현하면,

$x^3-a^3=(x-a)(x^2+x\times a+a^2)$이 된다.

그러므로 $a=2$임을 알 수 있다.

05 정답 ④

| 풀이 |

복소수가 서로 같으려면, 실수부분과 허수부분이 각각 같아야 한다.

좌변의 실수부분은 $a-1$, 우변의 실수부분은 2이고, 좌변의 허수부분은 3, 우변의 허수부분은 b이므로 각각 같음을 이용하면, $a=3, b=3$이다.

06 정답 ③

| 풀이 |

이차방정식 $ax^2+bx+c=0$의 근을 판별하는 식을 판별식이라 하며, b^2-4ac와 같다.

이때, b^2-4ac가 양수이면 서로 다른 두 실근을, 0이면 중근을, 음수이면 서로 다른 두 허근을 갖는다.

주어진 식은 중근을 가지므로

$b^2-4ac=4^2-4\times1\times k=16-4k=0$

$\therefore k=4$

07 정답 ①

| 풀이 |

$0\le x\le4$일 때, 이차함수 $y=(x-1)^2-1$의 최댓값을 그래프를 통해 찾을 수 있다.

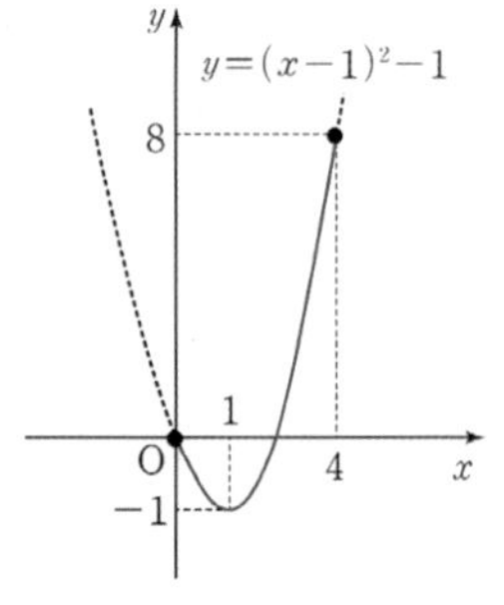

문제의 그림에서 실선으로 표시된 부분이 $0\le x\le4$의 범위이고, 최댓값은 이 중 가장 큰 y의 값을 뜻한다. 따라서, 가장 위에 위치한 점을 찾아 y좌표를 읽으면, 그것이 최댓값이 된다.

가장 위에 위치한 점은 이차함수의 구간의 끝값인 $(4, 8)$이고, 그때의 y의 값은 8이므로 최댓값은 8이다.

08 정답 ②

| 풀이 |

연립방정식의 해는 두 식을 동시에 만족하는 미지수 x, y의 값이므로 식에 대입하여 문제를 해결할 수 있다.

연립방정식 $\begin{cases} x^2+y^2=a & \cdots\cdots ㉠ \\ xy=-4 & \cdots\cdots ㉡ \end{cases}$ 의 해가

$x=b, y=-1$이므로, 이것을 식 ㉠, ㉡에 각각 대입하면,

㉠ $b^2+(-1)^2=a$

㉡ $b\times(-1)=-4$ ➜ $b=4$

$b=4$를 다시 ㉠에 대입하면,

➜ $4^2+(-1)^2=16+1=17=a$

그러므로 연립방정식의 해는 $x=4, y=-1$

이 되고, $a-b$의 값을 구하면,

$a-b=17-4=13$이다.

09 정답 ③

| 풀이 |

$|x|\le a$ (단, $a>0$)의 해는 $-a\le x\le a$임을 이용하면, $|x-5|\le3$의 해는 $-3\le x-5\le3$이므로 부등식의 성질을 이용하여 모두 +5를 하면,

$2\le x\le8$이 된다.

이것을 수직선에 나타내면

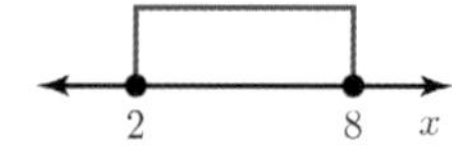

이므로 $a=8$이다.

10 정답 ④

| 풀이 |

$a<b$인 경우, 이차부등식 $(x-a)(x-b)>0$의 해를 구하면, $x<a$ 또는 $x>b$가 된다.
(이때, a, b의 값은 $x-a$와 $x-b$가 각각 0이 되는 값이다.)
그러므로 이차부등식 $(x-2)(x+4)>0$의 해를 구하면, 식 $x-2$와 $x+4$가 각각 0이 되는 x의 값은 2와 -4이므로 $x<-4$ 또는 $x>2$가 된다.

11 정답 ④

| 풀이 |

좌표평면 위의 두 점 $A(x_1, y_1)$, $B(x_2, y_2)$의 중점의 좌표는 $\left(\frac{x_1+x_2}{2}, \frac{y_1+y_2}{2}\right)$이므로
공식에 대입하면,
중점$=\left(\frac{-1+3}{2}, \frac{4-4}{2}\right)=\left(\frac{2}{2}, \frac{0}{2}\right)=(1, 0)$

12 정답 ①

| 풀이 |

서로 수직인 직선의 방정식은 기울기의 곱이 -1이다.
그러므로 직선 $y=2x-1$에 수직인 직선의 기울기는 $-\frac{1}{2}$이고, 점 $(0, 2)$를 지나므로 y절편이 2인 직선의 방정식이다.
기울기가 a이고, y절편이 b인 직선의 방정식은 $y=ax+b$임을 이용하여 식을 구하면,
$y=-\frac{1}{2}x+2$이다.

13 정답 ④

| 풀이 |

중심이 점 $(3, 4)$이므로, 중심이 (a, b)이고, 반지름의 길이가 r인 원의 방정식이
$(x-a)^2+(y-b)^2=r^2$과 같음을 이용하면,
$(x-3)^2+(y-4)^2=r^2$이 된다.
원의 방정식이 $(6, 0)$을 지나므로 식에 대입하면,
$(6-3)^2+(0-4)^2=r^2$
$9+16=r^2$
$r^2=25$
그러므로 원의 방정식은 $(x-3)^2+(y-4)^2=25$

14 정답 ②

| 풀이 |

점 $(1, 4)$를 x축의 방향으로 1만큼, y축의 방향으로 -4만큼 평행이동한 점의 좌표는
$(1+1, 4-4)=(2, 0)$

15 정답 ③

| 풀이 |

$A\cap B^C=A-B=\{x\mid x\in A, x\notin B\}$이다.
즉, A에는 포함되고, B에는 포함되지 않는 원소를 구하면 된다. 집합 A의 원소 1, 4, 5, 7 중 B와 공통인 교집합의 원소는 4, 5이므로 $A-B=\{1, 7\}$이다.
그러므로 $n(A\cap B^C)=n(A-B)=2$

16 정답 ④

| 풀이 |

① 한라산은 높다. ➜ 참, 거짓이 명확한 문장이 아니므로 명제가 아니다.
② $x^2=1$이면 $x=1$이다. ➜ $x^2=1$을 만족하는 x의 값은 $x=1$ 또는 -1이므로 $x=-1$일 때 거짓이 된다. 따라서 거짓인 명제이다.
③ $x>2$이다. ➜ x의 값에 따라 참과 거짓이 바뀌므로 명제가 아니다.
④ $x=3$이면 $x+1=4$이다. ➜ $x=3$이면, $x+1$은 항상 4이므로 참인 명제이다.

17 정답 ④

| 풀이 |

합성함수에서 $(f \circ g)(x) = f(g(x))$이다.

따라서, $(f \circ g)(1) = f(g(1))$이므로 $x=1$을 먼저 $g(x)$에 대입하면 $g(1) = 1^2 - 1 = 0$이다.

이 값을 다시 $f(x)$에 대입하면

$f(g(1)) = f(0) = 2 \times 0 - 1 = -1$

18 정답 ①

| 풀이 |

유리함수 $y = \frac{1}{x+a} + b$의 그래프의 점근선은 $x = -a$, $y = b$이다.

또한, 주어진 그래프의 점근선은 $x = -2$, $y = -3$이므로, $-a = -2$, $b = -3$이다.

즉, $a = 2$, $b = -3$이 되고, $a + b = -1$이다.

19 정답 ②

| 풀이 |

1, 3, 5, 7이 적혀있는 네 장의 카드 중 서로 다른 두 장의 카드를 골라 만들 수 있는 두 자리 정수는 4×3으로 12가지이다.

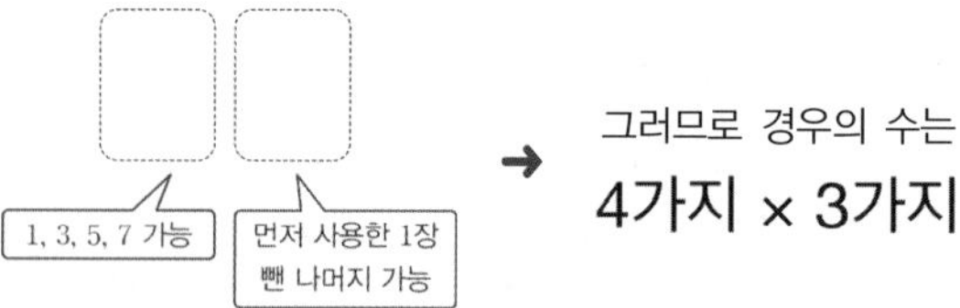

| 다른 풀이 |

서로 다른 네 장의 카드에서 두 장을 뽑아 일렬로 나열하여 두 자리 정수를 만드는 경우의 수는 순열을 이용하여 계산할 수 있다.

${}_4P_2 = 4 \times 3 = 12$

20 정답 ④

| 풀이 |

서로 다른 5가지의 화분 중에서 2가지를 선택하는 경우의 수는 $\frac{5 \times 4}{2} = 10$이다.

이때, 2로 나누는 이유는 고르는 순서는 구분하지 않으므로 겹치는 경우를 제외하기 위해서이다.

| 다른 풀이 |

서로 다른 5가지의 화분 중에서 2가지를 선택하는 경우의 수는 ${}_5C_2 = \frac{5 \times 4}{2 \times 1} = 10$이다.

고르는 순서는 구분하지 않으므로 조합으로 계산한다.

제2회 정답

본문 267~271p

01 ③	02 ④	03 ③	04 ①	05 ④
06 ①	07 ③	08 ④	09 ②	10 ④
11 ④	12 ④	13 ③	14 ③	15 ④
16 ①	17 ②	18 ④	19 ④	20 ④

01 정답 ③

| 풀이 |

$A=x^2-2x+4$, $B=2x^2+x$이므로

$$\begin{aligned}2A-B&=2(x^2-2x+4)-(2x^2+x)\\&=2x^2-4x+8-2x^2-x\\&=(2-2)x^2+(-4-1)x+8\\&=-5x+8\end{aligned}$$

02 정답 ④

| 풀이 |

x에 대한 항등식이므로 x에 대해 정리한 후 동류항끼리의 계수를 비교하여 좌변과 우변을 같게 하면, 항등식이 성립한다.

좌변과 우변의 이차항의 계수는 각각 3과 a이고,

일차항의 계수는 각각 같으며,

상수항은 b와 1이므로 $a=3$, $b=1$이다.

그러므로 $a+b=4$이다.

03 정답 ③

| 풀이 |

조립제법을 이용하여 빈칸을 채우면 다음과 같다.

2	1	−5	3	−1
		2	−6	−6
	1	−3	−3	−7

이때, 몫은 이차식이 되고, 조립제법의 결과인

1, −3, −3이 차례로 각 항의 계수와 상수항이 되므로,

몫은 x^2-3x-3이고, 나머지는 마지막의 숫자인 −7이 된다.

04 정답 ①

| 풀이 |

곱셈공식 변형에 의해

$$\begin{aligned}x^2+\frac{1}{x^2}&=\left(x+\frac{1}{x}\right)^2-2\\&=3^2-2\\&=7\end{aligned}$$

05 정답 ④

| 풀이 |

복소수의 곱셈에서는 허수단위 i를 문자로 생각하고, 그 과정에서 i^2이 나오면 $i^2=-1$임을 이용하여 계산한다.

좌변 $i(3+2i)$를 전개하여 계산하면

$i(3+2i)=3i+2i^2=3i+2\times(-1)=3i-2$

좌변 $3i-2$와 우변 $-2+ai$를 비교하면

$-2+3i=-2+ai$이므로 $a=3$이다.

06 정답 ①

| 풀이 |

$x^2+3x-4=0$에서 근과 계수와의 관계에 의하여

$\alpha+\beta=-3$, $\alpha\beta=-4$이다.

$\alpha+\beta+\alpha\beta=-3-4=-7$

참고 근과 계수와의 관계

$a\,x^2+b\,x+c=0$

$\alpha+\beta=\text{합}=-\dfrac{b}{a}$ $\qquad$ $\alpha\beta=\text{곱}=\dfrac{c}{a}$

07 정답 ③

| 풀이 |

주어진 식을

$f(x)=(x-2)^2-2$

$(3\le x\le 5)$라

놓으면, $3\le x\le 5$에서

$y=f(x)$의 그래프가 오른쪽 그림과 같다.

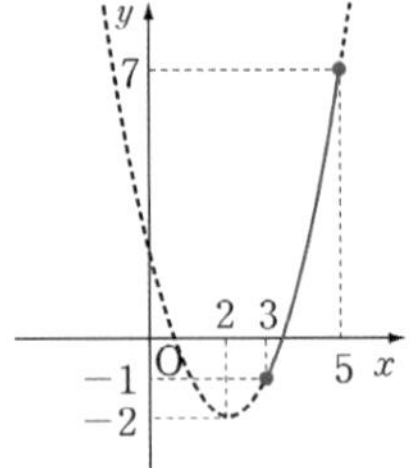

구간이 제한된 이차함수의 최댓값과 최솟값은 꼭짓점과 구간의 양 끝값을 이용하여 구한다.
주어진 구간 안에 꼭짓점이 없는 경우이므로 구간의 양끝값이 최대, 최소가 된다.
구간의 양 끝값은 $f(3)=-1, f(5)=7$이다.
그러므로 $f(x)$의 최솟값은 -1이다.

08 정답 ④

| 풀이 |
방정식의 해는 식을 만족하는 미지수 x의 값이므로 식에 대입하여 문제를 해결할 수 있다.
삼차방정식 $x^3+3x^2-x+a=0$의 해가 -1이므로, 식에 대입하면,
$(-1)^3+3\times(-1)^2-(-1)+a=0$
➜ $-1+3+1+a=0$
➜ $a=-3$
그러므로 상수 a의 값은 -3이다.

09 정답 ②

| 풀이 |
$\begin{cases} 3x-2>4 & \cdots\cdots ㉠ \\ -2+3x\le x+4 & \cdots\cdots ㉡ \end{cases}$
부등식 ㉠을 풀면 $3x-2>4$ ➜ $3x>6$
$x>2$ …… ㉢
부등식 ㉡을 풀면 $-2+3x\le x+4$ ➜ $3x-x\le 4+2$
$2x\le 6$
$x\le 3$ …… ㉣
이것을 수직선에 나타내어 공통범위를 찾으면

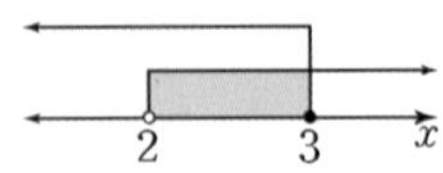

이다. ➜ $2<x\le 3$

10 정답 ④

| 풀이 |
우선, 부등호방향이 양쪽으로 벌어져 있으므로, 이차부등식>0 꼴임을 알 수 있다.
또한, $a<b$인 경우, 이차부등식 $(x-a)(x-b)>0$의 해를 구하면, $x<a$ 또는 $x>b$가 된다.
이것을 수직선 위의 점과 비교하면 $a=-1, b=4$임을 알 수 있다. 그러므로 식에 대입하면,
그림과 같은 해를 갖는 이차부등식은 $(x+1)(x-4)>0$임을 알 수 있다.
[$a<b$라는 조건이 문제에 없으므로 $b<a$인 경우 $a=4, b=-1$이 될 수도 있으나 두 경우 모두 순서만 다를 뿐 식의 형태가 같으므로 둘 중 하나의 경우로 특정하여 문제를 해결하여도 관계없다.]

11 정답 ④

| 풀이 |
좌표평면 위의 두 점 $\mathrm{A}(x_1, y_1), \mathrm{B}(x_2, y_2)$ 사이의 거리$\overline{\mathrm{AB}}=\sqrt{(x_2-x_1)^2+(y_2-y_1)^2}$이므로,
$\overline{\mathrm{AB}}=\sqrt{(3-0)^2+\{3-(-1)\}^2}$
$=\sqrt{9+16}=\sqrt{25}=5$

12 정답 ④

| 풀이 |
직선 $y=-3x+2$에 평행하므로, 기울기가 -3이고, 점 $(0, -1)$을 지나므로 y절편이 -1인 직선의 방정식이다.
기울기가 a이고, y절편이 b인 직선의 방정식은 $y=ax+b$임을 이용하여 식을 구하면, $y=-3x-1$이다.

13 정답 ③

| 풀이 |
중심이 $(-2, 3)$이므로, $(x+2)^2+(y-3)^2=r^2$이다.
원이 y축에 접하므로 반지름의 길이$=|x$ 좌표$|$가 되어, 반지름$=2$이다.
따라서 원의 방정식은 $(x+2)^2+(y-3)^2=2^2$이다.

14 정답 ③

| 풀이 |

점 A(1, 3)을 원점에 대하여 대칭이동하면, x와 y좌표의 부호가 모두 반대로 바뀌므로 B(−1, −3)이 된다.
(음수 ➜ 양수, 양수 ➜ 음수)
이때 원점 O(0, 0)과 B(−1, −3) 사이의 거리를 구하기 위해 두 점 사이의 거리 공식에 대입하면,
$\overline{OB}=\sqrt{(-1)^2+(-3)^2}=\sqrt{1+9}=\sqrt{10}$ 이다.

15 정답 ④

| 풀이 |

$A\cap B=\phi$은 "집합 A와 집합 B의 공통원소가 하나도 없다"를 뜻하는 기호이므로,
보기의 집합을 모두 원소나열법으로 나타내어 공통원소가 없는 두 집합을 찾으면 된다.

① $A=\{1, 2\}$, $B=\{2, 3, 5\}$ ➜ $A\cap B=\{2\}$
② $A=\{a, b\}$, $B=\{a, c, d\}$ ➜ $A\cap B=\{a\}$
③ $A=\{1, 2, 4\}$, $B=\{x\,|\,x$는 10 이하의 소수$\}$
 ➜ $A=\{1, 2, 4\}$, $B=\{2, 3, 5, 7\}$
 ➜ $A\cap B=\{2\}$
 [소수 : 1보다 큰 자연수 중 약수가 2개인 수]
④ $A=\{x\,|\,x$는 10 이하의 짝수$\}$,
 $B=\{x\,|\,x$는 9의 약수$\}$
 ➜ $A=\{2, 4, 6, 8, 10\}$, $B=\{1, 3, 9\}$
 ➜ $A\cap B=\phi$

16 정답 ①

| 풀이 |

주어진 명제 '$x=2$이면 $x^3=8$이다.'에서 가정과 결론을 각각 구하면,
[가정(p) : $x=2$이다.],
[결론(q) : $x^3=8$이다.]와 같다.
명제의 역은 가정과 결론의 순서를 바꾼 것이므로,
'$x^3=8$이면 $x=2$이다.'가 된다.

17 정답 ②

| 풀이 |

$f(1)$은 x가 1일 때, 함숫값을 뜻하므로,
1과 대응된 원소를 찾으면, 화살표가 2에 향함을 알 수 있다. 그러므로 $f(1)=2$이다.
또한, $f^{-1}(3)$은 f의 역함수의 함숫값을 뜻한다.
$f^{-1}(3)=k$라 하면, 역함수의 성질에 의해
$f(k)=3$이므로, 함숫값, 즉 y의 값이 3이 되는 x의 값을 찾으면 된다.
Y의 3과 대응된 X의 원소는 2이므로 $k=2$임을 알 수 있다. 그러므로 $f(1)=2$, $f^{-1}(3)=2$이고, 두 함숫값의 합은 4이다.

18 정답 ④

| 풀이 |

$y=\sqrt{x}$를 x축의 방향으로 a만큼, y축의 방향으로 b만큼 평행이동하면 $y=\sqrt{x-a}+b$이고,
주어진 그래프의 식은 $y=\sqrt{x-1}+4$이므로
비교하여 a, b의 값을 구하면,
$a=1$, $b=4$이다.
$\therefore a+b=1+4=5$

| 다른 풀이 |

그래프에서 시작점을 찾으면 평행이동을 알 수 있다.
무리함수 $y=\sqrt{x-a}+b$의 그래프에서 시작점은 (a, b)이고, 그래프에서 시작점을 읽으면 (1, 4)이므로
$a=1$, $b=4$이다.
$\therefore a+b=1+4=5$

19 정답 ④

| 풀이 |

서로 다른 다섯 개의 종목 중 두 개의 종목을 골라 일렬로 나열하는 경우의 수는 5×4로 20가지이다.

| 다른 풀이 |

서로 다른 5가지 종목 중 서로 다른 두 가지 종목을 선택하여 일렬로 나열하는 경우의 수는 순열을 이용하여 계산할 수 있다.

${}_5P_2 = 5 \times 4 = 20$

20 정답 ④

| 풀이 |

서로 다른 5가지의 음식 중 2개의 음식을 택하는 경우의 수이므로 $\frac{5\times4}{2}=10$가지이다.

[이때, 2로 나누는 이유는 음식을 2가지 선택하였을 때, 순서가 바뀌어도 같은 결과로 보기 때문이다.]

| 다른 풀이 |

서로 다른 5가지 음식 중에서 2가지를 선택하는 경우의 수는 ${}_5C_2 = \frac{5\times4}{2\times1}=10$이다. 담는 자리나 순서는 구별하지 않으므로 조합으로 계산한다.

PART Ⅷ 2024년 기출문제

제1회 정답 본문 274~276p

01 ④	02 ②	03 ③	04 ③	05 ①
06 ④	07 ①	08 ③	09 ②	10 ③
11 ①	12 ④	13 ②	14 ①	15 ②
16 ②	17 ①	18 ③	19 ①	20 ④

01 정답 ④

| 풀이 |

$A=3x^2+x$, $B=x^2+3x$이므로

$A+B=(3x^2+x)+(x^2+3x)$ ← 괄호 풀기

$=3x^2+x+x^2+3x$ ← 동류항끼리 정리

$=(3+1)x^2+(1+3)x$ ← 동류항끼리 계산

$=4x^2+4x$

따라서 정답은 ④이다.

참고

다항식의 덧셈과 뺄셈은 동류항끼리 계산한다.
이때, 동류항의 계산은 계수끼리 분배법칙을 이용하여 다음과 같이 계산한다.

계수끼리 계산

$3x^2-2x^2 = 3\times x^2 - 2\times x^2 = (3-2)\times x^2$

동류항끼리!

$=1x^2=x^2$

02 정답 ②

| 풀이 |

x에 대한 항등식이므로 동류항의 계수가 같음을 이용하여 a, b의 값을 구할 수 있다.

좌변의 일차항의 계수는 1이고 우변의 일차항의 계수는 a이므로, $a=1$이다.

또한 상수항을 비교하면, 좌변의 상수항은 3이고 우변의 상수항은 b이므로, $b=3$이다.

그러므로 $a+b=1+3=4$이다.
따라서 정답은 ②이다.

> **참고**
> 항등식은 좌변과 우변이 항상 같은 식으로,
> $ax^2+bx+c=dx^2+ex+f$가 x에 대한 항등식이면, $a=d$, $b=e$, $c=f$이다.

03 정답 ③

| 풀이 |

다항식 x^3+2x^2+2를 $P(x)$라 하면,
$P(x)=x^3+2x^2+2$이다.
$P(x)$를 $x-1$로 나눈 나머지는 나머지 정리에 의해 (나머지)$R=P(1)$이다.
➜ $P(1)=1^3+2\times1^2+2=1+2+2=5$
따라서 정답은 ③이다.

> **참고**
> 다항식 $P(x)$를
> $x-a$로 나눈 나머지는 $P(a)$와 같다.
> 나누는 식 $x-a=0$이 되는 x의 값 $x=a$를 대입한다.

04 정답 ③

| 풀이 |

인수분해 공식 $x^3+3x^2y+3xy^2+y^3=(x+y)^3$을 이용하기 위해 y의 자리에 1을 대입하여 표현하면,
$x^3+3x^2\times1+3x\times(1)^2+(1)^3=(x+1)^3$이 된다.
좌변을 정리하여 식을 간단히 하면,
$x^3+3x^2+3x+1=(x+1)^3$이다.
그러므로 $a=1$임을 알 수 있다.
따라서 정답은 ③이다.

05 정답 ①

| 풀이 |

켤레복소수는 허수부분의 부호를 반대로 바꾼 수를 말한다.
복소수 $4+3i$의 실수부분은 4, 허수부분은 3이므로, $4+3i$의 허수부분의 부호를 반대로 바꾸어 켤레복소수를 구하면, $4-3i$가 된다.
$\therefore\ a=4,\ b=-3$ ➜ $a+b=4+(-3)=1$
따라서 정답은 ①이다.

> **참고** 켤레복소수
> $a+bi \xleftrightarrow{\text{켤레}} a-bi$
> 허수부분의 부호 반대

06 정답 ④

| 풀이 |

근과 계수와의 관계 공식을 이용하여 문제를 해결할 수 있다.
$x^2-ax+3=0$에서 두 근을 α, β라 놓고, 이것을 공식에 대입하면,
$\alpha+\beta=a$, $\alpha\beta=3$이다.
두 근이 1과 3이므로 대입하면,
$1+3=a$ ➜ $a=4$
따라서 정답은 ④이다.

> **참고** 근과 계수와의 관계
> $ax^2+bx+c=0$
> $\alpha+\beta=$합$=-\dfrac{b}{a}$ $\qquad$ $\alpha\beta=$곱$=\dfrac{c}{a}$

07 정답 ①

| 풀이 |

구간이 제한된 이차함수의 최댓값과 최솟값은 꼭짓점과 구간의 양 끝값을 이용하여 구한다.
주어진 구간 $-1\le x\le1$은 이차함수의 꼭짓점이 포함

되지 않는 구간이므로,

구간의 양 끝값만을 비교하면 된다.

$f(x)=x^2+4x+1\ (-1 \le x \le 1)$이라 놓으면,

구간의 양 끝값은 $f(-1)=-2$, $f(1)=6$이고

이들 중 가장 작은 값은 -2이므로 최솟값은 -2이다.

따라서 정답은 ①이다.

> **참고 이차함수의 최대, 최소**
>
> [x의 범위에 꼭짓점이 포함되지 않은 경우]
>
> 구간의 양 끝 함숫값 중 가장 큰 값을 최댓값, 가장 작은 값을 최솟값이라고 한다.
>
> $a>0$
>
> 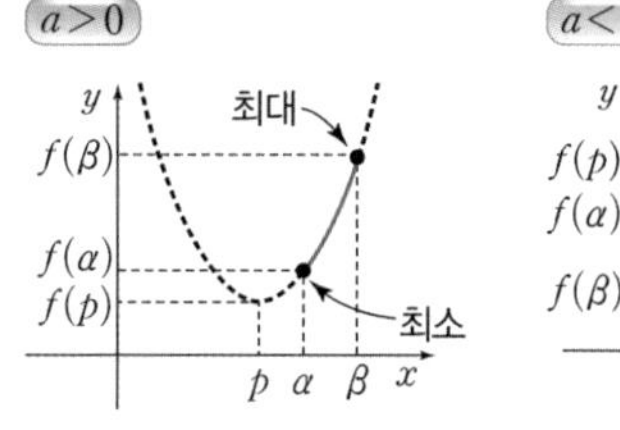
>
>
> $a<0$
>
> 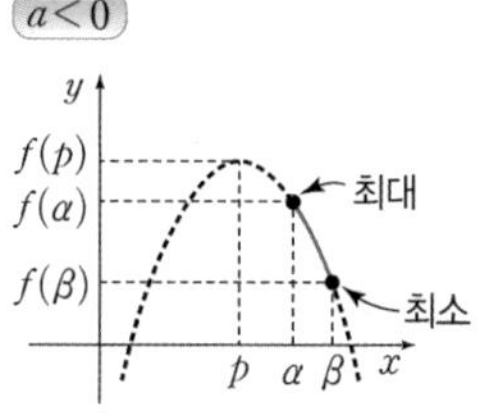
>

08 정답 ③

| 풀이 |

방정식의 근은 식에 대입하면 식을 참이 되게 하는 값이므로

$x^4+2x-a=0$에 $x=1$을 대입하면,

식이 참이 되어 a의 값을 구할 수 있다.

$1^4+2\times1-a=0 \rightarrow 1+2-a=0 \rightarrow a=3$

따라서 정답은 ③이다.

09 정답 ②

| 풀이 |

연립방정식의 해는 두 식을 동시에 만족시키는 미지수의 값이므로 식에 대입하면 두 식 모두 참이 된다.

$\begin{cases} 2x+y=8 & \cdots\cdots ㉠ \\ x^2-y^2=a & \cdots\cdots ㉡ \end{cases}$이라 놓고,

$x=3$, $y=b$를 두 식에 각각 대입하면,

㉠ : $2x+y=8 \rightarrow 6+b=8$이므로 $b=2$

㉡ : $x^2-y^2=a \rightarrow 3^2-b^2=a$이므로 위에서 구한 b의 값을 식에 대입하면,

$3^2-2^2=a \rightarrow 9-4=a \rightarrow a=5$

$\therefore a+b=5+2=7$

따라서 정답은 ②이다.

> **참고 연립방정식의 해**
>
> 두 개 이상의 식을 동시에 만족시키는 x, y의 값 또는 그 순서쌍 (x, y)

10 정답 ③

| 풀이 |

이차부등식 $(x-a)(x-b) \le 0$의 해는 $a<b$일 때, $a \le x \le b$이다.

주어진 이차부등식은 $(x-2)(x-4) \le 0$이므로, $a=2$, $b=4$이다.

그러므로 해는 $2 \le x \le 4$가 된다.

따라서 정답은 ③이다.

(만약, $b<a$인 경우는 $b \le x \le a$이고, $a=4$, $b=2$가 된다. 그러나 해를 구하면 $2 \le x \le 4$로 같기 때문에 둘 중 한 가지로 놓고 풀어도 관계없다.)

> **참고 이차부등식의 해**

$a<b$일 때,	그림	해
$(x-a)(x-b)<0$	a b x	$a<x<b$
$(x-a)(x-b)\le0$	a b x	$a\le x\le b$
$(x-a)(x-b)>0$	a b x	$x<a$ 또는 $x>b$
$(x-a)(x-b)\ge0$	a b x	$x\le a$ 또는 $x\ge b$

11 정답 ①

| 풀이 |

내분점 공식에 넣어 내분하는 점의 좌표를 구하면,

$\frac{2\times6+3\times1}{2+3}=\frac{15}{5}=3$이다.

따라서 정답은 ①이다.

> **참고** **내분점 공식**
> 수직선 위의 두 점 $A(x_1)$, $B(x_2)$에 대하여 선분 AB를 $m:n(m>0,\ n>0)$으로 내분하는 점을 P라 하면, $P\left(\frac{mx_2+nx_1}{m+n}\right)$이다.

12 정답 ④

| 풀이 |

직선 $y=x-3$에 평행하므로, 기울기가 1이고, 점 (0, 4)를 지나므로 y절편이 4인 직선의 방정식이다. 기울기가 a이고, y절편이 b인 직선의 방정식은 $y=ax+b$임을 이용하여 식을 구하면, $y=x+4$이다.

따라서 정답은 ④이다.

> **참고**
> - 평행한 두 직선
>   두 직선 $y=mx+n$, $y=m'x+n'$이 평행하면, $m=m'$, $n\neq n'$이다.
> - 기울기와 y절편이 주어진 직선의 방정식
>
> $y=ax+b$ (a: 기울기, b: y절편)

13 정답 ②

| 풀이 |

중심이 점 $(-2, 2)$이고 x축과 y축에 동시에 접하므로 반지름의 길이가 2이다.

중심이 (a, b)이고, 반지름의 길이가 r인 원의 방정식이 $(x-a)^2+(y-b)^2=r^2$과 같음을 이용하면,

$(x+2)^2+(y-2)^2=2^2$

즉, $(x+2)^2+(y-2)^2=4$가 된다.

따라서 정답은 ②이다.

> **참고** **원의 방정식 표준형**
> 중심의 좌표가 (a, b)이고 반지름의 길이가 r인 원의 방정식은 ➜ $(x-a)^2+(y-b)^2=r^2$

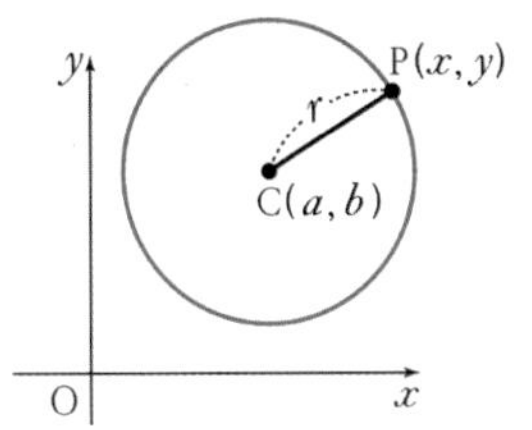

14 정답 ①

| 풀이 |

점 $(3,\ -2)$를 원점에 대하여 대칭이동하면, x좌표와 y좌표의 부호가 모두 반대로 바뀌므로 $(-3,\ 2)$가 된다. 따라서 정답은 ①이다.

> **참고** **원점 대칭**
> 점 $P(x, y)$를 원점에 대해 대칭이동한 점을 Q라 하면, $Q(-x, -y)$가 된다.

15 정답 ②

| 풀이 |

$A-B=\{x \mid x\in A, x\notin B\}$이다.

즉, A에는 포함되고, B에는 포함되지 않는 원소를 구하면 된다. 집합 A의 원소 1, 2, 3, 4 중 B와 공통인 교집합의 원소는 3, 4이므로 $A-B=\{1, 2\}$이다.

따라서 정답은 ②이다.

> **참고** **차집합**
> 집합 A에는 속하지만 집합 B에는 속하지 않는 모든 원소로 이루어진 집합($A-B$=집합A의 원소 중 A에만 속하는 원소들로 이루어진 집합)
> ➜ 기호 : $A-B$
> ➜ $A-B=\{x|x\in A$ 그리고 $x\notin B\}$이다.
> ➜ $A-B=A\cap B^C$

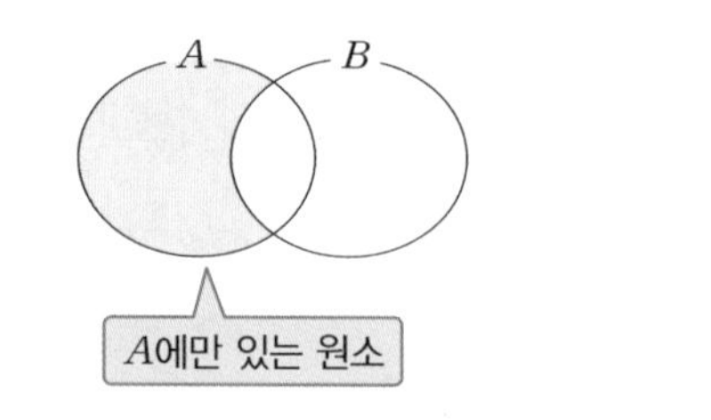

16 정답 ②

| 풀이 |

진리집합이란 전체집합 U의 원소 중에서 주어진 조건이 참이 되게 하는 모든 원소의 집합을 뜻한다.
즉, 전체집합 $U=\{1, 2, 3, 4, 5, 6, 7, 8, 9\}$의 원소 중에서 「3의 배수」라는 조건을 참이 되게 하는 모든 원소의 집합이므로, 주어진 조건의 진리집합은 $\{3, 6, 9\}$이다.
따라서 정답은 ②이다.

참고

진리집합이란 전체집합 U의 원소 중에서 어떤 조건이 참이 되게 하는 모든 원소의 집합이다.

예 $U=\{1, 2, 3, 4, 5, 6\}$에 대하여 조건 : "x는 홀수이다."의 진리집합은 $\{1, 3, 5\}$이다.

17 정답 ①

| 풀이 |

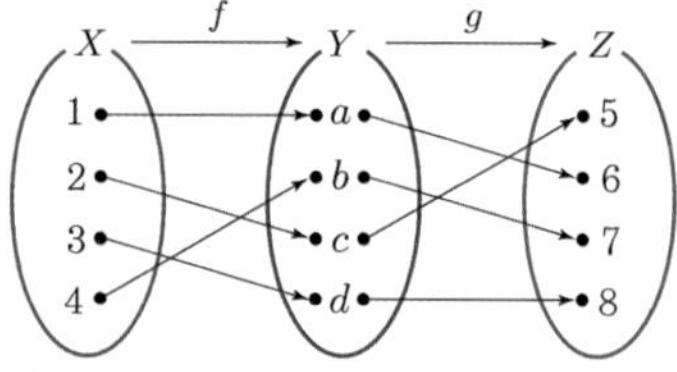

$(g \circ f)(2)=g(f(2))$와 같다.
위의 그림을 보고 $f(2)$를 먼저 구하면, c가 됨을 알 수 있으므로, $(g \circ f)(2)=g(f(2))=g(c)$
$g(c)$ 역시 위의 그림을 보면 5가 된다.
그러므로 $(g \circ f)(2)=g(f(2))=g(c)=5$
따라서 정답은 ①이다.

18 정답 ③

| 풀이 |

$y=\dfrac{1}{x-2}+3$의 점근선은 $x=2$, $y=3$이고,

$y=\dfrac{1}{x}$의 점근선은 $x=0$, $y=0$이므로

유리함수 $y=\dfrac{1}{x}$의 그래프를 x축의 방향으로 2만큼, y축의 방향으로 3만큼 평행이동한 그래프는

$y=\dfrac{1}{x-2}+3$임을 알 수 있다.

$\therefore a=2,\ b=3 \rightarrow a+b=2+3=5$
따라서 정답은 ③이다.

| 다른 풀이 |

도형의 평행이동을 이용하여 유리함수 $y=\dfrac{1}{x}$을 x축의 방향으로 a만큼, y축의 방향으로 b만큼 평행이동하면, $y=\dfrac{1}{x-a}+b$가 되고, 주어진 식은 $y=\dfrac{1}{x-2}+3$이므로, $a=2$, $b=3$임을 알 수 있다.

19 정답 ①

| 풀이 |

4개의 포스터 중 2개를 골라 출입문의 상단과 하단에 각각 붙이는 경우의 수는
4가지 중 2가지를 순열로 택하는 경우의 수와 같으므로 ${}_4P_2=4\times3=12$가지이다.
따라서 정답은 ①이다.

20 정답 ④

| 풀이 |

4종류의 수행 과제 중에서 서로 다른 3종류의 수행 과제를 선택하는 경우의 수는

$\dfrac{4\times3\times2}{3\times2\times1}=4$로, 4가지이다.

[이때, $3\times2\times1$로 나누는 이유는 수행 과제를 3가지 선택하였을 때, 순서가 바뀌어도 같은 결과로 보기 때문이다. 예 일기, 신문, 보고서=보고서, 일기, 신문=일기, 보고서, 신문 등]

따라서 정답은 ④이다.

| 다른 풀이 |

4종류의 수행 과제 중에서 서로 다른 3종류의 수행 과제를 선택하는 경우의 수는 수행 과제를 선택하는 순서가 바뀌어도 같은 결과이기 때문에 조합을 이용하여 구할 수 있다.

따라서 ${}_4C_3=\frac{4\times3\times2}{3!}=\frac{4\times3\times2}{3\times2\times1}=4$로,

경우의 수는 4가지이다.

제2회 정답 본문 277~280p

01 ①	02 ④	03 ②	04 ②	05 ①
06 ③	07 ④	08 ③	09 ②	10 ②
11 ①	12 ④	13 ④	14 ①	15 ④
16 ①	17 ②	18 ③	19 ④	20 ③

01 정답 ①

$A=2x^3+3x$, $B=3x+2$이므로

$A-B=(2x^3+3x)-(3x+2)$ ← 괄호 풀기

$=2x^3+3x-3x-2$ ← 동류항끼리 정리

$=2x^3+(3-3)x-2$ ← 동류항끼리 계산

$=2x^3-2$

따라서 정답은 ①이다.

오답피하기

$A-B$를 계산할 때,

$A-B=(2x^3+3x)-(3x+2)=2x^3+3x-3x-2$

와 같이 B식의 전체 부호를 바꿔야 한다.

$A-B=(2x^3+3x)-(3x+2)=2x^3+3x-3x+2$

처럼 분배법칙을 사용하지 않아 오답을 구할 수 있으니 주의하자.

02 정답 ④

다항식 x^3-3x^2+a를 $P(x)$라 하면,

$P(x)=x^3-3x^2+a$이다.

$P(x)$가 $x-2$로 나누어떨어지므로, 인수정리에 의해 $P(2)=0$이다.

→ $P(2)=2^3-3\times2^2+a=0$

→ $8-3\times4+a=0$

→ $8-12+a=0$ → $-4+a=0$ → $a=4$

따라서 정답은 ④이다.

오답피하기

$P(2)=2^3-3\times2^2+a=0$을 계산할 때에 혼합계산 순서에 맞게 제곱 → 곱셈 → 앞에서부터 계산하도록 한다.

03 정답 ②

인수분해 공식 $x^3-y^3=(x-y)(x^2+xy+y^2)$을 이용하기 위해 y의 자리에 3을 대입하여 표현하면,

$x^3-3^3=(x-3)(x^2+3x+3^2)$이 된다.

우변을 정리하여 식을 간단히 하면,

$x^3-3^3=(x-3)(x^2+3x+9)$이다.

그러므로 $a=3$임을 알 수 있다.

따라서 정답은 ②이다.

04 정답 ②

켤레복소수는 허수부분의 부호를 반대로 바꾼 수를 말한다.

복소수 $5-3i$의 실수부분은 5, 허수부분은 -3이므로, $5-3i$의 허수부분의 부호를 반대로 바꾸어 켤레복소수를 구하면, $5+3i$가 된다.

$\therefore a=3$

따라서 정답은 ②이다.

참고 켤레복소수

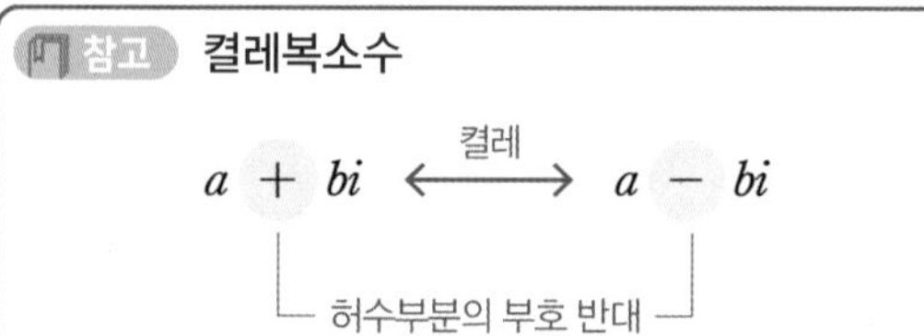

05 정답 ①

이차방정식이 중근을 갖기 위한 조건은 판별식 $D=b^2-4ac=0$이므로,

$D=(-2)^2-4\times1\times a=0$

➜ $4-4a=0$ ➜ $-4a=-4$ ➜ $a=1$

따라서 정답은 ①이다.

참고 중근을 가질 조건

이차방정식 $ax^2+bx+c=0$에서

판별식 $D=b^2-4ac=0$이면 이차방정식은 중근을 갖는다.

06 정답 ③

근과 계수와의 관계 공식을 이용하여 문제를 해결할 수 있다.

$x^2-x-6=0$에서 두 근을 α, β라 하였으므로, 공식에 대입하면,

$\alpha+\beta=1$이다.

따라서 정답은 ③이다.

참고 근과 계수와의 관계

$ax^2+bx+c=0$

$\alpha+\beta=$합$=-\dfrac{b}{a}$ $\qquad$ $\alpha\beta=$곱$=\dfrac{c}{a}$

07 정답 ④

구간이 제한된 이차함수의 최댓값과 최솟값은 꼭짓점과 구간의 양 끝값을 이용하여 구한다.

주어진 구간 $0\le x\le 3$은 이차함수의 꼭짓점이 포함된 구간이므로,

$f(x)=-(x-2)^2+3$이라 놓으면,

구간의 양 끝값은 $f(0)=-1$, $f(3)=2$이고, 꼭짓점의 좌표가 $(2, 3)$이므로, $f(2)=3$이다.

이들 중 가장 큰 값은 3이므로 최댓값은 3이다.

따라서 정답은 ④이다.

참고 이차함수의 최대, 최소

[x의 범위에 꼭짓점이 포함된 경우]

구간의 양 끝 함숫값과 꼭짓점의 y좌표 중 가장 큰 값을 최댓값, 가장 작은 값을 최솟값이라고 한다.

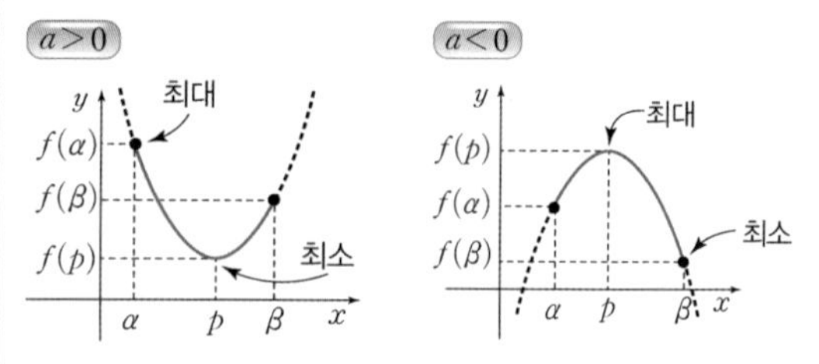

08 정답 ③

절댓값을 포함한 일차부등식은 양수 a에 대하여

㉠ $|x| \le a$의 해는 $-a \le x \le a$

㉡ $|x| \ge a$의 해는 $x \le -a$ 또는 $x \ge a$이다.

이 성질을 이용하여 부등식 $|x+1| \ge 5$를 풀면,

$x+1 \le -5$ 또는 $x+1 \ge 5$

➜ $x \le -6$ 또는 $x \ge 4$

이므로 이것을 수직선에 나타내면,

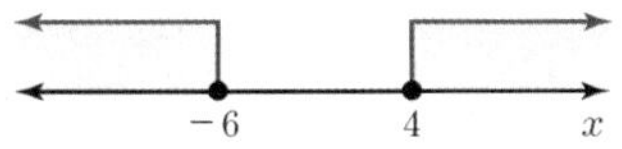

$\therefore a=-6$

따라서 정답은 ③이다.

09 정답 ②

내분점 공식에 넣어 내분하는 점의 좌표를 구하면,

$\left(\dfrac{3\times2+1\times(-2)}{3+1}, \dfrac{3\times3+1\times(-1)}{3+1}\right)=(1, 2)$이다.

따라서 정답은 ②이다.

> **참고 내분점 공식**
>
> 좌표평면 위의 두 점 $A(x_1, y_1)$, $B(x_2, y_2)$에 대하여 선분 AB를 $m:n$ $(m>0, n>0)$으로 내분하는 점을 P라 하면,
>
> $P\left(\dfrac{mx_2+nx_1}{m+n}, \dfrac{my_2+ny_1}{m+n}\right)$이다.

10 정답 ②

원점 $(0, 0)$과 직선 $x+y-2=0$ 사이의 거리는 점과 직선 사이의 거리 공식을 이용하여 구할 수 있다.

점 $P(x_1, y_1)$와 직선 $l: ax+by+c=0$ 사이의 거리는

$d=\dfrac{|ax_1+by_1+c|}{\sqrt{a^2+b^2}}$ 임을 이용하여

$x_1=0$, $y_1=0$, $a=1$, $b=1, c=-2$를 공식에 대입하면,

$d=\dfrac{|1\times0+1\times0-2|}{\sqrt{1^2+1^2}}=\dfrac{2}{\sqrt{2}}=\dfrac{2\sqrt{2}}{2}=\sqrt{2}$

따라서 정답은 ②이다.

> **참고 점과 직선 사이의 거리 공식**
>
> 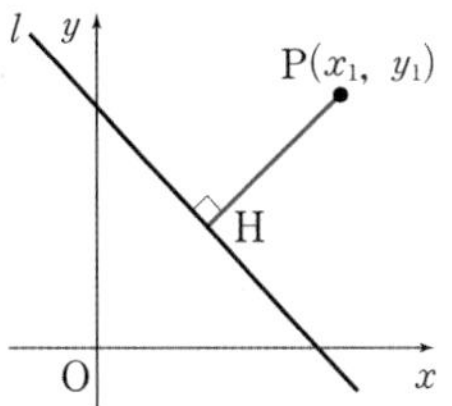
>
>
> 점 $P(x_1, y_1)$와 직선 $l: ax+by+c=0$ 사이의 거리는
>
> $d=\dfrac{|ax_1+by_1+c|}{\sqrt{a^2+b^2}}$이다.

11 정답 ①

원 $x^2+y^2=4$와 직선 $y=a$를 그려 원과 만나는 관계를 찾아보자.

원 $x^2+y^2=4$는 반지름이 2인 원이므로,

① 원 $x^2+y^2=4$와 직선 $y=1$

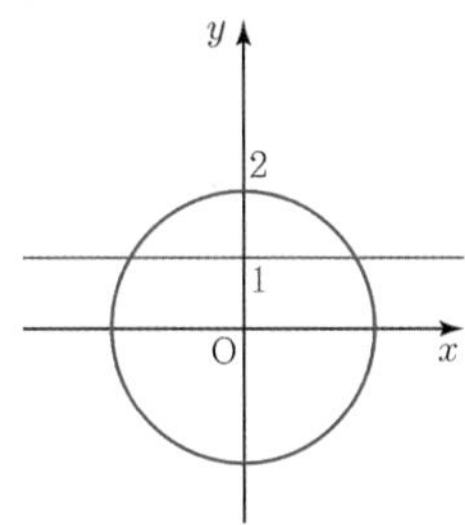

[서로 다른 두 점에서 만난다.]

② 원 $x^2+y^2=4$와 직선 $y=2$

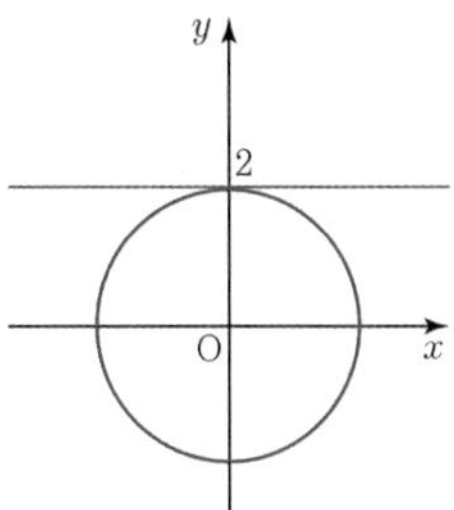

[한 점에서 만난다(접한다).]

③ 원 $x^2+y^2=4$와 직선 $y=3$

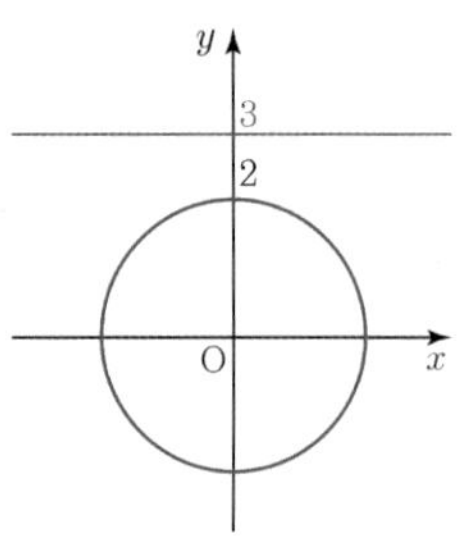

[만나지 않는다.]

④ 원 $x^2+y^2=4$와 직선 $y=4$

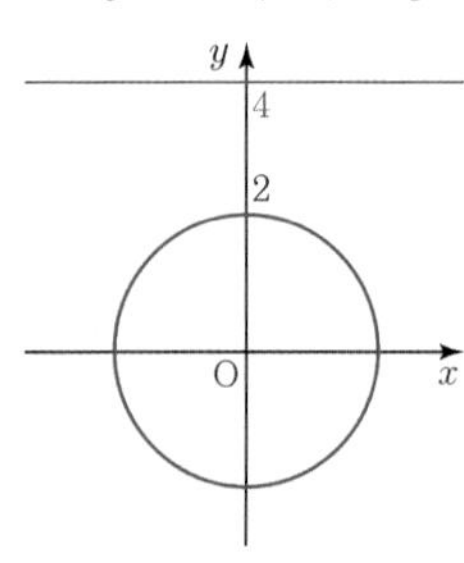

[만나지 않는다.]

서로 다른 두 점에서 만나는 것은 ①임을 알 수 있다.
따라서 정답은 ①이다.

12 정답 ④

점 $(1,\ 3)$을 $y=x$에 대하여 대칭이동하면, x좌표와 y좌표가 서로 바뀌므로 $(3, 1)$이 된다.
따라서 정답은 ④이다.

> **참고** $y=x$ 대칭
> 점 $\mathrm{P}(x, y)$를 $y=x$에 대해 대칭이동한 점을 Q라 하면, $\mathrm{Q}(y, x)$가 된다.

13 정답 ④

기준이 명확하여 주어진 조건에 따라 대상을 분명하게 정할 수 있는 모임을 집합이라 한다.

① 작은 동물이라는 기준은 그 대상이 불분명하므로 집합이 아니다.
② 유명한 가수라는 기준은 그 대상이 불분명하므로 집합이 아니다.
③ 키가 큰 사람이라는 기준은 그 대상이 불분명하므로 집합이 아니다.
④ 7 이하의 자연수는 1, 2, 3, 4, 5, 6, 7로 그 대상이 분명하다. 그러므로 집합이라 할 수 있다.

따라서 정답은 ④이다.

14 정답 ①

$A-B=\{\,x\mid x\in A,\ x\notin B\,\}$이다.
즉, A에는 포함되고, B에는 포함되지 않는 원소를 구하면 된다. 집합 A의 원소 2, 4, 6, 8 중 B와 공통인 교집합의 원소는 6, 8이므로 $A-B=\{2, 4\}$이다.
따라서 정답은 ①이다.

> **참고** 차집합
> 집합 A에는 속하지만 집합 B에는 속하지 않는 모든 원소로 이루어진 집합($A-B$=집합A의 원소 중 <u>A에만</u> 속하는 원소들로 이루어진 집합)
> ➜ 기호 : $A-B$
> ➜ $A-B=\{x|x\in A$ 그리고 $x\notin B\}$이다.
> ➜ <u>$A-B=A\cap B^C$</u>

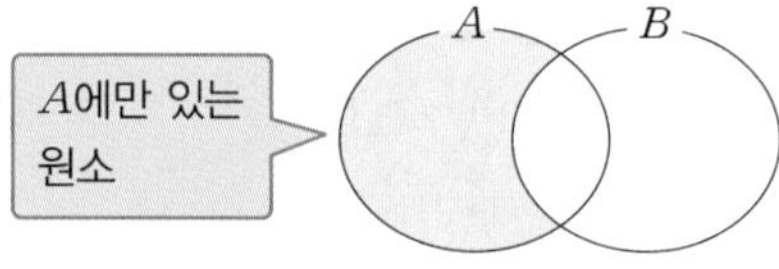

15 정답 ④

p가 q이기 위한 충분조건이 되기 위해서는
명제 $p\rightarrow q$가 참이어야 하므로,
조건 p : $x=2$를 조건 q: $x^2-a=0$에 대입하였을 때 참이 되어야 한다.

$2^2-a=0$ ➜ $4-a=0$ ➜ $a=4$

따라서 정답은 ④이다.

> **참고**
> 명제 $p\rightarrow q$가 참일 때, p는 q이기 위한 충분조건, q는 p이기 위한 필요조건이라 한다.

16 정답 ①

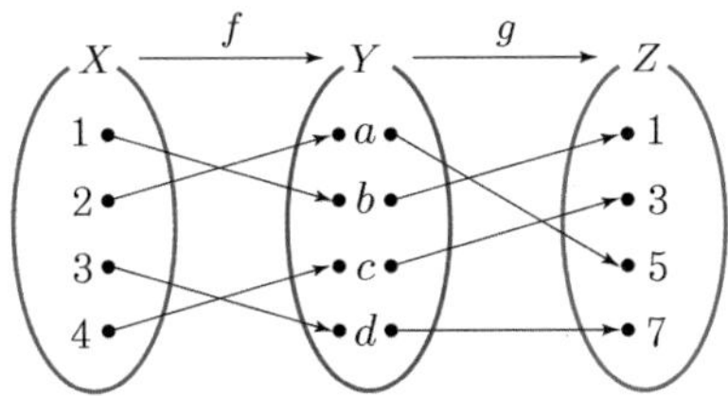

$(g \circ f)(1) = g(f(1))$과 같다.
위의 그림을 보고 $f(1)$을 먼저 구하면, b가 됨을 알 수 있으므로, $(g \circ f)(1) = g(f(1)) = g(b)$
$g(b)$ 역시 위의 그림을 보면 1이 된다.
그러므로 $(g \circ f)(1) = g(f(1)) = g(b) = 1$
따라서 정답은 ①이다.

17 정답 ②

$f^{-1}(5) = k$라 놓으면 $f(k) = 5$이다.
$f(k) = 2k+1 = 5$이므로,
$2k = 4 \rightarrow k = 2$
$\therefore f^{-1}(5) = 2$
따라서 정답은 ②이다.

| 다른 풀이 |
역함수를 직접 구해서 푸는 방법도 있다.
$y = 2x+1$의 역함수는 x, y를 바꾸는 것이므로
$x = 2y+1$, 이 식을 y에 대하여 정리하면,
$2y+1 = x \rightarrow 2y = x-1 \rightarrow y = \frac{1}{2}x - \frac{1}{2}$이 된다.
그러므로 $f^{-1}(x) = \frac{1}{2}x - \frac{1}{2}$
$f^{-1}(5) = \frac{1}{2} \times 5 - \frac{1}{2} = \frac{5-1}{2} = \frac{4}{2} = 2$

참고 **역함수의 성질**

$f(a) = b$
$f^{-1}(b) = a$

18 정답 ③

무리함수 $y = \sqrt{x-2}+4$의 그래프는 함수 $y = \sqrt{x}$의 그래프를 x축의 방향으로 2만큼, y축의 방향으로 4만큼 평행이동한 것이다.
그러므로 $a = 2, b = 4$이고, $a+b = 6$이다.
따라서 정답은 ③이다.

오답피하기
$y = \sqrt{x}$의 그래프를 x축의 방향으로 $-a$만큼, y축의 방향으로 b만큼 평행이동하여 $y = \sqrt{x-a}+b$가 된다고 실수하기 쉬우니 주의해야 한다.

19 정답 ④

4개의 카드 중 3개를 골라 일렬로 나열하는 경우의 수는 4가지 중 3가지를 순열로 택하는 경우의 수와 같으므로
${}_4P_3 = 4 \times 3 \times 2 = 24$가지이다.
따라서 정답은 ④이다.

20 정답 ③

5종류의 세계 기록 유산 중에서 서로 다른 2종류의 세계 기록 유산을 선택하는 경우의 수는
$\frac{5 \times 4}{2 \times 1} = 10$으로, 10가지이다.
[이때, 2×1로 나누는 이유는 세계 기록 유산 2가지를 선택하였을 때, 순서가 바뀌어도 같은 결과로 보기 때문이다. 예 난중일기, 훈민정음 = 훈민정음, 난중일기]
따라서 정답은 ③이다.

| 다른 풀이 |
5종류의 세계 기록 유산 중에서 서로 다른 2종류의 세계 기록 유산을 선택하는 경우의 수는 선택하는 순서가 바뀌어도 같은 결과이기 때문에 조합을 이용하여 구할 수 있다.
따라서 ${}_5C_2 = \frac{5 \times 4}{2!} = \frac{5 \times 4}{2 \times 1} = 10$으로, 경우의 수는 10가지이다.

EBS 교육방송교재

2025

고졸 검정고시 **수학**

정답 및 해설

인터넷강의 검스타트 www.gumstart.co.kr

고졸 검정고시

- 최신기출 완벽분석
- 시험에 꼭 나오는 핵심 이론 정리
- 적중률 높은 문제 구성

인터넷 강의
검스타트
www.gumstart.co.kr